Réflexe

W0219877

# BTS
1re année

# CULTURE ÉCONOMIQUE, JURIDIQUE ET MANAGÉRIALE

NOUVEAU PROGRAMME

2e ÉDITION

Pierre Arcuset
Nancy Baranes
Caroline Bayle
Alexandra Bucher
Isabelle Delzant
Hélène Dugier
Pascale Larue
Olivia Lenormand
Xavier Le Ven
Patrick Mercati
Théodore Papa

© Nathan – La photocopie non autorisée est un délit

Nathan
TECHNIQUE

## Avec ce livre, une licence i-Manuel 2.0

### Le i-Manuel 2.0, un outil simple d'utilisation qui reprend l'ensemble des contenus de ce livre sous forme numérique et interactive.

**Il permet d'accéder au contenu de ce manuel à tout moment et en tout lieu sur un ordinateur ou une tablette.** L'utilisateur peut donc passer du papier au numérique et choisir le support qui lui convient le mieux selon le travail à faire et le lieu où il se trouve.

### Une véritable interactivité entre l'enseignant et sa classe

- **Vidéoprojeter** en classe les activités, les documents et les corrections pour animer les cours et travailler collectivement.
- **Piloter la classe** en assurant le suivi du travail des élèves à distance et en cours (recevoir et envoyer du travail, faire des commentaires, intervenir en temps réel).
- **Intégrer et envoyer à la classe**, à un ou plusieurs élèves, **des documents personnels**.
- **Afficher les corrigés** ou la correction individuelle du travail de l'élève.
- **Télécharger le livre** pour une utilisation sans connexion.
- **Imprimer** les documents nécessaires pour mettre les élèves en **situation d'examen**.

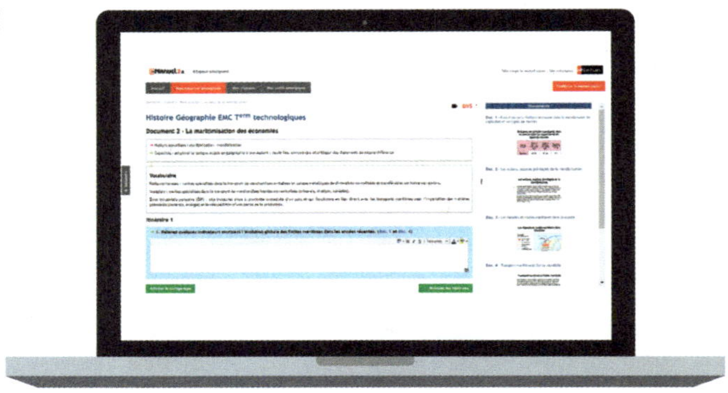

### Des fonctionnalités innovantes pour favoriser l'intérêt, la motivation et l'implication des élèves

- **Saisir les réponses** en travaillant sur ordinateur ou tablette.
- **Faire les activités et les exercices**, préparer ou réviser le cours **en classe ou à la maison**.
- **Accéder** aux **ressources numériques**, vidéos, fichiers élèves (Word, Excel, GeoGebra...).
- **Sauvegarder** au **format Word** le travail effectué dans un dossier (classeur).
- **Envoyer le travail** au professeur.
- **S'enregistrer** pour les activités orales.
- **S'auto-évaluer**.

Toutes les infos et les tutos sur www.nathan.fr/i-manuel2

## Avec ce livre, des ressources numériques en accès direct

**Flashez les QR Codes avec votre smartphone ou saisissez les mini-liens associés** pour accéder à des vidéos, animations, QCM…

© Nathan – La photocopie non autorisée est un délit

# Sommaire

## THÈME 1 — PANIER DE CAMPAGNE
## L'intégration de l'entreprise dans son environnement



## THÈME 2 — FREE
## La régulation de l'activité économique



## THÈME 3 — TEE-SHIRT DE FRANCE
## L'organisation de l'activité de l'entreprise



© Nathan – La photocopie non autorisée est un délit

## CRÉDITS PHOTOS :

**Sauf indication contraire, toutes les illustrations proviennent de stock.adobe.com**
**p. 6 :** pressmaster ; **p. 7 :** Bigrain.stock ; **p. 8 :** Julien Eichinger ; **p. 9 haut :** es0lex ; bas : Monkey Business ; **p. 10 :** pixelheadphoto ; **p. 11 haut :** Mikael Damkier ; **bas :** adisa ; **p. 12 :** .shock ; **p. 13 :** djile ; **p. 14 haut :** Pictures news ; **milieu gauche :** philipus ; **milieu droite :** goodluz ; **bas :** illustrez-vous ; **p. 15 :** Mike Fouque ; **p. 17 :** pixarno ; **p. 19 :** contrastwerkstatt ; **p. 20 haut :** bqmeng ; **bas :** iQoncept; **p. 21 :** Industrieblick ; **p. 26 :** Jackin ; **p. 29 :** Tobias Arhelger ; **p. 30 :** Kletr ; **p. 33 :** dimazel ; **p. 35 :** Jacob Ammentorp Lund ; **p. 36 :** DEBORDE Jean_michel ; **p. 37 :** stevanzz ; **p. 38** : Christian BERND ; **p. 39 :** Miredi ; **p. 40 :** axe_olga ; **p. 42 :** Gajus, Adam Gregor ; **p. 43 :** candy1812 ; **p. 45 haut :** blende11.photo ; **bas** : Chlorophylle ; **p. 47 :** Flamingo Images ; **p. 48 haut :** alphaspirit ; **bas :** Daisy Daisy ; **p. 49 :** pressmaster ; **p. 50 haut :** Olivier Le Moal ; bas : adisa ; **p. 51 :** Dirima ; **p. 52 haut gauche :** hurca.com ; **haut droite :** JKstock ; **bas :** Syda Productions ; **p. 53 :** pressmaster ; **p. 54 haut :** Monkey Business ; **p. 55 :** Gorilla ; **p. 57 :** Jérôme Rommé ; **p. 59 :** rigaccidenio ; **p. 60 :** www.airfranceklm.com ; **p. 61 :** pressmaster ; **p. 64 :** www.altavia-group.com ; **p. 64, doc. 1 :** reproduction avec l'aimable autorisation du Journal des Grandes Écoles et Universités ; **p. 65 :** Stéphane Peneaud Design graphique communication pour Léa Nature ; **p. 67 :** seiler ; **p. 74 haut :** Maridav ; **bas :** Patrick J. ; **p. 75 :** Stihl024 ; **p. 76 haut :** red13fotostudio ; **bas :** fusolino ; **p. 77 :** WavebreakmediaMicro ; **p. 78 :** ricochet64/Shutterstock ; **p. 80 :** Atlantis ; **p. 81 :** cassis ; **p. 83 :** Tanusha ; **p. 84 :** David Mathieu ; **p. 85 haut :** alexmillos ; **bas :** Marina Zlochin ; **p. 86 haut :** JOVO ; **bas :** Eléonore H ; **p. 89 :** Drop of Light/Shutterstock ; **p. 93 :** Gamut ; **p. 95 :** joel_420 ; **p. 96 haut :** BillionPhotos.com ; **bas :** Parato ; **p. 97 haut :** brizmaker ; **bas :** skampixelle ; **p. 98 :** WavebreakmediaMicro ; **p. 100 :** Sergii Figurnyi ; **p. 101 :** Leonid Andronov ; **p. 105 haut :** WavebreakMediaMicro ; **bas :** Denis Kuvaev/Shutterstock ; **p. 106 :** zozzzzo ; **p. 107 haut :** Petair ; **bas :** Галина Сандалова ; **p. 109 :** VanderWolf Images ; **p. 110 :** rafapress/Shutterstock ; **p. 111 haut :** ra2 studio ; **bas :** tiero ; **p. 112 :** BillionPhotos.com ; **p. 113 haut :** boykung ; **bas :** Nonwarit ; **p. 114 :** Olivier Le Moal ; **p. 116 haut :** Alexandros Michailidis/Shutterstock ; **bas :** M.studio ; **p. 117 haut :** Andrey Kiselev ; **bas :** michelaubryphoto ; **p. 119 de haut en bas :** Mara Zemgaliete ; Ink Drop/Shutterstock ; baibaz ; **p. 120 :** Alessio Orrù ; **p. 121 :** Martinan ; **p. 122 haut :** Вадим Пастух ; **bas :** Sysken ; **p. 123 haut de gauche à droite :** Scanrail ; NicoElNino ; Mike Fouque ; **bas :** Concept web Studio ; **p. 124 :** Yordan Rusev ; **p. 125 :** wladimir1804 ; **p. 126 :** Image'in ; **p. 127 :** Pinar Alver/Shutterstock ; **p. 129 :** Velirina ; **p. 138 :** Auttapon Moonsawad ; **p. 139 :** Maroš Markovic ; **p. 140 de haut en bas :** ricochet64/shutterstock ; Jerome Kundrotas/shutterstock ; underverse ; **p. 141 haut :** Gamut ; **bas :** Photostocker ; **p. 142 :** pengyou92/Shutterstock ; **p. 144 :** pp1mbp ; **p. 145 :** -Misha ; **p. 146 :** zhu difeng ; **p. 147 :** Casimiro PT/Shutterstock ; **p. 148 :** makoto-garage.com ; **p. 149 :** Ingrid Pakats/Shutterstock ; **p. 153 :** Oliver Nowak ; **p. 154 :** chris32m ; **p. 155 :** FotolEdhar ; **p. 156 :** Marc Chesneau, Brian Jackson ; **p. 159 :** Freedomz ; **p. 160 :** avec l'aimable autorisation de Muriel Aublet-Cuvelier ; **p. 162 :** Jacob Ammentorp Lund ; **p. 163 :** Alexi Tauzin ; **p. 164 :** JackF ; **p. 169 :** volant ; **p. 170 haut :** Mathieu, **bas :** Rawf8 ; **p. 171 haut :** maxhalanski, **bas :** Kaspars Grinvalds ; **p. 172 haut :** AlcelVision, **bas :** Enrique del Barrio ; **p. 173 :** Robert Przybysz ; **p. 174 :** Khunatom ; **p. 175 :** Joe Gough, omphoto ; **p. 177 :** Leonid Andronov, photocrew ; **p. 178 :** Kaspars Grinvalds ; **p. 179 :** ThamKC ; **p. 181 :** sylv1rob1, juan_aunion ; **p. 183 :** s4svisuals ; **p. 184 :** constrastwerkstatt ; **p. 185 :** chika_milan ; **p. 186 :** Lukas Wunderlich/Shutterstock ; **p. 187 :** Gilles Paire ; **p. 189 :** Jean-Claude Moschetti/REA ; **p. 191 :** artinspiring ; **p. 192 :** max3d007 ; **p. 194 :** Gecko Studio, Robert Kneschke ; **p. 197 :** chika_milan ; **p. 198 haut :** Jan Engel, **bas :** zinkevych ; **p. 199 :** luckybusiness, chika_milan ; **p. 203 :** goodluz ; **p. 204 :** Rido, folienfeuer ; **p. 205 :** 2p2play/Shutterstock ; **p. 206 :** Chany167 ; **p. 207 :** Robert Kneschke ; **p. 209 :** Sergey Ryzhov ; **p. 211 :** Monthira ; **p. 213 :** AntonioDiaz

**INFOGRAPHIES :** Vincent Landrin, Alexandre Leguedey

**Édition :** Samuel Briand-Favard / Marine Riem, Florence Terrasse
**Conception maquette :** Aude Paradis, Graph'M
**Conception couverture :** Vincent Rioult
**Mise en pages :** Graph'M, Domino
**Coordination artistique :** Vincent Rioult
**Fabrication :** Christine Aubert / Maria Pauliat

© Nathan 2021 – 92 avenue de France, 75013 Paris
ISBN : 978-2-09-167284-7

© Nathan – La photocopie non autorisée est un délit

# THÈME 1

# L'intégration de l'entreprise dans son environnement

**Question :**

**Comment s'établissent les relations entre l'entreprise et son environnement économique ?**



**Question :**

**Comment les contrats sécurisent-ils les relations entre l'entreprise et ses partenaires ?**



**Question :**

**De quelle manière l'entreprise s'inscrit-elle dans son environnement ?**



© Nathan – La photocopie non autorisée est un délit

THÈME 1

# L'intégration de l'entreprise Panier de Campagne dans son environnement

**Pour renouer avec la simplicité et la proximité !**
**Pour redonner de la vitalité à nos campagnes !**
**Pour améliorer notre qualité de vie !**

PANIER DE CAMPAGNE

**CONTEXTE DE L'ENTREPRISE**

## Panier de Campagne

La start-up Panier de Campagne développe un projet solidaire pour apporter au cœur des villages les services de proximité dont les habitants ont besoin, dans un lieu de vie et de rencontres.

Des commerces multiservices utilisent les outils pratiques et modernes de commercialisation au profit d'une offre durable.

Panier de Campagne propose des « services et produits d'ici, pour simplifier la vie » :
– des produits locaux favorisant les circuits courts et les savoir-faire artisanaux ;
– des services de proximité : La Poste, Retrait Colis, cordonnerie, pressing, repassage, livres… ;
– un espace salon de thé et petite restauration avec les produits de la boutique ;
– une e-boutique (www.panierdecampagne.fr) avec service de livraison ;
– des animations et un point wi-fi.

Panier de Campagne s'inscrit dans l'économie sociale et solidaire. Son ambition est de créer un modèle de commerces durables en franchise, organisés en réseaux, afin que des centaines d'entrepreneurs créent des « Panier de Campagne » dans tous les villages de France.

Son **développement** en Région Occitanie :
– 2015 : ouverture d'une première boutique à Laguiole (1 250 habitants), vers Rodez, dans l'Aveyron (12) ;
– 2016 : ouverture d'une deuxième boutique à Burlats (1 821 habitants), près de Castres, dans le Tarn (81) ;
– 2017 : ouverture d'une troisième boutique à Quillan (3 540 habitants), près de Limoux, dans l'Aude (11) ;
– début 2018 : ouverture d'une quatrième boutique à Sévérac-le-Château (2 427 habitants), vers Rodez, dans l'Aveyron (12).

Chaque point de vente Panier de Campagne est composé d'une équipe de trois ou quatre personnes : un gérant, deux employés, un stagiaire éventuel.

***Les partenaires de l'entreprise Panier de Campagne***

Pour mener à bien son projet, l'entreprise a noué des liens avec des partenaires clés, comme La Poste et la SNCF. Elle possède un réseau de fournisseurs locaux : des maraîchers, des éleveurs, des viticulteurs… Aujourd'hui, elle recrute des responsables de magasin pour gérer les nouveaux points de vente créés et recherche de nouveaux partenaires financiers pour assurer son développement et pour que les futurs commerces se créent à travers un réseau de franchise.

**Comment les relations de l'entreprise Panier de Campagne avec ses différents acteurs lui permettent-elles de se créer, de se développer et d'assurer sa pérennité ?**

© Nathan – La photocopie non autorisée est un délit

# 1 Les agents économiques en relation avec l'entreprise

**LA COMPÉTENCE ATTENDUE**

→ Identifier les principaux agents économiques en relation avec l'entreprise et leurs rôles (ménages, entreprises, banques, État).

**PLAN DU CHAPITRE**

- 1 • Identifier les agents économiques et leurs rôles
- 2 • Analyser les échanges entre les agents économiques

**LES SAVOIRS ASSOCIÉS**

→ Les agents économiques et leurs rôles
→ Le rôle des banques
→ Les échanges entre les agents économiques

## Le succès croissant du réseau O'Tacos

**O'Tacos, réseau spécialisé dans le taco à la française, ouvre une vingtaine de nouveaux restaurants**

Les ouvertures se succèdent au fil des mois pour O'Tacos qui comptabilise une vingtaine de nouveaux restaurants entre juin et septembre 2020. [...]

**O'Tacos : qualité et convivialité avant tout**

Et à chaque ouverture, les clients ne se sont pas fait attendre. La notoriété du réseau n'est en effet plus à faire et l'arrivée d'un nouveau restaurant est généralement attendue avec impatience par les gourmands de la ville, attirés à la fois par la générosité des tacos de la chaîne, la qualité des produits proposés et la convivialité des établissements O'Tacos.

**Sandrine Cazan, toute-la-franchise.com, 11 octobre 2020.**

LE CIRCUIT ÉCONOMIQUE

**Vidéo**
liennathan.fr/pk3m92

1. **Que produit l'entreprise O'Tacos ?**
2. **Avec quels acteurs est-elle en relation dans le cadre de son activité ?**
3. **À votre avis, quelles sont les raisons de son succès ?**

© Nathan – La photocopie non autorisée est un délit

# 1 Identifier les agents économiques et leurs rôles

## A La notion d'agent économique

**DOC. 1 La nécessité de regrouper les agents économiques**

On entend communément par « agent économique » un individu ou un groupe d'individus constituant un centre de décision économique indépendant. Chaque individu, comme chaque organisation, constitue donc un agent. Toutefois, l'analyse théorique ne peut considérer simultanément des millions de centres de décisions autonomes. Elle doit faire comme si n'existaient que quatre ou cinq types d'agents différents, et considérer que tous les individus composant chacune de ces grandes catégories partagent des modes communs de raisonnement et de décision. De plus, la réalisation des comptes de la nation rend nécessaire le regroupement des milliards d'opérations économiques individuelles réalisées dans l'année dans des catégories économiquement significatives et relativement simples à manier. [...]
Dans la réalité, en effet, tout le monde ne fait pas tout. La plupart des agents ne produisent pas eux-mêmes les biens ou les services nécessaires à la satisfaction de leurs besoins. [...]
Bref, dans le monde réel, la plupart des individus appartiennent à des groupes relativement distincts quant à la nature de leur activité. Il est donc possible de regrouper les différents agents selon leurs fonctions économiques principales.

**Jacques Généreux, *Introduction à l'économie*, Éditions du Seuil, 1992, nouvelle édition « *Points Économiques* », 2017.**

**1. Qu'est-ce qu'un acteur ou agent économique ?**
**2. Pourquoi opère-t-on un regroupement des agents économiques par catégories ?**
**3. En fonction de quel critère est effectué ce regroupement ?**

**DOC. 2 Quatre catégories d'agents économiques**

| Agents économiques | Définitions |
|---|---|
| **Ménages** | Un ménage est un individu ou un groupe d'individus, vivant habituellement dans un même logement, qu'il y ait entre eux un lien de parenté ou non. |
| **Entreprises** | Une entreprise produit des biens ou des services pour les vendre sur un marché afin de réaliser un profit. |
| **Administrations publiques** | Elles répondent aux besoins d'intérêt général de la population (ordre public, services publics...). Elles comprennent l'État, les collectivités locales (communes, départements, régions) et les établissements publics. |
| **Banques** | Elles assurent le financement de l'économie. Elles accordent des crédits aux agents ayant des besoins de financement. |

**4. Identifiez la catégorie d'agents économiques à laquelle appartient chacun des agents économiques suivants : ZARA, l'hôpital de Nice, la Caisse d'épargne, M. et Mme Sorci, vous-même, un boulanger, le Crédit mutuel, la mairie de Paris, La Poste.**

© Nathan – La photocopie non autorisée est un délit

## B Les fonctions économiques principales des agents

### DOC.3 Lego, numéro un du jouet en France

Lego confirme sa reprise, initiée en 2018, avec une nouvelle hausse de ses ventes et bénéfices en 2019. Le fabricant danois a vu bondir son chiffre d'affaires de 6 % pour atteindre 38,5 milliards de couronnes danoises (5,1 Mds €). C'est le meilleur score de la marque de briques. […]

**Des investissements rentables**

Le groupe accroît également sa rentabilité : son bénéfice net a progressé de 3 % pour atteindre 8,3 milliards de couronnes danoises (1,1 Md €). Un résultat qui s'explique notamment par les investissements réalisés par le groupe pour conquérir de nouveaux marchés, notamment en Chine, et de nouvelles cibles de consommateurs *via* l'innovation produits. « *Nous nous appuyons sur notre solide assise financière pour investir dans des initiatives qui nous permettront de devancer ces tendances et de favoriser la croissance à long terme* », a commenté Niels B. Christiansen, PDG du groupe Lego. […]

| | |
|---|---|
| **Chiffre d'affaires 2019** | 5,1 milliards d'euros |
| **Bénéfice 2019** | 1,1 milliard d'euros |
| **Part de marché sur le marché du jouet** | 9,5 % du marché français |
| **Effectif** | 9 000 salariés |
| **Implantation** | 570 magasins dans le monde |

Le groupe compte aujourd'hui 570 magasins à travers le monde (dont 13 en France, en propre ou en franchise certifiée). Pour 2020, Lego compte ouvrir à nouveau 150 magasins, dont 80 en Chine.

**Véronique Yvernault, lsa-conso.fr, 4 mars 2020.**

### DOC.4 Les entreprises produisent

La catégorie des entreprises non financières regroupe toutes les entreprises dont la fonction principale consiste à **produire des biens et des services non financiers marchands.** C'est de cette activité économique principale qu'elles tirent l'essentiel de leurs ressources par le produit de leurs ventes.

**Produire des biens et services…**

Les biens sont des produits matériels, durables (un appareil électroménager, un vêtement…) ou non durables s'ils sont détruits à la première utilisation (la nourriture…).

Les services sont des produits immatériels (services d'un médecin, d'un coiffeur, d'un formateur…). En ce qui concerne les sociétés non financières, ces services sont de toute nature, à l'exclusion des services financiers et d'assurance, qui sont produits par les sociétés financières (les banques).

**… marchands**

La comptabilité nationale qualifie de « marchande » toute production destinée à être vendue sur un marché au prix du marché, c'est-à-dire à un « prix économiquement significatif » – par convention, celui qui permet de couvrir 50 % du coût de production.

5. **Quelles sont les différentes opérations économiques réalisées par Lego en 2019 ? Laquelle constitue sa fonction principale ?**
6. **D'où la société Lego tire-t-elle ses ressources financières pour mener ses activités économiques ?**
7. **Pourquoi parle-t-on de production marchande dans le cas de Lego ? Quelle est la nature des produits vendus ?**
8. **Quelle est la finalité de cette entreprise ?**

© Nathan – La photocopie non autorisée est un délit

## DOC. 5 Les ménages consomment

En comptabilité nationale, la notion de ménage revêt une acception très large : tout individu ou groupe d'individus, habitant sous le même toit, constitue un ménage.
Les ménages perçoivent des revenus primaires*, résultant soit de leur participation directe à l'activité productive, soit de la détention d'un patrimoine. […]
Précisons d'emblée que l'activité économique des ménages ne se limite pas exclusivement à la consommation et à l'épargne ; tout comme les entreprises, les ménages investissent, en particulier à l'occasion de l'achat d'un logement ou de grosses réparations. Néanmoins, il ne s'agit pas là de leur principale fonction : les ménages sont d'abord perçus comme des consommateurs, c'est-à-dire comme des agents qui dépensent une partie de leur revenu pour acquérir des biens et services. […]
La consommation des ménages est une consommation finale : elle est destinée à satisfaire directement des besoins (se nourrir, se cultiver, etc.).

**Emmanuel Combe, *Précis d'économie*, Éd. PUF, 13e édition.**

* Les revenus primaires des ménages proviennent de leur travail (ex.: salaires) et/ou de la détention d'un patrimoine (ex.: loyers perçus sur la location d'un bien immobilier, intérêts de l'épargne).

## DOC. 6 La consommation progresse en 2019

En 2019, le pouvoir d'achat des ménages a accéléré nettement (2,1 % prévu sur l'année, après 1,2 % en 2018) du fait de nombreuses mesures de soutien budgétaire, prises notamment en réponse au mouvement des « gilets jaunes » fin 2018. […] La consommation des ménages garderait une progression régulière [+ 1,5 % en 2019].

**www.franceinter.fr, 17 décembre 2019**

**On compte 29,2 millions de ménages en France.**

**9.** **Indiquez, en prenant soin de justifier votre réponse, si les personnes ou groupes de personnes suivants forment ou non un ménage au sens de l'INSEE : un célibataire vivant seul ; une famille composée d'un couple, un enfant résidant avec eux et un deuxième vivant en résidence étudiante ; des étudiants en colocation ; des moines dans un monastère.**

**10.** **Quelle est la fonction économique principale des ménages ? Après l'avoir définie, vous indiquerez comment elle a évolué en 2019.**

**11.** **Quelles sont les autres utilisations du revenu des ménages ? Illustrez chacune d'elles par un exemple.**

**12.** **Quelles sont les origines du revenu des ménages ?**

## DOC. 7 Le financement de l'économie par les banques

### 2 545 MILLIARDS D'EUROS

C'est le montant de financement apporté à l'économie française, sous forme de crédits bancaires **(source : BdF – 2020)** :
– pour l'activité des entreprises (besoin de trésorerie, investissements, développement de nouveaux marchés ou innovations technologiques) ;
– comme pour les projets des ménages (logement, véhicules, études…).

**1181**
**MILLIARDS D'EUROS**
DE CRÉDITS AUX ENTREPRISES

/ Banque de France fin septembre 2020 /

© Nathan – La photocopie non autorisée est un délit

**DOC. 8** Les services proposés par les banques aux ménages

**Gérer les comptes et les moyens de paiement :** ouvrir un compte, gérer ses comptes, obtenir des moyens de paiement (cartes, chèques…).

**Emprunter :** obtenir un crédit pour acheter un logement, réaliser des travaux, financer des projets.

**Épargner :** trouver un produit d'épargne adapté à ses projets, pour préparer sa retraite, constituer un patrimoine.

**13.** Quelle est la fonction principale des banques ? À qui s'adressent-elles ?

**14.** Selon vous, quel est le risque encouru par les banquiers lorsqu'ils prêtent à des créateurs d'entreprise ?

**15.** Quels sont les différents services proposés par le Crédit agricole à ses clients ?

**DOC. 9** Le rôle des administrations publiques

Les administrations publiques regroupent toutes les organisations dont l'activité principale consiste à produire des services non marchands financés par des contributions obligatoires ou à redistribuer le revenu et la richesse.

Les administrations publiques sont donc principalement financées par des prélèvements obligatoires (taxes, impôts et cotisations sociales). Elles comprennent les administrations centrales (État, Sécurité sociale) et les administrations locales (communes, départements, régions). [Pour] simplifier, [on emploie] souvent le terme « État » au sens large d'agent représentatif de l'ensemble des administrations publiques.

Emmanuel Combe, *Précis d'économie*, Éd. PUF, 13e édition.

**DOC. 10** La production non marchande de l'État

La comptabilité nationale qualifie de « non marchande » toute production proposée gratuitement (ex. : l'usage des routes en France) ou à un prix inférieur à 50 % du coût de production (ex. : l'entrée dans une piscine municipale). L'accès aux services publics correspond à cette définition : justice, défense, enseignement, santé, infrastructures…

Cette gratuité ou quasi-gratuité est en réalité financée par l'ensemble des agents économiques à travers les impôts et cotisations sociales qu'ils versent à l'occasion de leurs diverses opérations (TVA sur la consommation, impôt sur le revenu, cotisations sociales sur les revenus du travail…).

**16.** Quelle est la différence entre la production marchande et la production non marchande ? Par quels agents économiques sont-elles respectivement réalisées ?

**17.** Quelle est la mission principale des administrations publiques ?

**18.** À quels besoins les services publics cités dans le document 10 répondent-ils ? Les citoyens paient-ils le prix de ces services ? Expliquez.

**19.** Citez les trois niveaux d'administrations publiques.

# APPLICATION AU CAS

## PANIER DE CAMPAGNE

**DOC. 1** Le prêt créateur du Crédit agricole

Les créateurs de Panier de Campagne ont financé l'ouverture de leur nouvelle boutique multiservice en plein cœur de Séverac d'Aveyron près de Rodez grâce à la banque Crédit agricole, qui les a accompagnés dans leur projet de création. En effet, pour démarrer leur activité, ils ont eu besoin de fonds pour financer la location et l'aménagement de leur magasin, les premières commandes…

**1.** À quelle catégorie d'agents appartiennent respectivement Panier de Campagne et le Crédit agricole ? Rappelez leurs fonctions principales respectives.

**2.** Quel service apporte le Crédit agricole aux créateurs de Panier de Campagne ? À quel prix ?

© Nathan – La photocopie non autorisée est un délit

# 2 Analyser les échanges entre l'entreprise et les autres agents économiques

## A La nécessité de l'échange

### DOC. 11 L'intérêt de l'échange

Dans nos sociétés développées, il est rare que les individus puissent vivre en autarcie en produisant tous les produits nécessaires à la satisfaction de leurs besoins. Ils se spécialisent dans un type de production, et grâce aux revenus acquis dans leurs activités respectives, ils peuvent se procurer les biens et les services produits par les autres.
En ce sens, l'échange est l'un des piliers de la vie en société.

**1. Pourquoi les individus sont-ils amenés à échanger entre eux des biens et services ?**

### DOC. 12 Netflix ne cesse de développer son offre

La grande bataille du moment s'appelle « le streaming vidéo ». Pour l'instant, c'est Netflix qui tient la corde. [...]

**La guerre des écrans se concentre sur les contenus**

Netflix doit investir de plus en plus dans des émissions, documentaires, séries et films originaux, par exemple *Orange Is The New Black* ou *The Queen's Gambit*.
La « chaîne » accélère aussi son offensive dans le cinéma et veut produire 80 films cette année. [...]

**Il faut entre six mois et cinq ans pour rembourser un programme original**

La production de ces contenus originaux [lui a coûté] huit milliards de dollars (6,5 milliards d'euros) en 2018, deux milliards de plus qu'en 2017. En 2019, la firme [aurait dépensé] jusqu'à 13 milliards de dollars. [...]
Quand on dépense beaucoup de milliards tout de suite alors que les recettes viendront plus tard, quand on accumule une dette estimée à 6,5 milliards de dollars sans faire de bénéfice malgré un chiffre d'affaires de 10 milliards, la course en tête peut ressembler à une fuite en avant.

**Karl Tobin, pourleco.com, 10 août 2020.**

### DOC. 13 Opérations économiques et échanges

Les comptes nationaux, élaborés en France par l'INSEE, permettent d'enregistrer, dans un cadre comptable, les opérations économiques qui se déroulent entre les agents économiques. Il est fourni un ensemble d'informations quantitatives utilisées comme outil d'aide à la décision par les autorités politiques et les chefs d'entreprise.
Les comptables nationaux procèdent à la classification des agents et des opérations économiques. [...]
Les opérations économiques réalisées par les [agents économiques] sont classées en deux catégories :
– les opérations sur produits : elles permettent de connaître l'origine et l'utilisation des biens et services échangés dans l'économie. Les ressources sont constituées par la production et les importations. Les emplois regroupent [la consommation, l'investissement et les exportations] ;
– les opérations financières : elles désignent les opérations par lesquelles les acteurs économiques se procurent des moyens de financement ou mettent à disposition leurs moyens de financement, par l'intermédiaire des institutions financières.

**Sandrine Roque, *Comprendre la comptabilité nationale*, Educagri Éditions, 2015.**

**2. Précisez le domaine dans lequel Netflix a choisi de se spécialiser.**
**3. Indiquez les opérations réalisées par Netflix en distinguant les opérations sur produits et les opérations financières.**
**4. Quelle est la nature de l'échange réalisé entre Netflix et ses clients ?**

© Nathan – La photocopie non autorisée est un délit

## DOC. 14 L'exemple des échanges entre les entreprises et les ménages

Le circuit économique entre les entreprises et les ménages décrit comment les premières créent simultanément des biens et des services (flux réels) ainsi que des revenus (flux monétaires). Les flux circulant entre les deux agents sont ainsi de deux natures : des flux réels et des flux monétaires.

On peut remarquer que tout flux réel est toujours doublé d'un flux monétaire : la contrepartie monétaire de l'achat d'un bien est son paiement, celle du travail est le salaire. La comptabilité nationale enregistre donc les échanges selon les principes de la « partie double », qui signifie que toute dépense (emploi) pour un agent est une source de revenus (ressource) pour un autre agent.

**D'après *Économie*, DCG, Éditions Nathan.**

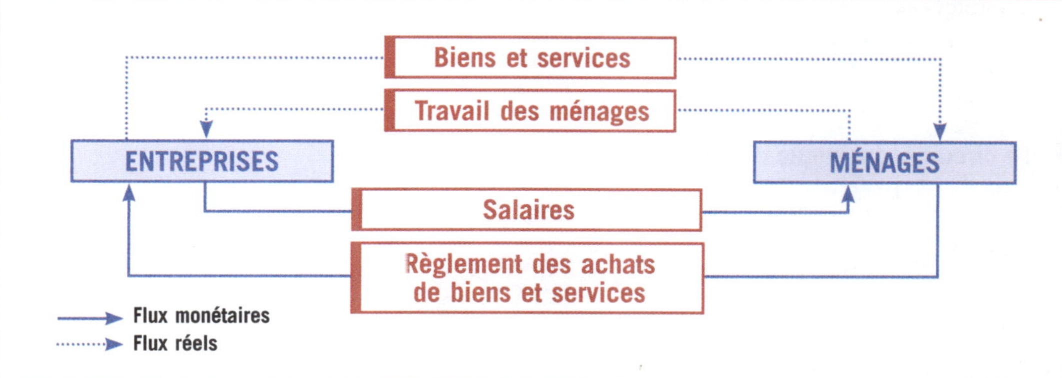


> **5.** Quelle est la contrepartie des salaires reçus des entreprises par les ménages ? En quoi peut-on considérer qu'il s'agit d'un échange ?
> **6.** Expliquez l'autre catégorie d'échanges réalisés entre les entreprises et les ménages, en prenant soin de distinguer le flux réel du flux monétaire.
> **7.** Quelle fonction des ménages retrouve-t-on dans le schéma du document 14 ?

## DOC. 15 Offre d'emploi : les modalités de l'échange

CAAP ouest — ASSOCIATION INTERMÉDIAIRE
Insertion par l'activité économique

OFFRE D'EMPLOI - CONTRAT DE MISE A DISPOSITION DE PERSONNEL - Code Rome : G1203 et G1603

### AGENT DE SERVICE DE COLLECTIVITÉ H/F

Accueillir et s'occuper des enfants pendant le temps de la cantine

**TÂCHES EFFECTUÉES**

- Accompagner les enfants au restaurant scolaire
- Aider les enfants à se laver les mains et installer les enfants dans le réfectoire
- Effectuer le service au self ou à table et aider à la prise des repas
- Surveiller les enfants pendant la prise de repas
- Débarasser les tables
- Surveiller les enfants dans la cour jusqu'au retour des enseignants

**MODALITÉS DU CONTRAT**

- **Type de contrat :** Contrat de mise à disposition
- **Durée :** 24 mois maximum
- **Horaires décalées :** Entre 2 h et 10 h hebdomadaires.
- **Rémunération** : SMIC
- **Lieux :** Possibilité d'intervention sur différents lieux : *Saint-Étienne de Montluc, Cordemais, vigneux de bretagne, le Temple de Bretagne et Sautron*

**http://caapouest.com**

> **8.** Quelles sont les conditions de l'échange proposées à travers cette offre d'emploi ?



© Nathan – La photocopie non autorisée est un délit

## B La représentation des échanges entre l'entreprise et les autres agents économiques

### DOC. 16 La notion de circuit économique

En passant d'une économie à deux agents à l'ensemble de l'économie nationale, on intègre au circuit les sociétés financières et les administrations publiques.
La comptabilité nationale représente la réalité économique sous la forme d'un circuit qui est une représentation schématique, et donc très simplifiée, des relations qui existent entre les différents agents économiques.

***Économie*, DCG, Éditions Nathan.**

### DOC. 17 Le circuit économique d'ensemble

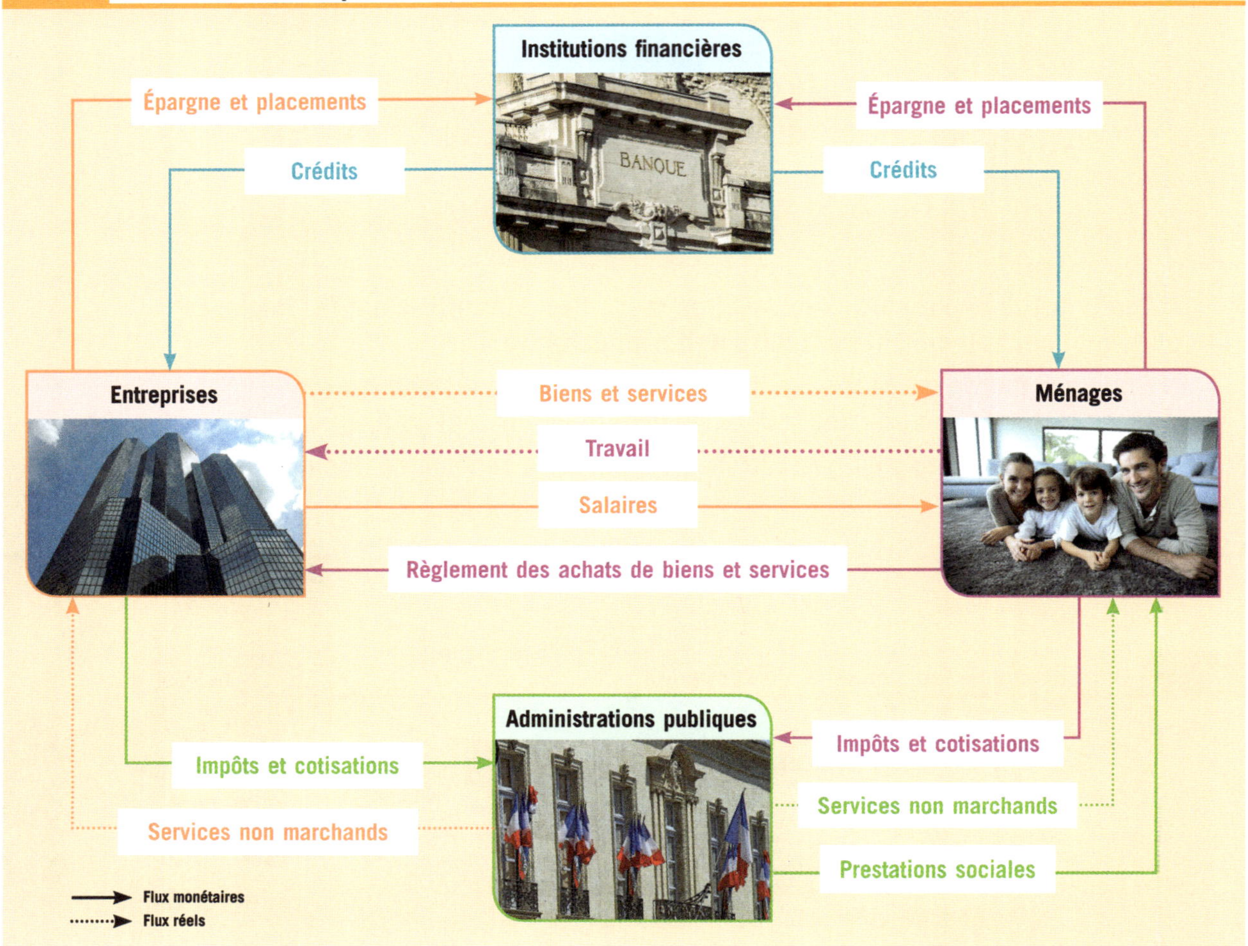


9. **Quel est l'intérêt d'une analyse des échanges sous forme de circuit économique ?**
10. **Une entreprise doit renouveler son parc de machines.
Où trouve-t-elle au moins en partie l'argent nécessaire à cet investissement ?**
11. **Où va l'argent d'un ménage ?**
12. **Auprès de quels agents économiques l'État perçoit-il des impôts ?
En échange de quoi ?**
13. **Qui doit payer des intérêts aux banques ?
En contrepartie de quels services ?**
14. **Quelle fonction des entreprises retrouve-t-on dans le circuit économique ?**

© Nathan – La photocopie non autorisée est un délit

## DOC. 18 Le circuit des fonctions économiques

Il est possible de représenter le circuit économique entre les grandes fonctions de l'économie.
Les producteurs fournissent des revenus qui conduisent à des dépenses (consommation, investissement) qui permettent d'acheter les productions et ainsi de suite.
Il est donc également possible d'établir un circuit des fonctions économiques. Ce circuit peut être représenté par un schéma circulaire fermé où sont représentés les flux de production, de revenus et de dépenses.

Le circuit des fonctions économiques

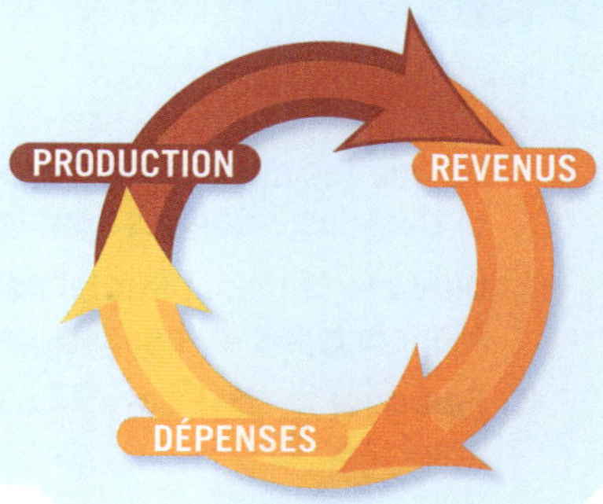


**15.** **À partir du document 18, expliquez les liens entre la production, les revenus et les dépenses.**

# APPLICATION AU CAS

## PANIER DE CAMPAGNE

### DOC. Panier de Campagne : création d'une filière bio

Avec le soutien du Crédit agricole et une subvention de 5 000 € du conseil régional d'Occitanie, les créateurs de Panier de Campagne sont parvenus à ouvrir leur commerce multiservice de proximité, dans lequel ils proposent des produits achetés auprès de producteurs bio et locaux. Ils mettent en effet un point d'honneur à valoriser le territoire sévéragais et souhaitent s'approvisionner directement chez les producteurs locaux au moment des récoltes, dans un circuit court, c'est-à-dire dans un périmètre de 40 kilomètres.

La majeure partie de leur clientèle réside dans le périmètre de la boutique et enregistre un panier moyen de 32 € par achat.

Très rapidement, ils ont embauché M. Bernard pour compléter l'équipe à la boutique et ont investi dans un véhicule Renault utilitaire pour assurer l'approvisionnement auprès des fournisseurs locaux ainsi que les livraisons à domicile pour les personnes âgées.

**1.** **Pour chacun des agents économiques mentionnés dans le document, identifiez :**
**– son nom ;**
**– sa catégorie ;**
**– sa fonction économique principale.**

**2.** **Réalisez le circuit qui représente les flux économiques entre tous les agents avec lesquels Panier de Campagne est en relation. Représentez les agents économiques par des rectangles, les flux réels par des flèches noires et les flux monétaires par des flèches rouges.**

Vers PIX D3.1

© Nathan – La photocopie non autorisée est un délit

# 1 Le financement des entreprises françaises

1. De quelles catégories d'agents économiques est-il question dans le document ci-dessous ? Quelles sont leurs fonctions principales respectives ?
2. Quel est le montant total des crédits accordés par les banques aux PME en 2019 ? À quels types de besoins ces crédits répondent-ils ?
3. Pourquoi le crédit aux TPE/PME constitue-t-il un enjeu fondamental pour l'économie française ?

**DOC.** Les banques financent plus d'un million de TPE/PME

**Poids des PME dans le tissu productif français**

La France compte environ 3 850 000 petites et moyennes entreprises (PME)/très petites entreprises (TPE), dont l'effectif est inférieur à 250 salariés. Le tissu des PME et TPE représente 99,9 % du total des entreprises françaises, puisqu'on dénombre seulement 5 722 entreprises de taille intermédiaire (ETI) et 257 grandes entreprises (GE).
En même temps que les PME/TPE constituent un gisement d'emploi, la question de leur financement est donc un enjeu central pour le dynamisme de l'économie française.

**Insee, décembre 2019.**

Encours de crédits aux PME en France (en milliards d'euros)

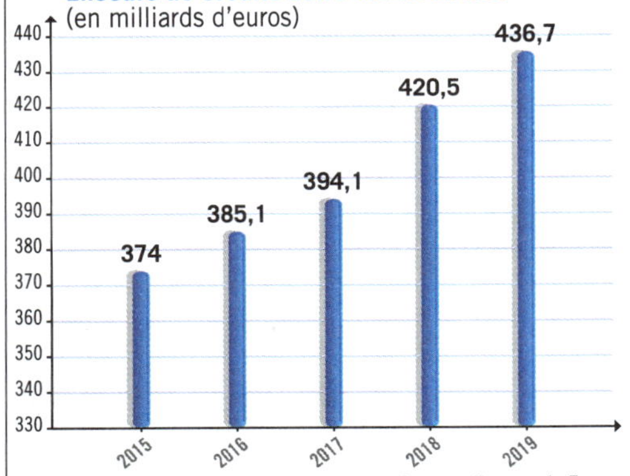


Source : Banque de France

**Les demandes de crédits de trésorerie restent à des niveaux élevés**

Le taux d'accès des PME aux **crédits de trésorerie** diminue de 4 points par rapport au trimestre précédent mais reste à un niveau élevé avec 90 % des demandes satisfaites, en lien avec l'obtention de PGE (prêts garantis par l'État).
Le taux d'accès aux **crédits d'investissement** progresse légèrement avec 96 % des PME qui obtiennent en totalité ou en grande partie les crédits demandés, après 95 % au T2 2020. S'agissant plus particulièrement des crédits d'équipement, le taux d'obtention progresse également d'un point à 91 %.

***Banque de France, Enquête trimestrielle auprès des entreprises sur leur accès au crédit en France,* 3e trimestre 2020.**

# 2 L'Éducation nationale : un service non marchand

1. À quelle catégorie d'agents appartient une école maternelle ? Que produit-elle ?
2. Qui finance la plus grande partie du coût d'éducation ? D'où proviennent ses ressources ?
3. Quelle part de la dépense d'éducation d'un lycéen est financée par sa famille ?

**DOC.** La dépense intérieure d'éducation (DIE)

En 2018, la dépense intérieure d'éducation (DIE) [qui mesure l'effort consenti par la Nation pour le fonctionnement et le développement du système éducatif] atteint 157,2 milliards d'euros, soit 6,7 % du produit intérieur brut (PIB). La dépense par élève ou étudiant s'élève à 8 810 euros, en hausse de 490 euros par rapport à 2008. Elle augmente avec le niveau d'enseignement. La DIE se répartit entre l'enseignement du premier degré pour 29,7 %, l'enseignement du second degré pour 38,6 %, l'enseignement supérieur pour 20,2 % et la formation continue et extrascolaire à hauteur de 11,5 %. En 2018, l'État participe de manière prépondérante au financement de la DIE, à hauteur de 57,4 %. Il supporte l'essentiel des charges de personnel qui représentent les trois quarts des dépenses.

**Insee Références, *Tableaux de l'économie française,* 27 février 2020.**

© Nathan – La photocopie non autorisée est un délit

**DOC.** **Le financement de l'Éducation (en %)**

| | 2019 |
|---|---|
| État | 57,3 |
| Collectivités territoriales | 23,3 |
| Autres administrations publiques | 2,7 |
| Ménages | 7,8 |
| Entreprises | 8,9 |
| **Total** | **100,0** |

Champ : France métropolitaine + DOM.

***Source : ministère de l'Éducation nationale – Compte de l'éducation.***

## 3 L'évolution de la consommation des ménages

1. **Comment a évolué la part des dépenses d'alimentation entre 1960 et 2018 ? Pensez-vous que l'on mange moins aujourd'hui qu'en 1960 ? Justifiez votre réponse.**
2. **Quels sont les autres grands changements affectant la consommation des ménages depuis 1960 ?**
3. **Recherchez les raisons de ces évolutions. Vous pourrez vous aider du site éducatif de l'Institut national de la statistique et des études économiques (INSEE) : http://www.statapprendre.education.fr/insee/ (rubrique « Consommation »).** Vers PIX D1.1

**DOC.** **Les dépenses de consommation des ménages par postes de dépenses**

Les modes de vie changent et se manifestent par des transformations économiques et sociales. Ainsi, les dépenses de consommation des ménages ont évolué au cours du temps.

| | Part de la consommation des ménages | | Valeur en 2018 (en millions d'euros) |
|---|---|---|---|
| | 1960 | 2018 | |
| Alimentation | 27,5 | 10,0 | 162,2 |
| Habillement | 10,1 | 2,8 | 44,9 |
| Logement | 9,7 | 20,0 | 325,0 |
| Équipement du logement | 7,9 | 3,6 | 58,8 |
| Santé | 1,9 | 3,0 | 49,2 |
| Transports, communications | 9,5 | 12,5 | 203,2 |
| Loisirs et culture | 6,1 | 6,0 | 97,8 |
| Autres | 13,1 | 17,1 | 278,7 |
| Dépenses de consommation socialisée[1] | 14,1 | 25,1 | 409,0 |
| **TOTAL (consommation effective des ménages)** | **100,0** | **100,0** | **1 628,8** |

1. Dépenses en biens et services que les ménages financent de manière indirecte (santé, éducation…) par les prélèvements obligatoires.

**INSEE, Comptes nationaux 2019.**

© Nathan – La photocopie non autorisée est un délit

# SYNTHÈSE

## Le rôle des agents économiques

| Les entreprises | Les ménages | Les banques | L'État |
|---|---|---|---|
| Produisent des biens et services marchands | Consomment des biens et services | Produisent des services bancaires | Produit des services non marchands |

## Les échanges entre les agents économiques

- Sont nécessaires car aucun agent économique ne peut produire lui-même l'ensemble des biens et services lui permettant de satisfaire tous ses besoins.
- Peuvent être représentés de façon schématique et simplifiée sous la forme d'un circuit économique.
- Traduisent les liens entre les opérations réalisées par les agents économiques : les producteurs assurent la production et distribuent des revenus qui seront dépensés sous forme de consommation et d'investissement.

### CONCEPTS

Agent économique – Consommation – Investissement – Ménage – Entreprise – Banque – Administrations publiques – Production marchande – Production non marchande

© Nathan – La photocopie non autorisée est un délit

# 2 Le fonctionnement des marchés

**LES COMPÉTENCES ATTENDUES**

→ Présenter le fonctionnement des marchés sur lesquels intervient l'entreprise.
→ Repérer l'existence d'externalités pour l'entreprise.

**LES SAVOIRS ASSOCIÉS**

→ Le rôle du marché et son fonctionnement
→ Le rôle des banques et du marché financier
→ La concurrence et les relations de coopération
→ Les barrières à l'entrée
→ L'asymétrie de l'information
→ Les externalités positives et négatives

**PLAN DU CHAPITRE**

## SFR et Bouygues Telecom relancent la guerre des box

Les deux opérateurs ont chacun lancé ce jeudi des offres fibre associant pour la première fois l'achat d'une télévision connectée Samsung. [...]

Un peu comme les offres mobiles qui viennent souvent avec un nouveau smartphone, ces nouvelles offres bousculent le marché du fixe et sont censées mieux coller aux nouveaux usages et à la vague de la télévision over-the-top (OTT, comme Netflix). Mais SFR et Bouygues Telecom espèrent surtout gagner de nouveaux clients fibre alors que le marché des télécoms, gelé pendant tout le confinement, va à nouveau bouger.

**Structure du marché des télécoms en France, fin 2019**
(en % de part de marché)

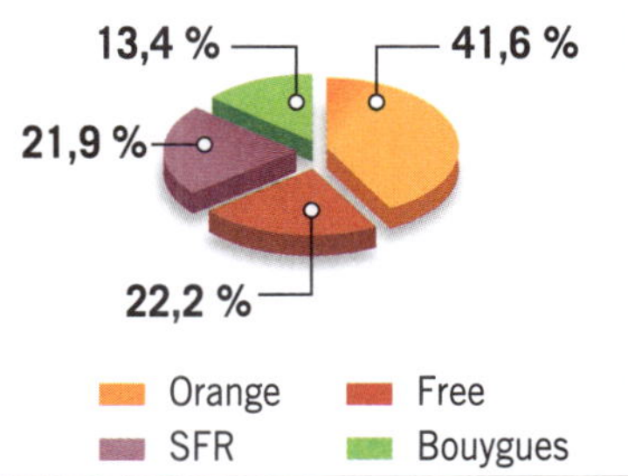


L'innovation chez Bouygues consiste à supprimer le traditionnel décodeur TV, qui venait en plus de la box. Cette fois, le décodeur est « fondu » à l'intérieur même de l'écran Samsung. Il est remplacé par une application préinstallée, B.TV+, permettant d'accéder à 151 chaînes, 14 replays et 83 chaînes payantes.

**Raphaël Balenieri, lesechos.fr, 28 mai 2020.**

**LA GUERRE DES PRIX FRAGILISE LES OPÉRATEURS TÉLÉPHONIQUES**

Vidéo
liennathan.fr/r956ht

1. **Sur quel marché interviennent Orange, SFR, Bouygues et Free ?**
2. **Pourquoi proposent-ils des offres différentes ?**
3. **Quel est le risque d'une telle démarche (vidéo) ?**

© Nathan – La photocopie non autorisée est un délit

# 1 Présenter le fonctionnement des marchés sur lesquels intervient l'entreprise

## A La détermination et le rôle du prix sur les différents marchés

### DOC. 1 Pourquoi le prix du masque jetable a explosé (et pourquoi il pourrait vite chuter)

Selon le *JDD*, le prix du masque chirurgical et jetable a été multiplié jusqu'à 19 depuis le début de la crise sanitaire. Il est ainsi passé d'environ 0,05 euro avant la pandémie de Covid-19 à un prix maximum de 0,95 euro TTC aujourd'hui (prix plafonné par décret gouvernemental), assure le journal. De quoi alourdir le budget de nombreuses familles, pour qui l'achat de masques peut devenir un véritable poste de dépenses.

**Offre et demande**

Cette inflation avait du sens au plus fort de la crise, en mars-avril. « L'augmentation du prix avait été boostée par deux facteurs, glisse au *JDD* un expert gouvernemental. D'un côté, la demande mondiale a explosé pendant la crise et, de l'autre, la principale matière première est devenue rare, donc chère. » Il s'agit du meltblown, un voile non tissé en polypropylène qui filtre les particules. En outre, le coût du fret aérien, supérieur à celui du transport maritime, a contribué à cette explosion des prix.

La situation est toutefois différente aujourd'hui. Le marché de la production de masques est devenu très concurrentiel, le transport maritime a repris et les masques sont moins chers à fabriquer. Ils « sortent dorénavant des usines à 0,07 euro en Chine et même à 0,04 euro en Inde », précise le *JDD*, qui assure que les commandes ne « viennent pas ». « Tout le monde a constitué, au plus fort de la crise, des réserves pléthoriques, qu'il faut écouler aujourd'hui », analyse un trader de la société NewTrends Asia Pacific.

**Pas de vente à perte**

En France, la vente à perte est interdite, les stocks achetés cher au plus fort de la crise ne peuvent donc pas être écoulés aujourd'hui à des prix trop bas. Il faudra donc attendre l'écoulement de ces stocks – en grandes surfaces et pharmacies – pour observer une baisse des prix. Les mesures rendant le port du masque obligatoire devraient accélérer ce processus.

La multiplication de la production de masques et le retour des livraisons par bateau contribueront alors à une baisse des prix. Cette dernière est attendue à la rentrée.

**www.lexpress.fr, 18 août 2020.**

1. **Repérez les effets du début de la crise sanitaire sur la demande de masques jetables et sur les prix pratiqués.**
2. **Quel autre facteur explique l'évolution des prix pratiqués ?**
3. **Comment peut-on expliquer la baisse du prix du masque au cours de l'été 2020 ? Quelle relation pouvez-vous en déduire entre le niveau de prix pratiqué et le niveau de l'offre ?**
4. **Expliquez l'impact que peut avoir l'existence de stocks sur l'ajustement des prix.**

### DOC. 2 Les différents marchés

**A – Gamesplanet.com** est une boutique officielle de jeux vidéo à télécharger sur PC, Mac et Linux. Depuis 2006, Gamesplanet permet aux joueurs d'acheter leurs jeux légalement, au meilleur prix et de recevoir immédiatement dans leur compte Gamesplanet leurs clés d'activation officielles Steam, Origin ou Uplay fournies directement par les éditeurs de jeux vidéo. ...

© Nathan – La photocopie non autorisée est un délit

**DOC.2**

**B – Dropbox relève de 2 dollars son prix d'introduction en Bourse**

***La société de partage de fichiers compte lever ainsi près de 820 millions de dollars (plus de 670 millions d'euros) lors de son introduction à Wall Street, ce qui valoriserait le groupe à plus de 7,8 milliards de dollars.***

En raison de la forte demande pour son introduction en Bourse, Dropbox a décidé de relever de 2 dollars la fourchette de prix de son introduction en Bourse. La société compte désormais vendre ces actions entre 18 et 20 dollars, contre 16 et 18 dollars auparavant, ce qui lui permettrait de lever jusqu'à 720 millions de dollars.

**C – Un métier qui recrute : monteur-câbleur**

Le monteur-câbleur ou la monteuse-câbleuse aéronautique réalise l'installation et la vérification des fils conducteurs reliant les différents matériels électroniques et électriques.

**Débouchés et évolution professionnelle**

Les emplois se situent dans les compagnies aériennes, les entreprises de maintenance d'aéronefs et leurs sous-traitants…

**Salaire**

Le salaire d'un(e) monteur(-euse)-câbleur(-euse) débutant(e) est de l'ordre du SMIC. Le revenu moyen d'un(e) professionnel(le) qualifié(e) est d'environ 2 000 € brut par mois.

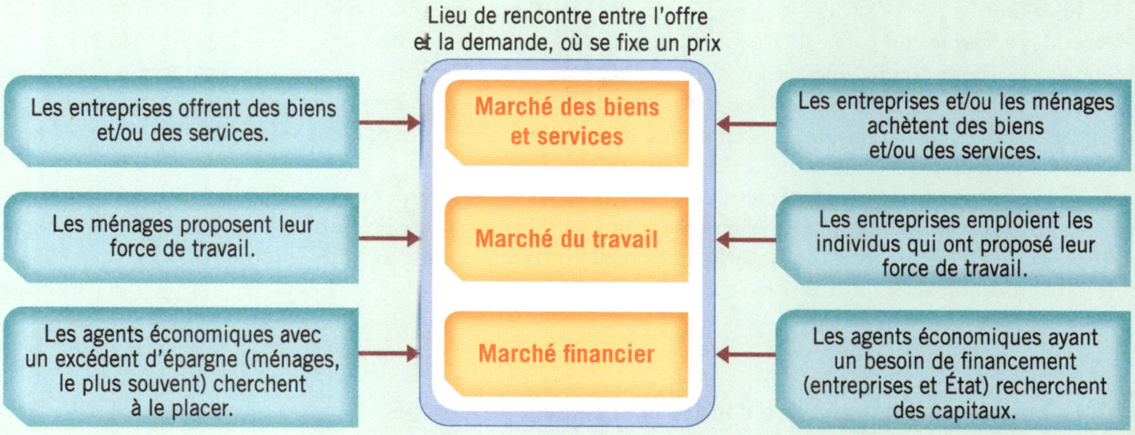


5. Quelles sont les caractéristiques communes à l'ensemble des marchés ?
6. Précisez quels sont les marchés présentés dans les exemples A, B et C.
7. Repérez le prix que l'employeur est disposé à payer pour le travail d'un monteur-câbleur. Quelle est l'appellation retenue pour le caractériser ?
8. Quel est l'objectif de l'introduction en Bourse de Dropbox ?
9. Montrez que le prix de l'action Dropbox suit la loi du marché de l'offre et de la demande.

## DOC. 3 Pour vendre vite, il faut proposer un bien immobilier au juste prix

Céder vite son bien et surtout au meilleur prix. Telle est l'éternelle quête du vendeur. Or, dans un marché porteur où la marge de négociation […] ne cesse de se réduire, comme c'est le cas en ce moment, ce scénario semble facile à concrétiser.

Il n'en demeure pas moins que la référence au prix de marché continue de rester le juge de paix. « *Le délai de vente dépend de la valeur de présentation sur le marché. Un bien partira rapidement s'il est présenté "au juste prix". Cela signifie qu'une mise à prix doit refléter les transactions enregistrées récemment dans le secteur pour des habitations analogues* », indique Thomas Bertin, de l'agence Laforêt Immobilier du 17e arrondissement de Paris […].

De toute façon, « *les acheteurs motivés et en recherche active connaissent bien les valeurs pratiquées. Impossible d'afficher un prix déconnecté du marché car il n'attirera personne* », ajoute Philippe Buyens, directeur général de Capifrance. […]

Savoir déterminer le « juste prix », c'est aussi replacer l'habitation dans son environnement immédiat. Dans un quartier populaire où le pouvoir d'achat immobilier

© Nathan – La photocopie non autorisée est un délit

**DOC. 3** ...

des acquéreurs est limité, une grande surface avec des prestations de standing aura plus de mal à trouver preneur que si elle se situait dans un quartier résidentiel. L'offre disponible à un instant « T » est aussi un facteur qui joue sur le prix. Par exemple, la rareté des petites surfaces à vendre peut être un atout pour céder rapidement, et au prix, un bien de taille réduite. À l'opposé, l'abondance de logements similaires accroît la concurrence et risque de peser sur le prix. Dernier élément à ne pas oublier au moment d'arrêter le prix : la valeur affichée doit tenir compte des éventuels travaux à réaliser pour remettre le bien en état.

**Laurence Boccara, *Les Échos*.**

**10. Identifiez les facteurs qui interviennent dans la fixation du prix de vente d'un bien immobilier.**

**11. Montrez comment ces informations permettent d'ajuster le prix du bien.**

**12. Pourquoi peut-on dire que le prix joue un rôle de « signal » sur les caractéristiques du bien vendu ?**

## DOC. 4 Les règles à connaître avant d'investir en Bourse

Investir en Bourse revient à acheter ou vendre des titres sur les marchés financiers. Cet investissement permet entre autres de :

- **recevoir des revenus :** un particulier peut recevoir des dividendes qui représentent une partie des bénéfices de la société s'il achète des actions. Il peut également recevoir des coupons d'obligations qui représentent un versement d'intérêts, les obligations étant des prêts consentis par les investisseurs aux émetteurs ;
- **profiter de plus-values :** un investisseur tire des profits s'il vend plus cher un titre qu'il ne l'a acheté du fait de l'évolution du prix du titre sur le marché.

**Il est important de bien s'informer sur les produits financiers avant d'investir.** Il s'agit de s'informer d'une part sur le type de produit (actions, obligations, produits dérivés), ses mécanismes et les risques qu'il comporte, et d'autre part sur l'émetteur, dont la santé financière et les perspectives auront une influence sur le prix et le risque des valeurs mobilières qu'il a émis. [...]

Il est également conseillé de suivre régulièrement l'information économique et boursière via la presse financière ou les sites Internet boursiers.

**www.binck.fr**

## DOC. 5 La banque, un intermédiaire dans le financement de marché

La plupart des entreprises qui souhaitent se développer et mener à bien des projets d'envergure ont besoin de capitaux extérieurs. Elles doivent alors emprunter et/ou trouver des fonds sur les marchés financiers. Mais au-delà de cette confrontation entre l'offre et la demande classique de capitaux, les banques ont également développé des activités nouvelles sur les marchés financiers.

Pour aider les entreprises à lever des fonds, le rôle des banques est souvent essentiel. Elles interviennent en amont, pendant et en aval de l'opération. Leur fonction première est de conseiller la société sur le montage du dossier, notamment sur le choix des instruments financiers (actions, obligations), sur les conditions offertes (prix d'émission, durée de l'emprunt...). Elles ont ensuite un rôle de « placeur » auprès des particuliers, entreprises, institutionnels et fonds de placement désirant investir.

**La finance pour tous**

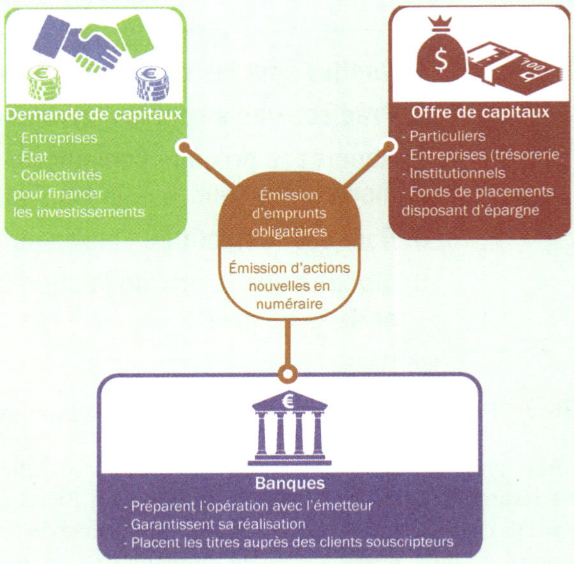


**13. Pourquoi est-il difficile pour un investisseur de connaître le « juste » prix des titres sur le marché financier ?**

**14. Présentez le rôle joué par les banques pour résoudre ce problème.**

© Nathan – La photocopie non autorisée est un délit

# B Analyser les conditions de la concurrence et de la coopération entre les acteurs du marché

## DOC. 6 L'ouverture du marché de l'énergie à la concurrence

La concurrence n'est pas qu'une affaire de prix : elle se traduit concrètement par une plus grande diversité de produits et favorise l'émergence de services nouveaux. La pression exercée par leurs concurrents incite en effet les entreprises à valoriser leur production, à se singulariser en misant sur l'originalité, une qualité de service ou en s'adressant à de nouveaux segments de clientèle.
En ayant accès à une gamme élargie de produits et services, les consommateurs, mais également les entreprises, elles aussi consommatrices pour leurs matières premières, peuvent ainsi trouver le produit qui satisfait au mieux leurs besoins.
À titre d'exemple, l'ouverture à la concurrence des marchés du gaz et de l'énergie permet à chaque consommateur de pouvoir choisir l'option qui lui convient le mieux, parmi une multitude de fournisseurs et d'offres (des tarifs réglementés aux offres 100 % en ligne, ou énergie verte). […]

**www.autoritedelaconcurrence.fr**

**Prix du kWh d'électricité en octobre 2020**

| Nom de l'offre | Prix du kWh Option de base |
|---|---|
| **Total Direct Énergie** Offre verte | 0,1520 € |
| **Planète Oui** Safe (électricité renouvelable) | 0,1446 € |
| **EDF** Tarif bleu (réglementé) | 0,1546 € |
| **Enercoop** Offre particuliers | 0,1668 € |

**www.jechange.fr**

**Chiffres clés du marché de l'énergie**
1er trimestre 2020 – Rapport de la CRE

**Marché global**

**30** *fournisseurs nationaux d'énergie*

**100** *fournisseurs non nationaux d'électricité*

**Fournisseurs alternatifs avec + 100 00 clients**

Total direct energie — ekWateur — Eni

**selectra.info**

De 16 à 37 % : durant les cinq dernières années [de 2015 à 2019], la part de marché des fournisseurs alternatifs d'électricité a plus que doublé. Mais ce chiffre inclut tous les clients professionnels et institutionnels. Chez les particuliers, selon les derniers chiffres de la Commission de régulation de l'électricité (CRE), seul un foyer sur cinq se fournit aujourd'hui chez l'un des 23 concurrents d'EDF. L'opérateur public détient donc encore 80 % du marché, alors que l'ouverture à la concurrence date de 2004 pour les entreprises et de 2007 pour les particuliers !

**Pauline Darasse, www.capital.fr, 24 février 2020.**

**15.** Repérez les offreurs et les demandeurs sur le marché de l'énergie.

**16.** En quoi l'ouverture à la concurrence a-t-elle été bénéfique pour le consommateur ?

**17.** Quelle caractéristique du marché de l'énergie a été modifiée par son ouverture à la concurrence ?

**18.** Quelles en sont les conséquences pour l'opérateur historique d'électricité EDF ?

## DOC. 7 Les conditions de la concurrence

La concurrence doit permettre aux échanges de se faire de façon optimale, en permettant la satisfaction maximale des agents économiques.
Elle nécessite pour cela des conditions particulières :
- une **information parfaite**, véhiculée grâce au prix fixé par le marché : l'acheteur doit pouvoir évaluer grâce au prix qu'il paye les caractéristiques essentielles du produit ou du service ;
- une **absence de barrières à l'entrée ou à la sortie du marché** : si une entreprise décide de produire sur ce marché ou d'aller produire sur un autre marché, elle doit pouvoir le faire instantanément, sans contraintes et sans subir de coûts supplémentaires ;
- une **atomicité du marché** : les offreurs et les demandeurs sur le marché sont très nombreux et leur taille ne doit pas leur permettre d'influencer le marché.

© Nathan – La photocopie non autorisée est un délit

## DOC. 8 American Airlines et Qatar Airways relancent leur partenariat

[…] En attendant l'approbation du gouvernement, l'accord [partenarial] permettra aux passagers de Qatar Airways de réserver des voyages sur les vols intérieurs d'American Airlines au départ de Boston, Dallas, Chicago, Los Angeles, Miami, New York et Philadelphie, ainsi que sur les vols internationaux à destination et en provenance d'Europe, des Caraïbes, d'Amérique centrale et d'Amérique du Sud.

Les passagers d'American Airlines pourront réserver des voyages sur tous les vols de Qatar Airways entre les États-Unis et le Qatar, ainsi que vers des destinations du Moyen-Orient, d'Afrique de l'Est, d'Asie du Sud et d'Asie du Sud-Est. […]

Al Baker [PDG de Qatar Airways] a déclaré : « Nous sommes très heureux de conclure ce partenariat stratégique avec American Airlines, un accord entre deux compagnies aériennes prospères et ambitieuses avec un objectif commun partagé pour améliorer l'expérience client. L'accord réunira deux des plus grands réseaux de compagnies aériennes au monde, augmentant les choix pour des millions de passagers et fournissant une connectivité transparente à un nombre important de nouvelles destinations, conformément à la stratégie de croissance réussie de Qatar Airways. […] Cet accord tirera parti de nos forces et de nos ressources complémentaires et permettra à davantage de clients de découvrir la qualité des produits primés de Qatar Airways. » […]

**www.businesstravel.fr, 26 février 2020.**

## DOC. 9 BMW, Daimler et Volkswagen accusés d'entente par Bruxelles

Nouveau coup dur pour l'industrie automobile allemande, plus de trois ans après le scandale du Dieselgate ? L'Union européenne estime dans une enquête préliminaire que BMW, Daimler et Volkswagen se sont entendus pour éviter de se faire concurrence sur les technologies réduisant les émissions polluantes. […]

Concrètement, la Commission accuse [ces constructeurs] d'avoir participé à des réunions pour s'entendre en secret afin d'éviter toute concurrence sur le développement et le déploiement de technologies permettant de limiter les émissions nocives des gaz d'échappement des voitures. « Les entreprises peuvent coopérer de nombreuses manières pour améliorer la qualité de leurs produits. Les règles de concurrence de l'UE ne leur permettent cependant pas de s'entendre sur exactement le contraire : ne pas améliorer leurs produits, ne pas se livrer concurrence sur le plan de la qualité », a déclaré la commissaire chargée de la Concurrence, Margrethe Vestager. […]

Cette entente « a privé les consommateurs de la possibilité d'acheter des voitures moins polluantes, alors que la technologie était à la disposition des constructeurs ». […]

Bruxelles peut infliger de lourdes amendes aux entreprises qui s'entendent entre elles au détriment de la concurrence et des consommateurs, le record ayant été atteint le 19 juillet 2016. L'UE avait alors imposé une amende de 2,93 milliards d'euros à quatre fabricants européens de camions, accusés de s'être entendus pendant 14 ans sur les prix de vente de leurs poids lourds. […]

**www.capital.fr, 5 avril 2019.**

**19. Repérez les objectifs des accords passés dans les documents 8 et 9 puis montrez comment ils modifient les forces en concurrence sur le marché.**

**20. Expliquez pourquoi la première coopération est autorisée par le marché alors que la seconde situation est interdite.**

# APPLICATION AU CAS

## PANIER DE CAMPAGNE

Panier de Campagne propose actuellement un panier de fruits et légumes bio de 5 kg au prix de 22 €. L'entreprise livre en moyenne 25 paniers par jour. Malheureusement, les conditions météorologiques rendent les récoltes plus difficiles et moins abondantes. En particulier, les petits producteurs doivent faire appel à une main-d'œuvre supplémentaire pour installer des protections contre le froid sur les arbres fruitiers.

**Étude comparative de la variation des prix du panier de 5 kg – Année 2020**

| Évolution des prix | 20 € | 21 € | 22 € | 23 € | 24 € |
|---|---|---|---|---|---|
| Nombre de paniers moyens vendus | 28 | 26 | 25 | 23 | 20 |

**Source : service Marketing de Panier de Campagne.**

**1. Quelles sont les conséquences possibles de la dégradation de la météo sur l'offre de produit ? (Vous tiendrez compte à la fois des effets sur l'offre et sur le prix.)**

**2. Que risque-t-il alors de se passer au niveau de la demande face à ces nouvelles conditions du marché ?**

© Nathan – La photocopie non autorisée est un délit

# 2 Analyser les dysfonctionnements du marché

## DOC. 10 Les barrières à l'entrée

Une **barrière à l'entrée** désigne un obstacle qui rend difficile ou impossible l'implantation d'une entreprise sur un marché. Cet obstacle peut avoir différentes origines.

Les **barrières à l'entrée naturelles** sont indépendantes de la volonté des producteurs et sont liées au caractère même du marché, à la nature de l'activité ou à la réglementation existante. Par exemple, lorsque les coûts fixes et donc les investissements initiaux sont très élevés dès l'entrée sur le marché.

Les **barrières à l'entrée artificielles** s'inscrivent dans une vision de stratégie concurrentielle des entreprises et ont pour objet d'empêcher de nouveaux concurrents d'arriver sur le marché.

## DOC. 11 Le marché des télécoms

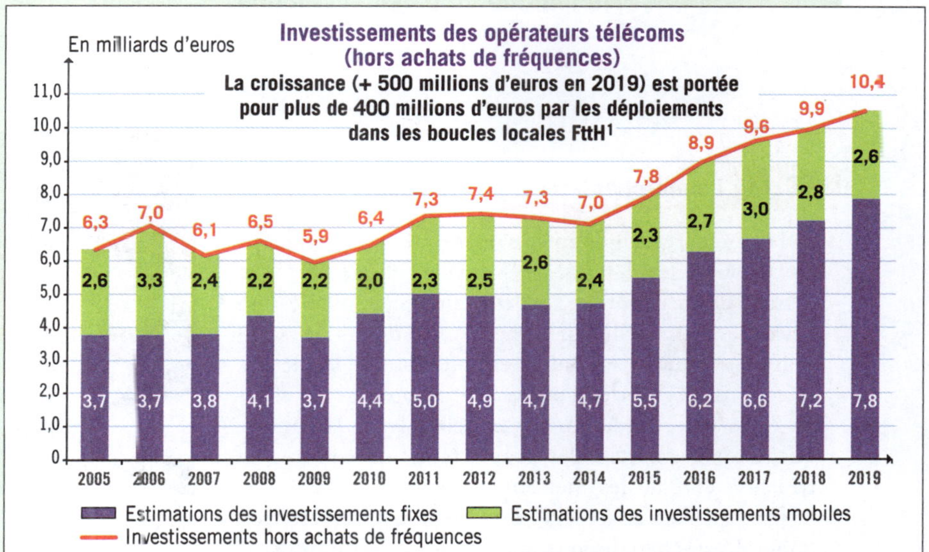


*Source . Arcep (Autorité de régulation des communications électroniques et des Postes), 2020.*
1. FttH (« *Fiber to the Home* ») : fibre optique jusqu'à domicile.

D'un point de vue concurrentiel, le marché des télécoms est depuis longtemps segmenté nationalement dans les pays développés, avec en général deux à trois opérateurs par pays depuis les déréglementations successives des années 1990 (qui ont vu la France ouvrir ce marché qui, jusqu'alors, était couvert uniquement par France Télécom à 2 autres acteurs en 1996, SFR et Bouygues Telecom, puis à Free en 2012) […]. [De plus,] les infrastructures colossales que les réseaux requièrent nécessitent des investissements initiaux et d'entretien importants […].
Un dernier élément de taille caractérise cette industrie, conséquence de la fragmentation des marchés : des régulations fortes, que ce soit au niveau national ou, dans le cas des opérateurs européens, au niveau communautaire.

**www.alumneye.fr**

L'Arcep (Autorité de régulation des communications électroniques et des postes) est l'**autorité administrative indépendante en charge de la régulation des communications électroniques et des postes.**
Indispensable dans le processus de **libéralisation du marché des télécoms**, l'Arcep a rendu possible l'apparition des nouveaux opérateurs (Bouygues Telecom, SFR et Free Mobile) en imposant à Orange, successeur de France Télécom, l'obligation de partager ses structures et en régulant les tarifs ainsi proposés.
Elle a ainsi pour mission de **fixer les obligations faites aux opérateurs** (ex. : obligation d'effectuer la portabilité mobile) et d'**attribuer des fréquences aux opérateurs.**

1. **Repérez les principales barrières à l'entrée sur le marché des télécoms.**
2. **En quoi ces barrières sont-elles utiles aux entreprises présentes sur le marché ?**

© Nathan – La photocopie non autorisée est un délit

## DOC. 12 Des offres de services de paiement nombreuses mais inaccessibles sur les iPhone

La solution de paiement mobile Apple Pay repose sur la technologie NFC (pour *Near Field Communication*). Elle permet à un utilisateur de payer *via* son smartphone simplement en l'approchant du terminal de paiement. Cette fonctionnalité est ouverte aux développeurs tiers sur Android, mais doit nécessairement passer par un compte Apple Pay pour les utilisateurs d'iPhone. Autrement dit, les propriétaires d'iPhone ne peuvent utiliser le paiement NFC qu'au travers de la solution de paiement d'Apple.
Cela contrevient aux règles de concurrence, car ce principe empêche de fait de nombreux opérateurs et banques de proposer d'autres services de paiement sur ces terminaux. [...]
Depuis l'intégration de la technologie NFC sur l'iPhone, en 2014, Apple l'a limité à son propre service de paiement mobile. La firme à la pomme a toujours mis en avant des raisons de sécurité pour défendre ces restrictions, arguant que l'accès par d'autres applications de paiement mobiles concurrentes pouvait augmenter le risque de fraude et créer des failles de sécurité.

**Aude Chardenon, www.usine-digitale.fr, 18 septembre 2020.**

**3. Montrez que la stratégie d'Apple constitue une barrière à l'entrée sur le marché du paiement mobile.**

## DOC. 13 Le marché des voitures d'occasion

Un « citron », en argot américain, c'est une voiture dont on découvre les défauts après l'avoir achetée. Dans le marché de l'occasion, le vendeur sait si sa voiture est un « citron », mais l'acheteur l'ignore. On a donc une situation dans laquelle le vendeur en sait plus que l'acheteur. L'économiste Akerlof a essayé de comprendre les effets de cette incertitude sur les marchés [...]. Il conclut que, dans ce marché, les propriétaires de voitures en très bon état ne les mettent pas en vente parce que le prix que les acheteurs sont prêts à payer est trop faible. Les acheteurs ont leurs raisons : comme ils ne connaissent pas la qualité réelle du bien, ils ne sont prêts à payer que le prix d'un bien de qualité moyenne. Tant mieux pour ceux qui mettent en vente un bien de mauvaise qualité, mais cela ne fait pas l'affaire de ceux qui ont une voiture en très bon état. Ces vendeurs restent donc en dehors du marché, et la qualité moyenne de la marchandise offerte a donc tendance à baisser. À la limite, il ne reste plus dans ce marché que des « citrons ». Les mauvais objets chassent les bons.

**Itzhak Gilboa, parisinnovationreview.com**

## DOC. 14 L'existence d'asymétries d'information

L'asymétrie d'information décrit une situation dans laquelle tous les participants à un marché ne disposent pas de la même information. [...]

Exemple : dans le cadre d'un crédit, l'emprunteur est parfaitement informé de sa capacité de remboursement alors que le prêteur n'a pas cette information.

L'asymétrie d'information peut concerner toutes les formes d'information : les composantes du prix, la qualité, le travail fourni...

**4. Repérez la différence entre les acheteurs et les vendeurs en termes d'accès à l'information. Qui est avantagé dans cette situation ?**

**5. Pourquoi les « bons » vendeurs sont-ils éliminés progressivement du marché des voitures d'occasion ?**

© Nathan – La photocopie non autorisée est un délit

**DOC. 15** **L'asymétrie d'information sur le marché de l'immobilier**

Lors de l'achat ou la location d'un appartement, le vendeur ou le bailleur possèdent beaucoup plus d'informations sur leur bien que le futur acheteur ou locataire. Ensoleillement, nuisances sonores et troubles du voisinage… autant d'informations difficilement vérifiables lors d'une simple visite et qui pourtant peuvent avoir un impact important sur la valeur réelle du bien.
La luminosité, par exemple, est devenue un des critères les plus importants après le prix, la localisation et l'emplacement (enquête du *Figaro Immo*, mai 2020). Or, il est difficile d'évaluer celle-ci, puisqu'elle varie en fonction du temps qu'il fait, de l'heure ou de la saison. Afin de réduire cette asymétrie d'information, la start-up Solen a mis en place un certificat de luminosité, qui quantifie l'ensoleillement et la luminosité d'un bien immobilier donné, ce qui permet de fournir une information fiable au futur acquéreur.

**6. Déterminez le principe de la concurrence pure et parfaite qui n'est pas respecté sur le marché de l'immobilier.**

**7. Montrez que l'asymétrie d'information existante sur le marché peut perturber l'échange économique.**

# APPLICATION AU CAS

## PANIER DE CAMPAGNE

Dans le cadre du développement de son activité, Panier de Campagne envisage d'acheter un nouveau véhicule de transport. Le directeur comptable hésite entre l'achat d'un véhicule neuf à un prix de départ d'environ 16 490 € pour la version simple et un véhicule d'occasion (petite annonce).

| Modèle | Version | Énergie | Boîte de vitesses | Puiss. fiscale | Date entrée | Prix à partir de |
|---|---|---|---|---|---|---|
| Fiat Scudo | 1.6 D MultiJet 90 1.0 CH1 Pack (Fourgon) | Diesel | Manuelle | 5 CV | 09/2011 | 26 628 € |
| Fiat Scudo | 1.6 D MultiJet 90 1.2 CH1 Pack (Fourgon) | Diesel | Manuelle | 5 CV | 09/2011 | 27 228 € |
| Fiat Scudo | 1.6 D MultiJet 90 1.0 CH1 Pack CD Clim (Fourgon) | Diesel | Manuelle | 5 CV | 06/2012 | 27 408 € |

**Peut-on réguler le prix ?** L'efficacité des marchés avec asymétries d'information repose sur l'existence d'organisations sociales à même de réguler les échanges. Dans le cas des véhicules d'occasion, de nombreux mécanismes permettant de réduire les asymétries d'information entre acheteurs et vendeurs sont apparus : contrôles techniques obligatoires, cote officielle, etc.

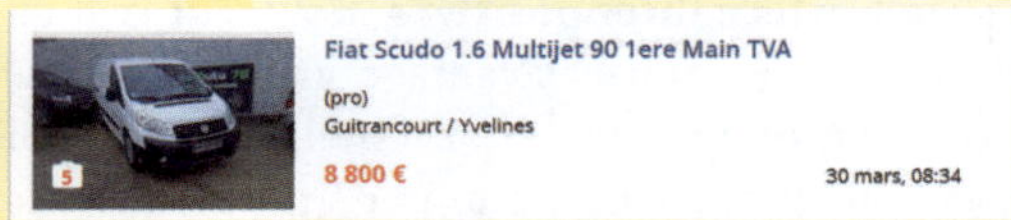


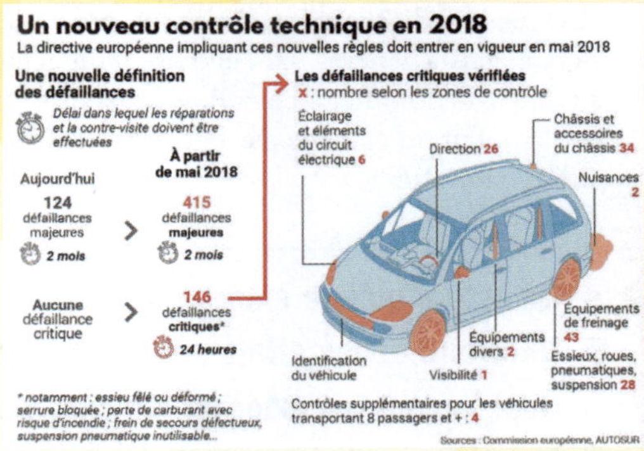


**1. Panier de Campagne peut-elle s'appuyer uniquement sur le prix de vente pour faire son choix ? Justifiez votre réponse.**

**2. Quelle information est censée donner le prix à l'acheteur ?**

**3. Quelle défaillance du marché apparaît ici ?**

**4. Quels mécanismes permettent de la limiter ?**

© Nathan – La photocopie non autorisée est un délit

# 3 Repérer l'existence d'externalités

## DOC. 16 Quand l'industrie et l'agriculture ne produisent pas que des biens…

**Pesticides dans les eaux de surfaces phréatiques**

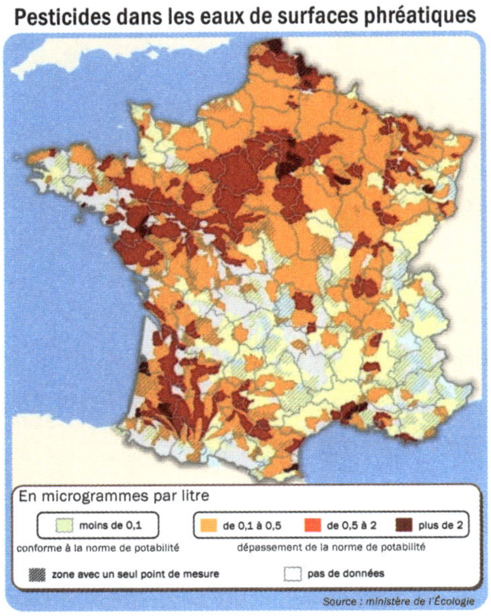


L'activité industrielle nécessite souvent le transport, le stockage, l'utilisation, la production et l'élimination de substances dangereuses. […] Les stations-service, les nettoyages à sec, les ateliers de réparation ou de démontage de véhicules, les imprimeries, les dépôts de liquides inflammables… sont des activités potentiellement dangereuses pour les sols et les eaux souterraines. En effet, ces entreprises manipulent et entreposent régulièrement des substances nuisibles pour la santé humaine et l'environnement. […]

En ville, on peut être exposé à un sol pollué de différentes manières :
– en mangeant des légumes qui y ont poussé ;
– en buvant l'eau supposée potable qui le traverse (infiltrations des polluants *via* les conduites)…

Même si le sol n'est pas pollué en surface et ne constitue pas un danger immédiat pour les êtres vivants, il peut l'être en profondeur et constituer tout de même un risque pour l'environnement, par dispersion de la pollution vers les terrains voisins, vers les eaux de surface…

**Bruxelles Environnement**

1. **Quelles sont les conséquences de l'activité industrielle et agricole sur l'environnement ?**
2. **Quelles peuvent en être les conséquences sur les êtres humains vivant à proximité des sites pollués ?**
3. **Pensez-vous que les entreprises dédommagent les individus qui subissent cette pollution ? Pourquoi ?**

## DOC. 17 L'existence d'externalités affecte le bien-être des individus

Certaines des décisions que nous prenons ont des conséquences sur le bien-être des individus qui nous entourent. On parle d'effet externe ou d'externalité.

Une externalité se manifeste lorsque l'activité économique d'un agent a un impact sur le bien-être des autres agents économiques, sans contrepartie financière.

• Les **externalités positives** désignent la situation où cet impact avantage gratuitement un agent économique. Ex. : l'installation d'un apiculteur permet de polliniser gratuitement les champs des agriculteurs aux alentours.

• Les **externalités négatives** représentent les effets négatifs générés par l'activité d'un agent sans qu'il dédommage ceux que les subissent. Ex. : la pollution générée par une usine à proximité d'habitations.

## DOC. 18 Les effets des externalités sur les stratégies des entreprises

Les entreprises qui veulent maximiser leurs profits, et ainsi garantir leur pérennité, ont tout intérêt à ignorer les externalités négatives inhérentes à leur activité car leur prise en compte induirait très souvent des coûts supplémentaires. Une entreprise n'a ainsi aucun intérêt à indemniser les victimes de la pollution ou des nuisances qu'elle engendre.

De la même façon, le marché est inefficace pour encourager les comportements responsables, générateur d'externalités positives. En effet, une entreprise qui met en place des mesures complémentaires pour améliorer le bien-être commun, comme des actions de formation qui améliorent les compétences des salariés, n'est pas toujours récompensée par des marges plus élevées. Au contraire, ce surcoût la rendra moins compétitive.

Ce système crée donc un déséquilibre qui favorise les entreprises qui ne prennent pas en considération les externalités négatives de leur activité au détriment de celles, plus responsables, qui cherchent à réduire ces externalités négatives.

4. **Qu'est-ce qu'une externalité ?**
5. **Différenciez les effets des externalités négatives et positives.**
6. **Quel impact les externalités ont-elles sur la stratégie des entreprises ?**
7. **Montrez que les externalités sont une conséquence de la défaillance du marché.**

© Nathan – La photocopie non autorisée est un délit

**DOC. 19** **Antenne-relais : Free attaqué pour cause de préjudice esthétique**

**Pollution visuelle… Dans la commune de Lewarde, dans le Nord, une antenne Free Mobile considérée comme disgracieuse fait débat.**

« *Si jamais je voulais vendre ma maison, je perdrais 30 % à cause de cette antenne* », s'insurge un habitant, surpris d'avoir constaté le mois dernier en revenant de vacances qu'une antenne-relais Free Mobile s'est dressée à 30 mètres de chez lui, juxtaposée à une station d'épuration. Trop grande et trop épaisse à leurs yeux, deux riverains comptent même attaquer Free en justice pour « *cause de préjudice esthétique* », rapporte *La Voix du Nord*. « Ce totem » met d'ailleurs la mairie dans l'embarras, celle-ci a bien repris les discussions avec Free en lui demandant « *de camoufler l'antenne en lui donnant l'apparence d'un arbre* », en vain car « *cela coûtait trop cher* » à l'opérateur.

**www.univers.freebox.com**

**8. Expliquez en quoi l'installation d'une antenne-relais peut être considérée comme une externalité négative.**

# APPLICATION DE CAS

## PANIER DE CAMPAGNE

L'entreprise Panier de Campagne a implanté un nouvel entrepôt pour améliorer sa logistique à Cagnac-les-Mines, une petite commune proche d'Albi et de la route nationale qui dessert de nombreux villages. Lors de la dernière réunion du conseil communal, un élu a indiqué que de nombreux villageois s'étaient plaints de l'augmentation du trafic de camions et de leur conduite trop dangereuse. Le maire décide de communiquer sur l'impact de l'implantation du nouvel entrepôt.

« Il est certain que la circulation des poids lourds est un problème pour la commune. Les camions roulent vite, sont bruyants et détériorent la qualité de l'air. Cependant, l'activité du nouvel entrepôt apporte aussi des satisfactions : 8 nouveaux emplois ont été créés et une autre entreprise nous a contactés pour s'installer à proximité de Panier de Campagne. Ils souhaitent mettre en place un partenariat sur la logistique pour baisser leur coût de transport. Cela pourrait donc générer des emplois supplémentaires. De plus, n'oublions pas que cela génère des revenus à la fois pour la commune mais aussi pour les habitants.
Il faut trouver des solutions, c'est certain et je m'y engage. Mais nous ne pouvons pas leur faire payer un droit de passage : cela augmenterait leurs propres tarifs et ils finiraient par s'implanter ailleurs. »

**Extrait du discours du maire.**

**1. Repérez les externalités positives et négatives liées à l'implantation de l'entrepôt pour la commune de Cagnac-les-Mines.**

**2. Montrez que le marché est inefficace pour résoudre le problème des externalités négatives.**

© Nathan – La photocopie non autorisée est un délit

ACTIVITÉS

# 1 Comment expliquer la hausse du prix du bois ?

1. Repérez les différents facteurs qui expliquent l'augmentation des prix du bois de construction.
2. Expliquez pourquoi le marché du bois jurassien est impacté par le marché américain.
3. Que risque-t-il de se passer au niveau de la demande ?

## DOC.1 Le prix du bois s'enflamme aux États-Unis

**Beaucoup de personnes se tournent vers le bois de construction pour son aspect écologique, mais également pour ses qualités esthétiques et isolantes. Cependant, le prix de ce matériau aux multiples atouts connaît une flambée spectaculaire, notamment en Amérique.**

**COVID-19 et bricolage**

Pendant le confinement, beaucoup ont profité d'être à la maison pour se lancer dans des travaux de rénovation. La demande en bois a par conséquent littéralement explosé aux États-Unis : les commandes ayant été plus fortes que l'offre (les scieries n'avaient pas anticipé l'engouement des Américains confinés pour le DIY[1]), cela a entraîné une hausse des prix. En dépit de la fin du confinement, les scieries peinent toujours à répondre à la demande en bois. Les règles sanitaires (distanciation…) ne simplifient pas la donne. Ainsi, seul un salarié sur deux a pu reprendre le travail. La hausse des prix est donc toujours d'actualité.

**Bois de construction : des prix record**

Depuis le début de l'année, le prix du bois de construction, matériau apprécié pour ses diverses qualités, a connu une augmentation spectaculaire. Une hausse de 120 % a ainsi été constatée aux États-Unis […].

**Petites entreprises et particuliers impactés**

La hausse du prix du bois de construction pourrait à terme avoir un impact négatif sur les petites entreprises. Les GE (grandes entreprises) et TGE (très grandes entreprises) pourraient utiliser leur pouvoir d'achat plus important afin de faire des réserves de bois. Cela accentuerait la pénurie à laquelle les petites firmes font face et pourrait avoir un « effet inflationniste ». Enfin, qui dit bois plus cher dit construction/rénovation plus coûteuse. Tous les particuliers ne peuvent pas se permettre d'acheter du bois dont le prix a plus que doublé en moins d'une année.

**www.boursorama.com, 7 octobre 2020.**

1. DIY (« *Do It Yourself* ») : bricolage.

## DOC.2 Le bois, ce marché global

**Un événement à l'autre bout du monde peut avoir des répercussions sur les forêts jurassiennes.**

Des feux gigantesques ont sévi et brûlent encore sur toute la côte ouest américaine, du Canada au Mexique. Depuis plus d'un mois, plus de 2 millions d'hectares de forêts sont partis en fumée, notamment dans les États de Californie et de l'Oregon. Des villages entiers ont été rayés de la carte. Les régions calcinées représentent 50 fois la taille des forêts jurassiennes.

Cet événement catastrophique d'ampleur internationale pourrait avoir, comme d'autres, des répercussions sur le marché du bois jurassien. Les ressources en bois diminuent mais c'est surtout la demande pour la construction qui sera importante ces prochains mois, selon Didier Adatte. Le directeur de ProForêt Jura nuance tout de même ce lien puisque de nombreux éléments influencent les échanges. Le négociant des propriétaires forestiers relève surtout que le marché du bois est totalement globalisé. Les arbres jurassiens ne serviront certainement pas à rebâtir les maisons californiennes. Toutefois, les grands exportateurs scandinaves et allemands pourront eux se profiler aux États-Unis laissant ainsi plus de place sur le marché européen.

**www.rfj.ch, 20 septembre 2020.**

© Nathan – La photocopie non autorisée est un délit

# 2 Le marché des SUV, nouvel eldorado des constructeurs ?

1. Repérez les éléments qui montrent que le prix des SUV ne se base pas uniquement sur la loi de l'offre et de la demande.
2. Identifiez les principales externalités liées au marché des SUV.
3. Montrez comment Skoda exploite ces externalités pour différencier son offre.

## DOC. 1 Le marché des SUV

Amorcée il y a près d'une décennie, la croissance du segment des SUV ne semble pas flancher, puisqu'elle a enregistré en 2019 sa septième année consécutive de hausse de plus de 10% dans l'Union européenne. [...] [C]e type de véhicule atteint désormais les 38,3% de part de marché en Europe, et [il représente à lui seul] l'un des outils de croissance des marques, qui ne cessent de miser de plus en plus dessus.

**Emmanuel Touzot, fr.motor1.com, 26 février 2020.**

Sous un vocable anglo-saxon qui ne veut rien dire («véhicules utilitaires sportifs»!) et illustre la difficulté à définir ces modèles mutants, les «SUV» sont les continuateurs des... fameux 4x4 de naguère, longtemps vilipendés par les écologistes. Dans nos sociétés agressives où domine un fort sentiment d'insécurité, le crypto-4x4 est apprécié, car perçu comme plus solide qu'une berline et davantage protecteur par sa carrosserie visuellement plus massive. Il semble très prisé notamment des femmes, selon les enquêtes. Il est aussi ressenti comme plus flatteur pour l'ego par sa hauteur de caisse, car on domine la route. En outre, ces «SUV» – parfois appelés «Crossovers», un nom tout aussi abscons – arborent un côté «amoureux de la nature», avec leur style pseudo-rustique évocateur d'escapades à la campagne, qui plaît à des citadins de plus en plus murés dans le béton. Des engins marketing, qui ont l'air de ce qu'ils ne sont pas.

**Alain-Gabriel Verdevoye, www.challenges.fr**

## DOC. 2 Catastrophe écologique et gouffre économique : est-ce la fin des SUV ?

[...] Le SUV est le petit chouchou des conducteurs français. Seulement, cette carrosserie est un véritable désastre écologique et économique. [...]

**Pollueur hors pair**

[...] En moyenne, il émet 20% de $CO_2$ de plus que son équivalent standard pour chaque kilomètre parcouru, faisant de lui la deuxième source de croissance des émissions de $CO_2$ françaises ces dix dernières années, juste derrière le secteur aérien. Et la pollution n'est pas réservée à la route. Le SUV pollue durant l'ensemble de son cycle de vie, précise WWF. De la fabrication à sa fin de vie, son empreinte carbone est 1,3 fois supérieure à celle d'une voiture standard et 5,7 fois plus pour une citadine électrique. [...]

**Un gouffre économique pour les ménages**

Outre le domaine écologique, le portefeuille des ménages est aussi une victime collatérale des SUV. Cette carrosserie coûte en moyenne 30% plus cher à l'achat qu'une berline et consomme 20% de carburant de plus. À terme, selon WWF, l'arrivée des SUV sur le marché d'occasion pourrait faire grimper de 13% le budget voiture des ménages modestes. [...]

**Hélène Faucher, www.widoobiz.com, 6 octobre 2020.**

## DOC. 3 Skoda casse les prix sur le marché du SUV électrique

**La version d'accès de l'Enyaq débute sous les 30 000 € avec le bonus. Un tarif hyper agressif pour un engin électrique de cette taille.**

Skoda frappe très fort sur le marché des électriques. En effet, un Peugeot e-2008 commence à 37 850 € sans le bonus. Or, il a un moteur moins puissant (136 ch) et une plus petite batterie (50 kWh) qui donne une autonomie plus faible de 320 km. [...]

**Florent Ferrière, www.caradisiac.com, 29 septembre 2020.**

© Nathan – La photocopie non autorisée est un délit

# SYNTHÈSE

Le marché, **lieu de rencontre entre l'offre et la demande**, permet de **fixer un prix** pour lequel l'offre = la demande.

**Marché des biens et services** | **Marché du travail** | **Marché des capitaux**

**Choix stratégiques possibles :**

- **Affronter la concurrence**
- **Coopérer avec les concurrents**

**Mais parfois, la régulation par le marché n'est pas efficace.**

## Les dysfonctionnements du marché

Les **barrières à l'entrée** désignent les obstacles qui rendent difficile ou impossible l'implantation d'une entreprise sur un marché.

- Barrières à l'entrée **structurelles**, liées à la particularité du secteur
- Barrières à l'entrée **stratégiques**, liées au comportement des firmes

Les **asymétries d'information** désignent une situation dans laquelle certains des participants à un échange disposent d'informations (pertinentes) que d'autres n'ont pas.

## L'existence d'externalités

Une externalité, ou effet externe, se manifeste lorsque **l'activité économique d'un agent a un impact sur les autres agents économiques, sans contrepartie financière**.

**Externalités négatives**

Situation où un agent subit les effets négatifs d'une activité économique sans être indemnisé

**Externalités positives**

Situation où un agent profite des effets positifs d'une activité économique sans en payer le prix

## CONCEPTS

Barrières à l'entrée – Défaillances du marché – Stratégies d'entreprise – Asymétries d'information – Externalités positives – Externalités négatives

© Nathan – La photocopie non autorisée est un délit

# 3 Des pourparlers au contrat

**PLAN DU CHAPITRE**

- 1 • Analyser le processus de formation d'un contrat
- 2 • Analyser et évaluer les conditions de validité d'un contrat
- 3 • Analyser et évaluer les clauses d'un contrat
- 4 • Analyser et évaluer les effets juridiques d'un contrat

**LES COMPÉTENCES ATTENDUES**

→ Qualifier une situation précontractuelle et repérer le processus de formation d'un contrat.
→ Analyser et évaluer les conditions de validité d'un contrat, les clauses et les effets juridiques d'un contrat.

**LES SAVOIRS ASSOCIÉS**

→ Les principes contractuels et leur évolution
→ La formation du contrat
→ Le contenu du contrat

## Airbus et Thales décrochent de gros contrats pour les missions sur la Lune et Mars, avec l'ESA

L'agence spatiale européenne (ESA) a octroyé des contrats aux industriels européens (dont Airbus et Thales) pour développer des équipements destinés aux futures missions d'exploration de la Lune et de Mars.

[...] La participation européenne au programme lunaire américain Artemis, qui doit voir le retour sur la Lune en 2024, se concrétise notamment par la signature d'un contrat avec Airbus pour la construction du troisième module de service européen du véhicule spatial américain Orion [...]. Le projet lunaire prévoit également la construction d'une station spatiale, la « Lunar Gateway ». [...] Thales Alenia Space (TAS) [...] a été chargé de développer le module d'habitation I-HAB de cette station. La première tranche du contrat signé par l'ESA pour ce module s'élève à 36 millions d'euros pour un montant global de 327 millions [...]. Airbus sera par ailleurs chargé de construire la sonde (Earth Return Orbiter) qui rapportera en 2031 les échantillons sur Terre. La valeur de ce contrat est de 491 millions d'euros.

**www.capital.fr, 14 octobre 2020.**

© Nathan – La photocopie non autorisée est un délit

**IMMOBILIER : J'AI UN ACHETEUR, ET MAINTENANT ?**

**Vidéo**
liennathan.fr/mr29c6

1. **De quels contrats est-il question ici ? Quelles en sont les parties ?**
2. **Ces contrats sont-ils formés ?**
3. **En quoi ce type de contrats nécessite-t-il des pourparlers ?**

# 1 Analyser le processus de formation d'un contrat

**DOC. 1** La rencontre de l'offre et de l'acceptation

**Article 1113 du Code civil** – Le contrat est formé par la rencontre d'une **offre** et d'une **acceptation** par lesquelles les parties manifestent leur volonté de s'engager. […]

L'offre comprend les éléments essentiels du contrat envisagé et exprime la volonté de son auteur d'être lié en cas d'acceptation. L'acceptation consiste en l'agrément pur et simple de l'offre: c'est la manifestation de volonté de son auteur d'être lié dans les termes de l'offre.
Les contrats courants (ex.: acheter un livre, prendre le bus) se forment en un instant, l'offre étant suivie d'une acceptation sans réserve de la part de la personne intéressée.
Mais dans la vie des affaires, ou pour les contrats engageant des intérêts patrimoniaux importants (ex.: grosse commande de matériel industriel, achat d'une maison), il est fréquent que le contrat soit précédé d'une **phase précontractuelle**, consacrée à la préparation de la rencontre entre l'offre et l'acceptation. Souvent, cette phase permet la négociation du prix et la réalisation des conditions indispensables à la conclusion du contrat (ex.: obtention d'un prêt ou d'un permis de construire).

1. **Repérez le processus de formation d'un contrat et précisez quelles doivent être les caractéristiques de l'offre et de l'acceptation pour qu'il y ait contrat.**
2. **Quels types de contrats sont précédés d'une phase précontractuelle?**

## A La situation précontractuelle

**DOC. 2** Des étapes vers le contrat

Les **pourparlers** (éventuels) sont parfois immédiatement suivis du **contrat** définitif. Mais ils peuvent aussi déboucher sur un **avant-contrat**, que l'on peut analyser comme un contrat dont la seule finalité est de préparer la conclusion d'un contrat à venir:
– un **pacte de préférence** qui réserve un éventuel contrat à une partie;
– une **promesse unilatérale** de contrat, qui n'engage qu'une des parties;
– une **promesse synallagmatique** de contrat, qui engage les deux parties.

3. **Qualifiez une situation précontractuelle et dites pour quelles raisons certains contrats sont précédés d'une phase précontractuelle.**
4. **Les personnes en pourparlers sont-elles engagées par leurs propositions?**

**DOC. 3** Les pourparlers

La conclusion d'un contrat est fréquemment précédée d'une période de pourparlers, des négociations étant nécessaires en vue de fixer les conditions des engagements réciproques des parties. Pendant cette période, les parties évoluent généralement en dehors de tout cadre contractuel. Elles sont donc par principe libres de mettre fin à tout moment aux négociations.

**DOC. 4** La rupture des pourparlers

Cette liberté de rupture [des pourparlers] n'est pas totale et s'exerce dans la limite du respect, par chacune des parties, d'une obligation de bonne foi. En effet, en cas d'abus résultant des circonstances de la rupture, la partie à l'initiative de celle-ci peut se voir condamner à des dommages et intérêts sur le fondement de la responsabilité extracontractuelle.
En pratique, différents éléments sont susceptibles d'être pris en compte par les juges dans leur appréciation du caractère abusif de la rupture: stade avancé des pourparlers, croyance légitime de l'autre partie, brutalité de la rupture, intention de nuire, rupture trop tardive…

www.soulier-avocats.com

**Article 1112, alinéa 2 du Code civil**
En cas de faute commise dans les négociations, la réparation du préjudice qui en résulte ne peut avoir pour objet de compenser la perte des avantages attendus du contrat non conclu.

5. **Quelle obligation pèse sur les parties durant les pourparlers?**
6. **En vertu de quelle obligation la rupture des pourparlers peut-elle être sanctionnée?**
7. **Quelle est la limite légale à la réparation du préjudice lié à la rupture des pourparlers?**

© Nathan – La photocopie non autorisée est un délit

## DOC. 5 L'obligation d'information

[L]'obligation générale d'information de l'article 1112-1 du Code civil [...] commande à tout contractant de communiquer à l'autre partie toutes les informations susceptibles d'être déterminantes de son consentement, à une exception près : l'information portant sur la valeur de la prestation.
Rappel des conditions cumulatives de mise en œuvre de l'obligation d'information :
- la connaissance de l'obligation par le débiteur de l'obligation ;
- l'ignorance de l'information par le créancier de l'obligation ;
- le caractère déterminant de l'information pour le consentement de l'autre partie. [...]

Étudions maintenant le positionnement du juge [...] :
- Trib. com. de Versailles du 6 juin 2018 : Achat de fonds de commerce. Le demandeur est débouté au motif qu'il ne rapporte pas la preuve que le vendeur détenait l'information en cause susceptible de changer sa décision d'acquisition. [...]

**Grégory Leveau, Village de la justice, 13 janvier 2020.**

**8. Sur quelle(s) partie(s) l'obligation d'information pèse-t-elle ?**
**9. Comment cette obligation se justifie-t-elle ?**

## DOC. 6 Le pacte de préférence

**Définition et effets** – Le pacte de préférence est un **contrat unilatéral** par lequel une personne s'engage à proposer prioritairement à son bénéficiaire de traiter avec lui pour le cas où cette personne déciderait de passer le contrat (article 1123 du Code civil).
L'offrant potentiel s'interdit de conclure avec un tiers tant qu'il n'est pas libéré de son engagement avec le bénéficiaire du pacte, dont on peut prévoir une durée limitée.

***Introduction au droit*, Nathan, 2016.**

**Exemple :** un des associés d'une SARL accorde un pacte de préférence à un autre associé aux termes duquel il s'engage à lui donner la priorité s'il décidait un jour de céder ses parts sociales.

**10. Quelle obligation incombe à une personne ayant accordé un pacte de préférence ?**

## DOC. 7 Les promesses de contrat

| Promesse unilatérale de contrat | Promesse bilatérale de contrat (dite « synallagmatique ») |
|---|---|
| Contrat en vertu duquel un promettant s'engage envers un bénéficiaire à conclure un contrat déterminé si ce bénéficiaire en manifeste la volonté (**levée de l'option**).<br>*Exemple :* dans le cas d'une vente de maison, un acheteur potentiel se montre intéressé, sans vouloir s'engager immédiatement : le vendeur s'engage sur le prix et accorde un délai de réflexion à ce candidat acquéreur. Si celui-ci lève l'option au cours du délai (fixé à la promesse), il s'engage à acheter. | Contrat en vertu duquel les deux parties donnent leur consentement au contrat définitif dont la réalisation est généralement subordonnée à des conditions (**conditions suspensives**).<br>*Exemple :* dans le cas d'une vente de maison, un acheteur potentiel se dit désireux de conclure l'achat. Il a cependant besoin d'obtenir un prêt bancaire pour en payer une partie du prix. Les deux parties concluent une promesse bilatérale, qui les engage tous les deux. Le contrat de vente ne sera définitivement conclu que dans le cas de l'obtention du prêt. |

**11. Quelle est la principale différence entre la promesse unilatérale et la promesse synallagmatique ?**
**12. Précisez ce qui différencie le pacte de préférence de la promesse unilatérale de contrat en les qualifiant juridiquement.**

© Nathan – La photocopie non autorisée est un délit

## B Le contrat

**DOC. 8** **La liberté contractuelle**

**Article 1102 du Code civil**
Chacun est libre de contracter ou de ne pas contracter, de choisir son cocontractant et de déterminer le contenu et la forme du contrat dans les limites fixées par la loi. La liberté contractuelle ne permet pas de déroger aux règles qui intéressent l'ordre public.

**13. À quelle composante de la liberté contractuelle cette illustration renvoie-t-elle ?**

**DOC. 9** **Le contrat et ses formes**

Un contrat est un **accord de volontés** entre deux ou plusieurs personnes, appelées « parties », destiné principalement à créer des obligations. Mais, contrairement à une idée largement répandue, **le contrat n'est pas nécessairement un document écrit**. Bien au contraire, la forme des contrats est en principe libre. Tous les modes d'expression de l'accord des volontés sont donc admis : écrit, bien sûr, mais aussi parole et même geste. Toutefois, la loi subordonne parfois la conclusion d'un contrat à l'accomplissement d'une forme. Exemple : les statuts d'une société sont obligatoirement écrits.

**14. Tous les contrats sont-ils soumis à une obligation de forme ?**

**15. Comment la rencontre des volontés se réalise-t-elle dans les situations contractuelles suivantes : la vente aux enchères ? l'achat en hypermarché ? l'interpellation d'un taxi ?**

## APPLICATION AU CAS

### PANIER DE CAMPAGNE

La directrice de Panier de Campagne est amenée à prospecter auprès de propriétaires de locaux destinés à accueillir ses points de vente. Elle vient récemment de retenir un local susceptible de l'intéresser à Foix, après avoir abandonné des pourparlers qu'elle menait depuis un mois avec M. Tréville, un autre propriétaire de la même ville dont le magasin lui paraît finalement trop petit.

**DOC.** **Extrait d'un avant-contrat**

**Promesse de bail commercial**

**PAR :** La SCI Les Coteaux, représentée par Bruno Colas, son gérant [...]

**AU PROFIT DE :** La société Panier de Campagne, représentée par X..., sa directrice générale [...].

**DÉSIGNATION**

Un local à usage d'activité de salon de thé, sis à Foix (09000), allée des Brumes, d'une superficie de 62 m² au RDC + un jardin attenant de 280 m² avec un bâtiment en ruine [...].

**LEVÉE DE L'OPTION**

Le présent acte sera complété par l'acceptation éventuelle du preneur dans le délai d'un mois. Seule cette levée de l'option engagera la société Panier de Campagne. [...]

1. **M. Tréville, mécontent de ne pas conclure de bail avec Panier de Campagne, prétend pouvoir être indemnisé. Selon vous, cette prétention est-elle juridiquement valable ?**
2. **La SCI Les Coteaux est-elle définitivement engagée par la promesse de bail signée ?**
3. **À quel moment Panier de Campagne sera-t-elle engagée auprès de la SCI Les Coteaux ?**

© Nathan – La photocopie non autorisée est un délit

# 2 Analyser et évaluer les conditions de validité d'un contrat

**DOC. 10** **Les trois conditions de validité selon l'article 1128 du Code civil**

**Consentement des parties**
Manifeste et non vicié

**Capacité des parties**

**Contenu du contrat**
Licite et certain

→ **Contrat valable**

## A Le consentement

**DOC. 11** **Un silence coupable ?**

Un appartement en rez-de-jardin avec vue sur la baie de Cannes et de l'Estérel est vendu. Le vendeur fait l'objet, avant la vente, de deux procès-verbaux d'infraction pour avoir procédé à l'excavation du terrain et à l'abattage d'arbres en violation des règles d'urbanisme, ce que l'acheteur ignorait. Le vendeur est condamné, après la vente, à remettre les lieux en l'état.
L'acheteur se plaint de ne plus disposer d'un jardin plat et d'une vue dégagée et assigne le vendeur en nullité de la vente pour dol.
La cour d'appel d'Aix-en-Provence rejette sa demande au motif que le vendeur ignorait qu'il serait contraint de modifier la configuration des lieux en exhaussant le sol pour le replanter, une telle obligation étant née après la vente.
Cassation : l'existence d'une réticence dolosive [dissimulation intentionnelle] s'apprécie au moment de la formation du contrat, peu important que l'étendue du dommage en résultant ne soit pas encore connue de son auteur.

**www.efl.fr, le 15 octobre 2020, d'après Cass. 3e civ. n° 1918.598 du 23 septembre 2020.**

**DOC. 12** **Les vices du consentement**

| **Vices** | **Erreur** | **Dol** | **Violence** |
|---|---|---|---|
| **Définitions d'après le Code civil** | L'erreur ne vicie le contrat que si une partie commet une erreur portant sur une des qualités essentielles de la prestation due ou sur celles du cocontractant. | Il y a dol quand une partie donne son consentement à cause de manœuvres, de mensonges ou d'une dissimulation intentionnelle de l'autre partie. | Il y a violence si une partie s'engage sous la pression d'une contrainte qui lui inspire la crainte d'un mal considérable pour sa personne, ses biens ou celles de ses proches. |
| **Sanction** | Nullité du contrat | | |

1. **Analysez le vice du consentement rapporté dans le document 11.**
2. **Quelle différence y a-t-il entre l'erreur et le dol ?**
3. **Imaginez des exemples d'erreur et de violence dans un contrat entre entreprises.**

© Nathan – La photocopie non autorisée est un délit

## B La capacité

### DOC. 13 La capacité des parties, aptitude à conclure

| Principe | **CAPACITÉ JURIDIQUE** |
|---|---|
| | Aptitude à être titulaire de droits et à les exercer : droit de propriété, droit de créance, passation de contrats, action en justice. |
| Exceptions | **INCAPACITÉ JURIDIQUE** |
| | Incapacité à passer des contrats en raison du jeune âge (moins de 18 ans) ou de l'altération des facultés personnelles chez certains majeurs. |

**4.** **Justifiez l'incapacité de certaines personnes à passer des contrats dans la vie des affaires.**

### DOC. 14 La capacité professionnelle du mineur

**Limoux : 120 lycéens engagés pour la sixième Start-Up Ruffié**

Les élèves de première et terminale vont plancher par équipes sur des projets de création d'entreprise [...]. Pour cette sixième édition de Start-Up Ruffié, [chacune des] équipes [...] va s'attacher en un temps record à rendre crédible son projet d'entreprise, tant sur le plan économique que logistique et sociétal. Tout en étant au plus près de la réalité, tenant à distance les idées trop utopistes.

**www.lindependant.fr, 10 octobre 2020.**

**Conditions de création d'entreprise par un mineur de 16 ans non émancipé :**

- une autorisation préalable est nécessaire (parent[s] ou juge des tutelles) ;
- il ne peut s'agir que d'une entreprise unipersonnelle à responsabilité limitée : EIRL (activités civiles uniquement, c'est-à-dire non commerciales), EURL, SASU ;
- le mineur ne peut accomplir que les actes d'administration (gestion courante), les actes de disposition (actes juridiques graves tels que les ventes) devant être autorisés par les représentants légaux.

**5.** **La capacité des jeunes entrepreneurs est-elle totale ? Justifiez votre réponse.**

### DOC. 15 La représentation des personnes morales

À défaut d'existence matérielle, les personnes morales (les sociétés et autres groupements) n'ont pas la possibilité d'exercer leur capacité, c'est-à-dire de conclure elles-mêmes des contrats. Ils sont donc conclus par l'intermédiaire de leurs organes de direction (personnes physiques : gérant d'une SARL, président d'une SA...) par le jeu de la **représentation juridique**. Ces organes sont les mandataires de la personne morale et doivent agir dans l'intérêt de celle-ci.

**6.** **Pour quelle raison une personne morale doit-elle être représentée sur la scène juridique ?**

**7.** **Quelles personnes autres que les personnes morales doivent être représentées ?**

## C Le contenu du contrat

### DOC. 16 Le commerce florissant de restes humains sur Instagram

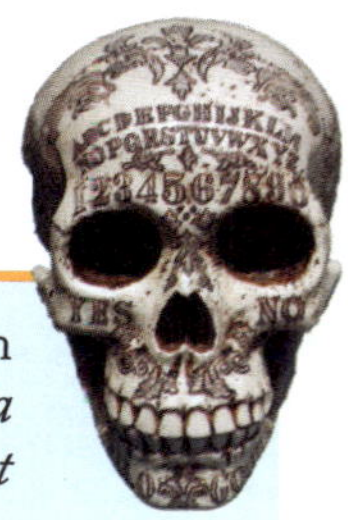

Si l'idée [...] de vous offrir un ou plusieurs os humains retapés et décorés vous avait un jour traversé l'esprit, ce n'est peut-être pas à Instagram que vous auriez pensé pour commencer vos recherches. Pourtant, à en croire un article publié le 18 juillet [2019] par Wired [magazine mensuel américain], c'est sur la plateforme du food porn et des profils chargés de vous influencer que vous aurez le plus de chances de trouver la perle rare. Jusqu'à 2016, eBay représentait la plateforme de choix pour l'échange de restes humains. Il fallait alors compter entre 500 et 5 000 euros pour un crâne. En 2016, la plateforme a sévi, « *la vente d'êtres et de restes humains étant interdite par la loi* », écrivait-elle.

[...] En France, l'article 16 du Code civil déclare que « *le corps humain est inviolable* » et que « *ses éléments et ses produits ne peuvent faire l'objet d'un droit patrimonial* ».

**korii.slate.fr, 23 juillet 2019.**

**8.** **Qualifiez le contrat évoqué dans ce document.**

© Nathan – La photocopie non autorisée est un délit

## DOC. 17 Le contenu du contrat doit être licite

**Article 1162 du Code civil**
Le contrat ne peut déroger à l'ordre public ni par ses stipulations, ni par son but, que ce dernier ait été connu ou non par toutes les parties.

**9. En quoi le contrat évoqué dans le document 16 est-il contraire à l'article 1162 du Code civil?**

**10. Imaginez un contrat entre entreprises dont le but serait illicite.**

## DOC. 18 Le contenu du contrat doit être certain

| Art. 1163 du Code civil | Exemples |
|---|---|
| « L'obligation a pour objet une prestation **présente** | Un garagiste vend une Renault Twingo d'occasion, année 2018, noire, 25 000 km, immatriculée EZ 227 NG. |
| ou **future**. | Un promoteur vend des appartements sur plan. |
| Celle-ci doit être **possible** | Une agence de voyages ne peut pas vendre un voyage sur Mercure. |
| et déterminée ou **déterminable**. […] » | Un fournisseur vend à un distributeur 1 tonne de riz complet de Camargue. |

**11. Illustrez le caractère certain de l'objet du contrat dans un autre exemple que celui de la vente.**

## DOC. 19 La nullité du contrat

Si l'une des conditions de validité du contrat fait défaut, la sanction est la nullité du contrat. Celle-ci peut être demandée en justice dans le délai de 5 ans, ses effets étant la disparition de tous les effets du contrat, avec, si c'est possible, les restitutions qui en découlent.

**Un exemple de situation de nullité**
Un mineur ayant créé une start-up décide de recourir à un emprunt bancaire pour financer ses premiers investissements. Il est incapable juridiquement de conclure ce contrat. Si le banquier lui fait confiance et lui accorde un prêt, ce contrat pourra être annulé par les juges, par exemple à la demande d'un des parents du mineur.

**12. Quelles personnes le droit veut-il protéger dans les cas de nullité du contrat?**

# APPLICATION AU CAS

## PANIER DE CAMPAGNE

Lors de la signature du bail définitif avec la SCI Les Coteaux, la directrice de Panier de Campagne a demandé et obtenu verbalement du propriétaire l'autorisation de rénover un bâtiment annexe en ruine mais indispensable pour stocker les produits à vendre. En contrepartie des travaux, elle avait reçu une autorisation d'occupation gratuite de ces locaux.
C'est avec consternation qu'elle apprend que la mairie avait mis en demeure le propriétaire de démolir ce local construit sans autorisation et en infraction avec le PLU (plan local d'urbanisme).
Le local qui devait servir de lieu de stockage à Panier de Campagne va donc disparaître.

## DOC. Le dol dans le Code civil

**Article 1137**
Le dol est le fait pour un contractant d'obtenir le consentement de l'autre par des manœuvres ou des mensonges. Constitue également un dol la dissimulation intentionnelle par l'un des contractants d'une information dont il sait le caractère déterminant pour l'autre partie.

**1. Qu'est-ce que la notion de « dissimulation intentionnelle » constituant un dol?**

**2. Analysez la situation juridique consécutive à la découverte de l'impossibilité d'exploiter le bâtiment attenant au local loué par Panier de Campagne.**

© Nathan - La photocopie non autorisée est un délit

# 3 Analyser et évaluer les clauses d'un contrat

## DOC. 20 Les clauses du contrat

**Définition :** une « clause » est une phrase ou un ensemble de phrases contenues dans le texte d'un acte juridique (tel un contrat) où sont définis les droits et les obligations des personnes concernées par cet acte.
**Exemples :** clause relative au prix à payer, clause de garantie commerciale, clause limitative de responsabilité, etc.
**Finalité :** le contrat est structuré par la somme des clauses qu'il contient, celles-ci étant soit négociées entre les parties, soit édictées par un contractant qui les propose à l'autre.

**1. En quoi les clauses du contrat doivent-elles répondre aux besoins de chaque contractant ?**

## DOC. 21 Le prix dans les contrats

**Principe**
Élément clé de l'accord des parties, le prix doit être déterminé ou au moins déterminable lors de la conclusion du contrat. Selon les cas, il est négocié par les deux parties ou prévu par un contractant qui le propose à l'autre, qui ne peut que l'accepter ou refuser le contrat dans son ensemble.

**La fixation unilatérale du prix dans certains contrats selon le Code civil**
**Article 1164** – Dans les contrats-cadres*, il peut être convenu que le prix sera fixé unilatéralement par l'une des parties, à charge pour elle d'en motiver le montant en cas de contestation. En cas d'abus dans la fixation du prix, le juge peut être saisi d'une demande tendant à obtenir des dommages et intérêts et le cas échéant la résolution du contrat.
**Article 1165** – Dans les contrats de prestation de service, à défaut d'accord des parties avant leur exécution, le prix peut être fixé par le créancier, à charge pour lui d'en motiver le montant en cas de contestation. En cas d'abus dans la fixation du prix, le juge peut être saisi d'une demande en dommages et intérêts.

* Contrats de longue durée qui fixent un cadre général aux relations entre les parties.

**2. Citez des exemples de prix négociés et des exemples de prix acceptés.**
**3. Quelles sont les limites à la fixation du prix par une seule des parties ?**

LE GAZ PROPANE : PRIX, COURS, MARCHÉ, FOURNISSEURS...
**Vidéo**
liennathan.fr/hu4w85

## DOC. 22 L'imprévision et la faculté de renégociation du prix

**Problème :** comment conserver une marge raisonnable sur un bien vendu si le prix d'une des matières premières flambe à cause d'une pénurie liée à des conditions climatiques ou du fait d'une raréfaction sur le marché international pour des raisons géopolitiques ?

**Réponse du droit :** créé par l'ordonnance du 10 février 2016, le principe posé à l'article 1195 du Code civil est celui de la possibilité de prendre en compte des **circonstances imprévisibles** pour demander à son cocontractant la **révision du contrat**. Jusque-là, en l'absence de texte, la jurisprudence refusait toute possibilité de révision du prix pour cause d'imprévision.

**Les conditions pour admettre la renégociation du prix :**
– un changement de circonstances imprévisible au jour du contrat ;
– une exécution du contrat rendue excessivement onéreuse pour une partie ;
– l'absence d'acceptation lors du contrat de prendre en charge ce risque.

**4. Précisez le type de contrat dans lequel l'imprévision peut avoir des conséquences.**
**5. Dans quelle mesure la possibilité de renégocier le prix est-elle un gage de maintien de l'équilibre contractuel dans le temps ?**

© Nathan – La photocopie non autorisée est un délit

## DOC. 23 La clause de réserve de propriété dans un contrat de vente

Il est convenu entre les parties que le matériel livré ce jour, à savoir une cuisinière à gaz professionnelle type BN326 de notre catalogue, demeurera la propriété du vendeur jusqu'au paiement complet du prix. Conformément à l'article 2367 du Code civil et à l'article L. 621-122 du Code de commerce, cette réserve de propriété produira ses effets en cas de défaut de paiement, et en particulier en cas de cessation de paiements de l'acquéreur.

6. **Évaluez les effets juridiques de la clause de réserve de propriété au regard du transfert de la propriété du bien vendu à l'acheteur.**
7. **Quelle est l'utilité de cette clause?**

## DOC. 24 La clause pénale

**CONDITIONS GÉNÉRALES DE VENTE (extraits)**

Nos ventes de véhicules sont soumises aux conditions générales de vente et de garantie du constructeur. […]

Dans le cas où le délai de paiement figurant ci-dessus ne serait pas respecté, des pénalités seront réclamées par nos soins dont le montant correspondra à deux fois le taux de l'intérêt légal appliqué à la somme due.

8. **Analysez cette clause contractuelle et évaluez-en la portée.**
9. **Dans quelle mesure peut-elle éviter une action en justice en cas de retard de paiement?**

# APPLICATION AU CAS

## PANIER DE CAMPAGNE

Panier de Campagne ne se charge pas des livraisons des produits qu'elle vend. L'entreprise passe par les services de la société de transport Ruby. Les relations entre les deux sociétés sont gouvernées par le contrat suivant.

**Contrat-cadre de transport de marchandises (extraits)**

Entre la Société RUBY, entreprise de transport […]
Et
L'entreprise PANIER DE CAMPAGNE […]

**Article 1er.** – Le présent contrat a pour objet le transport routier de marchandises.

**Article 2.** – Les envois concernés par l'application de ce contrat seront remis par l'entreprise Panier de Campagne à l'entreprise Ruby.

**Article 3.** – La prise en charge des produits de Panier de Campagne s'accompagnera chaque fois d'un contrat spécifique indiquant le contenu du transport, l'adresse et la date de livraison, ainsi que d'éventuelles conditions spécifiques.

**Article 4.** – Livraison: la remise des colis se fera contre remboursement par le client.

**Article 5.** – Matériel de transport […]

**Article 6.** – Les opérations de chargement et de déchargement incomberont respectivement à Panier de Campagne et au destinataire. En cas de dommages matériels survenus au cours de ces opérations, la responsabilité du transporteur ne saurait être retenue.

**Article 7.** – Livraison […]

**Article 8.** – Le prix du transport sera fixé lors de chaque contrat d'application de ce contrat-cadre, sur la base de 8 € le kg pour les textiles et de 2,50 € le kg pour les autres produits. Ce prix sera révisé chaque année à proportion de l'augmentation du prix du carburant. Tous les prix sont calculés hors taxes.

**Article 9.** – La société Ruby sera tenue de verser une indemnité pour la réparation de tous les dommages justifiés dont elle serait légalement tenue pour responsable, résultant de la mauvaise exécution ou de l'inexécution du transport.

**Article 10.** – En cas de préjudice prouvé résultant d'un retard à la livraison du fait du transporteur, celui-ci est tenu de verser une indemnité qui ne peut excéder le prix du transport (droits, taxes et frais divers exclus).

**Article 11.** – Conformément aux dispositions légales et réglementaires, le transporteur s'engage à conduire les opérations de transport dans des conditions strictement compatibles avec la réglementation des conditions de travail et de sécurité.

1. **Quels sont la nature et l'objet de ce contrat?**
2. **Analysez et évaluez la clause relative au prix du transport.**
3. **Repérez et évaluez les clauses relatives à la responsabilité du transporteur.**

© Nathan – La photocopie non autorisée est un délit

# 4 Analyser et évaluer les effets juridiques d'un contrat

## A Les effets du contrat entre les parties

### DOC. 25 Le principe de la force obligatoire du contrat

L'**article 1103 du Code civil** exprime le principe de la force obligatoire du contrat : « Les contrats légalement formés tiennent lieu de loi à ceux qui les ont faits. »
Pour bien marquer la force des obligations nées de l'accord des volontés, les rédacteurs du Code civil ont utilisé une comparaison d'une très grande hauteur : le contrat s'impose aux parties comme la règle de droit s'impose à l'ensemble des citoyens. [...]

**D'après F. Terré, P. Simler, Y. Lequette, *Les obligations*, Précis Dalloz, 12e édition, 2018.**

**1. Qu'est-ce qui justifie, selon vous, le principe de la force obligatoire d'un contrat pour les parties ?**

### DOC. 26 Ce qui est convenu est convenu !

**D'après un arrêt de la Cour de cassation du 9 novembre 2017**
La société Orange a demandé à l'Office national des forêts (l'ONF) l'autorisation de poser une ligne de télécommunications souterraine au travers d'une forêt appartenant au domaine privé de l'État ; après des pourparlers, Orange a accepté un contrat prévoyant une indemnité annuelle payable à l'ONF.
Les travaux d'implantation de la ligne ayant été effectués, l'ONF a dû assigner la société Orange en paiement des redevances annuelles impayées.
S'appuyant sur l'article L. 51 du Code des postes et des télécommunications téléphoniques (« *Les opérations d'entretien des abords d'un réseau ouvert au public permettant d'assurer des services fixes de communications électroniques, telles que le débroussaillage, la coupe d'herbe, l'élagage et l'abattage, sont accomplies par le propriétaire du terrain* »), la société de téléphonie prétendait ne pas avoir à indemniser l'ONF.
Orange est condamnée en justice, les juges indiquant que « l'action de l'ONF était fondée sur la convention signée dont les termes clairs et précis prévoyaient une indemnité annuelle ».

**2. Pourquoi la société Orange pensait-elle ne rien devoir à l'ONF ?**
**3. Quel est le sens de la décision des juges dans cette affaire ?**

### DOC. 27 Le sens des engagements contractuels

Selon l'article 1194 du Code civil, les obligations contractuelles doivent se comprendre par rapport aux suites qui découlent de l'équité, de l'usage ou de la loi. En cas de contestation, le juge doit privilégier l'esprit du contrat à sa lettre (C. civ., art. 1188). Certains auteurs ont même parlé du « forçage » du contrat (interprétation du contrat dépassant la volonté des parties), comme lorsqu'on fait peser sur un contractant l'obligation de sécurité (pour le transporteur de voyageurs) ou l'obligation de renseignements (pour le professionnel face à un profane).

**4. Quelle comparaison peut-on faire entre la loi et le contrat ?**
**5. Expliquez et justifiez la phrase soulignée.**

© Nathan – La photocopie non autorisée est un délit

## B Les effets du contrat à l'égard des tiers

### DOC. 28 Le principe de l'effet relatif du contrat

**Article 1199 du Code civil** – Le contrat ne crée d'obligations qu'entre les parties.
Les tiers ne peuvent ni demander l'exécution du contrat ni se voir contraints de l'exécuter […].

6. **Quel est le contrat à l'origine du litige?**
7. **Pourquoi, selon vous, les juges du fond ont-ils condamné le sous-traitant à assumer les vices de construction?**
8. **Pourquoi la Cour de cassation n'accepte-t-elle pas cette solution? Le client est-il sans recours?**

### DOC. 29 Une chaîne de contrats

**Le cas:** une personne commande la construction d'une maison à un entrepreneur. Ce dernier sous-traite la réalisation du chantier à une autre entreprise. Ultérieurement, des défauts apparaissent et le propriétaire de la maison assigne en garantie l'entreprise sous-traitante qui a procédé aux travaux, et non pas l'entrepreneur qui avait été initialement chargé du chantier.
**La solution jurisprudentielle:** alors que la cour d'appel avait estimé que le client pouvait retenir la responsabilité contractuelle du sous-traitant, la Cour de cassation, dans un arrêt de principe du 11 juillet 1991, désapprouve cette décision en considérant que le sous-traitant n'a conclu aucun contrat directement avec le « maître de l'ouvrage » (le client de l'entrepreneur principal).

### DOC. 30 L'exception à l'effet relatif du contrat à l'égard des tiers

**Article 1205 du Code civil** – On peut stipuler pour autrui. L'un des contractants, le **stipulant**, peut faire promettre à l'autre, le **promettant**, d'accomplir une prestation au profit d'un tiers, le **bénéficiaire**. Ce dernier peut être une personne future mais doit être précisément désigné ou pouvoir être déterminé lors de l'exécution de la promesse.

**Exemple: le contrat d'assurance-vie**

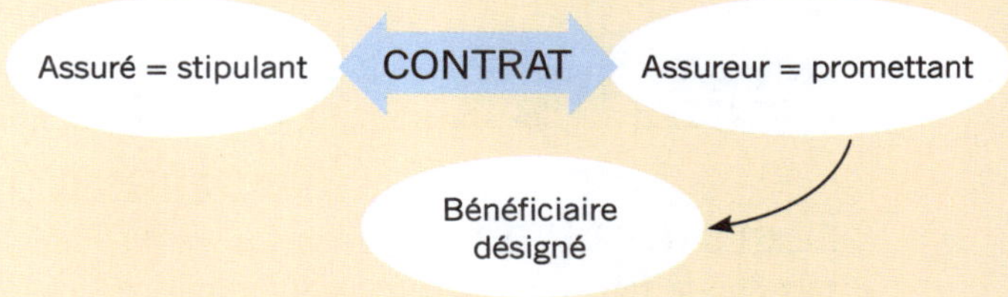


9. **En quoi le contrat d'assurance-vie constitue-t-il une exception à l'effet relatif du contrat?**

## APPLICATION DE CAS

### PANIER DE CAMPAGNE

Le développement des activités de Panier de Campagne *via* Internet amène l'entreprise à recourir fréquemment au service du transporteur Ruby, chargé d'effectuer les livraisons des achats en ligne. À l'occasion d'un important retard de livraison, un destinataire prétend devoir être indemnisé par le transporteur. Ce dernier met en avant l'absence d'accord entre le client et lui-même pour refuser cette demande.

1. **Quelles sont les parties au contrat de transport? Qui est le stipulant? le promettant? le bénéficiaire?**
2. **Le client est-il fondé à demander une indemnisation au transporteur?**

© Nathan – La photocopie non autorisée est un délit

# 1 Un avant-contrat

1. **Pour quelle opération cette promesse de contrat est-elle conclue ?**
2. **S'agit-il d'une promesse unilatérale ou bilatérale ? Justifiez.**
3. **Après la signature de la promesse, si le cessionnaire refuse de signer l'acte authentique, récupère-t-il son dépôt de garantie ? Pourquoi ?**

**DOC.** **Compromis de cession de fonds de commerce (extraits)**

**ENTRE LES SOUSSIGNÉS**

La société dénommée VILLANEGRA, société à responsabilité limitée unipersonnelle au capital de 5 000 €, dont le siège est à VILLENEUVE-LOUBET (06270) […]
Ci-après dénommée le « **CÉDANT** »

**D'UNE PART**

**ET**
Monsieur Jean-Charles SUCCO, commerçant, demeurant à NICE (06300) […]
Ci-après dénommé le « **CESSIONNAIRE** »

**D'AUTRE PART**

**IL A ÉTÉ CONVENU ET ARRÊTÉ CE QUI SUIT :**

Par les présentes, le **CÉDANT** s'engage à céder au **CESSIONNAIRE**, qui accepte, sous les conditions ci-après définies et sous réserve de la réalisation des conditions suspensives figurant aux présentes, le fonds dont la désignation suit :

**DÉSIGNATION DU FONDS**

Le fonds de commerce de RESTAURATION RAPIDE, RESTAURATION TRADITIONNELLE sis à NICE […], lui appartenant, connu sous le nom commercial « CHEZ MARIE » […].

**PROPRIÉTÉ / JOUISSANCE**

Le **CESSIONNAIRE** sera propriétaire du fonds de commerce objet des présentes au jour et en vertu de la signature de l'acte authentique de cession devant les réitérer.
Il en aura la jouissance à compter de la réalisation de l'acte authentique de cession de fonds de commerce […].

**PRIX**

En outre, la cession, si elle se réalise, sera consentie et acceptée moyennant le prix principal de CINQUANTE-HUIT MILLE TROIS CENTS EUROS (58 300 €) […].
Le prix sera payé comptant le jour de la signature de l'acte authentique.

**DÉPÔT DE GARANTIE**

En considération des présentes, le **CESSIONNAIRE** a versé ce jour au **CÉDANT**, qui le reconnaît et lui en donne quittance, la somme de CINQ MILLE EUROS (5 000 €) à titre de dépôt de garantie. Cette somme s'imputera sur le prix en cas de cession rendue parfaite.
Cette somme restera acquise de plein droit et sans formalité au **CÉDANT** si le **CESSIONNAIRE** refuse de signer l'acte authentique, alors que toutes les conditions suspensives sont réalisées dans le délai ci-après fixé et selon les conditions indiquées aux présentes.

Fait à NICE, le 5 mars N.
En un seul exemplaire qui, d'un commun accord, reste en la garde et possession de l'office notarial […] qui sera habilité à en délivrer des copies ou extraits aux parties ou à leurs conseils.

SIGNATURES

© Nathan – La photocopie non autorisée est un délit

# 2 Le consentement vicié par la violence

1. Relevez les trois conditions pour que soit retenue la violence pour abus de dépendance lors de la formation d'un contrat.
2. Qu'est-ce que l'état de dépendance ? Donnez des exemples.
3. En quoi l'introduction dans le Code civil de cette forme de violence contribue-t-elle à l'équilibre contractuel ?

**DOC. Le nouveau visage de la violence économique**

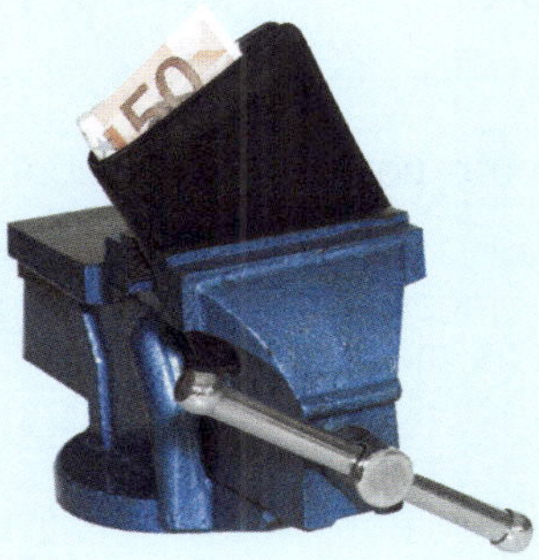


L'article 1140 du Code civil dispose qu'il y a violence « *lorsqu'une partie s'engage sous la pression d'une contrainte qui lui inspire la crainte d'exposer sa personne, sa fortune ou celles de ses proches à un mal considérable* ». De là, la jurisprudence considère [...] que « *la contrainte économique se rattache à la violence* [...] ».
Depuis la réforme du droit des contrats, l'article 1143, qui s'inspire directement de la jurisprudence antérieure qu'elle élargit, dispose qu'« *il y a également violence lorsqu'une partie, abusant de l'état de dépendance dans lequel se trouve son cocontractant à son égard, obtient de lui un engagement qu'il n'aurait pas souscrit en l'absence d'une telle contrainte et en tire un avantage manifestement excessif.* » [...] En vertu de l'article 1143 du Code civil, caractériser un vice de violence économique nécessite donc la réunion de trois conditions impératives : il est nécessaire de caractériser un état de dépendance économique, dont le cocontractant abuse, en vue de tirer un avantage manifestement excessif.
[...] Pour la jurisprudence, la dépendance économique sera [...] caractérisée dès lors qu'un contractant ne disposera d'aucune alternative économique pour se procurer le bien ou le service dont il a la nécessité. Le refus d'un contractant de recourir à une alternative économique existante ne permettra donc pas de caractériser ce critère.
[...] [L']abus de dépendance économique [consiste à] obtenir du cocontractant « *un engagement* [que l'on] *n'aurait pas souscrit en l'absence d'une telle contrainte* ». L'on touche ici à la notion même de vice du consentement, telle que définie à l'article 1130 du Code civil, par laquelle un contractant se trouve contraint de s'engager sur une voie contractuelle contre son gré, ou contracte à des conditions substantiellement différentes de celles dans lesquelles il aurait contracté sans ce vice.
Pour finir, caractériser la violence économique nécessitera de démontrer l'obtention d'un avantage manifestement excessif résultant de l'abus de l'état de dépendance économique. [Il s'agit] d'un avantage que le contractant en position de force n'aurait pas pu obtenir [...]. Cet avantage doit être disproportionné par rapport aux conditions habituelles de conclusion d'un contrat du même genre.

**D'après « Le nouveau visage de la violence économique », Légavox, 10 janvier 2020.**

# 3 Rédaction d'une clause contractuelle

1. Rédigez une clause à insérer dans le contrat de construction d'une maison individuelle, par laquelle le professionnel prévoit l'indemnisation de son client en cas de retard dans la livraison du bien. Vous veillerez à ce que cette clause soit raisonnable et prenne en compte l'importance du retard.
2. Cette clause est-elle obligatoire ?
3. Pourquoi le constructeur choisit-il de l'inclure dans le contrat ?

© Nathan – La photocopie non autorisée est un délit

# SYNTHÈSE

- **La formation du contrat**
  - La situation précontractuelle
    - Les pourparlers : rupture libre, sauf abus
    - Les avant-contrats : pacte de préférence, promesse unilatérale, promesse bilatérale
  - La situation contractuelle
    - Principe de la liberté contractuelle
    - Obligation d'information

- **Les conditions de validité**
  - Le consentement
    - Rencontre de l'offre et de l'acceptation
    - Donné sans vice : ni erreur, ni dol, ni violence
  - La capacité
    - Principe : toute personne peut contracter.
    - Exceptions : incapacité des mineurs et de certains majeurs
  - Le contenu
    - Licite
    - Certain
  - La sanction du non-respect
    - Nullité du contrat

- **Les clauses du contrat**
  - Relatives au prix
    - Fixation : prix déterminé ou déterminable
    - Fixation unilatérale parfois
    - Révision en cas d'imprévision
  - Relative à l'exécution
    - Clause de réserve de propriété
  - Relative à l'inexécution
    - Clause pénale

- **Les effets du contrat**
  - À l'égard des parties
    - Force obligatoire du contrat
  - À l'égard des tiers
    - Effet relatif du contrat

## CONCEPTS

Pourparlers – Avant-contrat – Pacte de préférence – Promesse unilatérale de contrat – Promesse bilatérale de contrat – Consentement – Erreur – Dol – Violence – Capacité – Contenu du contrat – Clause – Imprévision – Clause de réserve de propriété – Clause pénale – Effet obligatoire – Effet relatif

© Nathan – La photocopie non autorisée est un délit

# 4 De la création à la pérennité de l'entreprise

**PLAN DU CHAPITRE**

- 1 • Caractériser les étapes de la création d'une entreprise
- 2 • Distinguer une démarche entrepreneuriale d'une démarche managériale

**LES COMPÉTENCES ATTENDUES**

→ Caractériser les étapes de création d'une entreprise.
→ Distinguer une démarche entrepreneuriale d'une démarche managériale.

**LES SAVOIRS ASSOCIÉS**

→ Logique entrepreneuriale
→ Logique managériale

## La création d'entreprise au féminin

**France Active et Bpifrance, fortement impliqués dans l'accompagnement à la création d'entreprise sur l'ensemble du territoire, se sont penchés sur la question de l'entrepreneuriat au féminin au travers d'une enquête réalisée auprès de 1 023 personnes.**

63 % des femmes estiment qu'il est plus motivant de créer sa propre entreprise que d'être salariée. Créer leur entreprise leur semble, avant tout, le moyen de concrétiser une idée personnelle (47 %), de donner plus de sens à leur vie professionnelle (46 %) et de gagner en liberté (34 %). Sur ces trois motivations, leurs réponses apparaissent globalement identiques à celles des hommes.

En revanche, elles se montrent plus motivées que leurs homologues masculins (35 % contre 31 %) par l'idée de créer leur propre emploi, et si possible en créer d'autres. Autre différence : elles sont 23 %, contre 20 % des hommes, à considérer que créer leur entreprise leur permettrait d'avoir plus de responsabilités.

Quant à la compatibilité entre vie professionnelle et vie personnelle, 1 femme sur 3 pense que créer sa propre entreprise permet de mieux gérer cet équilibre !

[…] Parmi celles « prêtes à l'action », toutes tranches d'âge confondues, 16 % se déclarent motivées par la perspective de gagner plus d'argent, et 14 % pensent que cela leur permettrait de sortir d'une situation professionnelle précaire (chômage, petits boulots…).

Parmi les raisons qui freinent le passage à l'acte, la peur de l'échec est la première raison évoquée (26 %), tandis que 22 % expriment le besoin d'une formation spécifique et de conseils d'entrepreneurs pour les aider.

**www.franceactivev.org, 27 février 2020.**

« ÊTRE UNE FEMME ENTREPREUNEURE, C'EST BEAUCOUP D'ATOUTS »

**Vidéo**
liennathan.fr/74tt2i

1. **Quelles sont les motivations des femmes pour créer leur propre entreprise ?**
2. **À votre avis, quelles sont les principales difficultés liées à la création d'entreprise ?**

© Nathan – La photocopie non autorisée est un délit

# 1 Caractériser les étapes de la création d'une entreprise

## DOC. 1 Trouver une idée et la tester

Qu'il s'agisse d'une création ou d'une reprise, tout projet d'entreprise part d'une idée. L'idée est souvent une intuition qu'il faut approfondir afin de décrire le bien ou le service envisagé (utilité, usage, performance) et le fonctionnement de l'entreprise à créer. Pour évaluer la pertinence du projet, il ne faut pas hésiter à en parler à ses amis et à sa famille pour l'enrichir avec les différents avis et remarques reçus. Afin de protéger son idée et de garder son exclusivité, il est conseillé dès le départ de la déposer auprès de l'INPI (Institut national de la propriété industrielle) sous la forme d'une marque, d'un brevet ou d'un nom de domaine.

Enfin, avant de se lancer, il est nécessaire de tester la faisabilité du projet en réalisant une étude de marché. Il s'agira de découvrir le marché et ses tendances, de vérifier l'existence d'une demande et d'étudier l'offre déjà présente. L'étude de marché va ainsi permettre de connaître les acheteurs et leurs besoins, d'estimer la demande potentielle et d'identifier les concurrents et leurs stratégies. Grâce à l'étude de marché, il sera possible de fixer des hypothèses de chiffre d'affaires et de parts de marché.

**1. Pourquoi est-il recommandé de réaliser une étude de marché avant de se lancer dans la création d'une entreprise ?**

## DOC. 2 Les recettes de Nestor

En 2015, trois amis d'enfance ont lancé l'entreprise Nestor avec l'envie de concrétiser leur rêve d'ouvrir un restaurant. Ayant peu d'expérience dans ce domaine, ils ont décidé de créer un restaurant virtuel qui desservirait les zones de bureaux.

« *On a commencé dans la cuisine de mes parents, avec trois-quatre menus par jour, aidés par une amie douée en cuisine. On a tout fait nous-mêmes : préparer les plats, les livrer à vélo* », se souvient Joseph de Chateauvieux, l'un des trois associés.

Pour affiner leur projet, les trois amis ont étudié des modèles existant aux États-Unis et en France. Ils en ont tiré la conclusion que les entreprises qui s'en sortaient le mieux avaient une organisation millimétrée avec une cible bien précise.

Ils ont alors pris l'option de se concentrer sur le marché des professionnels avec une offre simple.

Aujourd'hui, pour allier gourmandise et menu complet, Nestor propose chaque jour un menu unique élaboré par un chef et comprenant une entrée, un plat et un dessert à un prix abordable de 11,90 €.

**2. Quelle est l'idée initiale des créateurs de Nestor ?**

**3. Comment les créateurs ont-ils testé leur idée ?**

**4. Quels enseignements ont-ils tiré de l'analyse des modèles existant à l'étranger ?**

© Nathan – La photocopie non autorisée est un délit

## DOC.3 Financer le projet

Avant de créer ou de reprendre une entreprise, il faut déterminer l'ensemble des moyens nécessaires pour lancer le projet : les investissements à réaliser et le montant de la trésorerie de départ qui permettra d'assumer les premières dépenses (frais de création, achat de matériel, loyers, assurances, stocks, salaires, charges sociales…).
Une fois les besoins financiers estimés, la recherche des financements va commencer. Ces financements peuvent résulter de la combinaison de plusieurs sources.

| Sources de financement | Caractéristiques |
|---|---|
| **Les apports des créateurs** | Ils représentent les apports personnels injectés par les créateurs. Ils constituent les fonds propres de l'entreprise. |
| **Les levées de fonds** | Elles correspondent aux apports réalisés par des investisseurs privés ou publics. |
| **Les prêts bancaires** | Les banques octroient des prêts pour financer la création d'entreprise. L'existence de fonds propres et un projet bien préparé facilitent l'obtention d'un financement bancaire. |
| **Le financement participatif (*crowdfunding*)** | Il consiste à solliciter les particuliers *via* une plateforme Internet pour financer le projet de l'entreprise. |

Dans cette étape de financement, il ne faut pas hésiter à solliciter l'État et les collectivités territoriales qui proposent des aides à la création d'entreprise sous diverses formes : aides financières, allègements fiscaux, exonération de charges sociales, mise à disposition de locaux…

**5. Pourquoi est-il nécessaire de prévoir une trésorerie de départ lors de la création d'une entreprise ?**

## DOC.4 Les avantages du financement participatif

Le financement participatif sauvera-t-il les start-up de la crise ? S'il ne constitue pas un remède miracle, il devrait néanmoins s'imposer comme un outil essentiel de la relance des entreprises innovantes, fortement bousculées pendant ces mois de crise. […] Ce levier de financement pourrait devenir essentiel pour les start-up dans les mois à venir.
[…] Les campagnes de financement participatif, qu'elles soient en dons ou sous forme de prêts ou d'investissements, permettent un accès rapide et relativement plus facile à une ligne de financement pour des entreprises dont les modèles sont parfois mal compris par les acteurs traditionnels.
Dans une période où l'argent est plus que jamais le roi et où il est plus compliqué d'en obtenir – [avec des] banques exigeant des garanties plus solides qu'auparavant – le financement participatif devient donc un recours de choix pour des entreprises fragilisées.

**Géraldine Russel, www.maddyness.com, 6 octobre 2020.**

**6. Présentez les avantages du financement participatif.**

**7. Présentez l'intérêt d'élaborer un business plan pour un créateur d'entreprise.**

**8. Recensez les différentes rubriques qui doivent apparaître dans un business plan.**

## DOC.5 Concevoir un business plan

Tout créateur d'entreprise doit, avant de se lancer, élaborer un business plan, document qui formalise le projet par écrit et en présente les éléments principaux (notamment financiers). La rédaction de ce document est souvent perçue comme un exercice difficile, et parfois même comme une perte de temps. Pourtant, ce document est indispensable car il est attendu par les investisseurs et autres partenaires pour les convaincre du sérieux du projet et de la viabilité économique de la future entreprise.

**Que trouve-t-on dans un business plan ?**

S'il n'existe pas de modèle universel, il faut toutefois respecter des règles incontournables. Ainsi, un business plan commence par un *executive summary* (deux pages maximum) qui résume le projet et en expose la pertinence, toujours dans l'optique de convaincre rapidement les partenaires et de faciliter la levée de fonds. Dans le corps du document, il faut veiller à présenter :
- le(s) créateur(s) et l'équipe, leur parcours et leurs compétences ;
- l'offre, et sa pertinence sur le marché qui aura été analysé (étude de l'offre existante, identification d'un besoin…) ;
- le modèle économique : politique de prix, perspectives de chiffre d'affaires, rentabilité…
- le plan d'action envisagé (commercial, marketing…).

© Nathan – La photocopie non autorisée est un délit

## DOC. 6 Choisir un statut juridique et réaliser les formalités administratives

Le choix du statut juridique est une étape importante de la création d'entreprise car il va avoir des conséquences fiscales et sociales. Il s'agit de trouver la forme juridique qui convient le mieux en tenant compte des caractéristiques du projet (activité de l'entreprise, nombre d'associés…).
Après avoir choisi le statut juridique le plus approprié, les formalités administratives de création d'entreprise vont permettre de déclarer l'activité et d'obtenir une immatriculation.
L'ensemble des formalités peuvent être réalisées auprès du CFE (centre de formalités des entreprises). Cet interlocuteur unique va centraliser les pièces du dossier et les transmettre aux différents organismes et administrations concernés par la création d'une entreprise.

**9. Quel est le rôle du CFE ?**
**10. Pourquoi le CFE facilite-t-il la création d'entreprise ?**

# APPLICATION AU CAS

## PANIER DE CAMPAGNE

### Entretien avec Nathalie Dills, dirigeante et créatrice de Panier de Campagne

***Quelle était votre idée de départ ?***
**N. D. :** Je suis partie du constat que de plus en plus de personnes faisaient le choix d'habiter en milieu rural, et aussi paradoxal que cela puisse paraître, il est très difficile d'y manger local. J'ai eu l'idée d'ouvrir des commerces multiservices en milieu rural et une boutique en ligne.

***Concrètement, comment se concrétise votre idée ?***
**N. D. :** Les commerces Panier de Campagne proposent des services du quotidien, un salon de thé et un snack du terroir, sans oublier la distribution de produits valorisant les producteurs bio et locaux. Nous avons également créé une boutique en ligne où les internautes font leur choix sur une sélection de produits alimentaires issus de la ferme.

***Quelles ont été les difficultés rencontrées lors de la création de votre entreprise ?***
**N. D. :** La phase la plus dure a été la recherche de financement. Difficile de gagner la confiance des investisseurs et des banquiers lorsque l'on n'a aucune expérience dans le secteur ! Le Crédit agricole m'a accordé un prêt et j'ai lancé une levée de fonds sur la plateforme de *crowdfunding* en capital LITA.co. La création d'une entreprise entraîne des difficultés de trésorerie. En tant que créateur, vous êtes le dernier payé, si votre trésorerie permet de le faire en fin de mois. Un créateur d'entreprise ne commence à se payer généralement qu'après deux ans d'activité.

**1. Quelle est l'idée de départ de la créatrice de Panier de Campagne ?**
**2. Décrivez l'activité de son entreprise.**
**3. Expliquez pourquoi la recherche de financement a été compliquée.**
**4. Comment Nathalie Dills a-t-elle financé la création de son entreprise ?**
**5. Pourquoi le lancement de l'activité entraîne-t-il des difficultés de trésorerie ?**

© Nathan - La photocopie non autorisée est un délit

# 2 Distinguer une démarche entrepreneuriale d'une démarche managériale

## DOC. 7 Caractériser la démarche entrepreneuriale

La démarche entrepreneuriale se caractérise par la volonté d'une ou de plusieurs personnes de créer ou de reprendre une entreprise à partir d'une idée. Cette démarche nécessite d'être curieux et visionnaire. Elle suppose de savoir détecter les opportunités qui se présentent sur un marché et d'avoir l'envie et le courage de la concrétiser en créant une entreprise.
La démarche entrepreneuriale est risquée car toutes les idées ne sont pas nécessairement bonnes et certaines sont vouées à l'échec. Entreprendre comprend donc une dimension d'incertitude car c'est mettre sur pied un projet, une idée sans en connaître son issue.

## DOC. 8 L'entrepreneur selon Joseph Schumpeter

L'entrepreneur est tout particulièrement, pour Schumpeter, le fer de lance de l'innovation : il combine en lui l'esprit de décision et la capacité de découvrir, dans la masse des innovations scientifiques, celles qui permettent, d'une part, d'augmenter la productivité (innovations de procédé, de mode de production, de matières premières) et, d'autre part, de satisfaire une demande non encore révélée (innovations de produit, de débouché). [...]
L'entrepreneur possède plus particulièrement d'exceptionnelles qualités de vision et de volonté. Il est capable de voir les choses sans pouvoir les justifier, par intuition.

**https://1000-idees-de-culture-generale.fr**

1. **Quelles qualités un créateur d'entreprise doit-il posséder ?**
2. **Pourquoi la démarche entrepreneuriale est-elle risquée ?**

## DOC. 9 La genèse de la success-story de BlaBlaCar

BlaBlaCar

C'est lorsqu'il est étudiant en informatique à Stanford en Californie à la fin des années 1990 que Frédéric Mazzella découvre le covoiturage par la pratique. Avec des amis, il se rend tous les matins à l'université en empruntant les « *carpool lanes* » (voies réservées au covoiturage). Grâce aux *carpool lanes*, il gagne beaucoup de temps, puisqu'elles sont libres alors que les autres voies sont bouchées par d'innombrables voitures ayant une seule personne à bord.

De retour à Paris, il abandonne sa voiture. Alors qu'il tente de rentrer dans sa Vendée natale à Noël, il se heurte à des trains bondés et ne trouve aucune place. Il pense alors à chercher une voiture qui ferait son trajet pour proposer un partage des frais sur un trajet Paris-Vendée. Mais il est quasi impossible de trouver une telle information sur Internet… C'est finalement avec sa sœur (conductrice) qu'il rentrera en Vendée en voiture.
Mais il a alors un flash de 72 h durant lequel il imagine toutes les possibilités d'un service de covoiturage synchronisé *via* Internet et téléphones mobiles, qui permettrait de partager des trajets à l'échelle nationale, et non seulement en famille ! L'aventure est lancée…

**www.blablacar.fr**

3. **Quelles opportunités le créateur de BlaBlaCar a-t-il détectées pour créer son entreprise ?**
4. **Montrez que Frédéric Mazzella est un entrepreneur au sens de Schumpeter.**
5. **Classez l'idée de Frédéric Mazzella parmi les cinq types d'innovations proposées par Schumpeter.**

© Nathan – La photocopie non autorisée est un délit

**DOC. 10** **Le rôle du manager**

Le manager a pour mission de maintenir et de développer l'entreprise en utilisant un ensemble de ressources pour réaliser ces tâches. L'une des capacités les plus importantes du manager est de mettre en œuvre une stratégie afin de garantir l'atteinte des objectifs fixés. Pour ce faire, il doit planifier, organiser et contrôler l'entreprise. Il doit être en mesure d'animer et de diriger ses équipes, de mobiliser et de motiver les salariés.

**DOC. 11** **Entrepreneur et manager : 2 rôles en 1 !**

Être entrepreneur nécessite de posséder des compétences techniques, et un esprit créatif et innovant. Le développement de l'entreprise oblige l'entrepreneur a développé des qualités managériales. En effet, pour assurer la pérennité de son entreprise, il doit être capable de gérer les ressources de manière optimale.
Par exemple, lorsque l'entreprise grandit, le nombre de collaborateurs augmente, ce qui induit la mise en place d'une organisation et la nécessité de manager les salariés.
Si les fonctions entrepreneuriales et managériales sont bien distinctes, dans la majorité des petites et moyennes entreprises, c'est le dirigeant qui assume à la fois les deux rôles d'entrepreneur et de manager. Seules les grandes entreprises peuvent se permettre de recruter des cadres managers.

**6.** **Quelles sont les missions du manager dans l'entreprise ?**

**7.** **Pourquoi la fonction managériale est-elle complémentaire de la fonction entrepreneuriale ?**

**DOC. 12** **Le renouveau de la fonction managériale**

**Le monde du travail change à toute vitesse et ce n'est pas près de s'arrêter là. Nouvelles générations, quête de sens et de bonheur au travail sont venues révolutionner le monde du travail.**
Pour Julia de Funès, philosophe et auteur, « *le travail doit se transformer et apporter du sens* ». Elle ajoute que « *le travail de demain sera libéré, ce sera plus de télétravail, moins de normes et de procédures…* ». […]
Le manager du futur devra apporter plus d'autonomie et d'authenticité. […]
Le manager de demain pourrait alors se présenter comme un coach afin d'être plus près de ses équipes et collaborateurs. Le but est de les aider et les accompagner dans leur quotidien au travail. Appliquer le coaching dans sa manière de manager permet d'augmenter les performances, de favoriser le travail d'équipe et de créer en environnement de travail plus détendu. Il peut paraître difficile pour un manager de combiner le rôle de supérieur hiérarchique avec le rôle de coach, ces deux rôles étant trop différents. C'est pour cela que cette transformation demande une mise en place bien spécifique comme un plan de formation en interne. Le manager coach doit pouvoir posséder des compétences telles que la capacité d'analyse, l'identification des opportunités et l'écoute de ses équipes.

**Océane Letrichez, www.klood.io, 5 novembre 2019.**

**8.** **Quel était le rôle traditionnel du manager ?**

**9.** **Quelles sont les qualités attendues d'un manager aujourd'hui ?**

**10.** **Expliquez pourquoi la fonction managériale doit évoluer.**

© Nathan – La photocopie non autorisée est un délit

## DOC. 13 La start-up Tictactrip recrute un nouveau directeur de la stratégie

Tictactrip est une plateforme française de l'intermodalité terrestre qui propose aux internautes de combiner bus, train et covoiturage pour leurs voyages à travers toute l'Europe.
Fondée en 2017 par Simon Robain et Hugo Bazin, fraîchement diplômés d'un master obtenu à l'ESCP Europe, la start-up revendique 3 000 utilisateurs par jour et 7 000 villes accessibles en Europe.
Pour favoriser le développement de l'entreprise, les deux cocréateurs viennent de recruter Georges Sans au poste de directeur de la stratégie.
Après avoir travaillé chez Lastminute.com et évolué au poste de directeur de la communication chez Kiwi.com, un des acteurs en ligne les plus puissants d'Europe, Georges Sans est reconnu comme un expert de la croissance des entreprises spécialisées dans le e-travel. « *Nous sommes ravis qu'un leader du calibre de Georges rejoigne l'équipe de Tictactrip.eu, avec sa longue et riche expérience [...], sa connaissance du e-travel au niveau global. Georges sera d'une valeur inestimable* », ont déclaré Hugo Bazin et Simon Robain.
La nomination de Georges Sans fait progresser la stratégie de l'entreprise, qui a pour objectif de devenir le premier opérateur de transport terrestre en Europe dans les prochaines années.

**11.** **Identifiez les objectifs des deux cocréateurs de Tictactrip.**

**12.** **Pour quelles raisons les cocréateurs de la start-up ont-ils embauché Georges Sans ?**

**13.** **Montrez que le nouveau directeur de la stratégie de Tictactrip est un manager et non un entrepreneur.**

# APPLICATION AU CAS

## PANIER DE CAMPAGNE

Panier de Campagne connaît un succès grandissant sur la Région Occitanie.
Les commandes se font de plus en plus nombreuses. Nathalie Dills, la créatrice, a recruté deux personnes pour traiter les commandes et préparer les livraisons.
Elle a de moins en moins de temps pour effectuer ce qu'elle affectionne particulièrement : l'ouverture de nouvelles boutiques, la sélection des fournisseurs et l'actualisation du site Internet.

« *Actuellement, je ne me consacre plus au développement de mon entreprise,* déclare Nathalie Dills. *Je souhaiterais proposer de nouveaux services dans nos points de vente et ouvrir environ 60 nouveaux commerces multiservices en France d'ici cinq ans. Malheureusement, toute la partie administrative et gestion de l'entreprise me prend beaucoup de temps. J'ai peur qu'à terme, cela nuise à la pérennité de Panier de Campagne.* »

**1.** **Parmi les différentes tâches réalisées par Nathalie Dills, distinguez celles qui relèvent de la démarche entrepreneuriale et celles qui relèvent de la démarche managériale.**

**2.** **Pourquoi Nathalie Dills craint-elle que sa surcharge de travail nuise à la pérennité de son entreprise ?**

**3.** **Quel pourrait être le rôle d'un manager au sein de Panier de Campagne ?**

© Nathan – La photocopie non autorisée est un délit

# 1 L'entrepreneur et le manager

1. Montrez que le business plan a été très utile lors de la création de BlaBlaCar.
2. Pourquoi Frédéric Mazzella cède-t-il la direction de BlaBlaCar à Nicolas Brusson ?
3. En prenant appui sur le cas de BlaBlaCar, distinguez la démarche entrepreneuriale de la démarche managériale.
4. Quels peuvent être les avantages de cette nouvelle organisation ?

**DOC.** **BlaBlaCar : pourquoi Mazzella passe le volant à Brusson**

Ingénieur et créatif, plus amoureux des sciences que des chiffres, pas vraiment motivé par la gestion de l'entreprise au quotidien, très porté sur le marketing, Frédéric Mazzella est un entrepreneur atypique. En 2009, il n'avait pas 1 euro en poche, mais déjà un business plan établi sur cinq ans, se souvient Benoist Grossmann, patron du fonds d'investissement Idinvest Partners. Il avait tout prévu: comment faire payer les covoitureurs, créer la marque et se déployer à l'international. [...] Il tapera tout de suite dans l'œil de Pierre Kosciusko-Morizet et de Jean-David Chamboredon, respectivement cofondateur et président exécutif du fonds Isai, auprès desquels il va lever 1 million d'euros. [...]

Dans le nouvel organigramme, Frédéric Mazzella a désormais le titre d'*executive chairman* (président fondateur) ayant cédé celui de CEO (directeur général) à Nicolas Brusson, le deuxième pilier de BlaBlaCar [qui se chargera] des levées de fonds et du développement à l'international. « Moi, je me sens plus entrepreneur que patron. Mon rôle est davantage d'insuffler une direction, de créer de nouveaux usages » [précise Frédéric Mazzella]. Il repart à l'attaque avec un nouveau projet : BlaBlaLines, un site de covoiturage axé sur les trajets de courte distance domicile-travail.

**Pauline Damour, www.challenges.fr**

# 2 La création d'une entreprise innovante

1. Repérez l'idée proposée par le créateur de Polytesse.
2. Classez cette innovation parmi les innovations de Schumpeter.
3. Identifiez le moyen de financement utilisé par le créateur de Polytesse pour lancer son projet.
4. Recherchez sur Internet le principe des précommandes pour les créateurs d'entreprise.
   Vers PIX D4.4

**DOC.** **Polytesse, la marque de vêtements qui fait du beau avec du bon**

De la bouteille en plastique au T-shirt, il n'y a qu'un pas. Il a été franchi par Clément Pelletier [...] avec sa marque de vêtements Polytesse [...] lancée en février [2020] sur le site de campagne de financement Ulule. Polytesse propose « *des T-shirts, des sweats et des chaussettes pour homme et femme aux valeurs éthiques* », résume Clément Pelletier. [...]

Pour les réaliser, le jeune fondateur [...] utilise des bouteilles plastiques et des chutes de tissus qui échappent ainsi à l'enfouissement et à l'incinération. [...]

Si l'aventure a commencé en février, elle aurait pu vite être stoppée par la crise sanitaire et le confinement. Résultat : les quelques magasins qui devaient proposer à la vente la marque Polytesse ont annulé. Mais les précommandes sur Ulule ont, elles, fonctionné. « *On a atteint notre objectif de 100 préventes en à peine 48 heures. Peut-être que les gens étaient plus connectés sur leur ordinateur pendant le confinement. Mais je pense aussi que les mentalités évoluent.* [...] *On arrive vers une tendance de consommation raisonnée et responsable* », analyse Clément Pelletier [...].

**Virginie Vandeville, www.francebleu.fr, 18 juin 2020.**

© Nathan – La photocopie non autorisée est un délit

# 3 Un profil d'entrepreneur

1. Montrez que les deux créateurs de la marque Moustache sont dans une démarche entrepreneuriale.
2. Identifiez les idées et les choix qui ont permis à l'entreprise Moustache de réussir sur le marché des vélos à assistance électrique.
3. Repérez et présentez les avantages et les inconvénients des moyens de financement utilisés par les deux créateurs pour lancer leur entreprise.

## DOC. 1 Comment Moustache est devenu le champion du vélo électrique

Pour l'emporter dans une course cycliste, il faut commencer par prendre un bon départ mais il faut aussi être capable de maintenir son effort sur la durée. Dans le monde des fabricants de vélos, les règles sont finalement les mêmes et c'est en suivant à la lettre cette stratégie que Moustache, une entreprise partie de rien en 2011, a réussi à s'imposer comme le champion tricolore du vélo électrique. […]

Pour réussir dans les affaires, il faut déjà avoir l'intuition de se lancer au bon moment sur un marché porteur. C'est le cas du vélo électrique, passé d'environ 15 000 unités vendues par an en France il y a dix ans pour un prix moyen de 750 euros, à un marché de 300 000 cycles pour une valeur moyenne de 1 700 euros.

Pour se différencier, Moustache a également fait plusieurs choix forts dès le départ. L'industriel a déjà décidé de focaliser toute son attention sur le segment électrique. Ses rivaux, qui font aussi des cycles traditionnels comme le Français Lapierre, le Taïwanais Giant ou les Américains Cannondale, Trek ou Specialized, ne peuvent pas accorder toute leur attention à ce qui n'est pour eux qu'un segment […].

Moustache a aussi fait le pari du haut de gamme, laissant les importateurs chinois et la grande distribution comme Norauto ou Décathlon se battre sur les vélos à bas prix qui séduisent les premiers acheteurs qui ensuite cherchent souvent à s'équiper d'un meilleur engin. Vendus en moyenne 3 000 euros, les vélos Moustache coûtent cher mais la PME s'approvisionne auprès des meilleurs fournisseurs (Bosch, Shimano…) et assemble des vélos sur des cadres qu'[elle] a conçus et fait fabriquer sur mesure à Taïwan. « *Nous profitons du fait que le marché se démocratise mais que les consommateurs recherchent le meilleur. Les prix ne baissent pas car le vélo électrique est de plus en plus vu comme un remplacement du scooter ou de la deuxième voiture* », analyse Greg Sand [l'un des deux fondateurs, avec Emmanuel Antonot, de cette PME].

**David Barroux, www.lesechos.fr, 19 novembre 2019.**

## DOC. 2 Un pari risqué

Lorsque [Emmanuel Antonot,] cet ancien des cycles Lapierre, une institution dijonnaise du vélo français, se lance dans l'aventure avec Grégory Sand, l'autre créateur de Moustache, lui aussi vosgien et vététiste rencontré par l'entremise d'un expert-comptable, le marché est encore quasi inexistant. […] À eux deux, ils réunissent leurs économies en allant jusqu'à hypothéquer leur maison, obtiennent 80 000 euros de prêt bancaire sur la promesse de faire du vélo électrique un bien durable et de qualité. Autrement dit, un produit bien plus cher que les « *gadgets low cost* » alors bradés en grandes surfaces. « *Le marché en 2011, c'était 15 600 ventes sur un volume de trois millions de cycles, et notre objectif était d'en vendre plusieurs milliers par an à trois fois le prix du marché* », se rappelle Emmanuel Antonot. « *Je peux comprendre qu'on nous ait pris pour des fous.* »

**Christophe Alix, www.liberation.fr, 11 octobre 2019.**

© Nathan – La photocopie non autorisée est un délit

# SYNTHÈSE

## Les étapes de la création d'une entreprise

1. Trouver une idée.
2. Réaliser une étude de marché.
3. Monter un business plan.
4. Chercher des financements.
5. Trouver des aides et des subventions.
6. Choisir un statut juridique.
7. Réaliser les formalités administratives.

**La démarche entrepreneuriale consiste à :**
- Créer une entreprise
- Repérer des opportunités
- Prendre des risques

**La démarche managériale consiste à :**
- Gérer les ressources de l'entreprise
- Assurer la pérennité des activités

### CONCEPTS

Démarche entrepreneuriale – Démarche managériale

© Nathan – La photocopie non autorisée est un délit

# 5 Finalités et performance de l'entreprise

**LES COMPÉTENCES ATTENDUES**
- → Identifier les finalités économique, sociale et sociétale de l'entreprise.
- → Caractériser les différentes parties prenantes de l'entreprise.
- → Identifier les différentes composantes de la performance de l'entreprise.

**LES SAVOIRS ASSOCIÉS**
- → Les finalités de l'entreprise
- → Les parties prenantes
- → Les indicateurs de performance

**PLAN DU CHAPITRE**

*« L'entreprise doit faire des profits, sinon elle mourra. Mais si l'on tente de faire fonctionner une entreprise uniquement sur le profit, alors elle mourra aussi car elle n'aura plus de raison d'être. »*

**Henry Ford**

## La RSE, source de performance ?

Dans le monde pré-Covid19, de plus en plus d'entreprises s'interrogeaient déjà sur la cohérence de leur développement, sur la pertinence de leur stratégie ou encore sur l'efficacité des moyens mis en œuvre. Souhaitant [jeter] les bases d'un développement vertueux et responsable, elles se sont engagées dans une démarche dite de « Responsabilité Sociétale des Entreprises » ou RSE. On note d'ailleurs que ces entreprises résistent pour la plupart mieux à la crise, et ce n'est pas un hasard.

En effet, lorsqu'elle est pleinement intégrée dans la stratégie globale de l'entreprise, la RSE est un outil permettant de rendre son fonctionnement plus agile et d'améliorer sa performance. Ainsi, France Stratégie a récemment indiqué dans une de ses études que les entreprises dotées d'une stratégie RSE présentaient un gain de performance de 13 % par rapport aux autres. Comment ? En intégrant de manière cohérente et en questionnant toute une série de dimensions lui permettant de réaliser des économies financières, mieux anticiper et maîtriser ses risques, assurer son approvisionnement en matières premières, rationaliser sa chaîne logistique, se différencier de ses concurrents, attirer et fidéliser investisseurs et collaborateurs, développer des partenariats innovants, accéder à des marchés réservés, développer un capital-confiance vis-à-vis de toutes ses parties prenantes…

**David Bousquet, www.lesechos.fr, 23 avril 2020.**

**LA CRÉATION D'UNE PME**

**Vidéo** liennathan.fr/i378gv

1. **Quel est l'intérêt pour une entreprise de dégager des profits ?**
2. **Que montrent les résultats de l'étude menée par France Stratégie ?**
3. **Pour quelles raisons les entreprises se tournent-elles vers la démarche RSE ?**

© Nathan – La photocopie non autorisée est un délit

# 1 Identifier les finalités économique, sociale et sociétale de l'entreprise

**DOC. 1 La finalité de l'entreprise**

La finalité est la raison d'exister de l'entreprise définie lors de sa création par les fondateurs. L'entreprise peut avoir une ou plusieurs finalités d'ordre économique, social et/ou sociétal. La finalité guide l'entreprise en donnant une orientation générale sur le long terme et en fonction de laquelle seront déterminés des objectifs. Alors que la finalité a un caractère général, les objectifs sont les résultats que l'entreprise souhaite atteindre pour accomplir sa finalité dans un délai donné.
Pour **Peter Drucker** (1909-2005), théoricien du management, la finalité d'une entreprise est de créer et de développer une clientèle. Pour y parvenir, elle doit se fixer des objectifs clairs dans certains domaines : marketing, innovation, organisation des RH, ressources financières, productivité, responsabilité sociale et profit.

| | | |
|---|---|---|
| La **finalité économique** consiste à créer de la valeur financière en combinant le profit et la croissance. Elle permet à l'entreprise de réaliser son activité, d'assurer sa pérennité et de pouvoir accomplir d'autres finalités. | La **finalité sociale** correspond à l'engagement de l'entreprise à prendre en compte les attentes de ses salariés, par exemple en améliorant leurs conditions de travail ou en favorisant leur épanouissement. | La **finalité sociétale** est l'engagement de l'entreprise à contribuer au bien-être de la société et à interdire ce qui peut lui nuire (par exemple, utiliser des matériaux non polluants, refuser de s'installer dans un pays où les droits de l'homme sont bafoués). |

1. **Expliquez ce que représente la finalité pour une entreprise.**
2. **Distinguez les différentes finalités que peut avoir une entreprise.**
3. **Établissez le lien entre les finalités et les objectifs d'une entreprise.**

**DOC. 2 Le double projet économique et social du géant français Danone**

Depuis la mise en place de sa politique climat en 2015, dont l'objectif le plus emblématique est d'atteindre la neutralité carbone sur l'ensemble de la chaîne d'ici à 2050, le numéro un mondial des produits laitiers frais a déjà réduit son empreinte carbone de 15,6 %.
Cette stratégie environnementale répond avant tout à une logique économique. « *Nous sommes convaincus que les consommateurs de demain arbitreront en faveur des entreprises qui intègrent la responsabilité sociétale à leur stratégie*, explique Laurence Peyraut [secrétaire générale de Danone France]. *Les investissements que nous réalisons aujourd'hui vont tirer la croissance future.* » C'est *via* ses marques que Danone entend communiquer sur ses engagements. Il s'est fixé comme objectif que toutes soient considérées comme « engagées » d'ici à 2020, contre 20 % actuellement.

[…] Pour impliquer la totalité des collaborateurs, le groupe a lancé, en 2018, le programme « One person, one voice, one share ». Il vise à recueillir, chaque année, *via* une étude mondiale, l'opinion des salariés sur la stratégie de l'entreprise. Une parole que ces derniers peuvent également faire entendre lors des assemblées générales, puisque Danone a décidé d'attribuer une action à chacun d'entre eux. « C'est une manière de dire aux salariés : *"Vous aussi êtes propriétaires de l'entreprise, votre voix compte"* », précise Laurence Peyraut.

**Adeline Haverland, www.usinenouvelle.com, 11 février 2020.**

4. **Repérez les finalités du groupe Danone.**
5. **En quoi la stratégie environnementale de Danone permet-elle au groupe d'atteindre sa finalité économique ?**
6. **Présentez les objectifs sociétaux du groupe Danone.**
7. **Pourquoi est-il important pour le groupe Danone d'impliquer ses collaborateurs ?**

© Nathan – La photocopie non autorisée est un délit

## DOC.3 La responsabilité sociale (ou sociétale) des entreprises (RSE)

La RSE consiste pour une entreprise à intégrer de façon volontaire les préoccupations sociales, environnementales et économiques dans ses activités et dans ses interactions avec ses parties prenantes. Elle correspond à la contribution de l'entreprise aux enjeux du développement durable.

**B Corp, le label d'économie responsable qui monte**

«*Ne pas chercher à être la meilleure entreprise du monde, mais la meilleure pour le monde.*» C'est la devise du label B Corp (Benefit Corporation), une certification créée en 2006 par trois entrepreneurs de Philadelphie, qui souhaitaient promouvoir un modèle plus responsable d'entreprise. […]

La responsabilité sociétale devient primordiale pour les entreprises, elle les rend attractives, salariés et clients sont demandeurs. C'est une tendance lourde qui enterre définitivement l'idée de Milton Friedman selon laquelle la seule responsabilité sociale de l'entreprise serait de faire du profit.

**Fanny Magdelaine, www.la-croix.com, 17 octobre 2017.**

Nature & Découvertes, une enseigne spécialisée dans les articles liés à la nature, est la première entreprise française à obtenir le label B Corp en 2015. En utilisant des camions roulant au gaz naturel ou le ferroutage, en assurant le recyclage de 17 types de déchets différents et en offrant des formations en interne à ses collaborateurs afin de les faire progresser, ce label la récompense pour son implication au sein de la société.

**8.** **Quelles sont les actions mises en place par Nature & Découvertes dans le cadre de la RSE?**

**9.** **La RSE est-elle compatible avec la finalité économique de l'entreprise? Justifiez votre réponse.**

**10.** **Repérez l'intérêt pour l'entreprise Natures & Découvertes d'obtenir le label B Corp.**

**11.** **Montrez que le label B Corp permet aux entreprises d'être plus performantes économiquement.**

# APPLICATION AU CAS

## PANIER DE CAMPAGNE

Depuis sa création, l'entreprise Panier de Campagne développe des valeurs de partage, d'engagement, de solidarité et d'authenticité. En effet, son activité facilite la vie des habitants des zones rurales en leur proposant une offre de produits locaux et de services du quotidien. Son snack permet de favoriser les rencontres et les échanges entre les individus. Pour transmettre ses valeurs à ses partenaires, l'entreprise a rédigé une charte comprenant un ensemble de cinq engagements.

### DOC. Les 5 engagements de Panier de Campagne

❶ Participer au développement économique local en choisissant des partenaires locaux et en favorisant les circuits courts.

❷ Réduire les déchets et les émissions de $CO_2$ liés à son activité.

❸ Optimiser sa consommation d'énergie en réduisant le gaspillage énergétique.

❹ Promouvoir l'égalité hommes-femmes, l'emploi des jeunes et des séniors dans l'entreprise.

❺ Développer des indicateurs de progrès pour mesurer ses actions de RSE.

**1.** **Quelles sont les finalités recherchées par l'entreprise Panier de Campagne?**

**2.** **Peut-on dire que l'activité de cette entreprise relève d'une démarche de RSE?**

**3.** **Comment l'entreprise Panier de Campagne met-elle en œuvre cette démarche?**

© Nathan – La photocopie non autorisée est un délit

# 2 Caractériser les différentes parties prenantes de l'entreprise

**DOC. 4** **Les parties prenantes de l'entreprise**

Selon **R. Edward Freeman** (né en 1951), une partie prenante désigne « tout groupe ou individu qui peut affecter ou être affecté par la réalisation des objectifs de l'organisation ».
Les parties prenantes peuvent être classées selon leur proximité ou leur appartenance avec l'entreprise. Par exemple, les parties prenantes primaires, essentielles à la survie de l'entreprise (actionnaires, salariés, clients, fournisseurs) ou secondaires, qui ont une influence moindre (médias, pouvoirs publics...), qu'elles soient internes (salariés, actionnaires...) ou externes (clients, fournisseurs...).

1. **Qu'est-ce qu'une partie prenante pour une entreprise ?**
2. **Repérez quelles peuvent être les parties prenantes primaires et secondaires d'une entreprise et présentez leurs attentes respectives.**
3. **Montrez que les intérêts des parties prenantes peuvent être contradictoires.**
4. **Relevez les intérêts pour une entreprise de dialoguer avec ses parties prenantes.**

**DOC. 5** **Les attentes des parties prenantes**

L'entreprise doit satisfaire ses parties prenantes parce que sa création de valeur et sa pérennité reposent sur sa capacité à répondre à leurs attentes. Pour cela, elle doit les identifier et instaurer un dialogue avec elles.
La reconnaissance des attentes des parties prenantes peut conduire l'entreprise à remettre en cause sa finalité économique au profit de finalités sociales et sociétales.

| Bénéfices du dialogue avec les parties prenantes |
| --- |
| • Réduction du risque de réputation (image de l'entreprise ternie par un scandale ou une rumeur)<br>• Anticipation des risques (commerciaux, d'activité...)<br>• Amélioration de l'image de l'entreprise<br>• Innovation pour répondre aux attentes<br>• Mieux répondre aux attentes des parties prenantes |
| **Risques du dialogue avec les parties prenantes** |
| • Exposition directe aux critiques<br>• Perte de temps et d'argent<br>• Perte de contrôle des discussions<br>• Mauvaise perception en interne<br>• Manque de cohérence des messages vers les différentes parties prenantes |

Tableau d'après www.blog-seche-environnement.fr

**DOC. 6** **Créer de la valeur en répondant aux attentes des parties prenantes**

Des associations de riverains avaient identifié un bruit particulièrement gênant de l'A320 en phase d'approche et en ont fait part à Air France et à la DGAC (Direction générale de l'aviation civile) à l'occasion de rencontres informelles. Dès qu'une solution technique palliative a été disponible, appelée «*Air Flow Deflector*», Air France a pris la décision d'investir pour l'appliquer à la totalité de sa flotte moyen-courrier (A318, A319, A320, A321) alors qu'aucune réglementation ne l'y obligeait.
En janvier 2016, Air France avait modifié 90 avions sur 116. Plusieurs associations de riverains ont déjà fait part des effets positifs apportés par l'*Air Flow Deflector*: réduction du niveau sonore global, réduction du temps d'émergence du bruit au passage de l'avion, disparition du sifflement caractéristique.
Air France a profité de la dynamique créée par ce retour positif pour organiser une «rencontre territoriale» rassemblant les riverains de l'aéroport de Paris-Charles de Gaulle, leurs représentants et leurs élus.

D'après www.blog-seche-environnement.fr

5. **Caractérisez les parties prenantes d'Air France évoquées dans cette situation.**
6. **Comment le groupe Air France a-t-il répondu aux attentes de ses parties prenantes ?**
7. **Quel peut être le danger pour Air France de ne pas prendre en compte les attentes de ses parties prenantes ?**

© Nathan – La photocopie non autorisée est un délit

## DOC. 7 La cartographie des parties prenantes de la SNCF

Pour mener à bien notre mission et servir l'intérêt général, notre Groupe s'appuie sur l'ensemble de ses parties prenantes et en particulier sur ses collaborateurs.
Nos parties prenantes sont multiples : nos salariés, nos clients, des associations, nos fournisseurs, nos partenaires financiers, des acteurs du monde académique, les pouvoirs publics, la société civile. Avec chacun de ces interlocuteurs, nous développons un dialogue à plusieurs niveaux : enquêtes, panels, groupes de travail, rencontres, accords, etc.

www.sncf.com

**8.** Pourquoi la SNCF a-t-elle réalisé une cartographie de ses parties prenantes ?

**9.** Montrez que la finalité de l'entreprise influence ses relations avec les parties prenantes.

**10.** Expliquez comment la SNCF développe ses relations avec les parties prenantes.

# APPLICATION AU CAS

## PANIER DE CAMPAGNE

Pour accomplir sa finalité sociétale, l'entreprise Panier de Campagne cherche à comprendre les attentes et les besoins de ses différentes parties prenantes pour y répondre efficacement et construire une relation de confiance.

### DOC. 1 Des relations de partenariat

Panier de Campagne est soucieuse de l'origine et de la qualité des produits qu'elle propose dans ses magasins. Pour cela, dès sa création, elle a noué des partenariats avec ses fournisseurs locaux pour renforcer les connaissances mutuelles, la traçabilité des produits et le dialogue. Elle entretient aussi des relations régulières avec les collectivités locales et les entreprises publiques telles que La Poste et la SNCF à travers des projets de collaboration qui ont permis la création d'un relais-poste et colis, et la vente de billets de train au sein des points de vente Panier de Campagne.

### DOC. 2 Panier de Campagne à l'écoute de ses clients

Pour mieux satisfaire ses clients, Panier de Campagne réalise régulièrement des enquêtes de perception et de satisfaction auprès d'eux. Elle organise aussi des conférences et des ateliers dans ses locaux pour faciliter les rencontres et les échanges.

**1.** Quelles sont les parties prenantes de l'entreprise Panier de Campagne ?

**2.** Comment Panier de Campagne agit-elle pour en connaître les attentes ?

**3.** Établissez le lien entre finalité sociétale et réponse aux attentes des parties prenantes.

© Nathan - La photocopie non autorisée est un délit

# 3 Identifier les différentes composantes de la performance de l'entreprise

**DOC. 8** **La performance de l'entreprise**

La performance de l'entreprise correspond à sa capacité à atteindre les objectifs qu'elle s'est fixés en respectant les ressources dont elle dispose. Une entreprise est efficace si elle réalise les objectifs attendus. Elle est efficiente si elle les réalise en minimisant les ressources utilisées.
L'entrepreneur ou le manager doit contrôler l'activité de l'entreprise afin de mesurer sa performance. Pour y parvenir, il faut évaluer les différentes composantes de cette performance : financière, économique, commerciale, sociale, organisationnelle, sociétale… En effet, afin de créer de la valeur pour l'ensemble de ses parties prenantes et assurer sa pérennité, l'entreprise ne doit pas être uniquement pilotée sur la base d'objectifs économiques et financiers.
Aujourd'hui, les entreprises cherchent la performance globale, qui correspond à la réunion des performances économique, sociale et sociétale.

**1.** **Montrez qu'une entreprise performante est efficace et efficiente.**

**2.** **Pourquoi les entreprises cherchent-elles à atteindre la performance globale ?**

**DOC. 9** **La mesure de la performance à l'aide d'indicateurs**

La mesure de la performance de l'entreprise se réalise à l'aide d'indicateurs :
– quantitatifs : part de marché de l'entreprise, chiffre d'affaires, résultat net, montant du dividende versé aux actionnaires, montant d'un poste de charges… ;
– qualitatifs : qualité perçue des biens et des services, notoriété de l'entreprise, satisfaction des clients et des salariés, implication des salariés…

**3.** **Comment se mesure la performance du groupe BIC ?**

**4.** **Distinguez les indicateurs quantitatifs des indicateurs qualitatifs de BIC.**

**5.** **Montrez que le groupe BIC cherche la performance globale et l'efficience.**

**DOC. 10** **La performance de l'entreprise BIC**

En 2019, BIC s'est engagé dans un plan de transformation « *BIC 2022 – Invent The Future* » fondé sur l'efficacité et l'innovation du groupe.

- **Efficacité :** réaliser au moins 20 millions d'euros d'économies annualisées et les réinvestir dans la croissance.
- **Innovation :** augmenter le nombre de dépôts de brevets de 20 % par an.
- **Des marques tournées vers les consommateurs :** interagir directement avec 20 % de nos consommateurs.

**Résultat financier :** une croissance rentable à long terme

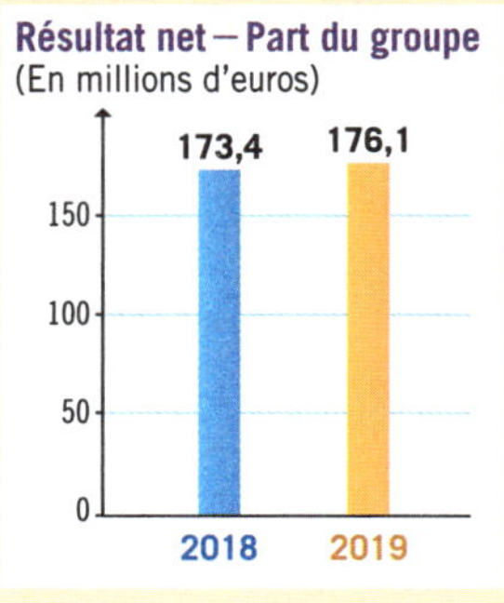


**Résultat social :** bien-être et sécurité au travail

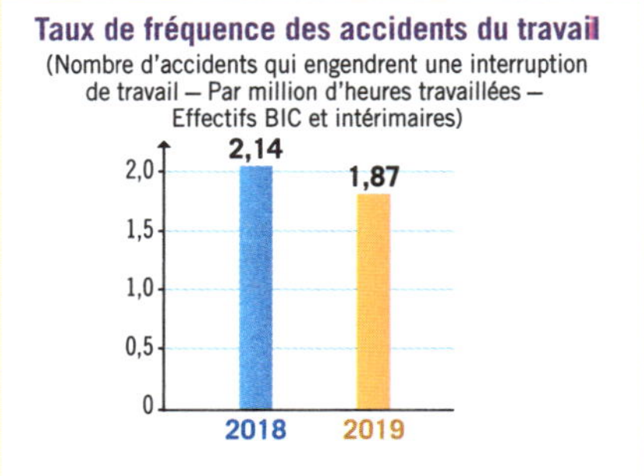


**Résultat sociétal :** une empreinte environnementale réduite

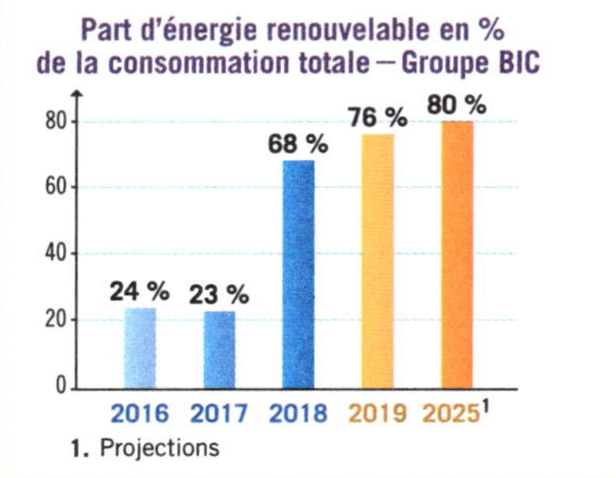


D'après le *Rapport intégré* du groupe BIC 2019, https://report.bicworld.com/

© Nathan – La photocopie non autorisée est un délit

## DOC. 11 L'évaluation de la performance à l'aide du tableau de bord

Un tableau de bord est un document qui récapitule et synthétise l'ensemble des indicateurs retenus afin de suivre leur évolution et d'évaluer les performances de l'entreprise. Sa construction facilite l'analyse des indicateurs. Dans les années 1990, Robert Kaplan et David Norton développent le tableau de bord prospectif (TBP), ou équilibré. Le TBP est un outil de management novateur car il regroupe des indicateurs financiers (chiffre d'affaires, résultat net…) et non financiers (fidélité des clients, implication des salariés, innovation…), quantitatifs et qualitatifs, qui permettent d'améliorer la performance globale de l'entreprise.

## DOC. 12 Tableau de bord d'avancement du groupe BIC (extrait)

**2**

**Agir contre le changement climatique**

*

**ENGAGEMENT 2025**

D'ici à 2025, BIC utilisera 80 % d'électricité renouvelable

**Description**

Le Groupe BIC déploie une approche globale en matière de consommation énergétique (efficacité énergétique, utilisation d'énergie renouvelable, etc.) en se basant sur la feuille de route développée par le Groupe et sur des choix, au niveau local.

**ODD***

* Objectifs de développement durable de l'ONU

**Réalisations 2019**

- 76 % de l'électricité est d'origine renouvelable.
- Le Groupe poursuit ses efforts en matière d'efficacité énergétique. Ainsi, au cours des 10 dernières années, la consommation énergétique par tonne de produits a baissé de 12,6 %.
- BIC a renouvelé son engagement en faveur du climat en signant le *French Business Pledge*, aux côtés de 98 autres entreprises françaises. Les entreprises signataires luttent contre le changement climatique dans le monde entier en définissant des approches concrètes et en développant des solutions, des produits et des services qui réduisent significativement les émissions de GES, notamment dans les domaines de l'énergie, des transports, de l'industrie, du bâtiment, de l'agriculture et des biens de consommation.

**D'après le *Rapport intégré* du groupe BIC 2019, https://report.bicworld.com/**

**6. Quel est l'apport du tableau de bord prospectif de Robert Kaplan et David Norton?**
**7. Quel est l'intérêt pour le groupe BIC de réaliser un tableau de bord?**
**8. Analysez la performance du groupe BIC.**

# APPLICATION AU CAS

## PANIER DE CAMPAGNE

Pour respecter les engagements de sa charte de responsabilité sociétale, l'entreprise Panier de Campagne s'est fixé, dès sa création en 2015, plusieurs objectifs qu'elle souhaite atteindre au plus tard en 2022.

### DOC. La performance de Panier de Campagne

| Engagements | Indicateurs | Objectifs 2022 | Objectifs 2020 | Résultats 2020 |
|---|---|---|---|---|
| **Élargir l'offre de biens et de services** | Panier moyen des clients | 30€ | 25€ | 27€ |
| **Réduire les émissions de $CO_2$** | Part de véhicules électriques de livraison (clients isolés) | 80% de véhicules électriques | 60% de véhicules électriques | 60% de véhicules électriques |
| **Promouvoir l'égalité hommes-femmes** | Part des femmes à la direction des magasins | 50% de femmes dirigeantes | 37,5% de femmes dirigeantes | 40% de femmes dirigeantes |

**1. Comment l'entreprise Panier de Campagne agit-elle pour respecter sa charte RSE?**
**2. Proposez des indicateurs supplémentaires pour réduire les émissions de $CO_2$.**
**3. Pourquoi peut-on dire que l'entreprise Panier de Campagne est performante?**

© Nathan - La photocopie non autorisée est un délit

# 1 Les valeurs du groupe Clarins

1. Identifiez les finalités économique, sociale et sociétale du groupe Clarins.
2. Présentez les actions relevant de la RSE qui ont été mises en œuvre par le groupe Clarins dans les domaines social, environnemental et économique.
3. Caractérisez les différentes parties prenantes de l'entreprise.
4. Comment le groupe Clarins répond-il aux attentes de ses parties prenantes ?

## DOC. 1 Entretien avec Denis Martin, directeur des opérations de Clarins

*Né de la passion d'un homme en 1954 dans un institut de beauté parisien, le groupe familial Clarins a su garder un esprit pionnier pour chaque jour se réinventer, conquérir de nouveaux marchés et révéler de jeunes talents.*

**Qu'est-ce qui vous anime au quotidien ?**

Chez Clarins, il n'y a pas de tour d'ivoire. Changer de poste ou de département dans son parcours, c'est amener son savoir de l'un pour apprendre dans l'autre. C'est gagnant-gagnant : l'entreprise s'enrichit et la personne complète son expertise. Travailler en équipe ne se décrète pas mais se construit. J'aime faire grandir les talents en veillant au développement harmonieux entre générations au bénéfice de chacun.

**En quoi Clarins peut répondre aux aspirations des jeunes diplômés ?**

Ce qui nous distingue sans doute de grands groupes, c'est que l'on donne aux jeunes un vrai job, des responsabilités et de l'autonomie. Le management apporte l'encadrement dans la bienveillance tout en étant exigeant sur le résultat. […]

**Entretien avec Denis Martin, directeur des opérations du groupe Clarins, www.mondedesgrandesecoles.fr**

## DOC. 2 Clarins déploie un nouveau concept boutique

Quand Clarins a imaginé sa nouvelle génération de boutique, tout a forcément été pensé dans les moindres détails… Direction Lyon Hôtel-Dieu, pour découvrir l'un des Open Spa de Clarins. Ici, le concept est simple : il convient de répondre à toutes les attentes beauté des femmes ayant des journées survoltées. Résultat, un maximum de formules efficaces sont proposées. […] En condensant toute son expertise des plantes et du toucher dans des soins ciblés, on s'offre un moment de détente dans une atmosphère cosy.

**lovers.vogue.fr**

## DOC. 3 Une RSE tout au long de la chaîne d'approvisionnement

Clarins, Coty, L'Oréal et le groupe Rocher se sont associés à EcoVadis, plateforme de notation RSE des entreprises, pour lancer la *Responsible Beauty Initiative* (RBI). Cette initiative commune vise à encourager et accélérer les performances éthiques, sociales et environnementales tout au long de leur chaîne d'approvisionnement. Pour cela, la RBI s'est fixé trois objectifs : déterminer une conception commune de la performance durable dans l'industrie cosmétique, mutualiser les bonnes pratiques et processus d'approvisionnement durable et tirer parti d'outils communs pour améliorer la performance RSE des fournisseurs. La RBI s'appuie en effet sur EcoVadis qui sert de socle commun pour évaluer de manière indépendante les fournisseurs. […]

Les membres fondateurs ont aussi signé une charte visant à favoriser l'amélioration continue des pratiques durables en invitant toutes les entreprises et fournisseurs issus de l'industrie cosmétique à adhérer au projet. « *Nous sommes impressionnés par l'engagement de ces quatre entreprises autour d'une initiative forte*, déclare Pierre-François Thaler, cofondateur d'EcoVadis. *Les membres de la RBI ont suffisamment de poids pour faire de leur collaboration un véritable avantage concurrentiel en matière de performance durable sur toute leur chaîne d'approvisionnement mondiale.* »

**www.lsa-conso.fr**

© Nathan – La photocopie non autorisée est un délit

# 2 Léa Nature, engagée de nature

**1.** **À travers les actions menées, montrez que Léa Nature recherche la performance globale.**
**2.** **Quels indicateurs permettent de mesurer la performance de Léa Nature ?**

**DOC. Léa Nature soigne ses salariés et double son chiffre d'affaires**

*Léa Nature est un fabricant français de produits bio et naturels dans les domaines de l'alimentation, la santé et la diététique, la cosmétique et la maison.*

Un taux d'absentéisme de 2 % trois fois inférieur à la moyenne nationale du secteur privé, jamais un jour de grève, un turn-over très limité, des négociations annuelles obligatoires sur les salaires sans portes qui claquent et un chiffre d'affaires en progression à deux chiffres… On n'est pas à Mountain View, en Californie, au siège de Google, chez Apple ou Microsoft, mais chez Léa Nature, à Périgny !

[…] Il y a vingt-deux ans déjà, Charles Kloboukoff, le fondateur, a placé le développement personnel de chacun au cœur de son projet d'entreprise. Sans sacrifier pour autant aux exigences de productivité, de performance et de rentabilité de l'économie de marché. Bien-être et croissance sont allés de pair, comme les deux faces d'une même stratégie. Avec, d'un côté, un groupe désormais fédéré sous l'intitulé *Compagnie biodiversité*, fort d'un millier d'emplois pour 254 millions d'euros de chiffre d'affaires. Et de l'autre, une liste d'avantages, propositions et petits « cadeaux » sans cesse complétée. Exemples : des fruits bio en libre-service dans les couloirs (250 kg par semaine), […] des accords de temps partiel pour les cadres, du thé et des infusions en libre-service, des repas bio collectifs réguliers (300 à 350 participants), une organisation spatiale en villages avec espaces arborés, le prêt de vélos, l'aménagement possible du temps pour les soirs de réveillon…

**Évolution du chiffre d'affaires consolidé Léa Nature**
(en millions d'euros)

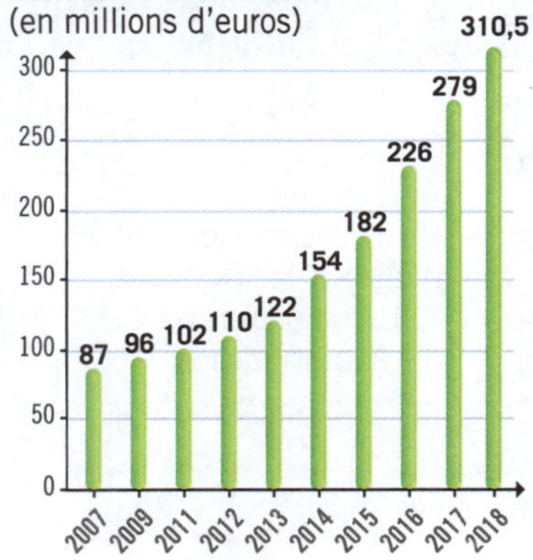


L'entreprise prend également soin du personnel chargé de négocier avec la grande distribution, par un accompagnement antistress (sophrologie, coaching…). […]

« Dans les années 1990, les relations sociales sont un peu tombées en désuétude dans le monde du travail. La technique est devenue prédominante. Mais l'entreprise ne fonctionne bien que si les relations sociales créent du lien entre les services et favorisent l'esprit de performance » [explique Hugo Faivre, directeur des ressources et des relations humaines de Léa Nature]. Et d'expliquer qu'il s'agit d'un système « vertueux » qui a fait ses preuves. « Des études montrent l'influence du bien-être au travail sur la performance. Ne serait-ce que la fierté qu'on peut avoir à travailler pour une société qui a des valeurs, comme la nôtre, et qui les défend. »

**www.sudouest.fr**

**Léa Nature,** ***Rapport de développement environnemental et sociétal, 2018-2019*****, août 2019.**

© Nathan – La photocopie non autorisée est un délit

## SYNTHÈSE

### Les finalités de l'entreprise

- **La finalité économique :** créer de la valeur financière en réalisant du profit.
- **La finalité sociale :** prendre en compte les attentes des salariés.
- **La finalité sociétale :** contribuer au bien-être de la société.

Intégration volontaire des préoccupations sociales et environnementales dans les activités de l'entreprise = responsabilité sociétale des entreprises (RSE)

### Les parties prenantes de l'entreprise

Groupe ou individu qui affecte ou est affecté par l'activité d'une entreprise

**Parties prenantes internes**

- Les dirigeants
- Les salariés
- Les actionnaires
- Les syndicats

**Parties prenantes externes**

- Les clients
- Les fournisseurs
- Les administrations
- Les banques
- Les associations ou ONG
- Les riverains

### La performance de l'entreprise

**La performance**

Atteinte des objectifs fixés en respectant les ressources à disposition

- **L'efficacité :** produire les résultats attendus et réaliser les objectifs fixés.
- **L'efficience :** réaliser les objectifs en minimisant les ressources utilisées.

**La performance globale**

Réunion des performances économique, sociale et sociétale

**Mesure de la performance**

- **Indicateurs quantitatifs :** chiffre d'affaires, résultat net…
- **Indicateurs qualitatifs :** notoriété, satisfaction des salariés…
- **Tableaux de bord** pour suivre l'évolution des indicateurs

### CONCEPTS

Finalités – RSE – Parties prenantes – Performance – Performance globale – Tableau de bord

© Nathan – La photocopie non autorisée est un délit

# Synthèse du thème 1

## L'intégration de l'entreprise **Panier de Campagne** dans son environnement

À l'aide d'un outil collaboratif en ligne (ex. Padlet), préparez pour chaque question une réponse argumentée. Vous veillerez à mobiliser les concepts développés dans les chapitres.

### Les relations entre Panier de Campagne et son environnement économique.

**Quels sont la nature et le rôle des agents économiques avec lesquels l'entreprise Panier de Campagne est en relation ?**

**Quelles sont les caractéristiques du marché sur lequel intervient Panier de Campagne ?**

### La sécurisation des relations entre Panier de Campagne et ses partenaires par les contrats.

**Par quel(s) moyen(s) Panier de Campagne entretient-elle des relations avec ses partenaires ?**

**Quelles sont les conséquences juridiques d'un contrat entre Panier de Campagne et un fournisseur ?**

### La manière dont Panier de Campagne s'inscrit dans son environnement.

**Identifiez les étapes de création de Panier de Campagne et caractérisez la démarche entrepreneuriale de sa fondatrice.**

**Quelles sont les finalités de Panier de Campagne et comment intègre-t-elle une démarche de RSE ?**

© Nathan - La photocopie non autorisée est un délit

THÈME 1

# L'intégration de l'entreprise dans son environnement

## De quoi est constitué l'environnement de l'entreprise ?

- **Économie**
  - Des agents économiques avec différentes fonctions : consommer, investir, financer…
  - Des marchés sur lesquels se rencontrent l'offre et la demande qui déterminent un prix
- **Droit**
  - L'entreprise entretient des relations avec des tiers, personnes morales (entreprises) et/ou physiques (consommateurs…)
- **Management**
  - Des parties prenantes pouvant affecter ou être affectées par la réalisation des objectifs de l'entreprise

## De quelle manière s'intègre-t-elle dans son environnement ?

- **Économie**
  - En proposant une offre sur son marché en réponse aux besoins des consommateurs
- **Droit**
  - En négociant de bonne foi et en contractant avec des tiers en respectant la liberté contractuelle et l'obligation d'information
- **Management**
  - En poursuivant ses finalités économiques, sociétales et environnementales

## Quels sont les défis à relever pour assurer son intégration ?

- **Économie**
  - Dysfonctionnements du marché (barrières à l'entrée, asymétrie d'information)
  - Tenir compte de la concurrence
- **Droit**
  - Prendre en compte l'évolution éventuelle de la relation contractuelle grâce aux clauses contenues dans le contrat
- **Management**
  - Assurer sa pérennité *via* sa démarche managériale

© Nathan – La photocopie non autorisée est un délit

# La BioBox de Lola



Lola Thessier est une jeune entrepreneuse bretonne. Après quelques années dans un groupe agroalimentaire, elle rejoint sa Bretagne natale et lance un projet de box mensuelle : « La BioBox de Lola ».
L'idée est simple pour les clients : recevoir, chaque mois, un colis découverte avec une sélection de 6 à 8 articles issus de l'agriculture biologique.
Après avoir étudié les nouvelles tendances de consommation, Lola souhaite en effet développer le concept des box par abonnement, un segment d'e-commerce qui se développe en France.

**L'étude est composée de 2 missions :**

**MISSION 1 : L'analyse de la faisabilité du projet « La BioBox de Lola »**

**MISSION 2 : La mise en œuvre du projet « La BioBox de Lola »**

**Composition du dossier documentaire :**



**En prenant appui sur vos connaissances, le contexte et le dossier documentaire, il vous est demandé de répondre aux questions relatives aux deux missions du sujet. Vous êtes invité(e) à mobiliser les concepts et les apports théoriques dès lors qu'ils sont pertinents et que le lien avec la mission est argumenté.**

## MISSION 1 L'analyse de la faisabilité du projet « La BioBox de Lola »

**(Annexes 1, 3, 4 et 5)**

Lola Thessier étudie la faisabilité de son nouveau projet.
Les études de marché ont démontré l'intérêt des consommateurs pour les box mensuelles.
Lola s'inspire donc du succès de la FoodizBox pour définir son modèle économique, avec en outre le souci de s'inscrire dans une démarche globale de développement durable.

**1.1. Analysez le marché des box mensuelles : offre, demande, mode de fixation des prix.**

**1.2. Après avoir rappelé les différents agents économiques en relation avec l'entreprise, vous préciserez en quoi l'évolution décrite dans l'annexe 5 est favorable au projet de la BioBox.**

**1.3. Exposez les étapes nécessaires à la création de l'entreprise de Lola Thessier, en prenant appui sur l'expérience de FoodizBox.**

## MISSION 2 La mise en œuvre du projet « La BioBox de Lola »

**(Annexes 2 et 6)**

Dynamique et enthousiaste, Lola Thessier a trouvé un local dans la périphérie de Rennes et sa banque est prête à financer une partie du projet.
Les priorités majeures de la jeune entrepreneuse sont la qualité et la traçabilité des produits, ainsi que le respect de l'environnement. Pour cela, elle cherche à s'associer avec de grandes marques de l'alimentation biologique afin d'acheter à bas prix et de leur assurer en contrepartie un nouvel outil publicitaire.

**2.1. Identifiez les finalités économique, sociale et sociétale de La BioBox de Lola.**

**2.2. Précisez l'objet du contrat de l'annexe 6 et identifiez les parties en présence. Précisez à quelles conditions elles ont la capacité de conclure ce contrat et mettez en lumière l'existence d'une représentation juridique.**

**2.3. Relevez dans la clause concernant le loyer les dispositions protectrices des intérêts de chacune des parties. En quoi cette clause contribue-t-elle à un juste équilibre de ce contrat ?**

© Nathan – La photocopie non autorisée est un délit

# DOSSIER DOCUMENTAIRE

## ANNEXE 1 Le cas FoodizBox : de l'étude de marché au *business plan*

FoodizBox est un site de e-commerce par abonnement sur le marché de l'épicerie fine. Nous proposons à nos abonnés de recevoir chaque mois une sélection de 5 à 7 produits gastronomiques surprise ainsi qu'un ustensile de cuisine original.
La FoodizBox est accompagnée du FoodizMag', reprenant la description de chaque produit et marque, ainsi que de quelques idées cuisine, et de 4 fiches recette réalisées par nos deux chefs Noëmie (Top Chef 2012) et Bernard (Blogueur culinaire). [...]
Afin d'apporter encore plus de conseils à nos abonnés, ils ont la possibilité de retrouver toutes nos recettes en vidéo sur notre site et notre chaîne YouTube.
En plus de l'effet de découverte, des produits « *Full Size* » présents dans la box, et de la livraison incluse, la valeur marchande des produits est supérieure au prix de vente de celle-ci.

### Le marché des box par abonnement

La concurrence est rude notamment avec les autres food box (Gastronomiz, Kitchen Trotter, Eat Your Box etc.) qui sont nombreuses et surfent chacune sur un positionnement particulier (box culinaire voyage, box culinaire bio, etc.).
La concurrence offre une gamme tarifaire d'abonnement comprise entre 17 et 29 euros TTC.
Si, sur ce marché, on peut considérer qu'il y a 6 concurrents toujours dans la course, nous constatons à ce jour quelques abandons et rachats entre food box. [...]
Sur le web, nous sommes une goutte d'eau, d'où le besoin notamment d'ambassadeurs pour gagner en visibilité. La communication est donc un facteur à ne pas négliger. D'autre part la logistique et le transport constituent deux facteurs clés de succès car il faut bien maîtriser ces deux aspects, d'un point de vue financier mais aussi par rapport à la qualité perçue par le client.
Concernant notre *business model*, le plus grand avantage de l'abonnement est la récurrence, qui permet d'avoir une bonne visibilité sur le cash flow et sur l'évolution de la clientèle. En outre, le e-commerce permet de se lancer avec des fonds limités là ou l'ouverture d'une enseigne physique coûte beaucoup d'argent.

### Le *business plan*... bien souvent incontournable

Nous avons bien entendu procédé à la rédaction d'un *business plan*, et même plusieurs puisque le *business plan* évolue et change avec la société et le projet, qui grandit et gagne en maturité. La rédaction du *business plan* a été primordiale pour décomposer le projet, et pour vérifier sa faisabilité et sa viabilité. Cela nous a permis de poser le projet sur papier, et ainsi d'anticiper certaines phases de coûts. De plus, le *business plan* constitue un élément essentiel pour convaincre les banques comme les investisseurs, et il permet de garder une trame du projet.

**www.my-business-plan.fr**

## ANNEXE 2 La charte de La BioBox de Lola pour un engagement responsable

Lola Thessier envisage de rédiger une charte des engagements qu'elle souhaite obtenir de ses différents partenaires (fournisseurs, prestataires, transporteurs, etc.). Elle pense que le succès de son activité repose sur la garantie de produits respectueux de l'environnement et du travail humain dans une logique de développement durable. Il s'agit d'un engagement vis-à-vis des consommateurs, des clients, des équipes, des fournisseurs ainsi qu'envers l'ensemble de ses parties prenantes.

L'objectif de cette charte des achats responsables est de démontrer l'engagement de sa société en matière d'environnement, de droits de l'homme et de loyauté des pratiques commerciales vis-à-vis de ses clients et bien sûr de clarifier ses exigences vis-à-vis de ses fournisseurs.
Cette initiative est un engagement dans une démarche de responsabilité sociétale des entreprises (RSE) et permet également la définition de critères de sélection et d'évaluation de ses fournisseurs aussi importants que la qualité, le service et les coûts.

© Nathan – La photocopie non autorisée est un délit

## ANNEXE 3 Le marché florissant des box mensuelles

Le marché des box mensuelles commercialisées en ligne explose. Un secteur concurrentiel qui suscite l'intérêt de plus en plus d'acteurs. […]

### Diversité des acteurs

Sur ce marché concurrentiel, le succès n'est pas garanti. Si certains entrepreneurs peinent à faire décoller leur nombre d'abonnés, quelques-uns affichent des chiffres enviables. «*Aujourd'hui, certaines en France peuvent avoir de 10000 à plus de 100000 abonnés. Il y en a aussi à 15 ou 20 abonnés, pour les micro-entrepreneurs qui font cela plus comme une activité à côté de leur travail ou leurs études*», note Michaël Maarek [créateur des sites touteslesbox.fr et laboxdumois.fr]. Mais la plupart restent en dessous de 10000 abonnés, explique de son côté David Azoulay, fondateur de Ziqy […].

### Les stratégies gagnantes

Les modèles économiques sont eux aussi variés. Michaël Maarek distingue le modèle des box beauté du reste. «*Bien souvent, les box beauté ne vont même pas payer les produits qui sont à l'intérieur*», indique-t-il. Mieux, elles peuvent même être rémunérées pour les inclure… En effet, «*les box permettent aux marques de toucher directement un certain nombre de clients*», et leur faire ainsi essayer leur produit. «*Un moyen de marketing exceptionnel*», conclut-il.
Autre élément vital: les marges. Pour David Azoulay, «*sans un minimum de 30% de marge sur la box qu'on va expédier, c'est dur de survivre*». Pour lui, les ingrédients essentiels sont «*un bon prix d'acquisition du produit, une bonne stratégie de communication, un bon service client. Et un produit cool, avec un bon positionnement…*»

### L'expérience client, un élément clé

Une box à succès répond à divers critères. «*On ne peut se contenter d'envoyer simplement un carton avec des produits à l'intérieur. Il faut qu'il y ait une cohérence dans le thème, une explication sur les produits envoyés et que la boîte soit jolie*», poursuit Michaël Maarek. Dans tous les cas, il ne faut pas que le client s'ennuie, sous peine de se désabonner… La sélection des produits, mais aussi la gestion des publications sur les réseaux sociaux sont autant d'éléments clés. Au-delà du produit, «*il faut que les clients en aient pour leur argent*», relève David Azoulay. Par exemple, «*pour 20 euros par box, recevoir pour 40 euros de produits à l'intérieur…*».

### Perspectives et potentiel

Si la fidélisation est un enjeu majeur, une nouvelle tendance se dégage sur le marché: celle de la monétisation d'audience. Pour David Azoulay, «*lorsqu'on a déjà l'audience, il est beaucoup plus facile de lui apporter un produit en relation avec ses goûts plutôt que de constituer le produit et de lui trouver une audience. Le coût d'acquisition devient largement inférieur*».
Une autre voie de développement passe par l'international. Certaines box françaises ont d'ores et déjà franchi les frontières, à l'instar d'Emma & Chloé, une box de bijoux de créateurs qui s'exporte aux États-Unis. Quant à celles qui s'apprêtent à tenter l'aventure, David Azoulay prévient: il ne suffit pas de traduire un site en anglais. Encore faut-il intégrer la culture du pays et ses habitudes de consommation.

**Étude de Bpifrance, 25 février 2020.**

## ANNEXE 4 Une demande en plein essor

### Le marché

Il existe un peu plus de 320 box différentes en France, et près de 900000 personnes sont abonnées à une box mensuelle. Il ne s'agit encore que d'une faible proportion de la population française, [mais en hausse rapide depuis quelques années].
Sans grande surprise, les box beauté arrivent largement en première position. […] Derrière, et presque à égalité, on retrouve les box enfant et box culinaires. […]

### Profil des abonnés

Les abonnés sont à 76% des femmes, un chiffre qui explique également le succès des box beauté.
Si les box mensuelles restent un modèle de vente relativement récent, il n'est pas pour autant privilégié

© Nathan – La photocopie non autorisée est un délit

par une clientèle très jeune. Les 18-24 ans représentent en effet moins de 20 % des abonnés aux box mensuelles, notamment en raison du budget à allouer chaque mois à l'abonnement. En revanche, les 25-34 ans représentent quant à eux la majorité des clients des box avec 40 % d'abonnés dans cette tranche d'âge. [...]
On note qu'une grande partie des box ne dépassent pas les 100 abonnés. Cependant, une fois ce palier atteint, elles arrivent assez facilement à atteindre le seuil des 1 000 abonnés. [...]
Néanmoins, on observe aussi que moins de 15 % des box dépassent les 10 000 abonnés.

**Prix et frais de port**

Le prix des box joue un rôle important dans leur succès. On apprend ici que 72 % d'entre elles ont un prix affiché entre 20 et 50 €. 24 % proposent un tarif inférieur à 20 €, et seulement 4 % se situent dans un positionnement tarifaire haut de gamme (supérieur à 50 €).

**toutesIesbox.fr, 6 juillet 2020.**

## ANNEXE 5 Le pouvoir d'achat des ménages accélère en 2019

En 2019, le revenu disponible brut des ménages progresse de 3,1 % en valeur, après + 3,0 % l'année précédente. Dans le même temps, le prix de la dépense de consommation finale décélère (+ 0,9 % contre + 1,7 % en 2018), du fait principalement du fort ralentissement des prix énergétiques (+ 1,5 % après + 8,5 %). [...]
Le pouvoir d'achat du revenu disponible accélère ainsi de 0,8 point : + 2,1 %, après + 1,3 % en 2018. Cette évolution, mesurée sur l'ensemble des ménages, inclut l'effet de la croissance de la population. Ramené au niveau individuel et en tenant compte également de l'évolution de la taille des ménages, le pouvoir d'achat par unité de consommation augmente en moyenne de 1,5 %, après + 0,7 % en 2018. [...]
Les salaires nets reçus par les ménages décélèrent, mais restent dynamiques (+ 3,3 % après + 4,8 % en 2018), car la baisse des cotisations salariales se poursuit : cette baisse est imputable aux exonérations de cotisations sociales sur les heures supplémentaires.

**« Les comptes de la Nation », *Insee Première*, n° 1802, 29 mai 2020.**

## ANNEXE 6 Extrait du bail commercial

**Le présent contrat est conclu entre :**
Monsieur Jean HIGELIN, propriétaire de l'immeuble concerné par le présent contrat, ci-après désigné LE BAILLEUR,
et
La Société La BioBox de Lola, représentée par Lola Thessier sa gérante, ci-après désignée LE PRENEUR.
Il est convenu que les stipulations du présent bail commercial sont conformes aux dispositions des articles L145-1 et suivants du Code de commerce.

**DÉSIGNATION de l'immeuble loué :** un local à usage commercial, sis à Rennes, 12 avenue Carnot, d'une superficie de 65 m$^2$ au RDC.

**DURÉE DU BAIL :** le bail est conclu pour 9 ans, étant précisé que LE PRENEUR pourra exercer son droit à renouvellement du bail à l'issue de cette durée, selon les modalités et règles prévues aux articles L145-8 à L145-12 du Code de commerce.

**LOYER :** le loyer trimestriel est fixé à 1 300 € et fera l'objet d'une révision triennale selon les dispositions des articles L145-33 et suivants du Code de commerce. En particulier sera respectée la règle selon laquelle la variation du loyer n'excédera pas celle de l'indice trimestriel des loyers commerciaux ou de l'indice trimestriel des loyers des activités tertiaires mentionnés aux premier et deuxième alinéas de l'article L112-2 du Code monétaire et financier, publiés par l'Institut national de la statistique et des études économiques.

**ACTIVITÉ EXERCÉE :** LE PRENEUR s'engage à exercer dans les locaux visés par le présent bail exclusivement l'activité de préparation et vente de box. Toute intention de déspécialisation, en particulier pour exercer une activité connexe ou complémentaire, devra être communiquée au BAILLEUR, conformément aux articles L145-47 et suivants du Code de commerce.
[...]

© Nathan – La photocopie non autorisée est un délit

# THÈME 2

# La régulation de l'activité économique

## Question :

### Quel est le rôle de l'État dans la régulation économique ?



## Question :

### Comment les activités économiques sont-elles régulées par le droit ?



## Question :

### Comment l'entreprise intègre-t-elle la connaissance de son environnement dans sa prise de décision ?



© Nathan – La photocopie non autorisée est un délit

THÈME 2

# La régulation de l'activité économique : le cas de Free

**2^e fournisseur d'accès à Internet**

**2^e opérateur de téléphonie mobile**

**CONTEXTE DE L'ENTREPRISE**

## L'aventure Free

Free appartient au groupe Iliad, acteur majeur sur le marché français de l'accès à Internet et des télécommunications.

Son aventure débute en 1999, lorsque le marché des télécommunications se libéralise et qu'Iliad obtient une licence pour l'exploitation d'un réseau de télécommunications. Xavier Niel fonde alors la filiale Free qui s'impose comme un pionnier de l'accès à Internet en France avec une offre sans abonnement ni numéro surtaxé.

Quelques années plus tard, Xavier Niel lance une nouvelle offensive sur le marché : il a l'idée de centraliser l'accès à Internet, le téléphone et la télévision au sein d'un même boîtier dans le but de proposer ces trois services à moindre coût. La Freebox voit le jour en 2002. Dix ans après, avec une stratégie axée sur l'innovation, Xavier Niel s'attaque à ses concurrents SFR, Bouygues et Orange avec l'objectif de diviser par deux la facture de téléphonie mobile des consommateurs.

Aujourd'hui, de tous les opérateurs français, Free est le plus volontaire et enthousiaste vis-à-vis du déploiement de la 5G. Xavier Niel a confirmé en juillet 2020 vouloir lancer une offre commerciale avant la fin de l'année.

### La régulation du secteur

L'État intervient sur le marché des télécoms. Législateur et contrôleur *via* différentes autorités de contrôle et de régulation des télécoms, il intervient également par ses politiques publiques pour démocratiser l'accès à Internet et accélérer la couverture mobile des zones rurales. Résoudre la fracture numérique est un enjeu politique de taille : en accentuant la dépendance aux démarches en ligne, et en retardant encore le déploiement de la couverture très haut débit du territoire, le confinement a renforcé les inégalités d'accès au numérique en France.

**En quoi les décisions et les activités de Free sont-elles orientées et influencées par l'action de l'État ? Quel est l'impact des politiques économiques sur son activité et sa prise de décision ? Quelles sont les règles de droit qui s'imposent à cette entreprise ? Comment intègre-t-elle la connaissance de son environnement dans sa prise de décision ?**

© Nathan – La photocopie non autorisée est un délit

# 6 Le rôle de l'État et les finalités de la politique économique

**LA COMPÉTENCE ATTENDUE**

→ Identifier les principales politiques économiques et leurs outils.

**LES SAVOIRS ASSOCIÉS**

→ Le rôle de l'État (allocation, redistribution, régulation)
→ L'existence de déséquilibres : inflation, chômage
→ Les politiques économiques et leurs finalites
→ La croissance économique
→ Les politiques conjoncturelles et structurelles

**PLAN DU CHAPITRE**

- 1 • Identifier les fonctions de l'État
- 2 • Identifier les objectifs de la politique économique
- 3 • Identifier les principales politiques économiques

## Horizon 2025 : la fibre optique sur 100 % du territoire

**Le Plan France Très Haut Débit**

Initié en 2013 par le gouvernement, le Plan France Très Haut Débit entend couvrir l'intégralité du territoire national d'ici 2022 pour garantir à tous les citoyens un accès à un Internet performant dans leurs logements, entreprises et administrations. Aussi, 20 milliards d'euros sont mobilisés en dix ans, dont 3,3 milliards d'euros de l'État. [...] Le gouvernement veut aller plus loin et fixe un nouvel objectif : la généralisation de la fibre optique jusqu'à l'abonné sur l'ensemble du territoire, à l'horizon 2025.

**Un appui aux collectivités locales**

Dans le cadre du plan France très haut débit, 75 % des départements ont déjà prévu la généralisation de la fibre optique sur leur territoire d'ici 2025. Pour permettre la généralisation de la fibre optique dans les 25 départements restants, l'État a décidé de mobiliser 280 millions d'euros, en appui aux collectivités territoriales.

**www.economie.gouv.fr, 24 février 2020.**

**LE PLAN FRANCE TRÈS HAUT DÉBIT**

Vidéo
liennathan.fr/w6u4k7

1. **Quel est l'objectif du Plan France Très Haut Débit ?**
2. **Pourquoi l'intervention de l'État est-elle justifiée ?**

© Nathan – La photocopie non autorisée est un délit

# 1 Identifier les fonctions de l'État

## A La fonction d'allocation

### DOC. 1 À quoi sert l'État ?

Si entreprises et ménages sont au cœur d'une économie de marché, pourquoi l'État y occupe-t-il toujours une place conséquente ? La question mérite d'être posée.
[Le] marché libre ne fonctionne pas toujours bien. L'économiste américain Richard Musgrave établit une typologie des fonctions de l'État destinées à corriger ce problème.
**La première est la fonction d'allocation.** Elle consiste à intervenir sur les marchés dans certaines situations, appelées « défaillances de marché ».
*La première défaillance concerne une concurrence trop faible, ce qui engendre des prix élevés.*
L'État peut alors lutter contre les monopoles ou bien réglementer leurs prix, comme c'est par exemple le cas dans le secteur de l'électricité.
*La deuxième est l'existence de biens publics ou d'externalités.*
Les biens publics [...], quoique désirés, personne ne les produira gratuitement ! C'est pourquoi, par exemple, l'éclairage des rues est financé par l'impôt.
On parle d'externalité quand l'action d'un individu a un impact sur un autre, sans qu'il y ait un paiement sur un marché pour cela. C'est par exemple le cas quand une firme pollue les sols voisins. L'État peut alors taxer la firme pour l'inciter à moins polluer.
*Enfin, l'insuffisance d'information peut réduire les échanges.* Un consommateur ignorant la vraie qualité d'un produit peut renoncer à l'acheter. L'État peut y remédier en apportant une information supplémentaire aux clients.

**http://education.francetv.fr**

1. **Repérez les quatre défaillances de marché mentionnées dans le texte.**
2. **Précisez comment l'État intervient pour corriger chacune de ces défaillances.**
3. **Pourquoi l'intervention de l'État est-elle justifiée ?**

### DOC. 2 Mesures du projet de loi de finances 2021

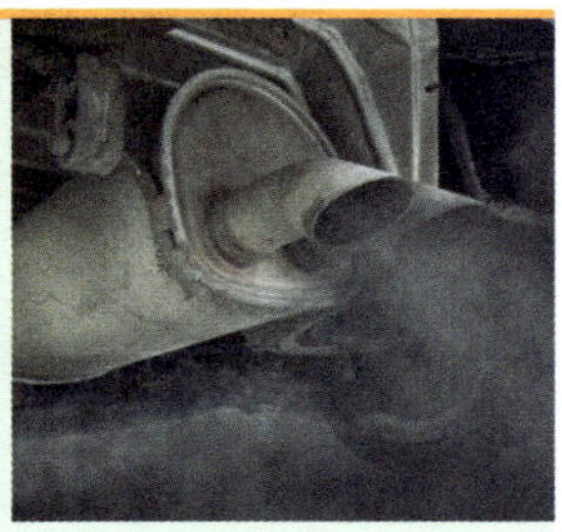

Face à la pandémie, le gouvernement met en place un plan de relance exceptionnel :
- **bonus écologique :** aide aux particuliers et aux professionnels à l'achat ou à la location d'un véhicule neuf peu polluant ;
- **décarbonation de l'industrie :** compensation du surcoût de l'énergie moins carbonée par rapport aux énergies fossiles.

4. **Pourquoi l'État prévoit-il ces mesures ?**
5. **Indiquez la défaillance du marché dont il est question ici.**
6. **Montrez que l'État remplit une fonction d'allocation des ressources.**

### DOC. 3 L'étiquette énergétique

Depuis 2011, l'État impose aux fabricants et distributeurs de fournir aux consommateurs une information exacte, pertinente et comparable sous forme d'une étiquette énergétique accompagnant le produit vendu.

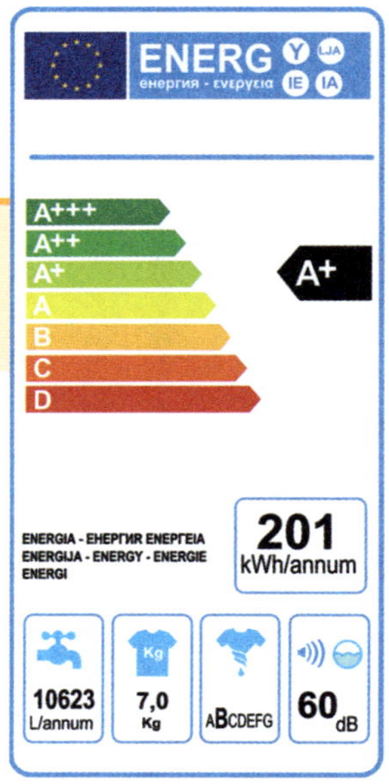


7. **Montrez comment l'étiquette énergétique peut orienter le choix du consommateur.**
8. **Indiquez la défaillance de marché corrigée par l'État dans cet exemple.**

© Nathan – La photocopie non autorisée est un délit

## DOC. 4 La gratuité de l'éducation

La nouvelle tendance à la privatisation de l'éducation soulève des inquiétudes sérieuses sur son impact négatif sur l'exercice du droit à l'éducation, et plus particulièrement en ce qui concerne la disponibilité et l'accès à une éducation gratuite, à une égalité des chances et à une éducation de qualité. […] Les États sont tenus de réglementer et de surveiller la participation du secteur privé à l'éducation afin de veiller à ce que le droit à l'éducation ne soit pas compromis.

**www.right-to-education.org**

## DOC. 5 L'éducation nationale : un bien public

[…] L'éducation est la première priorité nationale. Le service public de l'éducation est conçu et organisé en fonction des élèves et des étudiants. Il contribue à l'égalité des chances […].
Tout enfant a droit à une formation scolaire qui, complétant l'action de sa famille, concourt à son éducation […]. L'enseignement est gratuit pour les élèves des lycées et collèges publics […].

**Extraits du Code de l'éducation.**

**9.** **Justifiez l'intervention de l'État dans le domaine de l'éducation.**

**10.** **Quelle fonction l'État remplit-il en assurant la gratuité de l'enseignement ?**

**11.** **Exposez le problème auquel font face les pays en matière d'éducation.**

# B La fonction de redistribution

## DOC. 6 La France des inégalités en 2019

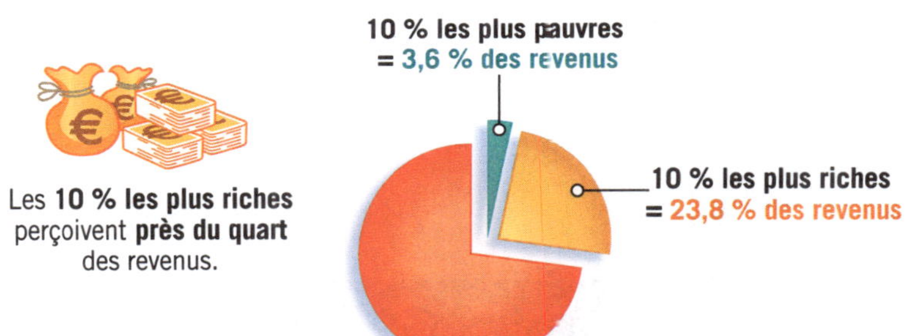


*Source : Insee*

## DOC. 7 La composition des revenus des ménages

Les revenus primaires comprennent des revenus du travail, salarié ou non, et également des revenus de la propriété résultant de placements dans des actifs financiers ou immobiliers.

**12.** **Citez des exemples de revenus du travail et de revenus de la propriété.**

**13.** **Pourquoi parle-t-on d'inégalités de revenus ? Comment peuvent-elles s'expliquer ?**

## DOC. 8 L'État redistributeur

La fonction de redistribution de l'État repose sur l'idée que les inégalités créées par le marché ne sont pas forcément du niveau souhaité par la société. Pour corriger ce dysfonctionnement, l'État peut intervenir en prélevant des revenus aux uns (impôt sur le revenu et cotisations sociales essentiellement) et en les transférant aux autres, selon des critères de justice sociale acceptés, par des prestations sociales (chômage, maladie, retraite, etc.).

© Nathan – La photocopie non autorisée est un délit

## DOC. 9 Le mécanisme de la redistribution

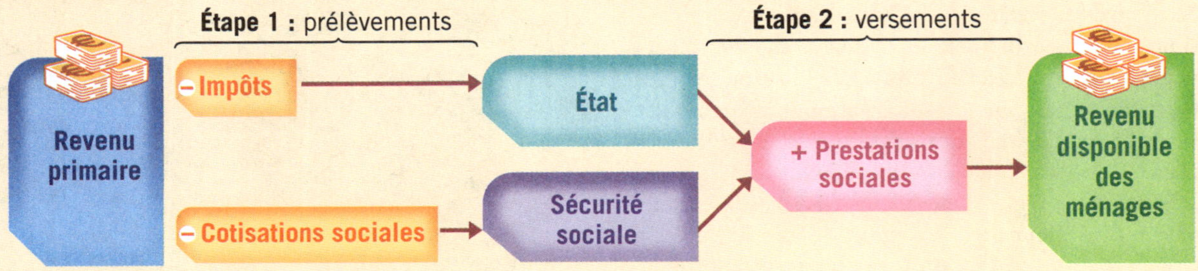


## DOC. 10 Les effets de la redistribution

| | Revenu annuel moyen des 10 % les plus modestes en euros | Revenu annuel moyen des 10 % les plus aisés en euros | Rapport |
|---|---|---|---|
| **Avant impôts et prestations sociales** | 3 290 | 73 130 | 22,2 |
| **Après impôts et prestations sociales** | 10 110 | 56 490 | 5,6 |
| **Taux de redistribution (en %)** | + 207,3 % | – 22,8 % | |

INSEE, 2019.

**14.** Présentez les moyens utilisés par l'État pour agir sur les revenus des ménages.

**15.** La répartition des revenus disponibles est-elle plus égalitaire ou moins égalitaire que celle des revenus primaires ?

**16.** Comment l'effet de la redistribution est-il mesuré ? Retrouvez les différents résultats par le calcul.

# C La fonction de régulation

## DOC. 11 Bridgestone veut fermer son usine

Septembre 2020 : fermer l'usine, voilà la seule option possible pour « sauvegarder la compétitivité de ses opérations en Europe », estime le groupe Bridgestone auprès de l'AFP, déterminé à cesser l'activité de son unique site français, qui emploie 863 salariés.

## DOC. 12 Le chômage traduit un déséquilibre

Un déséquilibre est un écart entre l'offre et la demande. C'est le contraire d'une situation d'équilibre où l'offre et la demande sur le marché s'égalisent à un prix d'équilibre qui satisfait les acheteurs et les vendeurs. Sur le marché du travail, une offre de travail (individus recherchant un emploi) qui excède la demande de travail conduit au chômage. Il représente l'ensemble des personnes privées d'emploi et en recherchant un.

**17.** Exposez les conséquences de la fermeture de l'usine Bridgestone en France.

**18.** Pourquoi peut-on dire que le chômage est le signe d'un déséquilibre ?

© Nathan – La photocopie non autorisée est un délit

## DOC. 13 Conséquences de l'inflation pour les ménages

L'inflation se traduit par une augmentation générale et durable des prix dans l'économie. En cas d'inflation, avec la même somme d'argent, on peut acheter moins de choses qu'auparavant. En clair, si les revenus des ménages augmentent moins vite que les prix, le pouvoir d'achat diminue.

**Cas libanais :** la viande est devenue une denrée inaccessible pour la plupart des Libanais. [...] « *Le prix du kilo de tomates a été multiplié par quatre* », témoigne une mère de famille résidant à Tripoli. [...] En avril 2020, près de 50 % de la population libanaise vivait sous le seuil de pauvreté.

**Inflation galopante au Liban en 2020**

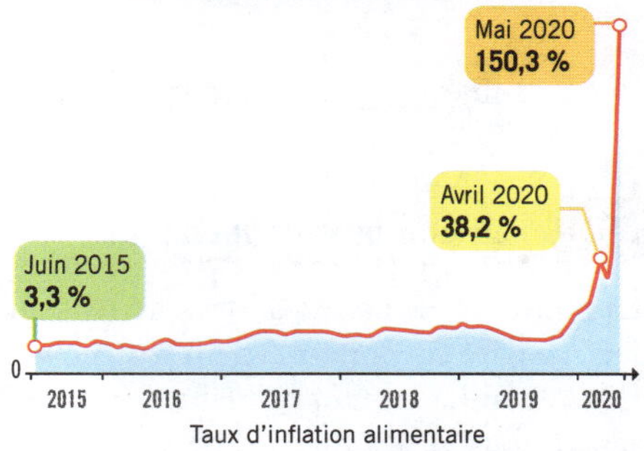


D'après www.lemonde.fr

Marie-Violette Bernard, www.francetvinfo.fr, 5 août 2020.

## DOC. 14 Trop d'inflation est nocif pour l'économie

Si l'inflation progresse trop fortement, cela peut avoir des répercussions dommageables pour l'économie tout entière. Si les prix des produits domestiques deviennent plus élevés que les mêmes produits fabriqués à l'étranger, la demande étrangère risque de diminuer (baisse des exportations) alors que la demande interne pour les produits étrangers risque d'augmenter (hausse des importations). **Il en résulte une baisse de l'activité pouvant entraîner des réductions d'effectifs et donc une progression du chômage.**

www.lafinancepourtous.com

**19. Expliquez pourquoi les ménages peuvent être pénalisés par l'inflation.**

**20. Quelles sont les conséquences de la forte inflation sur l'économie libanaise ?**

**21. Quel déséquilibre peut provenir d'une faible activité ? d'une forte activité ?**

**22. Expliquez pourquoi l'État intervient pour réguler l'économie.**

## DOC. 15 L'État régulateur

La fonction de régulation de l'État consiste à soutenir l'activité quand elle est trop faible ou au contraire, à la freiner quand elle est trop soutenue. En cas de forte activité, la demande peut excéder l'offre, le prix tend alors à monter automatiquement et la situation devient inflationniste. À l'inverse, un faible dynamisme de l'activité pénalise l'emploi et risque de faire progresser le chômage.

**Le rôle régulateur de l'État consiste à tenter de maintenir l'activité à un niveau suffisant pour résorber les principaux déséquilibres que sont l'inflation et le chômage.**

# APPLICATION AU CAS

## FREE

## DOC. Accord dans la téléphonie mobile entre l'État et les 4 opérateurs

Depuis plusieurs années, le gouvernement a revu sa politique de renouvellement des fréquences 4G pour proposer aux opérateurs un « *new deal* ». Ce nouveau contrat octroie aux opérateurs des économies substantielles sur l'attribution des fréquences 4G, mais leur donne de nouvelles obligations en échange. Parmi ces obligations, on retrouve la couverture en 4G des zones blanches trop longtemps laissés pour compte, car considérées comme peu, ou pas, rentables.

Le gouvernement a publié le 27 mai 2020 une liste des 484 nouvelles zones que les opérateurs devront couvrir cette année. Orange, SFR, Bouygues Telecom et Free Mobile vont devoir travailler pour apporter des antennes sur ces zones, en plus des 600 déjà définies en 2018 et des 762 sites définis en 2019.

Ce déploiement devra se poursuivre alors que les opérateurs devraient aussi commencer à proposer leur réseau 5G dès cette année dans certaines régions.

Cassim Ketfi, www.frandroid.com, 9 juin 2020.

**1. Justifiez l'intervention de l'État dans le marché des télécoms.**

**2. Quelle fonction de l'État est mobilisée dans le cadre de cet accord ?**

**3. Repérez les conséquences de cet accord pour l'opérateur Free.**

© Nathan – La photocopie non autorisée est un délit

# 2 Identifier les objectifs de la politique économique

## A Les objectifs de politique économique

**DOC. 16 La politique économique**

La politique économique désigne l'ensemble des interventions de l'État sur l'activité économique d'un pays en vue d'atteindre certains objectifs. Elle répond à certaines finalités comme la solidarité, la justice sociale, l'amélioration des niveaux de vie.
Les mesures de politique économique mises en œuvre doivent notamment permettre d'atteindre les objectifs suivants : soutenir la croissance et le commerce extérieur et résorber les déséquilibres tels que le chômage et l'inflation.

1. **Indiquez les finalités de la politique économique.**
2. **À laquelle de ces finalités répondent les objectifs exposés dans le document 17 ?**

**DOC. 17 Les objectifs du gouvernement**

« *Le PLF* [Projet de loi de finances] *2021 répond à l'urgence immédiate des dizaines de milliers de PME, entrepreneurs, indépendants qui ont encore besoin du soutien de l'État pour faire face aux conséquences de la crise.* »

**Bruno Le Maire, ministre de l'Économie, des Finances et de la Relance, 28 septembre 2020.**

| Les mesures prises par le gouvernement doivent contribuer à une forte croissance en 2021 (+ 8 %), après une année 2020 en net recul en raison de la crise du coronavirus.<br>**www.gouvernement.fr, 28 septembre 2020.** | Confrontée à une situation économique rendue encore plus compliquée par la pandémie, la BCE s'inquiète de l'inflation très basse en zone euro. Elle va examiner la possibilité de laisser la hausse des prix de la zone euro dépasser temporairement sa cible « *proche, mais en dessous de 2 %* ».<br>**www.lesechos.fr, 1er octobre 2020.** | Avec une hausse « inédite » de 3,5 % du budget dédié à l'emploi, l'insertion et la formation professionnelle, le gouvernement confirme ses engagements en faveur de la formation.<br>**www.banquedesterritoires.fr, 29 septembre 2020.** | Le plan de relance 2020 inclut un volet de soutien à l'export avec pour objectif d'assurer que la crise ne remette pas en cause nos performances à l'international en termes de commerce extérieur* et d'attractivité.<br>**www.tresor.economie.gouv.fr, 7 août 2020.** |
|---|---|---|---|

* La performance du commerce extérieur est mesurée par la balance commerciale (ou le solde extérieur). On l'obtient par différence entre les exportations et les importations. Négative, elle est déficitaire ; positive, elle est excédentaire.

**DOC. 18 Prévisions économiques pour la France**

La Banque de France établit des prévisions en septembre 2020 :
**Croissance :** le PIB en France se contracterait de 8,7 % en 2020. Le niveau d'activité de fin 2019 serait retrouvé début 2022, avec une remontée du PIB de 7,4 % en 2021 et de 3,0 % en 2022.
**Chômage :** le taux de chômage s'établirait « autour de 9,5 % » de la population active fin 2020, soit 2,4 points de plus que mi-2020 et 1,4 point de plus qu'un an plus tôt.

3. **Repérez les quatre objectifs pour le gouvernement.**
4. **Citez les indicateurs qui permettent de mesurer ces objectifs.**
5. **Pour atteindre les objectifs, quels indicateurs doivent être proches de zéro ? Lesquels doivent être positifs ?**
6. **Selon les prévisions de la Banque de France, peut-on dire que les objectifs du gouvernement peuvent être atteints ?**
7. **Quel lien peut-on faire entre croissance et emploi ?**

© Nathan – La photocopie non autorisée est un délit

## DOC. 19 Le carré magique selon N. Kaldor

Les objectifs économiques sont mesurés par des indicateurs. Ils sont représentés par le carré magique de Kaldor, qui met en évidence une situation idéale de l'économie :
- un faible taux de chômage ;
- un taux de croissance le plus élevé possible ;
- un faible taux d'inflation ;
- un solde extérieur positif.

## DOC. 20 Les chiffres de la France en 2019

| Taux de croissance | Taux de chômage | Taux d'inflation | Solde extérieur (en % du PIB) |
|---|---|---|---|
| 1,5 % | 8,4 % | 1,3 % | -0,8 % |

## DOC. 21 Le schéma du carré magique pour la France

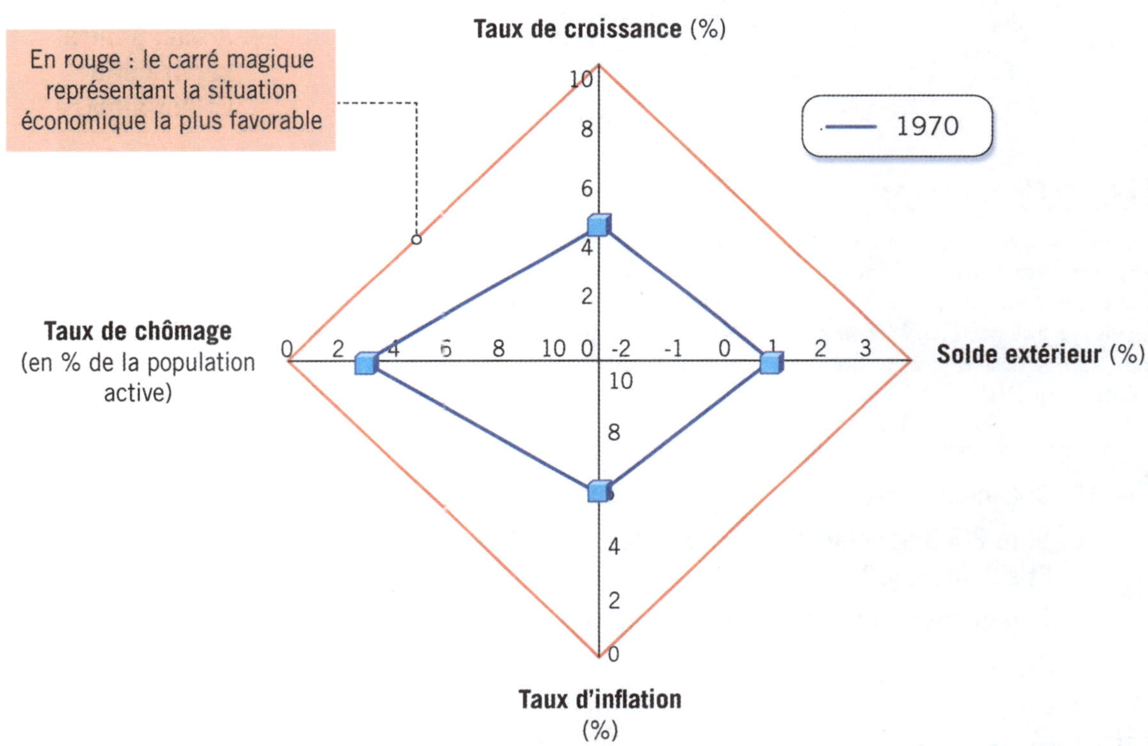


8. Représentez sur le graphique la situation économique de la France en 2019.
9. Quel est le principal déséquilibre économique en 2019 ?
10. Comparez les situations économiques de 1970 et 2019.
11. Quelle année représente la situation économique la plus proche du carré magique ?

© Nathan – La photocopie non autorisée est un délit

# B La mesure de la croissance

## DOC. 22 De la valeur ajoutée au PIB

### Qu'est-ce que le PIB ? Pour comprendre, un détour chez un boulanger…

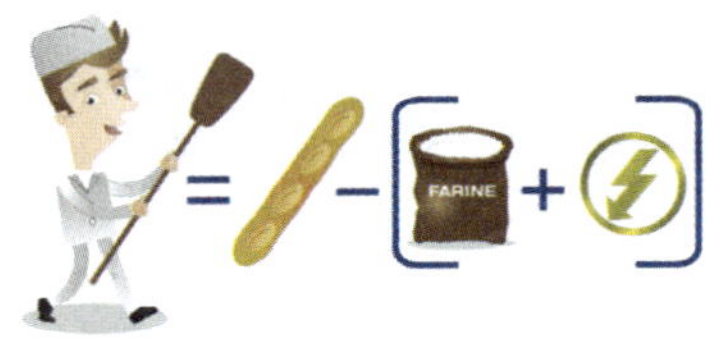


Pour faire du pain, un boulanger a notamment besoin de farine et d'électricité. Ce sont les **consommations intermédiaires** (CI), utilisées pour la **production** (P) du pain.

La production du boulanger, c'est le pain. Pour déterminer la richesse créée, appelée **valeur ajoutée** (VA), il faut soustraire du prix du pain le montant des consommations intermédiaires, la farine et l'électricité. La valeur ajoutée se calcule en euros.

Pour une baguette à 1€, la valeur ajoutée du boulanger est donc égale au prix de production (1€) moins les prix des consommations intermédiaires (0,30€ de farine et 0,15€ d'électricité dans notre exemple). Elle est ici de 0,55€.

### Qu'est-ce que le PIB ? Pour un pays, c'est le même principe

Pour tout producteur de biens ou de services (boulanger, chauffeur routier, coiffeur…), on calcule sa valeur ajoutée de la même façon.

**Valeur ajoutée** = **Production** − **Consommation Intermédiaire**

**Le produit intérieur brut d'un pays est égal à la somme des valeurs ajoutées** des producteurs résidant sur son territoire.

Le PIB, c'est la richesse créée par les activités de production.

**Source : INSEE en bref, janvier 2017.**

**12.** Supposons que le boulanger fabrique une baguette vendue 1 €. La farine coûte 0,30€ et l'électricité 0,10€. Quelle est la valeur ajoutée créée par le boulanger ?

**13.** Il fabrique 5 000 baguettes dans le mois. Quelle sera la valeur ajoutée du mois ?

**14.** À quoi pourra servir cette valeur ajoutée ?

## DOC. 23 Du PIB à la croissance

La croissance économique de la France mesure l'évolution de la richesse produite sur le territoire français sur une période. Mesurer la croissance, c'est donc mesurer l'évolution du PIB.

## DOC. 24 À quoi sert le PIB ?

Le produit intérieur brut (PIB) sert principalement à suivre l'état de santé de l'économie et à mesurer l'évolution de l'activité économique. Cet indicateur est essentiel pour adapter l'intervention de l'État, c'est-à-dire la politique économique mise en œuvre, en fonction de la situation économique.

**15.** Comment la croissance est-elle mesurée ?

**16.** Si le PIB augmente entre deux dates, que peut-on dire de la croissance ? Et s'il diminue ?

**17.** Pourquoi est-il important de connaître le niveau de l'activité économique d'un pays ?

## DOC. 25 Calculer la croissance de l'année N

C'est à partir du PIB que l'on mesure la **croissance économique** d'un pays. Elle se calcule de la façon suivante :

$$\frac{PIB_N - PIB_{N-1}}{PIB_{N-1}}$$

## DOC. 26 Les chiffres du PIB en France en milliards d'euros (INSEE)

| PIB année 2018 | PIB année 2019 | PIB année 2020 (estimation) |
|---|---|---|
| 2 288,2 Mds€ | 2 322,7 Mds€ | 2 120,6 Mds€ |

**18.** Calculez le taux de croissance de l'année 2019 et le taux de croissance estimé pour 2020.

**19.** Vérifiez que vous retrouvez les chiffres des documents 18 et 20.

**20.** Qu'en concluez-vous ?

© Nathan – La photocopie non autorisée est un délit

## C La mesure du développement

**DOC. 27 Croissance et développement**

Il ne faut pas confondre croissance et développement, même si ces deux notions sont liées. La croissance est mesurable par le PIB, c'est donc un phénomène quantitatif. En revanche, le développement correspond à l'ensemble des transformations économiques, techniques, sociales, démographiques et culturelles qui permettent l'apparition et la prolongation de la croissance. Le développement est donc un phénomène qualitatif car il ne peut s'observer que si plusieurs dimensions évoluent simultanément sur une longue période.
Mais comment mesurer le développement puisqu'il touche l'ensemble des structures d'un pays ? Pour observer un processus de développement, il existe plusieurs outils de mesure. Citons en particulier, la construction d'un indicateur composite : l'IDH, l'indicateur de développement humain. Il a pour objectif de représenter trois aspects du développement économique et social d'un pays : l'espérance de vie à la naissance, le degré d'éducation et le revenu par habitant.

**21.** **Repérez les différences entre la croissance et le développement d'un pays.**

**22.** **En quoi peut-on dire que la croissance est nécessaire au développement ?**

**DOC. 28 Le développement durable**

Au cours des deux dernières décennies, la croissance économique a permis à plus de 660 millions d'individus de sortir de la pauvreté et amélioré le revenu de plusieurs autres millions, mais, trop souvent, elle s'accompagne d'effets négatifs sur l'environnement et sur les populations pauvres [...]. Le développement durable, c'est la reconnaissance que la croissance doit être à la fois respectueuse de l'environnement et faire reculer la pauvreté, pour promouvoir une prospérité partagée et répondre aux besoins des générations futures. C'est donc un mode de développement qui veille à ce que les populations et la planète bénéficient de ce développement dès à présent et à plus long terme [...].
Aujourd'hui, pour les pays, les villes, les entreprises et les organisations de développement, il ne s'agit pas de savoir si le développement doit être durable, mais *comment* faire pour qu'il soit durable.

**http://www.banquemondiale.org**

**23.** **Quels sont les enjeux du développement aujourd'hui ?**

# APPLICATION AU CAS

## FREE

**DOC. 1 Free Mobile entre sur le marché de la téléphonie**

L'Autorité de régulation des communications électroniques et des postes (ARCEP) a autorisé Free Mobile à utiliser la quatrième licence en 2009, renforçant ainsi la concurrence sur ce marché.

**DOC. 2 Les objectifs de l'État**

En janvier 2012, Free est devenu le quatrième opérateur mobile. Ses offres ont révolutionné le marché.
En novembre 2012, une étude d'économistes a conclu à l'impact positif de l'arrivée de Free, à raison de « plus de 1,7 milliard d'euros de pouvoir d'achat par an en France » redonné aux Français, qui, en consommant davantage, devrait se traduire par la création de 16 000 à 30 000 emplois dans l'Hexagone.
En 2013, Arnaud Montebourg et Fleur Pellerin, alors ministre déléguée à l'Économie numérique, avaient reçu les dirigeants des quatre opérateurs mobiles, espérant trouver « un **nouveau modèle économique** créateur d'emplois et d'investissements pour le secteur des télécoms ».

**1.** **En quoi peut-on dire que l'État a orienté l'activité de Free ?**

**2.** **Quels étaient les objectifs de l'intervention des pouvoirs publics sur le marché des télécoms en 2012 ?**

© Nathan – La photocopie non autorisée est un délit

# 3 Identifier les principales politiques économiques

**DOC. 29** **Les différents horizons des politiques économiques**

La **politique conjoncturelle** désigne l'action de l'État à court terme. Elle cherche à atteindre les objectifs du carré magique : taux de chômage, taux d'inflation, taux de croissance et solde extérieur grâce à l'intervention de l'État pour réguler (freiner ou soutenir) l'activité. La politique conjoncturelle produit des effets sur une période d'une ou deux années.

La **politique structurelle** désigne l'action de l'État à long terme. Elle cherche à modifier en profondeur et améliorer durablement les structures de l'économie pour atteindre un développement économique pérenne, respectueux de l'environnement. Les effets de cette politique se font sentir sur un horizon de plusieurs années.

Exemples : politique de la concurrence, développement d'infrastructures publiques, mesures pour la transition écologique.

**DOC. 30** **Les objectifs du projet de la loi de finances (PLF) 2021**

## Le projet de loi de finances 2021 au service de la relance

**Redresser l'économie tout en préparant la France aux défis de demain : tel est l'objectif du projet de loi de finances (PLF) 2021, qui prend appui sur les 100 Mds € du plan de relance.**

« *Le PLF 2021 que nous avons présenté avec Olivier Dussopt ce matin est un budget de relance. Il répond à l'urgence immédiate des dizaines de milliers de PME, entrepreneurs, indépendants qui ont encore besoin du soutien de l'État pour faire face aux conséquences de la crise.* »

**Bruno Le Maire, le 28 septembre 2020.**

L'ambition du PLF 2021 est :

- d'assurer, grâce au Plan France Relance, le **retour au niveau d'activité d'avant-crise d'ici à 2022** ;
- de financer des investissements pour **innover, moderniser et transformer le modèle économique et social** rendu plus compétitif et durable.

Ainsi, les mesures prises par le Gouvernement doivent **contribuer à une forte croissance en 2021 (+ 8 %)**, après une année 2020 en net recul en raison de la crise du coronavirus.

**www.gouvernement.fr, 28 septembre 2020.**

**1. Dans le PLF 2021, distinguez, en justifiant votre réponse, les mesures de politique conjoncturelle et de politique structurelle.**

© Nathan – La photocopie non autorisée est un délit

## DOC. 31 Quelques mesures du PLF 2021

**Baisse de l'impôt sur les sociétés :** en 2021, le taux de l'IS continuera à baisser pour atteindre 25 % pour l'ensemble des entreprises en 2022 afin de renforcer la compétitivité des entreprises françaises.
**Soutien à l'export :** 247 M€ sont prévus pour le volet export du Plan de relance sur 2020-2022, dont 122 M€ inscrits en crédits de paiement dans le PLF 2021.
**Rénovation énergétique :** MaPrimeRénov', dispositif de bonifications pour la rénovation des logements, est désormais accessible à tous les propriétaires et à toutes les copropriétés.
**Aides à la diffusion du numérique :** l'État engagera une enveloppe de 1,5 Md€ en faveur de la mise à niveau numérique de l'État et des territoires dont 1 Md€ de crédits de paiement dès 2021.
**Dispositif d'activité partielle de longue durée (APLD) :** l'APLD, entrée en vigueur le 1er juillet 2020, permet une indemnisation à hauteur de 70 % du salaire brut jusqu'à 4,5 SMIC, prise en charge à 85 % par l'État et à 15 % par l'employeur. Elle peut aller jusqu'à 24 mois et est créée pour s'adapter à l'évolution des circonstances économiques et offrir plus de visibilité de moyen terme aux employeurs et aux salariés.
**Aides pour l'embauche :** les nouvelles aides pour l'embauche en alternance concernent les contrats conclus entre le 1er juillet 2020 et le 28 février 2021. Leurs montants, pouvant aller jusqu'à 8 000 €, varient selon l'âge de l'alternant.
**Lutte contre la précarité étudiante :** la rentrée universitaire a été marquée par la baisse du coût du ticket de restaurant universitaire CROUS pour les étudiants boursiers : il est passé de 3,30 € à 1 €. Ce tarif social est maintenu pour l'année universitaire de 2021.
**Mobilités vertes :** le « plan vélo » est accéléré. Le bonus pour l'achat d'un véhicule électrique passera de 7 000 € en 2020 à 6 000 € en 2021, puis à 5 000 € en 2022. La prime sur les véhicules hybrides rechargeables passera de 2 000 € en 2020 à 1 000 € en 2021.
**Emploi des jeunes :** 1,6 Md€, dont 500 M€ en 2021, seront mobilisés pour augmenter le nombre de formations qualifiantes pour les jeunes qui arrivent sur le marché du travail dès septembre 2020. 223 000 jeunes supplémentaires doivent être ainsi formés.

**2.** **Indiquez, pour chaque mesure ci-dessus, le type de politique (conjoncturelle ou structurelle) et les objectifs recherchés.**

**3.** **En quoi peut-on dire que ces mesures de l'État encouragent le respect de l'environnement ?**

# APPLICATION AU CAS

## FREE

### DOC. 1 Enchères pour l'attribution des fréquences 5G

Octobre 2020 : l'Autorité de régulation des communications électroniques et des postes (Arcep), gendarme des télécommunications, a organisé des enchères pour l'attribution des fréquences 5G auprès des quatre grands opérateurs du secteur de la téléphonie mobile : Bouygues Telecom, Free, Orange et SFR. L'Arcep avait fixé les règles du jeu, et les opérateurs sont rapidement tombés d'accord sur le partage des nouvelles fréquences.

### DOC. 2 La 5G, un levier de croissance pour les entreprises

Selon une étude menée par Loudhouse Research pour Accenture, près de quatre entreprises sur cinq disent s'attendre à ce que la 5G ait un impact positif sur leur activité… […] Une écrasante majorité des sondés (79 %) jugent que la 5G aura « *un impact positif* » sur leur organisation (travail à distance, connexion avec le terrain) et plus de la moitié (57 %) vont jusqu'à qualifier celui-ci de « *révolutionnaire* ».

**Arthur Le Denn, www.usine-digitale.fr, 2 mars 2020.**

- **L'action de l'État dans le secteur de la téléphonie mobile relève-t-elle de la politique conjoncturelle ou structurelle ? Justifiez.**

© Nathan – La photocopie non autorisée est un délit

# 1 L'État intervient sur le marché de l'immobilier

1. **Les mesures du projet de loi ELAN auront-elles plutôt un impact sur l'offre ou sur la demande de logements?**
2. **Montrez en quoi l'intervention de l'État va fluidifier le marché de l'immobilier.**
3. **Quelles fonctions de l'État sont illustrées par cet exemple? Justifiez.**

## DOC. 1 L'intervention de l'État dans le domaine du logement: la loi Évolution du logement et aménagement numérique (ELAN)

La loi ELAN s'articule autour de trois axes:

**1 – Construire mieux et moins cher**

- La simplification des normes et procédures pour construire plus et plus vite
- La simplification des procédures pour la transformation de bureaux en logements
- La dématérialisation des demandes de permis de construire [...]
- La réforme du secteur HLM pour construire et rénover davantage

**2 – Répondre aux besoins de chacun et favoriser la mixité sociale**

- La création d'un bail mobilité, plus souple, de 1 à 10 mois, pour faciliter la mobilité géographique et professionnelle, notamment des jeunes
- Une plus grande mobilité dans le parc social

**3 – Améliorer le cadre de vie**

- Des sanctions accrues pour les marchands de sommeil
- La création d'un bail numérique
- Rénover les centres-villes dégradés des villes moyennes

**http://www.cohesion-territoires.gouv.fr**

## DOC. 2 La taxe d'habitation sur les logements vacants

La taxe d'habitation sur les logements vacants ou THLV est à payer en décembre sur un logement vide, non meublé et inoccupé au 1er janvier 2020 depuis plus de 2 ans. [...] Objectif : la diminution des logements inoccupés alors qu'ils pourraient répondre à un besoin de logement.

**Olivier Burnet, www.toutsurmesfinances.com, 24 août 2020.**

© Nathan – La photocopie non autorisée est un délit

# 2 La croissance depuis 60 ans

1. Comment a évolué la croissance depuis 1950?
2. Identifiez les années où le taux de croissance a été négatif. Qu'est-ce que cela signifie?
3. Pendant quelle période le taux de croissance était-il le plus élevé? Pourquoi?
4. Recherchez sur Internet le taux de croissance de 2020. Expliquez ce décrochage.

Vers PIX D4.4

**DOC.**

**Évolution du PIB de la France en volume (1950-2019)**

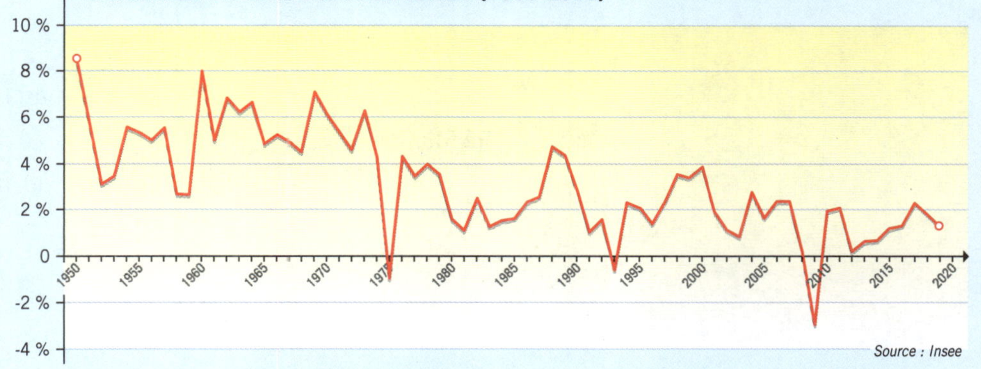


# 3 Les limites de la croissance

- Rédigez un paragraphe argumenté qui met en évidence les limites de la croissance et justifie l'intervention de l'État.

**DOC.**

Extrait de *Economix*, Dan E. Burr, Michael Goodwin (p. 154)
Traduit de l'anglais (États-Unis) par Hélène Dauniol-Remaud © Éditions des Arènes, Paris, 2017.

© Nathan – La photocopie non autorisée est un délit

# SYNTHÈSE

- **Les fonctions de l'État**
  - **Allocation**
    - Corriger les défaillances de marché (externalités, biens publics, asymétries d'information).
  - **Redistribution**
    - Corriger les inégalités créées par le marché.
    - Effectuer des prélèvements et verser des prestations sociales.
  - **Régulation**
    - Corriger les déséquilibres sur les marchés.
    - Soutenir ou freiner l'activité.

- **La politique économique**
  - **4 objectifs principaux**
    - Croissance élevée
    - Inflation modérée
    - Chômage faible
    - Solde extérieur positif
  - **2 grands types de politique économique**
    - Politique conjoncturelle
    - Politique structurelle

## CONCEPTS

Allocation – Défaillance de marché – Redistribution – Régulation – Inflation – Chômage – Valeur ajoutée – Croissance – PIB – Développement – IDH – Développement durable – Politique économique – Politique conjoncturelle – Politique structurelle

© Nathan – La photocopie non autorisée est un délit

# 7 L'influence des politiques économiques sur l'entreprise

**LES COMPÉTENCES ATTENDUES**
- Identifier les principales politiques économiques et leurs outils.
- Repérer l'impact des politiques sur l'environnement de l'entreprise.

**LES SAVOIRS ASSOCIÉS**
- Les politiques conjoncturelles et structurelles
- Les limites de l'intervention de l'État dans un contexte d'internationalisation de l'économie
- Les principes de la régulation supranationale dans le cadre européen

**PLAN DU CHAPITRE**
- 1 • Identifier les principaux outils des politiques économiques
- 2 • Repérer l'impact des politiques sur l'environnement des entreprises
- 3 • Repérer les limites de l'intervention de l'État

## Coronavirus : Macron annonce des mesures « exceptionnelles » pour les entreprises

Face à l'épidémie de Covid-19, Emmanuel Macron a annoncé […] une série de décisions pour tenter de limiter l'impact économique et social de la crise sanitaire. […]

**Chômage partiel**

« Dès les jours à venir, un mécanisme exceptionnel et massif de chômage partiel » sera mis en place, a promis le président de la République. Concrètement, l'État « prendra en charge l'indemnisation des salariés contraints à rester chez eux » et ce, a-t-il insisté, « quoi qu'il en coûte ». […]

**Cotisations et impôts**

« Toutes les entreprises qui le souhaitent pourront reporter sans justification, sans formalités, sans pénalités, le paiement des cotisations et impôts dus en mars », a annoncé le chef de l'État.

**leparisien.fr, 12 mars 2020.**

**LE PROJET DE BUDGET 2021 S'ANNONCE HORS NORMES**

**Vidéo** liennathan.fr/35ja9f

1. **Quelles mesures sont annoncées par Emmanuel Macron au début de la crise sanitaire ?**
2. **À qui s'adressent-elles et quel en est l'objectif ?**

© Nathan – La photocopie non autorisée est un délit

# 1 Identifier les principaux outils des politiques économiques

## A Les outils de la politique conjoncturelle : les politiques budgétaire et monétaire

### DOC. 1 Le rôle de la politique budgétaire

La **politique budgétaire** constitue, avec la politique monétaire, l'un des principaux leviers de la politique économique de l'État. L'action de l'État est en effet rendue possible grâce à l'élaboration d'un budget (appelée « loi de finances ») qui reflète les choix effectués par un gouvernement en matière économique, sociale, culturelle...
Les **dépenses publiques** correspondent à l'argent que l'État utilise pour intervenir dans différents domaines : éducation, police, justice, recherche, culture, emploi...
L'État intervient également par le choix et la modulation des **recettes publiques** qui proviennent essentiellement des impôts et des taxes prélevés sur les citoyens : TVA (46 % des recettes publiques en 2019), impôts sur le revenu (25,5 %), impôt sur les sociétés (12 %)...
Grâce à la mobilisation de son budget, l'État peut agir sur l'activité économique, qu'il s'agisse de l'offre (la production des entreprises) ou de la demande (la consommation des ménages et l'investissement des entreprises). S'il souhaite relancer l'activité économique, il peut réduire les impôts pour redonner du pouvoir d'achat aux ménages afin qu'ils consomment davantage et favoriser l'investissement des entreprises dont les marges augmentent avec la baisse de la pression fiscale. Il peut également augmenter ses dépenses dans certains domaines pour stimuler l'activité.

**Le solde budgétaire**
Depuis de nombreuses années, les dépenses de l'État sont supérieures à ses recettes. Ainsi, le budget fait apparaître un **déficit**. L'accumulation de ces déficits au cours des années constitue la dette de l'État, qui correspond à l'ensemble des emprunts publics qui permettent de financer ces déficits.
La charge de la dette (dépense publique) est la somme à payer chaque année qui comprend une partie du capital et des intérêts.

**Données : ministère de l'Action et des Comptes publics.**

**Répartition des dépenses de l'État en 2019, en %**

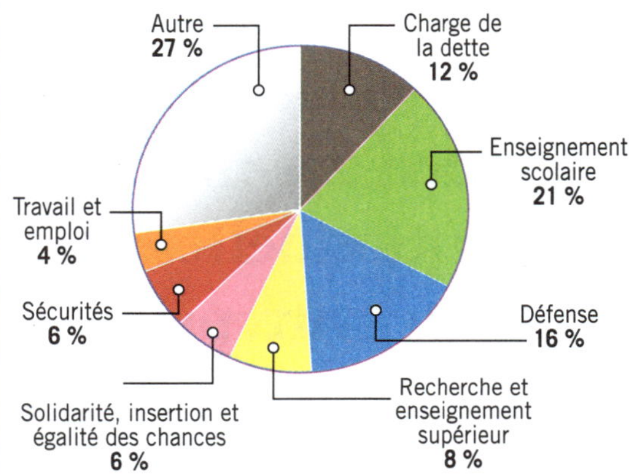


*Ministère de l'Action et des Comptes publics*

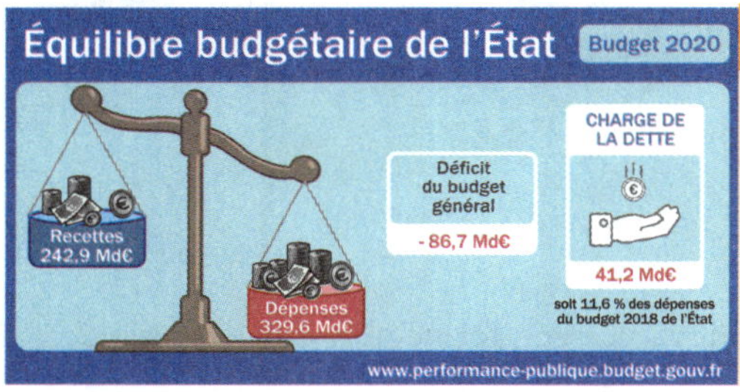


### DOC. 2 Les grandes orientations du budget 2020

Présenté en Conseil des ministres en septembre 2019, le projet de loi de finances pour 2020 témoigne de la volonté du Gouvernement d'investir dans une croissance durable, en accompagnant le retour à l'emploi et en protégeant les plus faibles, dans un contexte d'urgence écologique, économique et sociale.

**www.gouvernement.fr/action/le-projet-de-loi-de-finances-2020**

1. **Quels ont été les principaux postes de dépenses de l'État en 2019 ? Que traduisent-ils ?**
2. **Exposez les différents leviers de la politique budgétaire qui permettent à l'État d'agir sur l'activité économique.**
3. **Identifiez une mesure de politique budgétaire qui permet d'agir sur l'offre, puis une qui permet de stimuler la demande.**
4. **Pourquoi la baisse des impôts prélevés sur les ménages permet-elle de soutenir l'activité économique ?**
5. **Comment calcule-t-on le solde budgétaire ? Quel est son montant prévu pour 2020 ?**
6. **Quels sont les grands objectifs du gouvernement pour 2020 ?**

© Nathan – La photocopie non autorisée est un délit

## DOC. 3 Les objectifs de la politique monétaire commune

Depuis le 1er janvier 1999, c'est la Banque centrale européenne (BCE) qui est responsable de la mise en œuvre de la politique monétaire unique dans la zone euro.

Cette politique regroupe l'ensemble des mesures par lesquelles les banques centrales agissent sur la quantité de monnaie en circulation dans l'économie, et donc sur les conditions du financement de l'économie.

**Les objectifs de la politique monétaire**

– Objectif principal : la stabilité des prix (article 127 du traité sur le fonctionnement de l'Union européenne), avec une cible d'inflation à des taux inférieurs, mais proches de 2 % à moyen terme. En effet, la BCE considère que la création excessive de monnaie dans l'économie est à l'origine de la hausse de l'inflation qui serait défavorable au pouvoir d'achat des ménages.

– Objectifs « secondaires » : apporter son soutien aux politiques économiques générales de l'Union, et notamment à la croissance, au développement durable, à la compétitivité...

> **7.** Qui mène la politique monétaire au sein de la zone euro ? En quoi consiste-t-elle ?
> **8.** Quel est l'objectif principal de la politique monétaire de la BCE ? Pourquoi ?

## DOC. 4 Le taux directeur de la BCE à 0 % depuis 2016, ça veut dire quoi ?

**La Banque centrale européenne a annoncé [...] une baisse de son principal taux, à 0 %. Qu'est-ce que cela signifie ?**

La Banque centrale européenne (BCE) a annoncé [...] une série de mesures pour relancer la croissance dans la zone euro. [...]

**Le taux principal, ou [taux] de refinancement minimum**

Ce taux est utilisé pour les prêts de la BCE aux établissements bancaires qui ont besoin de liquidités à court terme (une semaine). Elles peuvent en demander chaque semaine, à condition de rembourser le prêt de la semaine précédente.

Les banques sont ensuite censées répercuter l'évolution du taux de refinancement minimum sur les taux d'intérêt qu'elles accordent à leurs clients, particuliers ou entreprises.

Cela signifie que si la BCE diminue son taux, elle veut favoriser les crédits et donc relancer les investissements. Si elle l'augmente, c'est qu'il y a un risque d'inflation (trop d'argent circule, les prix augmentent trop rapidement) et qu'elle souhaite contrôler la situation.

Avec un taux à zéro, les banques vont pouvoir se financer sans frais auprès de la BCE, et devraient ainsi abaisser les taux qu'elles pratiquent auprès de leurs clients qui s'endettent.

A. Pouchard, Le Monde.fr, 10 mars 2016.

> **9.** Quel est l'objectif de la politique monétaire dans le contexte actuel ? À quelle catégorie d'objectifs définie dans le traité sur le fonctionnement de l'UE correspond-il ?
> **10.** Qu'est-ce que le taux d'intérêt directeur ?
> **11.** Réalisez un schéma montrant comment la baisse du taux directeur permet de relancer l'activité économique en utilisant les concepts suivants : taux directeur, coût du crédit, montant des crédits accordés, consommation, investissement, croissance.
> **12.** Quelle décision prendrait la BCE si elle voulait limiter l'inflation ?

© Nathan – La photocopie non autorisée est un délit

## B Les outils de la politique structurelle

### DOC. 5 Une variété de politiques structurelles : l'exemple de la France

Les politiques structurelles cherchent à modifier en profondeur et améliorer durablement les structures de l'économie. Elles interviennent dans de nombreux domaines.
Exemples de politiques structurelles en France :

| Domaines | Mesures |
|---|---|
| Politique de l'emploi | La réforme de l'assurance chômage de 2019 a pour objectif d'améliorer le fonctionnement du marché du travail en incitant à la reprise du travail et en renforçant l'accompagnement des demandeurs d'emploi. |
| Politique d'innovation | Une politique ambitieuse de soutien à l'innovation, depuis une quinzaine d'années, s'appuie sur des financements publics très importants (plus de 9,7 Mds€ par an) qui soutiennent la R&D et la croissance des PME innovantes. |
| Politique d'aménagement du territoire | Promulguée le 23 novembre 2018, la loi ELAN (évolution du logement, de l'aménagement et du numérique) a pour objectifs de construire plus de logements et d'encourager les transitions énergétique et numérique auprès des particuliers. |
| Politique environnementale | Le Parlement a adopté en septembre 2019 le projet de loi Énergie et Climat qui prévoit la « neutralité carbone » en France à l'horizon 2050 pour une croissance durable. |

**13. Indiquez l'objectif des différentes mesures présentées, puis montrez en quoi elles sont de nature structurelle.**

### DOC. 6 Politique industrielle : que fait l'Union européenne ?

**Le secteur industriel, qui représente aujourd'hui un quart du PIB européen, fait face à une concurrence mondiale de plus en plus importante. L'Union européenne cherche à favoriser son développement. […]**
La politique industrielle relève essentiellement de la compétence des États membres. […] Les compétences de l'Union en la matière étant limitées, sa politique industrielle est essentiellement horizontale : elle vise à favoriser l'environnement économique global du secteur. La prise en compte de l'industrie est ainsi « *dans d'autres politiques de l'Union telles que celles liées au commerce, au marché intérieur, à la recherche et à l'innovation, à l'emploi, à la protection de l'environnement et à la santé publique* », explique le site du Parlement européen. […]
Mais l'Union européenne participe également au financement de projets industriels. Sur la période 2021-2027, la Commission européenne propose d'investir 100 milliards dans la recherche et l'innovation, dont 52 milliards alloués aux « *problématiques mondiales et à la compétitivité industrielle* ». Dans le cadre du Pacte vert, elle ambitionne également de financer, à hauteur de 7,5 milliards d'euros, la transition énergétique de pays comme la Pologne ou de régions qui consomment beaucoup d'énergies fossiles comme en Allemagne.
Toutefois, qu'il vienne de l'Union européenne ou de chacun des États membres, ce soutien aux industries est extrêmement encadré. Ainsi, l'une des politiques européennes ayant le plus fort impact sur l'industrie est celle de la concurrence. Elle vise à favoriser le développement d'une multitude d'acteurs, en contrôlant et en empêchant les ententes, les abus de positions dominantes, les monopoles, les concentrations et les aides d'État.

www.touteleurope.eu, 11 mars 2020.

**14. Expliquez en quoi la politique industrielle est une politique structurelle.**

**15. Indiquez comment elle s'articule entre l'Union européenne et les États membres.**

**16. Relevez les différents axes des politiques de l'Union européenne qui relèvent de la politique industrielle, puis expliquez en quoi chacune d'elles peut permettre de renforcer l'industrie européenne.**

© Nathan – La photocopie non autorisée est un délit

## DOC. 7 Le semestre européen, outil de coordination des politiques économiques

Mis en place en 2010, le semestre européen permet aux pays de l'UE de coordonner leurs politiques économiques tout au long de l'année et de faire face aux enjeux économiques auxquels l'UE est confrontée.

**Objectifs du semestre européen :**

– garantir des finances publiques saines (éviter les dettes publiques excessives) ;
– prévenir les déséquilibres macroéconomiques excessifs dans l'UE ;
– soutenir les réformes structurelles pour créer davantage d'emplois et de croissance ;
– stimuler l'investissement.

Chaque année, la Commission procède à une analyse détaillée des plans adoptés par chaque État membre en matière de réformes budgétaires, macroéconomiques et structurelles.

**ec.europa.eu**

**17.** **Nommez l'outil de coordination des politiques économiques au sein de l'UE, puis relevez, parmi ses objectifs, ceux qui relèvent de la politique structurelle.**

**18.** **Exposez les deux axes de la politique environnementale mise en place en France.**

**19.** **Identifiez les mesures prises par la France qui répondent aux objectifs du Pacte vert mis en place par l'Union européenne, que vous rechercherez sur le site officiel de l'Union européenne.**

## DOC. 8 La France confirme son engagement vers une société neutre en carbone

**Le ministère de la Transition écologique et solidaire publie la Stratégie française pour l'énergie et le climat qui fixe le cadre menant la France vers une société décarbonée.**

La Stratégie française pour l'énergie et le climat publiée aujourd'hui a deux composantes :

- la Stratégie nationale bas-carbone (SNBC), qui est la feuille de route de la France pour atteindre l'objectif de neutralité carbone à 2050. La France avait été l'un des premiers pays à fixer par la loi cet objectif de neutralité carbone, aujourd'hui partagé au niveau européen au travers du Pacte vert porté par la Commission européenne ;
- la Programmation pluriannuelle de l'énergie (PPE), qui est la trajectoire énergétique de la France pour ces 10 prochaines années. Ce texte prévoit notamment la diversification du mix électrique afin de ramener la part du nucléaire à 50 % en 2035, de porter la part des énergies renouvelables à 33 % en 2030 et de réduire de 4 % la consommation d'énergies fossiles en 2030.

Ces textes auront des conséquences concrètes dans la vie des Français – fermeture des centrales à charbon en France, circulation de plus d'un million de voitures électriques, remplacement d'un million de chaudières fioul… – et permettront de réduire de manière globale les émissions de gaz à effet de serre.

**ecologie.gouv.fr, 20 mars 2020.**

# APPLICATION AU CAS

## FREE

## DOC. Politique d'aménagement du territoire : le déploiement de la 5G

Les enchères pour distribuer des fréquences 5G aux opérateurs ont eu lieu du 28 septembre au 1er octobre 2020.

**Quels enjeux pour ces enchères 5G ?**

La répartition de onze blocs de fréquences de 10 MHz chacun entre Orange, SFR, Free Mobile et Bouygues Telecom. [En effet, comme] il s'agit de téléphonie mobile, donc de liaison sans fil, il faut passer par des ondes radio pour acheminer les communications.

**Quelle est la durée des licences 5G que décrocheront les opérateurs ?**

Elle sera de 15 ans. […] Des points d'étape auront lieu d'ici là, en 2023 et 2028. Il s'agira alors de vérifier si les obligations sont bien respectées ou s'il faut rappeler à l'ordre un ou plusieurs opérateurs, que ce soit sur l'étendue de la couverture de la population, du territoire ou bien sur la qualité du service.

**Julien Lausson, numerama.com, 1er octobre 2020.**

**1.** **Indiquez l'objectif du gouvernement à travers l'organisation de ces enchères. Quelle politique est mise en œuvre ?**

**2.** **Quels sont les engagements pris par les opérateurs qui bénéficient des blocs de fréquences 5G ?**

© Nathan – La photocopie non autorisée est un délit

# 2 Repérer l'impact des politiques sur l'environnement des entreprises

## A L'impact des politiques de l'offre

**DOC. 9 La politique de l'offre, qu'est-ce que c'est?**

S'inscrivant dans la lignée de la pensée libérale, les tenants de la « politique de l'offre » estiment que la manière la plus efficace d'obtenir une croissance économique élevée sur le moyen et le long terme est d'inciter les entreprises à améliorer leur offre de biens et services et de conquérir de nouveaux marchés.

Pour ce faire, ils préconisent de lever le plus possible les freins fiscaux et réglementaires qui entravent le développement des entreprises, notamment en réduisant les prélèvements qui pèsent sur leur activité (impôts, taxes et charges sociales) pour faire en sorte que les entreprises soient compétitives dans un monde ouvert et très concurrentiel.

**www.lafinancepourtous.com**

**LA POLITIQUE DE L'OFFRE**

**Vidéo**
liennathan.fr/8e3d3u

**DOC. 10 Allègement de charges : pour diminuer les coûts de production**

Le crédit d'impôt compétitivité emploi (CICE) n'a pas survécu à son propre bilan. Jugé peu efficace, il a été remplacé, le 1er janvier 2019, par un premier allègement de six points des cotisations patronales sur les salaires inférieurs à 2,5 SMIC (soit 3 803 euros bruts mensuels). Une extension de cette baisse de quatre points a été mise en place au début du mois d'octobre sur tous les salaires inférieurs à 1,6 SMIC (soit 2 434 euros brut mensuels). […]

Le but avoué est de réduire le coût du travail sur les bas salaires, et d'inciter les entreprises à recruter et à améliorer leur compétitivité.

**Romarik Le Dourneuf, 20minutes.fr, 23 octobre 2019.**

1. **Rappelez ce que signifie la compétitivité des entreprises. En quoi est-ce un enjeu majeur pour une nation dans le contexte de la mondialisation?**
2. **Expliquez pourquoi la mesure du 1er janvier 2019 instituant des allègements de charges caractérise une politique de l'offre.**
3. **Montrez qu'il s'agit d'une politique structurelle.**

**DOC. 11 Nouvelles mesures de soutien aux entreprises dès le début de la crise sanitaire**

Afin de tenir compte de l'impact de l'épidémie de Covid-19 sur l'activité économique, le gouvernement a, dès le début de la crise, mis en œuvre des mesures exceptionnelles pour accompagner les entreprises qui rencontrent des difficultés de trésorerie.

Dans le cadre du plan d'urgence économique, dont le gouvernement a fait sa priorité, il a été décidé de renforcer le soutien aux entreprises. […]

**Une exonération d'une partie des cotisations patronales**

- **Pour les entreprises de moins de 250 salariés** relevant des secteurs :
– des hôtels, cafés, restaurants, du tourisme, de l'événementiel, du sport, de la culture, du transport aérien ;
– ou dont l'activité est étroitement liée à celle des secteurs précités (transport de voyageurs, viticulture, pêche, blanchisserie…).
Elle serait applicable sur la période du 1er février au 31 mai.
- **Pour les entreprises de moins de 10 salariés ne relevant pas des secteurs précités**, qui ont fait l'objet d'une décision de fermeture administrative. Elle est applicable sur la période du 1er février au 31 mai, cette période est prolongée pour les secteurs pour lesquels l'interdiction d'accueil a été reconduite.

**Urssaf.fr, 18 juin 2020.**

4. **Exposez l'objectif général des mesures de soutien aux entreprises déployées lors de la crise sanitaire, puis montrez que cette politique d'offre est de nature conjoncturelle.**

© Nathan – La photocopie non autorisée est un délit

## DOC. 12 Le $CO_2$, une épée de Damoclès pour les constructeurs automobiles

La veille de l'ouverture du Salon automobile préféré des amateurs de grosses voitures « premium », à Genève, la question est dans toutes les têtes chez les constructeurs automobiles : comment respecter les objectifs européens d'émissions de $CO_2$ en 2021 ? […]

En vertu d'un règlement adopté en 2014, les fabricants de voitures devront, à compter de 2021, respecter certaines limites en matière d'émissions de $CO_2$ sur les ventes de véhicules neufs de l'année. En moyenne, ils ne devront pas dépasser 95 grammes par kilomètre – sachant que chaque constructeur s'est vu assigner un objectif individuel en fonction du poids et de l'empreinte au sol de sa gamme. Faute de quoi, ils devront s'acquitter d'une amende de 95 euros par voiture et par gramme excédentaire. […]

**Investissements dans l'électrique**

Pour faire baisser leur moyenne, tous les constructeurs ont annoncé de gros investissements dans l'électrification de leur gamme – avec des modèles qui arriveront entre 2019 et 2025 : 90 milliards de dollars au total […].

**A. Feitz, *Les Échos*, 5 mars 2018.**

5. **En quoi ce règlement est-il une contrainte pour les constructeurs automobiles ? Quel est son objectif ?**
6. **Comment les constructeurs automobiles adaptent-ils leur offre de produits pour respecter les objectifs de réduction de $CO_2$ ?**

## DOC. 13 La politique de renforcement de la formation professionnelle

**Quelles sont les formations obligatoires ?**

La formation des salariés par l'employeur est obligatoire dans le cadre des principes suivants :

– permettre aux salariés de s'adapter à leur poste de travail et veiller au maintien de leur capacité à occuper un emploi, au regard notamment de l'évolution des emplois et des technologies ;

– permettre aux salariés d'occuper un nouvel emploi dans le cadre d'un reclassement ;

– assurer la formation d'un jeune en contrat d'insertion ou d'alternance […].

**economie.gouv.fr**

**La réforme de la formation professionnelle : construire une société de compétences**

La loi du 5 septembre 2018 pour la liberté de choisir son avenir professionnel est entrée en vigueur au 1er janvier 2019. Elle régit différentes actions qui permettent le développement des compétences des travailleurs : actions de formation, bilan de compétences, validation des acquis de l'expérience, apprentissage.

Dans la vision LREM du marché du travail, les compétences restent la meilleure arme pour se protéger des aléas de la vie professionnelle.

7. **Pourquoi l'État souhaite-t-il améliorer les compétences des salariés et des chômeurs ?**
8. **En quoi est-ce une politique à la fois conjoncturelle et structurelle ?**
9. **Indiquez les bénéfices respectifs pour les salariés et pour les entreprises.**

© Nathan – La photocopie non autorisée est un délit

## B L'impact des politiques de demande

**DOC. 14 Projet de loi de finances 2021 : un plan de relance exceptionnel de 100 milliards d'euros**

Pour faire face à l'épidémie du coronavirus Covid-19, le gouvernement a mis en place dès le début de la crise, des mesures inédites de soutien aux entreprises et aux salariés, qui continuent aujourd'hui d'être mobilisables.
**Exemple : la majoration exceptionnelle de 100 € de l'allocation de rentrée scolaire (ARS)**
L'allocation de rentrée scolaire a été exceptionnellement majorée de 100 € par enfant pour aider les familles à faire face aux dépenses de la rentrée scolaire 2020.

**www.economie.gouv.fr, 3 septembre 2020.**

**DOC. 15 Covid-19 : aide exceptionnelle de 150 euros pour les bénéficiaires du RSA et des APL**

Les bénéficiaires du RSA et des allocations logement auront « *une aide exceptionnelle pendant les 6 semaines qui viennent de 150 euros plus 100 euros par enfant* », a annoncé ce mercredi Emmanuel Macron.

**Dépêche AFP, 14 octobre 2020.**

**10.** **Quelles sont les mesures prises par le gouvernement en 2020 en matière de revenus et de prestations sociales ?**
**11.** **Quel est leur impact sur le pouvoir d'achat des ménages et sur leur consommation ?**
**12.** **Quels sont les effets attendus sur le niveau d'activité des entreprises ? Justifiez.**

**DOC. 16 Qu'est-ce qu'une politique de relance ?**

Une politique de relance, aussi appelée « plan de relance », est une politique économique conjoncturelle qui a pour but de favoriser la croissance. C'est le contraire d'une politique d'austérité ou de rigueur.
Cette politique consiste, pour l'État, à injecter du pouvoir d'achat dans l'économie. La demande publique se substitue alors à une demande privée jugée insuffisante. Ces mesures correspondent à une vision keynésienne du rôle de l'État. Keynes soutenait en effet l'idée que l'État doit intervenir pour régulariser l'activité économique.

**Moyens de relance**

Plusieurs leviers peuvent être actionnés afin de provoquer une relance économique, c'est-à-dire une relance de la consommation et de l'investissement. [...]
Dans le cas d'une **relance budgétaire**, l'État peut augmenter les dépenses publiques (constructions, investissements...) ou bien augmenter les revenus disponibles (par une baisse des impôts ou une hausse des prestations sociales).
Dans le cas d'une **relance monétaire**, la banque centrale augmente l'offre de monnaie le plus souvent par une baisse de son taux directeur. Cette baisse favorise la demande de crédits par les ménages et les entreprises, et donc l'activité économique dans son ensemble.

**www.infinance.fr**

**13.** **Pourquoi une politique de relance est-elle de nature conjoncturelle ?**
**14.** **Expliquez pourquoi on parle de politique de relance par la demande.**
**15.** **Quels sont les deux outils d'une politique de relance ?**
**16.** **Pourquoi la baisse des impôts prélevés sur les ménages permet-elle de soutenir l'activité économique ?**

© Nathan – La photocopie non autorisée est un délit

## DOC. 17 Le projet du Grand Paris : un investissement public de 35 milliards d'euros

**Le Grand Paris en chiffres…**

– La création d'un nouveau réseau de transports publics : le Grand Paris Express.

– Un objectif de 70 000 logements neufs par an.

– Plus de 200 kilomètres de réseau, 72 gares desservies, dont 57 nouvelles.

**Développement économique : un apport de 140 milliards d'euros au PIB français**

Le projet du Grand Paris intègre un objectif de croissance économique afin de faire face à la concurrence des autres métropoles mondiales. Les travaux de construction et de rénovation en matière de transport devraient générer environ 15 000 à 20 000 emplois par an dans le secteur des travaux publics. […]

Le Grand Paris devrait générer plus de 60 milliards d'euros de recettes publiques par an à l'horizon 2030. Il devrait également avoir un impact sur le taux de croissance de la région qui devrait s'accroître de 2 à 2,5 % entre 2020 et 2030, et de 3 % au-delà.

**www.grand-paris.jll.fr**

## DOC. 18 Le cercle vertueux d'une politique de soutien par la demande

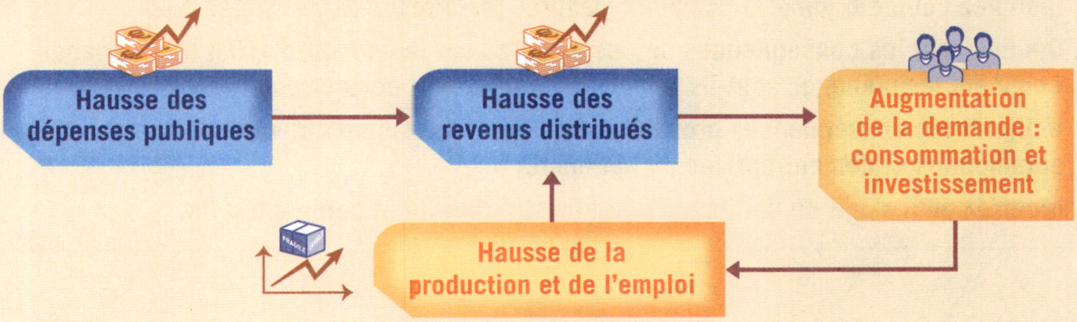


> **17.** Exposez les retombées économiques attendues de l'investissement dans le Grand Paris. Expliquez les mécanismes à l'œuvre.
>
> **18.** Expliquez pourquoi cette politique a des effets à la fois conjoncturels et structurels.
>
> **19.** Justifiez le titre du document 18.

## DOC. 19 Les taux bas soutiennent l'investissement du secteur immobilier

**L'acheteur immobilier sourit**

Le taux d'intérêt moyen des crédits immobiliers a atteint son plus bas niveau historique en juin [2019], à 1,25 %. Cette situation, qui se conjugue à l'allongement de la durée moyenne des prêts et la baisse des apports personnels requis, facilite l'acquisition d'un patrimoine immobilier pour les particuliers, malgré la hausse constatée des prix. Selon l'institut Rexecode, le pouvoir d'achat immobilier des ménages a ainsi augmenté de 4,6 m² sur un an. […]

**Les entreprises investissent**

Les taux d'intérêt bas favorisent également les investissements des entreprises. Selon l'Insee, le taux d'investissement des sociétés non financières (SNF) a augmenté de façon régulière depuis 2013 pour atteindre environ 24 % de la valeur ajoutée [en 2018].

**Mathieu Castagnet et Jonathan Grelier, *La Croix*, 25 juillet 2019, © Bayard Presse.**

> **20.** Expliquez la phrase soulignée.
>
> **21.** Quel lien peut-on faire entre la baisse des taux d'intérêt et l'investissement des ménages ?

© Nathan – La photocopie non autorisée est un délit

**DOC. 20** **Des mesures pour accompagner la transition écologique**

**Extrait de la loi de finances 2021**

**Aide à l'achat de véhicules propres dans le cadre du plan automobile**
Le montant du bonus varie selon les émissions de $CO_2$ et le prix du véhicule.
*Exemple : pour un véhicule de moins de 45 000 € dont le taux de $CO_2$ est inférieur à 20 g/km, l'aide représente jusqu'à 27 % du coût d'acquisition TTC du véhicule, plafonnée à 7 000 € pour un ménage.*

**MaPrimeRénov' : la nouvelle prime pour la rénovation énergétique**
Dans le cadre du **Plan de relance de l'économie**, le dispositif est renforcé au 1er octobre 2020. Il est désormais accessible à tous les propriétaires et à toutes les copropriétés. [...] MaPrimeRénov' permet de financer les travaux d'isolation, de chauffage, de ventilation ou d'audit énergétique d'une maison individuelle ou d'un appartement en habitat collectif. [...]
Le montant de la prime est forfaitaire. Il est calculé en fonction des revenus du foyer et du gain écologique permis par les travaux.

**economie.gouv.fr, octobre 2020.**

22. **Indiquez l'objectif général des deux mesures inscrites dans le budget 2021.**
23. **Quelles sont les conséquences de ces mesures sur le pouvoir d'achat des ménages ? Comment les ménages sont-ils incités à modifier leur comportement ?**
24. **Indiquez les conséquences probables de ces mesures sur l'activité des constructeurs automobiles et des entreprises du bâtiment.**
25. **Montrez qu'il s'agit de politiques à la fois structurelle et conjoncturelle.**

# APPLICATION AU CAS

## FREE

### Plan de relance : 7 milliards d'euros pour le numérique

Le numérique occupe une place de choix au sein du plan de relance de 100 milliards annoncé aujourd'hui par le gouvernement. Ce dernier considère en effet le secteur comme stratégique, essentiel pour l'avenir du pays.
[Parmi les différentes mesures], 240 M€ iront à l'effort de financement nécessaire pour achever la couverture de 100 % du territoire en fibre optique à l'horizon 2025. [...]
De fait, seul un foyer sur deux (soit environ 20 millions de ménages et entreprises) est actuellement éligible à la fibre (source Arcep à fin mars 2020). Et les déploiements ont pris du retard cette année à cause du confinement.
Bonne nouvelle toutefois : l'engouement pour la fibre constaté depuis le confinement semble se confirmer semaine après semaine. À l'instar de ses concurrents Orange, SFR et Bouygues, Free a annoncé aujourd'hui avoir gagné un nombre record (243 000) de nouveaux abonnés fibre au cours du deuxième trimestre.

**Johann Armand, www.channelnews.fr, 3 septembre 2020.**

1. **Qualifiez le type de politique mise en œuvre par le gouvernement dans le secteur du numérique.**
2. **Indiquez l'effet attendu pour Free.**

© Nathan – La photocopie non autorisée est un délit

# 3 Repérer les limites de l'intervention de l'État

## A Les contraintes budgétaires

### DOC. 21 Les limites liées au risque d'endettement excessif

**La soutenabilité de la dette**

Tous les États doivent veiller à la solvabilité de leurs finances publiques, c'est-à-dire leur capacité à honorer leurs engagements financiers. La progression de la dette publique pose le problème de sa soutenabilité à long terme. En effet, plus l'État cumule de déficits, plus le poids de sa dette sera élevé car il devra recourir à de nouveaux emprunts, et plus l'effort budgétaire pour le résorber sera important, du fait des intérêts croissants qui augmentent à leur tour les déficits publics.

**Finances publiques : déficit et dette**

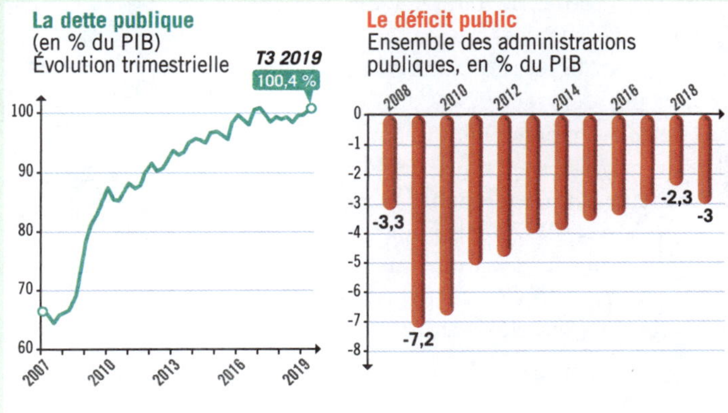


*Source : ministère des Finances, Insee*

### DOC. 22 L'effet « boule de neige » de la dette

Plusieurs années de déficits budgétaires peuvent conduire à une accumulation de la dette publique (en cas de financement par l'emprunt). Un risque important apparaît alors, celui d'un effet « boule de neige » de la dette. Il s'agit du cercle vicieux suivant : une dette importante implique le versement d'intérêts considérables aux épargnants créanciers de l'État ; le poids de ces intérêts, qui sont une charge, c'est-à-dire une dépense du budget, aggrave le déficit et conduit à un nouvel endettement public qui, à son tour, conduira à un niveau d'intérêts encore plus important, etc.

J.-Y. Capul et O. Garnier, *Dictionnaire d'économie et de sciences sociales*, Hatier.

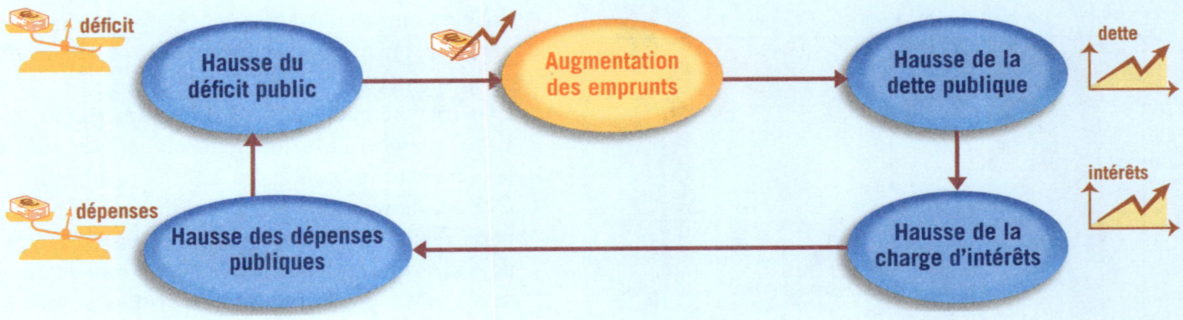


1. Distinguez les notions de déficit public et de dette publique.
2. Comment ont-ils respectivement évolué ?
3. Que peut faire un pays pour combler l'augmentation de son déficit ?
4. Pourquoi peut-on dire que l'endettement de l'État agit comme un cercle vicieux ?
5. Que signifie « la soutenabilité des finances publiques » ?

© Nathan – La photocopie non autorisée est un délit

## DOC. 23 Les contraintes budgétaires de l'Union européenne

Les États de l'Union européenne sont soumis à quatre règles budgétaires. Le déficit public doit être inférieur à 3 % du produit intérieur brut (PIB). La dette publique doit être inférieure à 60 % du PIB. Si elle dépasse ce seuil, ce qui était le cas d'un grand nombre de pays en 2016, elle doit diminuer en moyenne chaque année d'un vingtième de l'écart par rapport au seuil de 60 % du PIB. Enfin, le déficit corrigé des variations cycliques – donc de l'impact des variations de conjoncture sur les montants des indemnités chômage ou sur les montants de recettes fiscales – ne doit pas dépasser 0,5 % du PIB.

Les deux premières règles découlent du traité de l'Union européenne [traité de Maastricht, 1992], la troisième d'un règlement [Pacte de stabilité et de croissance, 1997] et la quatrième d'un traité intergouvernemental [traité sur la stabilité, la coordination et la gouvernance au sein de l'Union économique et monétaire – TSCG, 2013].

Si la Commission européenne contrôle l'application des trois premières règles, ce n'est pas le cas de la quatrième.

**J. Creel, « L'état de l'économie 2018 », *Alternatives Économiques*, hors-série n° 114, février 2018.**

**6.** **Quelles contraintes le traité de Maastricht impose-t-il aux finances publiques des pays de la zone euro ?**

**7.** **Montrez que le respect de ces règles budgétaires limite fortement le champ d'action de la politique budgétaire.**

## DOC. 24 Prévisions : un déficit public supérieur à 11 % du PIB en 2020 !

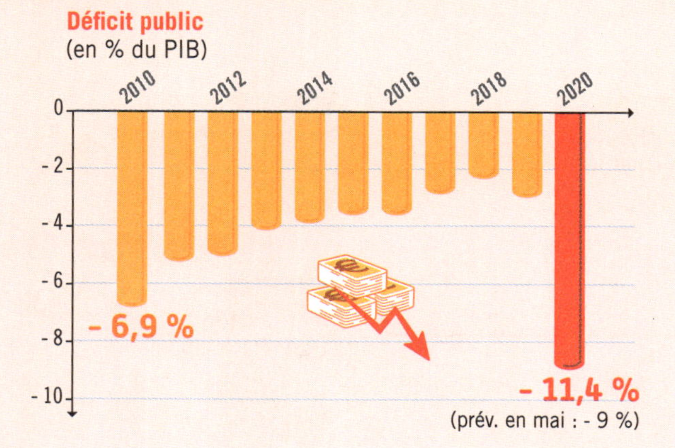


## DOC. 25 UE : suspension des règles de discipline budgétaire pour faire face à la crise sanitaire

Le 23 mars [2020], les ministres européens des finances ont décidé d'activer la clause dérogatoire générale prévue par le Pacte de stabilité et de croissance (PSC). [...]

Elle prévoit que, pendant un temps limité, les États membres ne sont pas obligés de suivre leur trajectoire budgétaire. En temps normal, la Commission européenne recommande une stratégie d'ajustement budgétaire propre à chaque pays sans que le déficit public ne dépasse la barre des 3 % du produit intérieur brut (PIB) et la dette publique celle des 60 %.

Jusqu'à la fin 2020, l'Union allège les contraintes budgétaires et assouplit les règles en matière d'aides d'État.

**vie-publique.fr, 30 mars 2020.**

**8.** **Comparez le déficit public prévisionnel de 2020 avec celui de 2019. Comment expliquer cette situation ?**

**9.** **Indiquez comment l'Union européenne assouplit les règles budgétaires pour faire face à cette situation exceptionnelle. Quelle en est la conséquence pour la politique budgétaire des États membres ?**

© Nathan – La photocopie non autorisée est un délit

## B Les contraintes de la mondialisation

### DOC. 26 La mobilité des capitaux au niveau mondial

L'internationalisation des flux financiers au niveau mondial se manifeste par une plus forte mobilité des capitaux entre les différentes économies. Ces capitaux, cherchant à augmenter leur rentabilité, vont se diriger vers les économies qui offrent les meilleurs rendements, soit les taux d'intérêt les plus élevés, et perturber ainsi le maniement de la politique monétaire.
Par exemple, une politique monétaire expansionniste qui vise à relancer l'économie par la baisse des taux d'intérêt pourrait aboutir à une fuite de capitaux vers l'étranger pour profiter de taux de rémunération plus élevés. La politique monétaire perd alors de l'autonomie, puisqu'elle doit se préoccuper davantage des conséquences de son action sur les conditions de financement de l'économie et de la concurrence étrangère.

**10. Pourquoi les banques centrales doivent-elles davantage tenir compte du niveau des taux d'intérêt pour déterminer leur politique monétaire ?**

### DOC. 27 Multinationales et évasion fiscale

Les stratégies d'évitement de l'impôt des multinationales font perdre à la France au moins 4,6 milliards d'euros de recettes fiscales par an, selon une note du Conseil d'analyse économique (CAE) publiée mardi 19 novembre [2019], qui analyse les impacts d'une réforme internationale de la taxation de ces groupes. Le CAE, organe rattaché à Matignon, a comparé l'impôt sur les bénéfices payé par les multinationales françaises ou étrangères en France, en distinguant des autres celles qui ont une filiale dans un paradis fiscal, et peuvent ainsi y transférer certains de leurs bénéfices. Selon ses calculs, le taux effectif moyen d'imposition d'une multinationale française ayant au moins une filiale dans un paradis fiscal est inférieur de 26 % à celui d'une multinationale équivalente mais sans présence dans un paradis fiscal. […]
Face à ce constat, que font de nombreux pays et qui s'est accentué avec la numérisation de l'économie, la communauté internationale est en train de réfléchir, sous l'égide de l'OCDE, à de nouvelles règles fiscales internationales.

**AFP, 19 novembre 2019.**

**11. Pour quelle raison certaines multinationales cherchent-elles à localiser leurs profits dans des paradis fiscaux ?**

**12. Pourquoi les États souhaitent-ils limiter ces pratiques ?**

## APPLICATION AU CAS

**FREE**

### DOC. Les coulisses d'un paradis fiscal maltais

Treize médias européens ont [publié] les « *Malta Files* », une enquête sulfureuse sur « les coulisses du paradis fiscal » maltais. […]
Le site français d'investigation Mediapart promet à travers cette enquête une « plongée dans les coulisses de ce paradis fiscal méconnu […] », affirmant que la petite île de 430 000 habitants « prive les autres pays de 2 milliards d'euros de recettes fiscales par an ». […]
Selon le site, de grands patrons français auraient acquis des yachts et les auraient immatriculés à Malte afin de bénéficier d'une « fiscalité attractive » et de « charges sociales très basses qui réduisent le coût de l'équipage ». Mediapart cite Jean-François Decaux (JCDecaux), Maurice Ricci (Akka Technologies), Xavier Niel (Iliad-Free), Hubert Martigny (cofondateur d'Altran), Olivier Bertrand (groupe Bertrand) ou Stéphane Courbit (Lov Group) – dont « aucun n'a souhaité répondre » aux questions.

**Dépêche AFP, 20 mai 2017.**

**1. Quel est l'objet de cette enquête de Mediapart ?**

**2. Quel serait l'avantage pour le dirigeant de Free de cette évasion fiscale supposée ?**

**3. En quoi peut-on dire que la mondialisation entraîne un manque à gagner pour les États ?**

© Nathan – La photocopie non autorisée est un délit

# 1 La politique de l'emploi

1. Exposez les objectifs et les modalités du plan « France relance ». De quel type de politique est-il question à travers ce plan ?
2. Montrez que les mesures proposées poursuivent des objectifs à la fois conjoncturels et structurels.
3. Indiquez les objectifs de la politique de formation mise en œuvre à travers ce plan. S'agit-il d'une politique d'offre ou de demande ?

**DOC. Plan de relance : ce qui est prévu pour l'emploi**

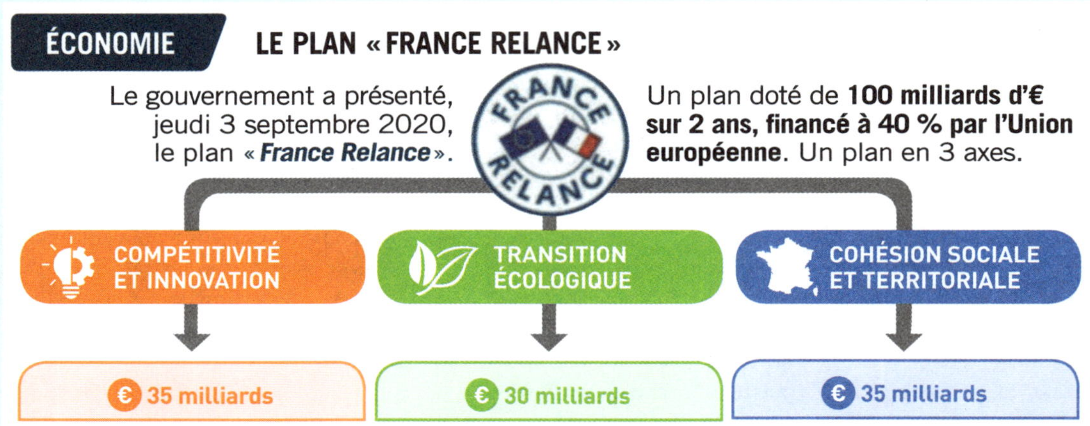


Le plan de relance exceptionnel « France Relance » de 100 milliards d'euros est déployé par le gouvernement autour de 3 volets principaux : l'écologie pour accompagner la transition vers une économie plus verte et plus durable, la compétitivité pour donner aux entreprises les conditions les plus favorables pour développer leurs activités et ainsi préserver l'emploi des salariés, et la cohésion pour garantir la solidarité entre les générations, entre les territoires, et entre tous les Français. Il s'inscrit dans la continuité du plan de soutien aux entreprises et aux salariés pour faire face à la crise sanitaire du coronavirus COVID-19. […]

**Plan « #1jeune1solution »**

Pour aider les jeunes arrivant sur le marché du travail en septembre, le Gouvernement a construit un plan de 6,5 milliards d'euros, soit un triplement des moyens accordés à l'emploi des jeunes. Le plan #1jeune1solution, lancé le 23 juillet 2020, vise à offrir une solution à chaque jeune. [Il comprend notamment] une compensation de charge de 4 000 euros pour tout jeune recruté entre août 2020 et janvier 2021 [et] 100 000 nouvelles formations qualifiantes ou pré-qualifiantes qui seront proposées aux jeunes sans qualification ou en échec dans l'enseignement supérieur.

**Activité partielle de longue durée (APLD)**

Inscrite au cœur du plan de relance, l'activité partielle de longue durée (APLD) est mise en place pour aider les entreprises à faire face à l'impact de la crise sanitaire COVID-19 avec pour objectif de préserver les emplois et de sauvegarder les compétences des salariés.

L'APLD est un dispositif de soutien à l'activité économique qui offre la possibilité à une entreprise – confrontée à une réduction durable de son activité – de diminuer l'horaire de travail de ses salariés, et de recevoir pour les heures non travaillées une allocation en contrepartie d'engagements, notamment en matière de maintien en emploi.

**Renforcer les compétences des actifs et transformer la formation professionnelle**

Le plan de relance consacre 1 Md€ pour soutenir la formation des actifs et digitaliser la formation professionnelle au service de l'innovation pédagogique et l'acquisition des compétences.

L'émergence des nouvelles activités liées à la transition écologique, l'économie circulaire et le digital doit s'accompagner d'une politique de montée en compétence des actifs par la formation professionnelle continue.

**travail-emploi.gouv.fr, 24 novembre 2020.**

© Nathan – La photocopie non autorisée est un délit

# 2 Le projet de Pacte productif

1. **Indiquez les objectifs initiaux du Pacte productif et justifiez la nature de la politique mise en œuvre (conjoncturelle ou structurelle).**
2. **Expliquez comment ont évolué les objectifs du Pacte productif pendant la crise sanitaire. Justifiez ce revirement.**
3. **Relevez l'ensemble des axes proposés et montrez qu'il s'agit essentiellement de politiques d'offre.**
4. **Expliquez la phrase soulignée.**

**DOC. Vers une économie forte, écologique, souveraine et solidaire**

Lancé en avril 2019, le « Pacte productif » devait être annoncé en avril 2020, mais a été balayé par la pandémie. L'objectif de l'exécutif était alors de déterminer sur quels secteurs économiques concentrer ses investissements afin de permettre à la France de trouver de nouveaux relais de croissance dans les prochaines années. Et, notamment, inverser la tendance du « déclassement productif[1] » du pays et permettre à la France d'être en position de force sur des secteurs d'avenir. [...]

Mais avec la crise, qu'en est-il des plans du gouvernement ? [...] Emmanuel Macron a précisé qu'il voulait miser sur « la recherche, la consolidation de filières, l'attractivité, voire les relocalisations[2] » pour la création des « emplois de demain », grâce à un « plan de modernisation du pays autour de la rénovation thermique de nos bâtiments, des transports moins polluants, du soutien aux industries vertes ».

**Priorité à l'emploi et aux relocalisations ?**

Pour Alain Chagnaud, consultant au cabinet Roland Berger, [...] ce discours traduit un infléchissement. « Le terme de "pacte productif" renvoyait davantage à l'idée de la construction d'une industrie pour le futur. Désormais, Bercy réutilise le terme pour combiner à la fois une logique de relance et de transformation tout en conservant cette dimension de recherche d'innovation. » [...]

Avec la thématique de la souveraineté économique[3], mise en avant dès les débuts de la pandémie en Chine, d'autres industries qui ne figuraient pas dans la liste des secteurs prioritaires attirent davantage l'attention : c'est le cas du médicament, mais aussi de certains biens industriels nécessaires pour les assemblages en France et jusqu'ici importés, comme dans l'industrie automobile (châssis, moteurs, pneus, roues...) ou électronique (matières premières, semi-conducteurs, cartes électroniques...). [...]

**Plus de dépenses et d'investissements**

Pour Philippe Portier [secrétaire national à la CFDT et responsable des politiques économiques], la crise permet de rebattre les cartes « dans le bon sens : beaucoup de milliards ont été dépensés et là, on est dans la relance. Paradoxalement, on peut encore annoncer des investissements. C'est maintenant qu'on peut agir et pas plus tard, quand on aura trop de déficits », estime-t-il. <u>Car avant l'arrivée de la pandémie, les marges de manœuvre budgétaires du gouvernement étaient serrées.</u>

On attend aussi de voir le caractère réellement « vert » du Pacte productif.

**Catherine Abou El Khair, 20minutes.fr, 16 juin 2020.**

1. L'industrie française représente une part plus faible du PIB que celle nos voisins ; la baisse du poids de l'industrie a été particulièrement marquée ces 20 dernières années.
2. Retour dans leur pays d'origine d'unités productives antérieurement délocalisées dans les pays à faibles coûts salariaux.
3. Volonté de réduire la dépendance de la France aux approvisionnements extérieurs.

© Nathan – La photocopie non autorisée est un délit

# SYNTHÈSE

- **Les outils des politiques économiques**
  - **Politique conjoncturelle**
    - **Politique budgétaire** : Agir à travers le budget de l'État.
    - **Politique monétaire** : Agir sur les conditions de financement de l'économie.
  - **Politique structurelle**
    - **Une diversité d'objectifs**
      - Améliorer la compétitivité (politique de formation, d'innovation…).
      - Améliorer le fonctionnement des marchés (politique de formation, politique de l'emploi…).
      - Permettre la transition énergétique (politique de l'environnement).

- **Les effets des politiques économiques sur l'environnement des entreprises**
  - **Politique de l'offre** : Mesures visant à favoriser la croissance en stimulant, facilitant la production des entreprises.
    Exemples : allègement de cotisations sociales, baisse de l'IS.
  - **Politique de la demande** : Mesures visant à favoriser la croissance en stimulant la consommation et l'investissement.
    Exemples : hausse des prestations sociales, baisse des impôts, grands travaux.

- **Les limites des politiques économiques**
  - **Les contraintes budgétaires**
    - La soutenabilité financière, l'effet « boule de neige » de la dette.
    - Les contraintes européennes au niveau des finances publiques.
  - **Les limites de la mondialisation**
    - La mobilité des capitaux, l'existence de paradis fiscaux.

## CONCEPTS

Politique conjoncturelle – Politique structurelle – Politique budgétaire – Politique monétaire – Politique de l'offre – Politique de la demande – Politique de rigueur – Politique de relance – Budget de l'État – Déficit public – Dette de l'État – Banque centrale européenne

© Nathan – La photocopie non autorisée est un délit

# 8 La régulation des activités économiques par le droit

**LA COMPÉTENCE ATTENDUE**

→ Repérer les enjeux du droit de la concurrence et du droit de la propriété industrielle pour l'entreprise.

**LES SAVOIRS ASSOCIÉS**

→ Le rôle du droit dans la régulation
→ Le rôle des autorités administratives indépendantes
→ Le droit de la concurrence
→ Le droit de la propriété industrielle : brevet et marque

**PLAN DU CHAPITRE**



## Le rugby, un sport pour tous

Les règles du jeu permettent aux joueurs de toute taille, tout gabarit, toute aptitude technique, quel que soit leur sexe ou leur âge, de jouer selon leur niveau dans un environnement contrôlé, compétitif et agréable. [...]

**www.ffr.fr**

## Chaussures, raquettes ou vélos « magiques » : les progrès des matériels assurent ceux des performances et alimentent les controverses.

Deux records du monde battus en une soirée [à Valence, en Espagne, le 7 octobre 2020], ceux du 10 000 m hommes pour l'Ougandais Joshua Cheptegei et du 5 000 m femmes pour l'Éthiopienne Letesenbet Gidey. Une soirée, et non un meeting classique, spécialement organisée au stade Turia de Valence pour battre ces records, avec lièvres de haut niveau, guidage lumineux au sol et chaussures spéciales. L'équipementier Nike a déjà bousculé la course sur route avec ses semelles Vaporfly lancées en 2016. Elles ont permis au Kényan Eliud Kipchoge de courir le marathon en moins de deux heures. Assurant une meilleure restitution d'énergie, elles offrent un gain de performance évalué à 4 %.

**Jérôme Lattan, www.lemonde.fr, 12 octobre 2020.**

1. **Quel est l'intérêt des règles du jeu pour la compétition sportive ?**
2. **L'innovation technologique est-elle un bénéfice ou un risque pour la compétition sportive ?**
3. **Selon vous, la compétition économique doit-elle être encadrée par des règles ?**

**LA POLITIQUE DE CONCURRENCE ET LES CONSOMMATEURS**
(de 1'58 à 2'55 et de 4'23 à 4'54)

**Vidéo**
liennathan.fr/u82h9b

© Nathan – La photocopie non autorisée est un délit

# 1 Repérer les enjeux de la régulation du marché

## A Mettre en place une économie de marché

### DOC. 1 La libéralisation du marché du transport de voyageurs par autocar

Avant la loi Macron du 6 août 2015, un transporteur par autocar ne pouvait pas relier librement deux villes françaises (il devait, par exemple, signer une convention avec les pouvoirs publics). La loi de 2015 a ouvert à la concurrence le marché des lignes de bus de plus de 100 km, ce qui a permis l'arrivée de nouveaux acteurs, la création de plusieurs centaines de nouvelles liaisons sur l'intégralité du territoire et la baisse des prix du transport en bus. Plus de 2 millions de voyageurs ont emprunté ces nouvelles lignes entre juillet et septembre 2017. L'explosion de l'offre a permis la création, depuis août 2015, de 1 620 emplois (chiffres relevés au 3e trimestre 2017).

- La fréquentation [des nouvelles lignes] dépasse pour la première fois le cap de trois millions de passagers [au 3e trimestre 2019] [...]. Le taux d'occupation se situe entre 57 % à 66 %.

**www.autorite-transports.fr, 2020.**

- Fin 2018, 104 700 salariés travaillent dans le secteur du transport routier de voyageurs (TRV), soit une hausse de 2,1 % en un an et de 4,6 % depuis 2015.

**www.fntv.fr, 2020.**

**1. Analysez les avantages, du point de vue économique, de l'ouverture à la concurrence du marché du transport de voyageurs par autocar.**

**2. Indiquez comment la concurrence a pu être mise en place sur ce marché.**

LE SUCCÈS DES CARS MACRON

**Vidéo** liennathan.fr/6ixq96

### DOC. 2 L'encadrement du marché du transport par autocar

L'ordonnance n° 2016-79 du 29 janvier 2016 a établi des règles communes d'accès aux gares et emplacements d'arrêt, transparentes et non discriminatoires pour tous les opérateurs, qu'ils soient publics ou privés.
Afin de garantir la transparence des informations et l'égalité d'accès de l'ensemble des autocaristes aux gares routières, l'Autorité de régulation des activités ferroviaires et routières (Arafer) a été mandatée pour contrôler le respect de ces règles.
Elle peut également régler les éventuels différends entre opérateurs et gestionnaires de gare routière relatifs aux conditions d'accès, et est compétente pour prononcer des sanctions en cas d'irrégularités.

**www.economie.gouv.fr**

### DOC. 3 La régulation du transport par autocar par l'Arafer

**POUVOIRS** — arafer (autorité de régulation des activités ferroviaires et routières)

- L'ouverture d'une liaison comprenant moins de 100 km entre deux arrêts doit être déclarée à l'Arafer.
- Avis du 16 mai 2019 relatif au projet de liaison Marseille-Toulon par FlixBus France : L'Arafer émet un avis défavorable sur le projet d'interdiction de la Région Provence-Alpes-Côte d'Azur du service déclaré par la société FlixBus France entre Marseille et Toulon.
- L'Arafer tient à la disposition des autocaristes un registre actualisé des gares routières et des aménagements d'arrêt. Il précise leurs caractéristiques techniques et les services proposés.
- L'Arafer peut sanctionner l'exploitant d'une gare routière qui ne respecterait pas ses engagements (amende de 3 % du chiffre d'affaires de l'entreprise, 5 % en cas de récidive).

**3. Quelles sont les règles qui permettent à tout acteur d'entrer sur le marché du transport par autocar ?**

**4. Précisez les moyens par lesquels l'Arafer garantit la concurrence sur ce marché.**

© Nathan – La photocopie non autorisée est un délit

## B Assurer le fonctionnement concurrentiel du marché

**DOC. 4** **L'état actuel du marché du transport par autocar**

**Cars Macron : plus que deux compagnies après le rachat d'Eurolines par FlixBus**

Le groupe FlixBus détenait déjà, avant ce rachat, plus de 50 % de parts de marché. […] La compagnie allemande FlixBus a annoncé [le 2 mai 2019] avoir bouclé le rachat d'Eurolines et d'Isilines à l'opérateur de transports français Transdev. […]
Ce rachat intervient après celui de OuiBus par BlaBlaCar. Des cinq opérateurs sur le marché des cars Macron en France, il n'en restera bientôt que deux. […]

**AFP, mars et mai 2019.**

**FlixBus dépasse les 10 millions de passagers en France en 2019**

FlixBus a annoncé [le 13 janvier 2020] avoir transporté 10,5 millions de passagers en France en 2019, un bond de 43 % en un an qu'elle attribue surtout à « la croissance naturelle » du marché, même si elle reconnaît que décembre a été « exceptionnel ».

**AFP, janvier 2020.**

**Les gares routières, la nouvelle priorité**

Le transport en autocar […] se rapproche de son rythme de croisière. Mais un obstacle de taille risque de freiner cet essor : le manque de gares routières ou, quand elles existent, leur état de délabrement. Les sanitaires ne fonctionnent pas toujours, les commerces y sont rares et le manque de sécurité est souvent pointé du doigt. C'est donc la nouvelle priorité de tout le secteur, mais une question demeure : qui va régler l'addition ? Le gouvernement estime que ce sont aux transporteurs routiers de financer leur construction ou leur rénovation, mais n'a rien prévu dans la loi Macron pour les y obliger. En face, ces derniers estiment au contraire que cette mission revient aux communes afin de renforcer leur attractivité.

**www.europe1.fr**

**5. Expliquez l'évolution naturelle que connaît le marché du transport par autocar.**
**6. Quels risques cette évolution peut-elle engendrer si le marché n'est pas régulé ?**
**7. Expliquez pourquoi la régulation par le droit est nécessaire pour garantir le fonctionnement concurrentiel du marché.**

## APPLICATION AU CAS

### FREE

La société Free est devenue un acteur majeur du marché des télécoms. Retour sur son histoire…

**DOC.**

**1997 : naissance d'une autorité indépendante**
Elle naît officiellement en janvier 1997, après la loi du 26 juillet 1996. À l'époque, France Télécom est encore un monopole public. L'objectif de l'ART, rebaptisé « Arcep » (Autorité de régulation des communications électroniques et des postes) en 2005, […] est justement de préparer l'ouverture à la concurrence du secteur un an plus tard. […]
**2009 : la quatrième licence mobile**
[…] Attribuée à Free fin 2009 et lancée en 2012, elle crée un séisme dans le secteur des télécoms. Les tarifs des opérateurs s'effondrent. Aujourd'hui, la France est l'un des marchés les plus compétitifs au monde. […]
**2015 : des enchères en or pour les fréquences**
L'attribution des fréquences de téléphonie mobile, assorties d'obligations de couverture du territoire pour les opérateurs, est l'un des rôles les plus cruciaux de l'Arcep.

**D'après Fabienne Schmitt, Romain Gueugneau, *Les Échos*, 22 février 2017.**

**2020 : Free et la 5G**
Free a déboursé trois millions d'euros pour s'assurer d'obtenir la meilleure place. [Le] 5 novembre 2020, l'Arcep a confirmé le lancement des réseaux 5G de Free, Orange, SFR et Bouygues [le] 18 novembre 2020. […] Free profitera donc de la troisième position sur la bande, entre les fréquences 3 640 et 3 710 MHz.

**Kévin Dachez, www.phonandroid.com, 5 novembre 2020.**

**1. Quel rôle le droit a-t-il eu pour l'activité de Free dans la téléphonie mobile ?**
**2. Quels ont été les avantages de la libéralisation du secteur de la téléphonie mobile ?**

© Nathan – La photocopie non autorisée est un délit

# 2 Identifier les niveaux de régulation du marché

## A La régulation du marché en droit français

### DOC. 5 La liberté du commerce et de l'industrie et ses limites

« *Il sera libre pour toute personne d'exercer telle profession, art ou métier qu'il trouvera bon* » : par cette règle, le décret d'Allarde de 1791 a instauré le principe de la **liberté du commerce et de l'industrie** en France. Ce principe se décompose en trois éléments.

| | |
|---|---|
| Liberté d'entreprendre → | Chacun a le droit de faire l'activité professionnelle de son choix. |
| Liberté d'exploitation → | L'entrepreneur est libre de choisir les moyens de gestion de son entreprise (par exemple, embaucher des salariés, choisir ses fournisseurs). |
| Liberté de concurrence → | Chaque entreprise peut faire concurrence aux autres entreprises du secteur en développant des moyens licites pour attirer la clientèle. |

Il existe des limites à ce principe qui sont justifiées par l'ordre public :
- les règles d'**ordre public de direction** protègent l'intérêt général et assurent le bon fonctionnement de l'économie. Par exemple, des conditions de diplôme sont exigées pour pouvoir exercer le métier de médecin. Il est également interdit en France de faire de la publicité en faveur du tabac ;
- les règles d'**ordre public de protection** visent, quant à elles, à préserver les intérêts de catégories de personnes considérées comme plus fragiles. Par exemple, des règles d'hygiène et de sécurité doivent être respectées par les restaurants, sous peine de fermeture, pour protéger les consommateurs.

**1.** **Comment la liberté du commerce et de l'industrie favorise-t-elle la concurrence sur le marché ?**

**2.** **Expliquez la différence entre les deux types de limites à la liberté du commerce et de l'industrie.**

### DOC. 6 Les autorités françaises en matière de concurrence

L'**Autorité de la concurrence** est une autorité administrative indépendante (AAI), spécialisée dans l'analyse et la régulation du fonctionnement de la concurrence sur les marchés, pour la sauvegarde de l'ordre public économique. [Elle] agit au nom de l'État, sans pour autant relever de l'autorité du gouvernement dans l'exercice de ses pouvoirs. […]

Elle détient le pouvoir de prononcer des injonctions, d'infliger des sanctions pécuniaires, d'accepter des engagements et d'accorder le bénéfice de la clémence à certaines entreprises qui coopèrent […]. Par ailleurs, elle peut être amenée à rendre, même de sa propre initiative, des avis sur diverses questions de concurrence.

**www.autoritedelaconcurrence.fr**

Aux côtés de l'Autorité de la concurrence, il existe des **autorités spécialisées pour chaque secteur d'activité**. Exemples : l'Autorité de régulation des jeux en ligne (ARJEL) est responsable du fonctionnement concurrentiel du marché des jeux en ligne et veille à l'information et à la protection des joueurs ; le Conseil supérieur de l'audiovisuel (CSA) garantit pour sa part la liberté de la communication audiovisuelle en attribuant des fréquences aux opérateurs qui souhaitent proposer une chaîne de télévision.

Ces autorités spécialisées sont des AAI : elles sont indépendantes de l'État et des entreprises du secteur. Par ailleurs, elles édictent des règles et peuvent prononcer des sanctions, au nom de l'État. Par exemple, le 15 octobre 2020, le CSA a lancé une procédure de sanction contre la chaîne C8 pour avoir fait de la publicité clandestine dans deux émissions animées par Cyril Hanouna (*Touche pas à mon poste* et *La Grande Darka*).

LES MISSIONS DE L'AUTORITÉ DE LA CONCURRENCE

**Vidéo**
liennathan.fr/9e56ay

**3.** **Distinguez les rôles respectifs de l'Autorité de la concurrence et des autorités spécialisées.**

**4.** **Expliquez ce qu'est une AAI.**

© Nathan – La photocopie non autorisée est un délit

## B La régulation du marché en droit européen

**DOC. 7 Le fonctionnement de la politique européenne de la concurrence**

**La concurrence dans l'idée européenne**

Pour les rédacteurs du traité de Rome, la concurrence n'est pas une fin en soi, mais une condition indispensable à la réalisation du marché intérieur. Sans ces règles, des entreprises nationales pourraient, par exemple, s'entendre pour évincer du marché national un concurrent européen, ce qui est contraire à l'esprit de l'intégration européenne. La concurrence est également perçue comme un facteur d'amélioration économique [...].

**Le fonctionnement du droit de la concurrence**

Depuis 2003, un système de responsabilités partagées a été instauré en matière de politique européenne de la concurrence. La Commission européenne a la responsabilité principale de veiller à son bon fonctionnement : elle exerce les pouvoirs d'enquête, statue sur le comportement des entreprises et les sanctionne en cas d'infraction. [...] Quant aux États membres, ils ont la responsabilité principale de l'application des règles européennes de la concurrence. En pratique, cette responsabilité incombe aux autorités nationales chargées de la concurrence (en France, c'est le rôle de l'Autorité de la concurrence) et aux juridictions nationales lorsqu'elles sont amenées à régler un litige relatif à la concurrence.

www.touteleurope.eu

La **Commission européenne** est un organe de l'Union européenne. Composée de commissaires issus de tous les pays de l'UE, elle est indépendante des États membres.

Elle a deux missions principales : faire des propositions de règles européennes et veiller à leur bonne application par les États. Elle met en œuvre les politiques de l'UE.

La Commission européenne dispose de pouvoirs importants pour assurer ses missions.

5. **Quels sont les enjeux du droit européen de la concurrence ?**
6. **Quel est le rôle de la Commission européenne en matière de concurrence ?**
7. **Par qui est assurée l'application des règles européennes dans les États membres ?**

## APPLICATION AU CAS

### FREE

L'activité de la société Free intervient sur les marchés qui sont surveillés par l'Arcep (Autorité de régulation des communications électroniques et des postes). Cette AAI, chargée à l'origine de la libéralisation de ce secteur, veille aujourd'hui au fonctionnement concurrentiel du marché.

**DOC.**

C'est à la suite de la loi pour la croissance, l'activité et l'égalité des chances économiques d'août 2015 et la loi pour une République numérique d'octobre 2016 que l'Arcep, saisie de nouveaux pouvoirs, a décidé de définir de nouvelles cartes de couverture enrichies et de les publier en *open data*. [...]

Ainsi, ces nouvelles cartes différencient désormais les zones de très bonne couverture, de bonne couverture, de couverture limitée et celles où il n'y a pas de couverture [...].

L'Arcep entend « *stimuler les opérateurs pour doper encore la couverture mobile. Il s'agit de provoquer un choc de transparence, pour réorienter la concurrence que se livrent les opérateurs, afin que celle-ci porte non seulement sur les prix mais aussi sur les performances des réseaux* ».

www.universfreebox.com

arcep

1. **Comment l'Arcep impulse-t-elle la concurrence sur le secteur des télécoms ?**
2. **Quels avantages représente le fait que l'Arcep soit une AAI ?**

© Nathan - La photocopie non autorisée est un délit

# 3 Apprécier la protection de la concurrence par le droit

## A Le contrôle des concentrations

### DOC. 8 La fusion Fiat-Peugeot

Le 18 décembre 2019, les constructeurs PSA et Fiat Chrysler ont annoncé avoir signé un « *accord de rapprochement engageant* » en vue d'une fusion. […] La nouvelle entité, si elle devient effective, devrait générer un chiffre d'affaires de 170 milliards d'euros et des ventes annuelles de 8,7 millions de véhicules. […]

Néanmoins, un certain nombre d'obstacles retardent ce rapprochement, à la tête desquels, la Commission européenne. En juin [2020], suite à l'étude du projet, Bruxelles a en effet annoncé lancer une enquête approfondie concernant la fusion des deux groupes, s'inquiétant de la place confortable dont disposerait alors PSA à l'issue de l'opération.

En Europe, les deux constructeurs réunis représenteraient 34 % des parts du marché automobile. C'est principalement le poids pris sur le segment des petits véhicules utilitaires qui inquiète la Commission.

**Benjamin Bruel, www.clubic.com/citroen, 9 juillet 2020.**

Selon l'agence Reuters, la décision [de la Commission européenne] pourrait intervenir avant la fin de l'année [2020]. Dès le mois de septembre, les deux constructeurs ont fait des concessions pour obtenir le feu vert des autorités de régulation de la concurrence de Bruxelles. […] Les deux groupes ont proposé de renforcer l'offre de Toyota en Europe. PSA, qui fabrique déjà des utilitaires pour le groupe nippon sur le continent, augmenterait le nombre de véhicules produits tout en réduisant sa marge. Dans le même temps, Fiat et Peugeot ouvriraient leurs réseaux de réparateurs agréés à leurs concurrents.

**www.leparisien.fr, 26 octobre 2020.**

**LE CONTRÔLE DES CONCENTRATIONS**

**Vidéo**
liennathan.fr/9e93db

1. **Identifiez les effets d'une fusion entre Fiat et Citroën sur le marché automobile.**
2. **Quel est l'intérêt du contrôle préalable de l'opération par la Commission européenne ?**
3. **Analysez les effets des concessions faites par les constructeurs Fiat et Peugeot.**

## B La sanction des pratiques anticoncurrentielles

### DOC. 9 La prohibition des ententes illicites

**En droit européen**

L'Union européenne accuse BMW, Daimler et Volkswagen, ce qui incluait aussi Audi et Porsche, d'entente illégale visant à ne pas se faire concurrence sur les technologies réduisant les émissions polluantes. […] Les constructeurs doivent désormais s'en défendre, et la réponse qu'ils fourniront à la Commission leur permettra, ou non, d'échapper aux sanctions infligées par l'Europe, qui pourraient se porter à hauteur de 10 % de leur chiffre d'affaires annuel dans le monde.

**E. Touzot, fr.motor1.com, 7 avril 2019.**

**En droit français**

93 millions d'euros. C'est la somme totale des amendes infligées par l'Autorité de la concurrence à douze industriels de la charcuterie pour s'être entendus sur le prix du jambon et de la charcuterie entre 2010 et 2013. « [Ils] se coordonnaient pour acheter moins cher les pièces de jambon auprès des abatteurs et/ou s'entendaient par ailleurs sur les hausses de prix des produits charcutiers […] », indique l'Autorité de la concurrence dans un communiqué [du 16 juillet 2020].[…] Ces pratiques ont « notamment été révélées grâce à la procédure de clémence, qui permet aux entreprises ayant participé à une entente d'en dévoiler l'existence à l'Autorité et d'obtenir, sous certaines conditions, le bénéfice d'une exonération totale ou partielle de sanction pécuniaire ». Cela serait notamment le cas pour deux groupes, Campofrio et Coop.

**www.porcmag.com, 20 juillet 2020.**

**LES ENTENTES**

**Vidéo**
liennathan.fr/w3kb34

4. **Qu'est-ce qu'une entente illicite ?**
5. **Comment et par qui les ententes illicites sont-elles sanctionnées : d'une part en droit français, d'autre part en droit européen ?**
6. **Quel est l'intérêt de la « clémence » dans la lutte contre les ententes illicites ?**

© Nathan – La photocopie non autorisée est un délit

## DOC. 10 La sanction des abus de position dominante

**En droit européen**

La Commission européenne a infligé, [le] 20 mars [2019], une nouvelle amende de 1,49 milliard d'euros à Google, l'accusant, une fois de plus, d'abuser de sa position dominante au détriment de la concurrence. [...] [Elle] reproche au géant américain d'avoir imposé un certain nombre de clauses restrictives dans les contrats passés avec des sites web tiers (tels des détaillants en ligne ou des journaux) empêchant ainsi ses concurrents de placer leurs publicités contextuelles sur ces sites. [...] [Selon la commissaire européenne chargée de la Concurrence,] «*du fait de ce comportement qui a perduré pendant plus de 10 ans, les autres sociétés se sont vu refuser la possibilité d'affronter la concurrence sur la base de leurs mérites [...] et les consommateurs ont été privés des avantages de la concurrence*» [...].

**AFP, 20 mars 2019.**

**En droit français**

Google a été condamné par l'Autorité de la concurrence à une amende de 150 millions d'euros pour un abus de position dominante sur le marché de la publicité [...]. «*Il est parfaitement légitime qu'un opérateur comme Google ait des règles*» d'accès à son service de publicité liées aux recherches [indique l'Autorité]. «*Mais il faut que ces règles soient claires [...], qu'elles ne soient pas à la tête du client*» [...]. «*La position dominante de Google est extraordinaire*» sur le marché de la publicité liée aux moteurs de recherche [...]. «*On estime cette part de marché entre 90 et 100 % [...].*» Le flou sur les règles appliquées par Google vis-à-vis des annonceurs «*a pu décourager le développement de sites innovants*».

**AFP, 20 décembre 2019.**

**7. La position dominante d'une entreprise sur un marché est-elle automatiquement sanctionnée? Justifiez votre réponse.**

**8. Comment et par qui les pratiques visées dans ces exemples sont-elles sanctionnées: d'une part en droit français, d'autre part en droit européen?**

# APPLICATION AU CAS

## FREE

### DOC.

Les années passent et la situation n'évolue guère. Encore une fois, l'Arcep, le régulateur des télécoms, épingle le poids d'Orange sur le marché des télécoms d'entreprise et notamment sur celui ô combien stratégique de la fibre optique, principal levier de leur transformation numérique. Orange «*doit faire de la place aux concurrents*», a estimé Sébastien Soriano, le président de l'Autorité [...], qui se dit «*extrêmement préoccupée par le poids très fort d'Orange*» sur le marché des télécoms d'entreprise. «*Tous les signaux laissent penser qu'Orange construit son avenir sur une hypothèse de domination. Ce n'est pas acceptable*», a-t-il ajouté.
[Selon une enquête menée en mai 2019,] Orange détient 63 % du marché des TPE de moins de 50 salariés, 62 % de celui des PME de moins de 500 salariés et 55 % de celui des entreprises de taille intermédiaire.

**Olivier Chicheportiche, www.bfmtv.com, 8 juillet 2020.**

**1. Sur quel fondement Free pourrait-il attaquer Orange concernant le développement de la fibre? Justifiez votre réponse.**

**2. Quelle sanction pourrait prononcer l'Arcep contre la société Orange?**

© Nathan – La photocopie non autorisée est un délit

# 4 Apprécier la protection des acteurs sur le marché

## A La sanction de la concurrence déloyale

**DOC. 11 Les types de concurrence déloyale**

**ACTES DE CONCURRENCE DÉLOYALE**

**IMITATION**
Exemple : la société Engie a été condamnée pour concurrence déloyale car elle a usurpé le nom de son concurrent (EDF) pour démarcher les clients de ce dernier.
Ce démarchage agressif, en utilisant le nom d'un concurrent, a en effet créé une confusion dans l'esprit de la clientèle.

**PARASITISME**
Exemple : sur son site, une société de vente de parfums laisse supposer que l'un de ses produits a les mêmes caractéristiques qu'un parfum de marque renommée. Cette pratique a été qualifiée de parasitisme car la société s'est immiscée dans le sillage de son concurrent pour tirer profit, sans rien dépenser, de la notoriété de son concurrent.

**DÉNIGREMENT**
Exemple : une société a publié sur les réseaux sociaux des messages insinuant que son concurrent commercialisait des produits contrefaits. Ce dénigrement, qui a conduit à une baisse du chiffre d'affaires de la société victime, est un acte de concurrence déloyale et a été condamné par le juge.

**DÉSORGANISATION**
Exemple : une société d'intérim a employé 2/3 du personnel de son concurrent.
Ce débauchage a causé des préjudices à la société victime.
Le juge a condamné la société d'intérim car le débauchage a conduit à désorganiser son concurrent, ce qui est un acte de concurrence déloyale.

1. **Une entreprise peut-elle utiliser tout moyen pour attirer la clientèle de ses concurrents ?**
2. **Pourquoi les pratiques visées dans chacun des exemples ont-elles été condamnées ?**

**DOC. 12 Les sanctions prononcées contre les concurrents déloyaux**

**Faits de l'affaire :** la société Diamantin a procédé à d'importants investissements pour créer un site Internet innovant et proposant à ses clients d'investir dans les diamants. Quelque temps plus tard, une société concurrente, la société Viclars, crée son propre site en copiant de nombreux éléments du site de la société Diamantin.
Le tribunal de commerce a condamné la société Viclars pour avoir plagié le site de la société Diamantin : pour le juge, il s'agit d'un acte de parasitisme.
[Même] si la société Diamantin ne fait pas état d'une diminution de ses ventes résultant de ces actes de concurrence déloyale et parasitaire, le tribunal a jugé que les agissements de la société Viclars ont entraîné un déficit d'image ainsi qu'une perte partielle de rentabilité de son investissement pour la demanderesse.
Ainsi, la société Viclars a été condamnée à payer à la société Diamantin la somme de 30 000 € au titre de la concurrence déloyale et parasitaire. [...] Enfin, la société Viclars a été contrainte de supprimer l'ensemble des contenus copiés de son site Internet et de publier le dispositif du présent jugement sur la page d'accueil de son site Internet pendant un mois à compter de sa signification. [...]

**www.jurilexblog.com**

3. **Pourquoi la société Viclars a-t-elle été condamnée pour concurrence déloyale ?**
4. **Quelles sanctions ont été prononcées ici contre le concurrent déloyal ?**

© Nathan – La photocopie non autorisée est un délit

## B La sanction des pratiques restrictives de concurrence

**DOC. 13 L'interdiction des pratiques restrictives de concurrence**

Les entreprises sont libres de prévoir entre elles le contenu des contrats organisant leur partenariat. Mais des limites sont posées : pour garantir la loyauté et la transparence dans les relations commerciales, le Code de commerce liste et sanctionne des « pratiques restrictives de concurrence ». Par exemple, une société ne peut pas rompre brutalement une relation commerciale : elle doit prévenir son partenaire de la rupture du contrat qui les liait au moyen d'un préavis écrit.

**5.** **Pourquoi les pratiques restrictives de concurrence sont-elles sanctionnées ?**

**6.** **Une société peut-elle librement mettre fin à un contrat qui la liait à une autre société ?**

**DOC. 14 Les conditions commerciales imposées par Amazon**

Certaines clauses contenues dans les contrats liant Amazon et ses partenaires commerciaux sont contestées. En effet, le géant de l'e-commerce se réserve le droit de modifier seul les conditions commerciales : il peut, par exemple, imposer des délais de livraison plus courts aux fournisseurs, qui doivent être respectés immédiatement par ces derniers. Les contrats l'autorisent également à résilier unilatéralement ses relations commerciales avec ses vendeurs.
Le ministre de l'Économie l'a assigné en justice, considérant que ces clauses créent un déséquilibre significatif dans les droits et obligations des parties. Par un jugement du 2 septembre 2019, le tribunal de commerce de Paris a condamné Amazon à une amende de 4 millions d'euros. En outre, Amazon devra modifier les sept clauses litigieuses.

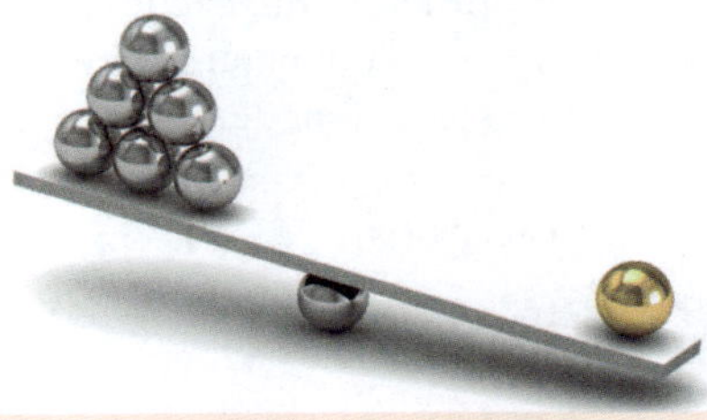

Le Code de commerce qualifie de pratique restrictive de concurrence le fait de « soumettre ou de tenter de soumettre un partenaire commercial à des obligations créant un déséquilibre significatif dans les droits et obligations des parties ».

**7.** **Analysez les pratiques commerciales reprochées à Amazon.**

**8.** **Pourquoi peuvent-elles être qualifiées de « pratiques restrictives de concurrence » ?**

**9.** **Relevez les sanctions prononcées à l'encontre d'Amazon et leur finalité.**

## APPLICATION AU CAS

### FREE

Free est soucieux de proposer à ses clients les smartphones commercialisés par Apple. Mais il s'interroge sur la validité de ses conditions commerciales.

**DOC. Apple et les opérateurs mobiles**

Certaines des clauses inscrites aux contrats passés par Apple avec les opérateurs mobiles sont-elles illégales ? […]
Une dizaine de clauses sont pointées du doigt. Elles ont trait à la réparation de terminaux, à l'exploitation de marques et de brevets ou encore aux campagnes de communication sur les différents produits d'Apple. […]

**www.itespresso.fr**

La direction générale de la concurrence, de la consommation et de la répression des fraudes a porté plainte contre Apple devant le tribunal de commerce. […] Les services de Bercy jugent illégales des clauses contenues dans les contrats passés entre Apple et les quatre opérateurs mobiles français, qui sont d'ailleurs intervenants dans la procédure. Pour Bercy, ces clauses « *manifestent la soumission* » de l'opérateur à Apple, ce qui rend les contrats « *significativement déséquilibrés* » au profit d'Apple.

**www.bfmtv.com**

**1.** **Comment peuvent être qualifiées les conditions commerciales imposées par Apple ?**

**2.** **Que peut obtenir Free ? Quelle autre sanction pourrait être prononcée contre Apple ?**

© Nathan – La photocopie non autorisée est un délit

# 5 Repérer les enjeux de la propriété industrielle

## A L'intérêt de la propriété industrielle

**DOC. 15 Propriété industrielle : des enjeux importants pour les PME**

Dans un environnement concurrentiel et mondialisé, où l'investissement immatériel dépasse en valeur l'investissement matériel, [la propriété industrielle] joue un rôle croissant dans les processus d'innovation et pour la compétitivité des entreprises.
[…] La propriété industrielle (PI) représente un ensemble de droits qui garantissent aux entreprises un monopole d'exploitation de leurs actifs immatériels : les inventions techniques à travers les brevets, les créations esthétiques (dessins et modèles) et les signes distinctifs (marques ou indications géographiques, valorisant la qualité d'un bien ou d'un service).
Elle peut aussi leur permettre de valoriser leurs investissements en R&D ou en marketing à travers des licences d'exploitation concédées à des tiers.

**c2ime.eu**

LA PROPRIÉTÉ INDUSTRIELLE

**Vidéo**
liennathan.fr/k4wc72

1. **Qu'est-ce que la propriété industrielle ?**
2. **En quoi la propriété industrielle constitue-t-elle un levier pour la compétitivité des entreprises ?**

**DOC. 16 L'intérêt de breveter une invention**

Le brevet est un titre permettant de protéger l'inventeur d'un produit ou d'un processus de production en lui reconnaissant un monopole d'exploitation pendant 20 ans : l'inventeur pourra ainsi s'opposer à ce qu'un concurrent fabrique et commercialise ce qui a été breveté sans son autorisation. Il peut accorder des licences d'exploitation à des entreprises qui souhaiteraient développer l'invention.

L'inventeur dépossédé de son idée par un tiers n'est pas rare. C'est d'ailleurs la mésaventure de Studio Banana, une start-up espagnole qui, après une levée de fonds […] pour développer son oreiller autruche, a vu son produit copié et distribué à grande échelle par une entreprise chinoise. Sans brevet, Studio Banana n'a pu faire valoir son invention ni stopper la commercialisation de ces copies.

**D'après *Les Échos*.**

3. **Quel est le risque de ne pas protéger son invention par un brevet ?**
4. **Donnez une définition du brevet.**
5. **Quel est l'intérêt, pour l'inventeur, du monopole conféré par le brevet ?**

**DOC. 17 L'intérêt de la marque**

La marque est un signe qui permet à une entreprise de distinguer, auprès de la clientèle, ses produits ou ses services de ceux de ses concurrents.
Le titulaire d'une marque bénéficie d'un monopole sur celle-ci pendant une durée de 10 ans, renouvelable indéfiniment. Ce monopole lui permet de s'opposer à ce qu'un concurrent utilise sa marque sans son autorisation. Le propriétaire de la marque peut accorder une licence de marque : il autorise alors un tiers à apposer sa marque sur les biens et services qu'il produit.

**L'intérêt de la marque**
Une marque peut être **nominale** (un ou plusieurs mots, un slogan…), **figurative** (un dessin, un logo…), **sonore** (un son ou une phrase musicale). L'exigence d'une représentation graphique a été supprimée : peuvent être enregistrés des marques animées, des hologrammes, des marques multimédias…

6. **Qu'est-ce qu'une marque ?**
7. **Donnez un exemple pour chaque type de marque (nominale, figurative et sonore).**
8. **Quel est l'intérêt, pour le titulaire de la marque, du monopole qui lui est accordé ?**

© Nathan – La photocopie non autorisée est un délit

# B La protection de la propriété industrielle

**DOC. 18 Les organes de protection de la propriété industrielle**

INSTITUT NATIONAL DE LA PROPRIÉTÉ INDUSTRIELLE → L'Institut national de la propriété industrielle est l'établissement public qui délivre en France les titres de propriété industrielle : le dépôt à l'INPI des brevets et des marques leur assure une protection sur le territoire français.

Europäisches Patentamt / European Patent Office / Office européen des brevets → L'Office européen des brevets délivre des brevets européens protégés dans 38 États européens (à condition d'être validés dans chaque État) et des brevets uniques européens (protégés automatiquement dans 26 États membres de l'UE).

EUIPO OFFICE DE L'UNION EUROPÉENNE POUR LA PROPRIÉTÉ INTELLECTUELLE → L'office de l'Union européenne pour la propriété industrielle est un organe qui procède à l'enregistrement des marques de l'Union européenne. Il assure ainsi une protection européenne à la marque.

L'OFFICE EUROPÉEN DES BREVETS
Vidéo
liennathan.fr/m349sv

**9.** **Comment protéger une marque ou un brevet en France ?**
**10.** **Comment protéger les titres de propriété industrielle en Europe ?**

**DOC. 19 La sanction de la contrefaçon**

La contrefaçon coûte chaque année 7 milliards d'euros à la France. [...]
La contrefaçon [de marque ou de brevet] comporte un risque majeur pour les entreprises françaises. D'un point de vue économique, d'abord. Une PME dont le produit est contrefait risque une perte de chiffre d'affaires, voire un recul de ses parts de marché. La contrefaçon sape également les efforts des entreprises en matière d'innovation et porte atteinte à leur notoriété. L'impact social de la contrefaçon est lourd : elle provoque des destructions d'emplois en exportant illégalement des savoir-faire à l'étranger. La menace pèse aussi sur la sécurité et la santé des consommateurs.

**D'après www.entreprendre.fr**

Dix personnes, dont sept anciens salariés d'Hermès, ont été condamnées [le 24 septembre 2020] à Paris à des peines allant de six mois de prison avec sursis à trois ans dont deux ferme, pour avoir participé à la fabrication ou la vente de sacs Birkin contrefaits. Considéré comme l'un des initiateurs de cette manufacture parallèle, le principal prévenu a été condamné à la plus lourde peine, ainsi qu'à 200 000 euros d'amende.

**AFP, 24 septembre 2020.**

LA CONTREFAÇON
Vidéo
liennathan.fr/p96di2

**11.** **Qu'est-ce qu'une contrefaçon ?**
**12.** **Expliquez les risques qu'entraîne le développement de la contrefaçon.**
**13.** **Quelles sanctions encourt une personne coupable de contrefaçon ?**

## APPLICATION AU CAS

### FREE

La Freebox a révolutionné le secteur des télécoms. Mais l'évolution rapide du secteur incite Free à rechercher de nouvelles innovations.

**DOC. La nouvelle Freebox POP**

Au début de l'été [2020], le 7 juillet précisément, Free a lancé sa nouvelle Freebox Pop. [...] Free a surpris son monde en présentant trois boîtiers pour sa nouvelle box : un Server, un Player... mais aussi un répéteur Wi-Fi, inclus dans son offre. [...] La nouvelle norme de Wi-Fi WPA3, qui fait suite au WPA2, est de la partie, ce qui promet une sécurité renforcée lorsque vous êtes connectés en Wi-Fi.

**www.universfreebox.com, 2 septembre 2020.**

C'est l'idée de Free, et personne d'autre ! En développant son nouveau répéteur Wi-Fi, lancé avec la Freebox Pop, l'opérateur a décidé de protéger sa trouvaille. Il a donc déposé une demande de brevet en mars 2018 concernant le procédé de connexion à son répéteur auprès de l'Organisation mondiale de la propriété intellectuelle (OMPI). Cette dernière a récemment été acceptée.

**www.universfreebox.com, 1er octobre 2020.**

**1.** **Comment la concurrence entre les opérateurs de téléphonie mobile favorise-t-elle l'innovation technologique ?**
**2.** **Quel est l'intérêt pour Free d'avoir déposé un brevet pour sa boîte Pop ?**

© Nathan – La photocopie non autorisée est un délit

# 1 Le contrôle des concentrations

**Analysez les deux réponses apportées aux projets de concentration d'Alstom :**
**– en relevant les motifs pour lesquels le projet de fusion entre Alstom et Siemens a été refusé ;**
**– en expliquant pourquoi, à l'inverse, l'acquisition de Bombardier a été autorisée.**

### DOC. 1 Bruxelles refuse la fusion entre Alstom et Siemens

La Commission européenne a rejeté [le 30 janvier 2019] le projet de fusion entre Alstom et Siemens, censé créer un champion européen du ferroviaire avec le soutien de Paris et Berlin face à la concurrence internationale, notamment chinoise. « *La Commission a interdit la concentration parce que les parties n'étaient pas disposées à remédier aux importants problèmes de concurrence que nous avons relevés* », a déclaré la commissaire à la Concurrence, Margrethe Vestager.

Selon la Commission, la fusion aurait notamment porté atteinte à la concurrence sur les marchés des systèmes de signalisation et des trains à très grande vitesse (TGV).

**www.latribune.fr, 6 février 2019.**

### DOC. 2 La Commission autorise, sous conditions, l'acquisition de Bombardier par Alstom

Alstom et Bombardier sont des leaders mondiaux du secteur du transport ferroviaire. […] Il est ressorti de l'enquête de la Commission [européenne] que l'opération, telle qu'initialement notifiée, aurait posé de graves problèmes de concurrence. […]

Alstom a proposé une série d'engagements pour répondre aux préoccupations de la Commission :

- la cession des actifs de Bombardier actuellement affectés au « Zefiro V300 », la plateforme de trains à très grande vitesse développée conjointement avec Hitachi […] ;
- la cession a) de la plateforme de trains grandes lignes Coradia Polyvalent d'Alstom, b) de l'usine d'Alstom à Reichshoffen, en France, c) de la plateforme de trains grandes lignes Talent 3 de Bombardier, et d) d'une partie de l'usine de Bombardier à Hennigsdorf, en Allemagne […].

La Commission a donc conclu que l'opération, telle que modifiée par les engagements, ne poserait aucun problème de concurrence.

**https://ec.europa.eu, 31 juillet 2020.**

# 2 Amazon, le géant de l'e-commerce

1. **Les pratiques d'Amazon vous semblent-elles fausser la concurrence sur le marché de l'e-commerce ?**
2. **Sur quel fondement et par qui pourrait éventuellement être sanctionné Amazon ?**

### DOC. Comment Amazon étouffe la concurrence sur Internet

En vingt ans, Amazon est devenu « l'Attila du e-commerce » […]. Sa première arme, c'est le poids de ses serveurs. L'entreprise héberge près de la moitié de l'Internet mondial. Il est donc quasiment impossible de faire du business à grande échelle sans son concours et sa bonne volonté. Rien qu'en France, Amazon propose 250 millions de produits (le plus grand des Carrefour n'en propose que 80 000). Second atout irrésistible : cette société est à l'avant-garde de la robotisation avancée et de l'intelligence artificielle. […] La robotisation, c'est pour les entrepôts et la logistique. L'intelligence artificielle, c'est ce qui permet de tout savoir de nos comportements de consommateurs, de nos envies d'évasion, de nos rêves mercantiles. Amazon sait de nous des choses que nous ignorons nous-mêmes. […] À ce jour, seul Amazon dispose d'algorithmes assez puissants et performants pour scanner en permanence le marché mondial. Ils sondent les prix, les stocks, les conditions de livraison de ses concurrents six fois par jour. En quinze minutes, Amazon peut réagir à une offre qui échappe à sa plateforme ou à sa politique tarifaire. Et si vos prix ne plaisent pas aux algorithmes du groupe, ils peuvent vous déréférencer.

**www.rtl.fr**

© Nathan – La photocopie non autorisée est un délit

# 3 La concurrence déloyale

1. **Expliquez pourquoi les influenceurs sont soumis au droit de la concurrence.**
2. **Relevez le fondement juridique et le motif de la condamnation prononcée par le tribunal judiciaire de Paris contre la mère influenceuse.**

**DOC. Concurrence déloyale, youtubeurs, influenceurs : que dit le droit?**

L'ARPP [Autorité de régulation professionnelle de la publicité] définit [...] l'influenceur comme: « *un individu exprimant un point de vue ou donnant des conseils, dans un domaine spécifique et selon un style ou un traitement qui lui sont propres et que son audience identifie* ». [...]

[Le] marketing d'influence est un marché concurrentiel au sein duquel de nombreux influenceurs agissent comme des professionnels. Ces influenceurs professionnels sont donc logiquement soumis aux règles du droit des affaires dont l'un des principes fondateurs est la libre concurrence. Toutefois, cette liberté n'est pas totale et les influenceurs professionnels doivent nécessairement se conformer aux usages loyaux du commerce. [...]

[Ainsi, le 24 janvier 2020], le tribunal judiciaire de Paris a rendu une décision particulièrement intéressante concernant des faits de parasitisme sur YouTube. En l'espèce, il s'agissait d'une mère de famille ayant lancé une chaîne YouTube centrée sur sa fille de 6 ans. Afin de se faire connaître rapidement et d'accéder au plus vite à la monétisation de ses vidéos, la mère avait multiplié les références à une autre chaîne YouTube familiale bien connue. Elle avait notamment utilisé le nom de cette chaîne dans les titres et les descriptions de ses vidéos. La société gestionnaire de la chaîne concurrente l'a donc assignée en concurrence déloyale, estimant que les références systématiques à sa chaîne relevaient d'un comportement parasitaire. Au terme d'une décision particulièrement motivée, le tribunal a suivi son argumentation, estimant que la chaîne parasitaire avait « *indiscutablement* » commis une faute en voulant tirer profit de « *l'engouement* » suscité par la chaîne notoirement connue.

**Romain Darriere, avocat, et Henri de Charon, juriste, www.village-justice.com, 18 février 2020.**

# 4 Le caractère distinctif d'une marque

**Analysez, au travers de cette affaire, l'importance du caractère distinctif d'une marque en vue de sa protection.**

**DOC. La marque « Simplissime » n'est pas distinctive**

**Faits :** La marque SIMPLISSIME a été déposée à l'INPI en 2015 par la société Hachette Livre pour désigner, notamment, des livres. Les livres publiés sous la marque SIMPLISSIME proposent des conseils et recettes de cuisine rapides à la portée de tous. Le concept a eu un succès non négligeable.

**Solution :** En avril 2018, la demande d'enregistrement de la marque est rejetée pour absence de caractère distinctif. Un recours est formé devant la cour d'appel de Versailles. L'arrêt confirme d'une part que la marque semi-figurative SIMPLISSIME ne dispose pas de caractère distinctif intrinsèque. En effet, selon la cour, la marque étant composée d'un adjectif superlatif, elle sera en conséquence perçue par le public comme vantant le mérite des produits et services désignés. La question était également de savoir si la marque SIMPLISSIME avait acquis un caractère distinctif par l'usage. La société Hachette fournit en effet de nombreuses preuves du succès de la gamme de publications SIMPLISSIME. La cour relève néanmoins que la plupart des éléments de preuve soumis concernent le livre *Simplissime, le livre de cuisine le + facile du monde* et non l'usage du terme « simplissime » pris isolément. L'usage postérieur (en 2016) du terme « simplissime » pris isolément est bien constaté par la cour, mais celle-ci rappelle que la distinctivité s'apprécie à la date du dépôt. En 2015, le signe n'avait pas acquis de caractère distinctif par l'usage.

**Appréciation :** Cette décision marque l'importance d'éviter les dénominations qui s'apparentent à des slogans, des messages laudatifs. En cas de doute sur le caractère distinctif intrinsèque d'un signe, il convient d'y associer un élément figuratif particulièrement distinctif. Une présentation bicolore et une police spécifique n'ont ici pas suffi à valider la marque SIMPLISSIME.

**www.cabinet-hoffman.com, janvier 2019.**

© Nathan – La photocopie non autorisée est un délit

## 1. Repérer les enjeux de la régulation du marché

**Mettre en place une économie de marché** en assurant :
- la libre entrée des acteurs sur le marché ;
- la transparence des règles.

**Assurer le fonctionnement concurrentiel** du marché par :
- la lutte contre l'apparition de monopoles ;
- la mise en place des infrastructures nécessaires.

## 2. Identifier les niveaux de régulation du marché

### Régulation en droit français

**Objectifs :** assurer la liberté du commerce et de l'industrie et protéger l'ordre public.

**Organes :** Autorité de la concurrence et autorités spécialisées

### Régulation en droit européen

**Objectif :** favoriser l'intégration économique au sein de l'Union européenne.

**Organe :** Commission européenne

## 3. Apprécier la protection de la concurrence sur le marché

### Contrôle préalable des concentrations

Les rapprochements d'entreprises qui risquent de porter atteinte à la concurrence sur un marché doivent être autorisés.

### Sanction des pratiques anticoncurrentielles

**Ententes illicites :** accords entre entreprises faussant la concurrence

**Abus de position dominante :** abus du pouvoir de marché pour fausser la concurrence

## 4. Apprécier la protection des acteurs sur le marché

### Sanction de la concurrence déloyale

**Objectif :** réparer les préjudices causés par des actes déloyaux (imitation, parasitisme, dénigrement, désorganisation).

### Sanction des pratiques restrictives de concurrence

**Objectif :** garantir la transparence et la loyauté dans les relations commerciales (exemple : interdiction du déséquilibre significatif entre les parties).

## 5. Repérer les enjeux de la propriété industrielle

### Intérêt de la propriété industrielle

Reconnaissance d'un monopole d'exploitation :
- aux brevets (inventions) ;
- aux marques (signes distinguant les biens et services d'une entreprise).

### Protection de la propriété industrielle

- Délivrance des titres de propriété industrielle par l'INPI, l'OEB et l'EUIPO
- Sanction de la violation des brevets et des marques par l'action en contrefaçon

## CONCEPTS

Liberté du commerce et de l'industrie – Autorité administrative indépendante – Autorité de la concurrence – Commission européenne – Contrôle des concentrations – Monopole – Pratiques anticoncurrentielles – Ententes – Abus de position dominante – Concurrence déloyale – Pratiques restrictives de concurrence – Propriété industrielle – Brevet – Marque – INPI – Contrefaçon

© Nathan - La photocopie non autorisée est un délit

# 9 L'environnement de l'entreprise

## PLAN DU CHAPITRE

- 1 • Repérer les principaux éléments du macro-environnement de l'entreprise
- 2 • Analyser les évolutions de l'environnement et en identifier les conséquences sur la situation de l'entreprise

### LES COMPÉTENCES ATTENDUES

→ Repérer les principaux éléments du macro-environnement de l'entreprise.
→ Analyser les évolutions de l'environnement et en identifier les conséquences sur la situation de l'entreprise.

### LES SAVOIRS ASSOCIÉS

→ Les caractéristiques de l'environnement : facteurs politiques, légaux, économiques, socioculturels, technologiques et environnementaux
→ Le rôle de l'innovation

Le géant du fast-food McDonald's expérimente sans cesse l'adaptation de ses produits aux évolutions de la société et aux différents marchés.

**McDonald's à la recherche de nouvelles saveurs pour ses wraps**
Pour entretenir l'appétit des clients, le groupe imagine toutes sortes de nouvelles recettes de wrap. Le groupe travaille actuellement sur l'idée d'une tortilla garnie de poulet pané et de crudités, relevée d'une sauce au curry. Il y a fort à parier que vous la trouverez très bientôt en restaurant.

**McDonald's veut mettre le paquet sur la livraison**
La consommation de ses produits à domicile est en nette hausse et le géant américain de la restauration rapide compte bien en profiter. Pour être sûr de ne pas manquer le coche, McDonald's vient de nouer un partenariat avec Deliveroo.

**L'approche écoresponsable de McDonald's**
Avis aux amateurs de bio ! À compter d'aujourd'hui, il y a du lait bio chez McDo avec les P'tits Milkshakes servis dans un gobelet carton plus respectueux de l'environnement.

LE FRET S'ADAPTE À LA CRISE SANITAIRE
Vidéo
liennathan.fr/j3yb82

1. **Pourquoi la firme McDonald's cherche-t-elle à proposer de nouveaux produits ?**
2. **À quelles influences de l'environnement cette entreprise semble-t-elle répondre ?**
3. **Dans le cas évoqué dans la vidéo, comment la SNCF s'est-elle adaptée à la crise sanitaire ?**

© Nathan – La photocopie non autorisée est un délit

# 1 Repérer les principaux éléments du macro-environnement de l'entreprise

## DOC. 1 L'entreprise, un système en interaction avec l'environnement

L'environnement représente l'ensemble des éléments externes susceptibles d'influencer son activité et son comportement. En interagissant avec lui, l'entreprise se trouve influencée par des événements qui induisent des décisions et provoquent une rétroaction sur son environnement.

### Starbucks Coffee

La transformation digitale de l'économie constitue une véritable opportunité de croissance pour Starbucks. L'entreprise utilise les réseaux sociaux pour construire sa notoriété, avec des millions de fans sur Facebook, Instagram, Twitter et LinkedIn. Grâce à cette communauté, Starbucks conduit l'innovation de ses produits en prenant appui sur les idées soumises par ses clients (le site My Starbucks Idea).
De même, l'évolution des modes de consommation vers des achats responsables (transparence, durabilité des sources d'approvisionnement) a amené Starbucks à faire évoluer son modèle économique vers une approche d'achat éthique. L'entreprise s'engage auprès des cultivateurs de café, de thé et de cacao en leur apportant une aide matérielle et financière. Elle est certifiée « commerce équitable ».

**1.** **Repérez les différents éléments constitutifs de l'environnement de Starbucks.**

**2.** **Montrez l'influence de l'environnement sur l'entreprise au moyen de l'exemple de Starbucks.**

## DOC. 2 Macro-environnement et micro-environnement

Le macro-environnement désigne l'environnement général au sein duquel l'entreprise évolue. Il s'agit des caractéristiques générales de l'économie et de la société qui peuvent influencer l'entreprise. On considère que les éléments qui constituent le macro-environnement s'imposent à l'entreprise et déterminent le cadre de son activité. L'entreprise détermine sa stratégie pour s'y adapter. À l'inverse, le micro-environnement est constitué des acteurs avec lesquels l'entreprise entretient des relations plus directes : les clients, les réseaux de distribution, les concurrents, les fournisseurs et les autres partenaires du marché. Il constitue un niveau d'action sur lequel l'entreprise peut agir par sa stratégie.

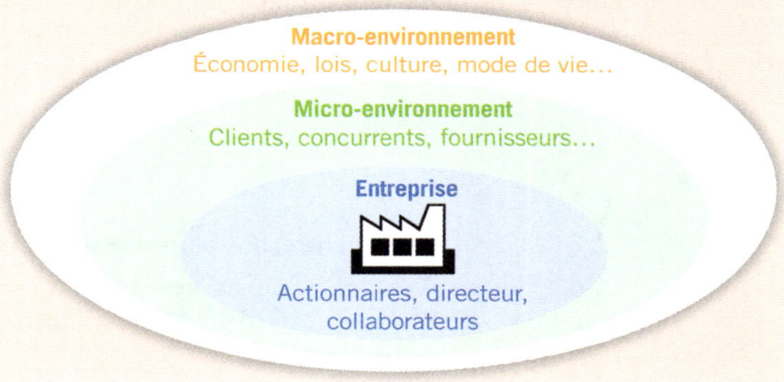


**3.** **Classez les éléments du document 3 selon qu'ils relèvent soit des éléments internes de l'entreprise, soit du micro-environnement ou du macro-environnement de Starbucks.**

## DOC. 3 Éléments de l'environnement

– La production de café est soumise aux variations climatiques : pluie, sécheresse.
– Le café est le bien d'exportation le plus important après le pétrole et possède donc, pour les pays producteurs, une grande portée économique.
– On observe une évolution des modes de travail où les jeunes sont de plus en plus enclins à travailler à l'extérieur autour d'un café dans des espaces ouverts, conviviaux et branchés.
– Plus de la moitié de nos collaborateurs Starbucks ont moins de 26 ans en France.
– La grande distribution est le principal circuit de vente du café au consommateur final.
– Pour vendre du café « commerce équitable », il faut obtenir le label très réglementé « Fairtrade Max Havelaar ».
– Le téléphone mobile offre de nouvelles possibilités de paiement dont s'est saisi Starbucks.

© Nathan - La photocopie non autorisée est un délit

## DOC. 4 Les principaux éléments du macro-environnement

La méthode PESTEL (acronyme qui se présente comme un outil mnémotechnique) permet d'analyser les six domaines du macro-environnement qui ont ou auront une influence significative sur l'entreprise.

**L'ENTREPRISE**

**Politique**
- Stabilité gouvernementale
- Politique fiscale
- Commerce extérieur
- Protection sociale

**Économique**
- Cycles économiques
- Évolution du PNB
- Taux d'intérêt
- Politique monétaire
- Inflation
- Chômage
- Revenu disponible

**Socioculturel**
- Démographie
- Distribution des revenus
- Mobilité sociale
- Changements de modes de vie
- Attitude par rapport au loisir et au travail
- Consumérisme
- Niveau d'éducation

**Technologique**
- Dépenses publiques de R&D
- Investissements privés et publics sur la technologie
- Nouvelles découvertes, nouveaux développements
- Vitesse des transferts technologiques
- Taux d'obsolescence

**Écologique**
- Lois sur la protection de l'environnement
- Retraitement des déchets
- Consommation d'énergie

**Légal**
- Lois sur les monopoles
- Droit du travail
- Législation sur la santé
- Normes de sécurité

G.Johnson, K. Scholes, R. Whittington, F. Féry, *Stratégique*, Pearson, 9e édition, 2012.

4. **Quelle est l'utilité pour une entreprise d'appliquer la méthode PESTEL ?**
5. **Classez, selon la méthode PESTEL, les éléments du macro-environnement repérés aux questions 1 et 3.**

# APPLICATION AU CAS

## FREE

## DOC. Free et le marché de la téléphonie mobile

En France, le marché téléphonique est régulé par une autorité administrative indépendante, l'ARCEP (Autorité de régulation des communications électroniques et des postes). Celle-ci a pour mission de veiller à la bonne concurrence du secteur des télécommunications. Ainsi, en 2005, a-t-elle infligé une amende record de 534 millions d'euros aux opérateurs SFR, Bouygues et Orange, à qui elle reprochait un « pacte à trois » anticoncurrentiel. Depuis, les abus des opérateurs téléphoniques ont amené la loi Chatel de 2008 à renforcer la protection du consommateur engagé sur un forfait mobile ou Box Internet.

Le secteur de la téléphonie mobile est profondément marqué par des évolutions technologiques importantes, comme l'arrivée des smartphones, ou les nouveaux standards de téléphonie mobile (3G, 4G et bientôt la 5G). Ces avancées ont aussi eu un impact sur les usages sociaux des téléphones. En effet, tandis que les Français utilisent de moins en moins leur téléphone fixe, les téléphones mobiles ne sont plus seulement un moyen de télécommunication mais un accessoire quasi indispensable à la vie quotidienne (agenda, mails, musiques, jeux…). L'engouement s'est propagé à toutes les classes d'âge, y compris aux enfants, de plus en plus addicts à leur portable. Le ministère de la Transition écologique et solidaire, soucieux de l'exposition aux ondes de radiofréquence, a lancé une campagne d'information « Téléphone mobile et santé ». À noter, par ailleurs, qu'entre l'extraction des minerais qui composent un téléphone portable et les recharges de sa batterie, son utilisation n'est pas sans conséquences sur l'environnement.

- **Classez les facteurs d'influence de l'environnement de Free selon la méthode PESTEL.**

© Nathan – La photocopie non autorisée est un délit

# 2 Analyser les évolutions de l'environnement et en identifier les conséquences sur la situation de l'entreprise

## A Les opportunités et les menaces de l'environnement

### DOC. 5 Dégager des opportunités et des menaces

L'environnement, en perpétuel mouvement, peut exercer des perturbations négatives sur l'entreprise en freinant son développement ; il s'agit alors de menaces. À l'inverse, il peut présenter des signes d'évolution vers des domaines dans lesquels l'entreprise pourrait bénéficier d'un avantage la différenciant de ses concurrents ; cela constitue des opportunités. Pour pouvoir bénéficier d'une opportunité, il convient de choisir la stratégie appropriée et de mobiliser les compétences spécifiques pour l'exploiter.

La pandémie de Covid a eu un double impact sur les entreprises mondiales :
– le titre de la start-up Zoom a connu une croissance boursière record à Wall Street. Ces résultats sont révélateurs de l'engouement pour ce logiciel de visioconférence désormais massivement utilisé par les adeptes du télétravail ;
– en France, fin avril 2020, 55 % des dirigeants de PME craignaient la faillite à cause de la crise liée au coronavirus, selon une enquête réalisée par la Confédération des petites et moyennes entreprises (CPME).

**1.** **Montrez que la pandémie de Covid-19 est porteuse d'opportunités et de menaces pour les entreprises.**

**2.** **Comment certaines entreprises ont-elles pu saisir ces opportunités de l'environnement ?**

## B Les conséquences sur la situation de l'entreprise

### DOC. 6 Innover pour exister

L'agence immobilière en ligne [Lagenceblue] a ajouté à son service l'option de visites virtuelles afin de s'adapter aux mesures de confinement liées au coronavirus. Depuis sa création en 2017, lagenceblue.fr proposait déjà à ses clients une visite virtuelle au moment de l'état des lieux d'entrée, à la remise des clés au nouveau locataire trouvé par l'agence. À partir de maintenant, elle va élargir ce service à l'ensemble des nouveaux propriétaires clients en réalisant gratuitement une vidéo lors de l'état des lieux de sortie de leur locataire partant. Cette visite virtuelle pourra ainsi se substituer à la visite physique avec le propriétaire en personne.

**Cécilia Di Quinzio, www.strategie.fr, 19 mars 2020.**

**3.** **Selon vous, quelle menace pèse sur le secteur de la location immobilière ?**

**4.** **Montrez comment l'innovation permet aux agences immobilières de s'adapter aux évolutions de leur environnement.**

© Nathan – La photocopie non autorisée est un délit

## DOC. 7 Les gains obtenus grâce à l'innovation

Selon l'OCDE, une innovation est « la mise en œuvre d'un produit (bien ou service) ou d'un procédé nouveau ou sensiblement amélioré, d'une nouvelle méthode de commercialisation ou d'une nouvelle méthode organisationnelle dans les pratiques de l'entreprise, l'organisation du lieu de travail ou les relations extérieures ».

**Manuel d'Oslo, OCDE.**

**Innovation de produit**

Nouveaux produits (ex. : du téléphone au smartphone, de l'ordinateur à la tablette, etc.).

**Innovation de procédé et innovation organisationnelle**

Nouvelles méthodes de fabrication (ex. : PAO, CAO) ou nouvelles formes d'organisation (production en flux tendus).

**Innovation de commercialisation**

Nouvelles méthodes de commercialisation ou nouveaux comportements de marché.

**5. Quel type d'innovation permet à l'entreprise innovante :**
- **de baisser ses coûts en réalisant des gains de productivité ?**
- **de se différencier ou d'obtenir une rente de monopole en étant la seule à fournir le produit (et donc en fixant le prix qu'elle souhaite) ?**
- **de créer de nouveaux débouchés pour vendre ses produits ?**

## DOC. 8 Les différentes formes de l'innovation, sources de compétitivité

Auchan, qui a inventé le concept du drive en 2000, est l'enseigne à l'origine de la dernière révolution de la grande distribution. Aujourd'hui, le drive est un moyen de faire ses courses comme un autre, comme le prouve le nombre de drives comparé à celui des hypermarchés en France (plus de 3 200 drives contre environ 2 000 hypermarchés).

**topdrive.fr**

**La poignée de porte qui se désinfecte toute seule**

Une équipe suisse spécialisée dans la technologie sans contact a mis au point une tout autre idée pour nous faciliter la vie : la poignée qui se désinfecte toute seule. Concrètement, il s'agit d'une bague qui balaye toute la longueur de la poignée après avoir été saisie. Sur son passage, cet anneau en aluminium projette du produit antibactérien, qui serait capable d'éliminer jusqu'à 99,9 % des germes. Celui-ci s'active en moins de trois minutes dès que quelqu'un a touché la poignée de la porte. La technologie s'adapte à toutes les portes, promet l'équipe de Tweaq, la marque qui lancera l'innovation [en 2021].

**laprovence.com, d'après Relaxnews, 2 novembre 2020.**

© Nathan – La photocopie non autorisée est un délit

DOC. 8

**Aux États-Unis, constatant une augmentation des critiques de ses produits sur la toile, le PDG de DELL, Michael Dell,** a décidé en 2007 de créer une plateforme Internet, intitulée IdeaStorm, via laquelle il a demandé aux internautes de poster les critiques qu'ils voulaient formuler envers ses produits. Cette démarche, certes audacieuse et courageuse (pas très *frenchy* vu notre aversion pour l'échec et les erreurs), a permis à cette entreprise d'identifier les causes d'insatisfaction afin d'apporter des solutions. La seconde étape a consisté à associer les clients dans la recherche de nouvelles idées, ce que l'on appelle désormais «l'*open innovation*». Certaines idées ont été retenues parmi les 9000 suggérées. Cette initiative a également permis de renouer le lien avec les clients. Pour trouver de nouvelles idées, il faut élargir le périmètre de suggestions en dehors de l'entreprise. À dire vrai, qui n'aimerait pas contribuer gracieusement à l'essor d'une entreprise que l'on apprécie lorsqu'il n'y a aucun enjeu personnel ? Ne serait-ce pas là les prémices du «don d'idées» ? Mais Dell n'est pas seul à s'être engagé dans cette voie. Des entreprises telles que Lego, IBM ou Auchan sont depuis de la partie.

**Francis Boyer, journaldunet.com**

**6. D'après la définition de l'OCDE (document 7), à quelle forme d'innovation associez-vous les exemples proposés ci-dessus ?**

**7. Dans chacun des cas présentés, à quelles évolutions de l'environnement les innovations ont-elles pu ou permettront-elles de faire face ?**

**8. Montrez en quoi ces innovations ont été ou seront une source de compétitivité.**

## DOC. 9 L'analyse de Schumpeter : l'innovation en tant que processus de création-destruction d'activités

C'est grâce à un «entrepreneur innovateur» que la dynamique économique se fait sentir à travers des progrès aussi bien quantitatifs (avec l'augmentation du niveau de production) que qualitatifs. L'entrepreneur est donc l'acteur fondamental de la croissance économique. Il aime le risque et est à la recherche du profit maximal. L'innovation lui permettra d'obtenir un monopole temporaire sur le marché. Il sera donc le seul pendant un certain temps à pouvoir produire cet objet qui lui rapportera donc gros.

Aussi, Schumpeter explique que l'économie est gouvernée par un phénomène particulier : la «destruction créatrice». C'est «la donnée fondamentale du capitalisme et toute entreprise doit, bon gré mal gré, s'y adapter». La croissance est un processus permanent de création, de destruction et de restructuration des activités économiques. En effet, «le nouveau ne sort pas de l'ancien, mais à côté de l'ancien, lui fait concurrence jusqu'à le ruiner». Ce processus de destruction créatrice est à l'origine des fluctuations économiques sous forme de cycles.

**economie.gouv.fr**

**9. Selon Schumpeter, quelles raisons poussent l'entrepreneur à innover ?**

**10. Expliquez le phénomène de création-destruction d'activités.**

**11. Montrez que la montée en puissance de l'économie collaborative de type Uber est source d'une nouvelle période de croissance.**

© Nathan – La photocopie non autorisée est un délit

## DOC. 10 La politique de veille pour anticiper les évolutions

Dans un environnement changeant et hyperconcurrentiel, savoir détecter les évolutions rapides, être attentif aux signaux d'affaires précurseurs d'opportunités, être au plus proche de la demande sont des enjeux prioritaires pour les entreprises. La maîtrise de l'information est un impératif pour agir avec justesse. C'est le rôle de la veille : collecter et analyser les informations sur son environnement afin d'en déduire les menaces et opportunités de développement. Avec le développement des technologies de l'information, une masse phénoménale de données est aujourd'hui exploitable au niveau des entreprises : rapports gouvernementaux, réseaux sociaux, flux RSS, images satellites…

**Palmarès des informations les plus recherchées et les plus difficiles à trouver (en % de l'échantillon global de répondants)**

| Les informations les plus recherchées | Les informations les plus difficiles à trouver |
|---|---|
| 1. Concurrents (65,9 %)<br>Clients (65,7 %) | 1. Marché (33,8 %)<br>Concurrents (33,2 %) |
| 2. Réglementation (58,7 %)<br>Marché (55,7 %)<br>Nouveaux produits (55,4 %) | 2. Clients (23,8 %) |
| 3. Salons/manifestations (52,4 %)<br>Fournisseurs (51,2 %) | 3. Réglementation (17,5 %) |
| 4. E-réputation (34,1 %) | 4. Nouveaux produits (15 %)<br>Technologies/brevets (15 %)<br>E-réputation (14,7 %)<br>[…] |
| 5. Technologie/Brevets (31,9 %) | |

**Enquête sur les pratiques de veille et d'intelligence économique, Chambre de commerce et d'industrie de Bretagne.**

**12.** **Pourquoi une politique de veille est-elle stratégique pour une entreprise ?**

**13.** **Parmi les informations les plus recherchées par les entreprises, distinguez celles qui relèvent de l'anticipation du micro-environnement de celles qui permettent d'anticiper les évolutions du macro-environnement.**

# APPLICATION AU CAS

## FREE

## DOC. 1 Après la 4G, la technologie 5G

Les technologies 5G sont aujourd'hui au cœur des réflexions visant à doter l'Europe et la France d'infrastructures de communication de classe mondiale. Déployer ce type de technologie et les infrastructures associées pourra notamment favoriser le développement de nouveaux services innovants, à l'attention à la fois des particuliers et des entreprises utilisatrices, dans des domaines variés : véhicule connecté, industrie du futur, ville intelligente, etc.

Grâce à sa base industrielle solide, la France dispose d'atouts de premier plan pour développer la 5G et ses nouvelles applications. Les mesures prises par le gouvernement en matière de très haut débit permettront en outre d'accélérer le déploiement de la 5G sur le territoire national.

**www.economie.gouv.fr**

## DOC. 2 Free participe à l'attribution des fréquences de la 5G

Les fréquences de la 5G ont été attribuées aux quatre principaux opérateurs : Bouygues Telecom, Free, Orange et SFR. Il s'agit d'une étape cruciale pour les opérateurs. Car, théoriquement, plus un opérateur achète de fréquences, plus il a de bande passante, et donc meilleurs sont les débits qu'il peut proposer à ses abonnés. Free aura déboursé 602 millions d'euros pour acquérir 70 Mhz de fréquences (autant que Bouygues et un peu moins que ses rivaux : Orange 854 millions pour 90 Mhz et SFR 728 millions pour 80 Mhz).

**1.** **Quels facteurs du macro-environnement sont porteurs d'opportunités et/ou de menaces ?**

**2.** **Montrez l'impact de ces facteurs sur l'entreprise de téléphonie mobile.**

© Nathan – La photocopie non autorisée est un délit

# 1 Tipa, le packaging qui se décompose en 180 jours !

- **Montrez en quoi l'innovation de Tipa permet de saisir une opportunité de l'environnement légal.**

**DOC.**

Tipa est une start-up israélienne qui a développé un emballage qui se décompose en 180 jours et se transforme, comme la peau des fruits, en fertilisant pour les sols.
À l'occasion du salon Convergences à Paris, Tipa a pu présenter son nouveau produit aux industriels, à l'Ademe et à l'OCDE. Et ses arguments ont fait écho. La France est en effet « un marché très intéressant en raison de sa nouvelle législation ». La loi de transition énergétique interdit désormais d'utiliser des emballages plastiques non biodégradables et non compostables pour l'envoi de la presse et de la publicité. Elle impose également la généralisation du tri à la source des biodéchets à horizon 2025.

**Novethic.fr**

# 2 Le transport aérien menacé d'une écotaxe à 4,2 milliards d'euros

1. **À l'aide de la méthode PESTEL, identifiez les éléments du macro-environnement qui influencent l'activité des compagnies aériennes.**
2. **Quelles seraient les conséquences d'une « écocontribution renforcée » si cette mesure était adoptée ?**
3. **Montrez que le facteur politique représente une menace pour les compagnies aériennes.**

**DOC.**

Après avoir sauvé le transport aérien au printemps, le gouvernement va-t-il le sacrifier sur l'autel de l'environnement cet automne ? « *Si les propositions préconisées par la Convention citoyenne pour le climat sont suivies d'effet, c'est la mort annoncée de plusieurs compagnies aériennes et aéroports en France, qui subissent déjà le choc le plus violent de leur histoire du fait de la crise sanitaire* », affirme Thomas Juin, le président de l'Union des aéroports français. […]
Adoptées en juin 2020 par 130 Français sur les 150 volontaires tirés au sort, ces mesures constitutives du rapport établi par la Convention citoyenne figurent parmi les 149 propositions visant à réduire les émissions de gaz à effet de serre, dont huit concernent spécifiquement le transport aérien. La mesure la plus controversée est la proposition d'une « écocontribution renforcée ». […]
Selon l'étude d'impact réalisée par la Direction générale de l'Aviation civile (DGAC), le montant des taxes spécifiques au transport aérien en France passerait ainsi de 440 millions d'euros en 2020 à 4,2 milliards d'euros en 2021. […]
Les conséquences d'un tel choc fiscal seraient, selon la DGAC, une « *perte de trafic comprise entre 14 % et 19 %, voire plus* », et « *entre 120 000 à 150 000 emplois* » perdus, « *voire plus compte tenu du niveau de taxe proposé* ». Ceci uniquement pour le transport aérien et l'aéronautique.

**Bruno Trévidic, www.lesechos.fr, 11 septembre 2020.**

© Nathan – La photocopie non autorisée est un délit

## 3 Avec la Covid-19, la *fast fashion* perd le fil et doit changer de modèle

1. **Rappelez les évolutions de l'environnement à l'origine de la déstabilisation des entreprises du textile.**
2. **Ces évolutions défavorables aux entreprises de textile se sont combinées aux faiblesses internes de ces entreprises. Identifiez ces faiblesses.**
3. **Quelles décisions ont été prises par les entreprises du textile pour se maintenir sur leur marché ?**

**DOC.**

Les deux géants de la mode rapide, la *fast fashion*, Inditex, qui détient notamment Zara, et le groupe suédois H&M, ont été ébranlés par la crise. Le premier estimait mi-mars que « *la Covid-19 avait un impact très significatif* » sur ses ventes alors que plus de la moitié de ses 7 500 magasins étaient fermés. Quant à H&M, ses ventes ont chuté de 46 %. Les enseignes françaises sont aussi touchées, comme le chausseur André, placé en redressement judiciaire, et La Halle, en procédure de sauvegarde. [...]

Si la situation impacte l'emploi en France, cela a aussi des répercussions sur les ouvrières basées à l'autre bout du monde. [...] Les géants du textile ont annulé la moitié de leurs commandes, poussant les usines asiatiques à la fermeture. Mi-avril, l'Association des fabricants et exportateurs de vêtements du Bangladesh (BGMEA) estimait à plus de 3,1 milliards de dollars le montant des commandes annulées par les géants du textile.

Alors que plusieurs pays européens déconfinaient, les commandes repartaient à la hausse et avec elles, la pression de les honorer dans les plus brefs délais. Plusieurs fabricants au Bangladesh ont ainsi décidé de rouvrir leur usine alors que le confinement en vigueur dans le pays ne les y autorise pas. [...]

**Les défaillances de la *fast fashion* plus visibles que jamais**

Outre sa responsabilité sociale, l'industrie fait face à sa mauvaise gestion des flux et des stocks. Les surplus sont un des problèmes majeurs de l'industrie qui mise sur les prix bas et les gros volumes, exerçant une forte pression sur les travailleurs et l'environnement. « *Nous devons travailler tous ensemble à trouver comment vendre correctement un produit au lieu de le voir comme une quantité massive de marchandises dont nous avons juste besoin de nous débarrasser* », a expliqué dans un webinar Gary Wassner, PDG de Hilldun, une entreprise de financements des sociétés de textile. [...]

« *Les marques de mode qui ont pris des mesures concrètes pour créer des chaînes d'approvisionnement plus courtes, plus résistantes et plus transparentes ont pu voir que les situations inattendues pouvaient être mieux contrôlées* », [explique Hakan Karaosman, expert de la chaîne d'approvisionnement de la mode à la Commission économique des Nations unies pour l'Europe] dans le journal WWD. [...] Malgré ce constat, les grandes marques pourraient être tentées de miser sur des prix encore plus bas, des promotions à tout va, pour traverser la crise.

D'autant qu'aux anciennes habitudes s'ajoutera une baisse du pouvoir d'achat des consommateurs. Et ces derniers pourraient soit moins consommer, soit se tourner vers des produits moins chers. « *Si nous ne saisissons pas cette occasion de changement, nous allons assister à une crise bien plus grave que le coronavirus* », prévient Eva Kruse, présidente du Global Fashion Agenda.

**Marine Fabre, www.novethic.fr, 13 mai 2020.**

## 4 Testez vos connaissances

**Retrouvez votre exercice interactif**

**Exercice intéractif**
liennathan.fr/5kee72

© Nathan – La photocopie non autorisée est un délit

SYNTHÈSE

## 1 Repérer les principaux éléments du macro-environnement de l'entreprise

### Macro-environnement

- **Caractéristiques générales de l'économie et de la société susceptibles d'exercer une influence sur l'entreprise**
- **Outil d'analyse : la méthode PESTEL**
  - **Politique** : Orientations politiques, rôle de l'État…
  - **Économique** : Conjoncture, prix, marchés, concurrence…
  - **Socioculturel** : Valeurs, modes, comportements…
  - **Écologique** : Normes de pollution, déchets, recyclage…
  - **Technologique** : Modes de production, innovations…
  - **Légal** : Lois, réglementations…

## 2 Analyser les évolutions de l'environnement et en identifier les conséquences sur la situation de l'entreprise

### Évolutions de l'environnement général

- **Mondialisation, digitalisation et numérisation de l'économie, société de l'information, hyperconcurrence, innovation constante, incertitude et instabilité des marchés…**
- **Influence forte sur l'entreprise : OPPORTUNITÉS ET MENACES**
  - **Suivre les évolutions**
    - **LA VEILLE**
  - **Anticiper les évolutions**
    - **L'INNOVATION :** de produit, de procédé, organisationnelle, de commercialisation
    - **SCHUMPETER :** l'entrepreneur innovateur, acteur du renouvellement de l'économie

**CONCEPTS**

Macro-environnement – Opportunités, menaces – Veille – Innovation

© Nathan – La photocopie non autorisée est un délit

THÈME 2

# Synthèse du thème 2

## La régulation de l'activité économique : le cas de **Free**

À l'aide d'un outil collaboratif en ligne (ex. Padlet), préparez pour chaque question une réponse argumentée. Vous veillerez à mobiliser les concepts développés dans les chapitres.

### Le rôle de l'État dans la régulation économique.

**Pour quelles raisons et avec quels objectifs l'État intervient-il dans le secteur des télécommunications ?**

**Quel type de politique mène-t-il et avec quels outils ?**

**Quels en sont les impacts sur l'activité et les décisions de Free ?**

### La régulation des activités économiques par le droit.

**Quelle autorité administrative indépendante est chargée de surveiller le marché des télécommunications ?**

**Comment Free aborde-t-il les enjeux liés à la propriété industrielle sur ce secteur très concurrentiel ?**

### L'intégration par Free de la connaissance de son environnement dans sa prise de décision.

**En quoi l'environnement de Free est-il porteur d'opportunités et de menaces ?**

**Quelles peuvent être leurs conséquences sur l'entreprise ?**

**Comment Free peut-il les identifier et y faire face ?**

THÈME 2

# La régulation de l'activité économique

## Comment réguler ?

- **Économie**
  - Agir à court terme : politiques conjoncturelles
  - Agir à long terme : politiques structurelles
- **Droit**
  - Contrôler les concentrations d'entreprise
  - Sanctionner les pratiques anticoncurrentielles
  - Promouvoir une concurrence loyale
  - Protéger les inventions et les marques

## Pourquoi réguler ?

- **Économie**
  - Corriger les défaillances du marché (monopoles, externalités)
  - Corriger les déséquilibres du marché (chômage, inflation)
  - Soutenir la croissance économique et le commerce extérieur
- **Droit**
  - Libéraliser les marchés
  - Maintenir la concurrence sur les marchés
  - Protéger la liberté du commerce et de l'industrie
  - Construire un marché intérieur européen
  - Valoriser la propriété industrielle

## Incidences de la régulation pour l'entreprise

- **Économie**
  - Effets des politiques de l'offre et de la demande sur l'entreprise
- **Management**
  - Effets sur les menaces et les opportunités de l'environnement
  - Besoin de suivre les évolutions de l'environnement (veille)
  - Besoin d'anticiper les évolutions de l'environnement (innovation)
- **Droit**
  - Être protégé contre les pratiques déloyales des concurrents
  - Bénéficier d'un monopole d'exploitation pour ses brevets et marques
  - Sanctionner les violations aux brevets et aux marques

## Limites de la régulation ?

- **Économie**
  - Assurer la soutenabilité de la dette
  - Respecter les contraintes budgétaires européennes
  - Ne pas décourager l'entrée des capitaux
  - Éviter une fiscalité trop lourde pour les agents économiques et donc l'évasion fiscale

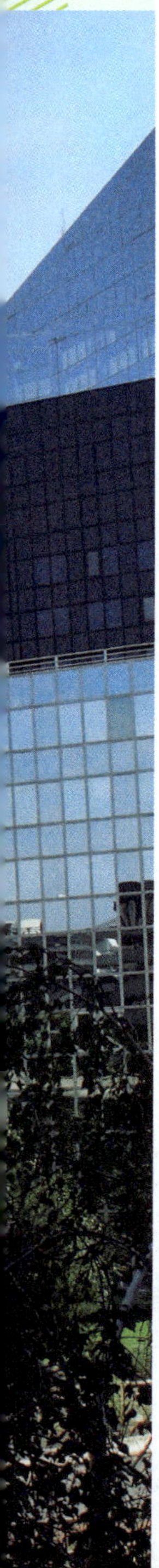

© Nathan – La photocopie non autorisée est un délit

# Air France-KLM

THÈME 2

ENTRAÎNEMENT À L'EXAMEN

**CONTEXTE DU SUJET**

Fondée en 1933, Air France s'impose en quelques années seulement comme une compagnie majeure sur la scène internationale. La première compagnie aérienne française structure d'abord son réseau autour de trois plates-formes : Marignane (Marseille) pour la Méditerranée et l'Orient, Toulouse pour l'Amérique du Sud, et surtout Le Bourget pour les liaisons avec les principales villes européennes.

En 2004, à la suite du rachat de la compagnie néerlandaise KLM, Air France devient le groupe Air France-KLM, l'un des transporteurs aériens les plus importants au niveau mondial en termes de chiffre d'affaires et de nombre de voyageurs transportés.

L'activité du groupe Air France-KLM se répartit entre le transport aérien de passagers, son cœur de métier, le fret, la maintenance et l'entretien aéronautiques, les domaines connexes du catering (commissariat aérien) à travers sa filiale Servair et des services à travers Air France Consulting.

En 2019, le groupe Air France-KLM a enregistré un chiffre d'affaires global de 27,2 milliards d'euros dont 86 % pour l'activité réseau (fret et passage), 6 % pour l'activité de Transavia et 8 % pour la maintenance. Cependant, depuis quelques années, le transport aérien a totalement changé sous l'influence des évolutions technologiques, de l'ouverture du ciel à la concurrence et de nouveaux modèles comme le *low cost*. Face à ces changements, Air France a du mal à s'adapter et à faire face à la pression concurrentielle. De plus, en 2020, la crise de la Covid-19 a eu un impact désastreux sur l'activité du groupe et l'ensemble des compagnies aériennes mondiales. De janvier à septembre 2020, Air France-KLM a cumulé une perte de 6 milliards d'euros, enregistré un chiffre d'affaires en recul de 58,8 % par rapport à 2019 et transporté un peu plus de 28 millions de passagers, soit une baisse de 64,7 % par rapport à la même période de 2019.

**L'étude est composée de 3 missions :**

**MISSION 1 : L'évolution du marché du transport aérien en Europe**

**MISSION 2 : L'innovation du groupe Air France-KLM**

**MISSION 3 : L'adaptation du groupe à son environnement**

**Composition du dossier documentaire :**



**En prenant appui sur vos connaissances, le contexte et le dossier documentaire, il vous est demandé de répondre aux questions relatives aux trois missions du sujet. Vous êtes invité(e) à mobiliser les concepts et les apports théoriques dès lors qu'ils sont pertinents et que le lien avec la mission est argumenté.**

## MISSION 1 L'évolution du marché du transport aérien en Europe

(Annexes 1, 2 et 3)

L'entrée de nouveaux acteurs sur le marché aérien a remis en cause les monopoles nationaux. Parmi ces nouveaux acteurs, l'émergence des compagnies dites « à bas coûts » (comme Ryanair ou EasyJet) a radicalement modifié la nature du secteur. Ces compagnies à bas coûts ont contraint les autres compagnies à se restructurer afin de pouvoir faire face à cette nouvelle offre.

**1.1. Repérez les acteurs et l'évolution du marché du transport aérien en Europe.**

**1.2. Justifiez l'intervention de la Commission européenne dans la fusion Air France-KLM.**

**1.3. Analysez les conditions du contrôle et de l'autorisation de la fusion Air France-KLM.**

© Nathan – La photocopie non autorisée est un délit

## MISSION 2 L'innovation du groupe Air France-KLM

**(Annexes 4, 5, 6 et 7)**

Air France-KLM s'adapte aux nouvelles façons de voyager de ses clients. Le groupe propose des fonctionnalités exclusives, notamment « AF Play », l'achat en ligne de billets directement *via* les comptes Facebook ou Twitter. Pour accompagner cette démarche d'innovation, le groupe a créé la Digital Factory, un laboratoire aux allures de start-up, qui accompagne Air France dans sa transformation digitale et propose à la fois des expertises technologiques et méthodologiques. Afin de conserver l'exclusivité de ses dernières applications mises en œuvre, le groupe souhaiterait protéger juridiquement ses innovations.

**2.1. Repérez les objectifs de l'Europe en matière d'innovation et justifiez son intervention dans ce domaine.**

**2.2. Présentez le rôle de l'innovation pour le groupe Air France-KLM.**

**2.3. Présentez, en argumentant, la solution juridique qui pourrait être retenue par le groupe Air France-KLM s'il souhaitait protéger ses innovations.**

## MISSION 3 L'adaptation du groupe à son environnement

**(Annexes 5, 6, 8 et 9)**

Frappé par la crise sanitaire, Air France-KLM essaie de se projeter dans un avenir incertain. Pour faire face à la situation, la compagnie française Air France doit réduire fortement ses coûts en contrepartie d'une aide financière de l'État français de 7 milliards d'euros. Au nom de la transition écologique, le gouvernement exige, en contrepartie de son aide, l'abandon des liaisons desservies en moins de 2 heures 30 par le TGV. Air France-KLM va réduire de 40 % ses vols nationaux, dont les comptes plombent les résultats financiers du groupe.

**3.1. Analysez les évolutions de l'environnement du groupe Air France-KLM.**

**3.2. Identifiez les conséquences sur la situation du groupe.**

**3.3. Repérez les objectifs de l'intervention de l'État dans ce contexte économique.**

© Nathan – La photocopie non autorisée est un délit

# DOSSIER DOCUMENTAIRE

## ANNEXE 1 Le marché du transport aérien

Depuis le milieu des années 1990, le principe de libre concurrence a structuré l'organisation du transport aérien en Europe. [...]

La concurrence a été possible par la création d'une demande nouvelle, dopée par la croissance économique, par l'apparition d'une large classe moyenne asiatique, par le déplacement des hommes et femmes d'affaires et par le développement effréné d'un hyper-tourisme de masse. [...] Sur le marché des vols réguliers, l'incroyable essor des compagnies *low cost* n'a pas été affecté par les crises. D'une part de marché de 3 % en 2001, ces nouveaux entrants avaient grignoté jusqu'à 27 % du marché des vols réguliers en 2015. Porté par la baisse des tarifs, le vent de la mondialisation et le bruit des planches à billets, le trafic a vite repris son envol vers les cieux d'une croissance qui pouvait paraître inarrêtable. [...] Une fois passés les faillites inexorables, les plans de sauvetage et les consolidations entre transporteurs, il faut parier que dans le monde post-2020, le trafic aérien ne reprendra pas la même trajectoire que lors des crises précédentes. Comment assurer la multiplicité des acteurs sur certaines liaisons si aucune profitabilité ne peut y être assurée ? [...] Une hausse des tarifs et le retour des monopoles sur certaines liaisons ne sont pas exclus. [...] Les difficultés de Boeing ont démontré à quel point rien n'est jamais acquis. Qui aurait prédit que le principal constructeur aéronautique de tous les temps pouvait se trouver au bord du gouffre si rapidement ? [...] Le référendum d'initiative partagée contre la privatisation d'ADP [Aéroports de Paris, groupe français leader mondial dans la conception, la construction et l'exploitation des aéroports] a recueilli environ 1,1 million de signatures, ce qui est loin d'être négligeable. L'attachement à un maintien dans le giron de l'État des grands aéroports s'expliquait par le fait qu'ils demeurent les principales frontières d'un pays.

**Romain Papy, www.lesechos.fr, 16 avril 2020.**

## ANNEXE 2 Bruxelles autorise la fusion Air France-KLM

La Commission européenne a donné mercredi 11 février [2004] son feu vert sous conditions à la fusion des compagnies aériennes Air France et KLM (Pays-Bas), qui donnera naissance au premier groupe aérien mondial en chiffre d'affaires, devant American Airlines (AMR). [...] En nombre de passagers transportés, le nouvel ensemble se classerait en quatrième position des compagnies membres de l'Association internationale pour le transport aérien (IATA), avec 62,812 millions de passagers en 2002, juste derrière les trois majors américaines AMR, Delta Airlines et United Airlines.

La mise en commun des deux plates-formes (« hubs ») de Charles-de-Gaulle (CDG) et de Schiphol consolidera l'avance européenne d'Air France avec une somme de 21 954 connexions par semaine entre les vols moyen et long-courriers. Le double hub CDG-Schiphol se positionnerait loin devant ceux de Lufthansa à Francfort (9 974 connexions), et de British Airways à Londres-Heathrow (5 621 connexions). [...]

CONCESSIONS

[La fusion] nécessite des concessions de la part des deux sociétés pour respecter les conditions de concurrence. La Commission a d'ailleurs expliqué dans un communiqué qu'elle a « *autorisé l'opération de concentration entre Air France et KLM après que les deux sociétés ont résolu les problèmes de concurrence, essentiellement entre Paris et Amsterdam et entre l'Europe et les États-Unis* ».

« *Après avoir examiné la première grande concentration dans le transport aérien en Europe, la Commission a demandé la cession de 94 créneaux de décollage et d'atterrissage par jour* » à Air France et à KLM, a-t-elle ajouté.

Ces concessions doivent permettre à des concurrents d'exploiter jusqu'à 31 vols aller-retour par jour concernant 14 destinations en Europe ou vers les États-Unis ou l'Afrique, pour lesquelles des problèmes de concurrence avaient été détectés, a ajouté la Commission.

**www.sud-aerien.org**

© Nathan – La photocopie non autorisée est un délit

## ANNEXE 3 Un sauvetage réussi pour KLM

[…] En 2004, Air France lançait une OPA amicale sur KLM et prenait 100 % du capital de la quatrième compagnie européenne en échange de 19 % du sien. À l'époque, le chiffre d'affaires du Néerlandais était deux fois inférieur à celui du Français : 12 milliards d'euros contre 6. Sans ce rapprochement, KLM aurait disparu. [En 2015], le groupe Air France-KLM affichait enfin des bénéfices de 118 millions d'euros, après une longue période de vaches maigres et un redressement laborieux depuis la crise de 2008. La chute des cours du carburant expliquait pour beaucoup ce résultat positif. […]

**Une intégration réussie**

British Airways avec Iberia et Aer Lingus, Lufthansa avec Sabena, Swissair ou Austrian… Aucun groupe aérien européen n'est allé aussi loin dans l'intégration qu'Air France avec KLM. Les deux compagnies gèrent en commun leurs forces commerciales, les escales et proposent un seul programme de fidélité. Les fonctions stratégiques utilisent les mêmes outils. Les réseaux long-courriers se sont « emboîtés » comme en Afrique, où KLM est très présent à l'est du continent et Air France à l'ouest. Le groupe a aussi misé sur une première en Europe : un double hub avec Roissy CDG et Amsterdam Schiphol. […]

Sylvie Andreau, *Le Journal du Dimanche*, 21 juin 2017.

## ANNEXE 4 Des projets de transformation digitale

La Digital Factory est un dispositif lancé en décembre 2017 pour accélérer les projets d'innovation, et désormais un lieu de 700 m² qui rassemble outils, méthodes et expertises pour accompagner les salariés dans la transformation digitale d'Air France. Amel Hammouda, Directrice de la Transformation, a déclaré : « *La Digital Factory contribue à notre objectif de rendre Air France plus simple, plus digitale et plus innovante. Sa mission est double : accélérer les projets des métiers grâce à un pôle d'expertises rares mais aussi favoriser l'acculturation des collaborateurs en offrant un lieu d'échange et de partage ouvert à tous. Nous souhaitons développer des outils ou des solutions innovantes au service de nos collaborateurs pour améliorer en permanence l'expérience de voyage de nos clients.* »

[…] Au service des différents métiers d'Air France, ces innovations ont permis d'améliorer l'expérience de voyage des clients et la performance opérationnelle de la compagnie avec par exemple :

– LEA Loop : lors d'aléas, tous les collaborateurs d'Air France, tant au sol qu'en vol, bénéficient des informations en temps réel *via* une application interne afin d'accompagner au mieux les clients et ainsi améliorer leur expérience de voyage en cas d'irrégularité ;

– Turn Around 360 : afin d'améliorer la ponctualité des vols de la compagnie, 25 opérationnels issus de 5 métiers différents (pilotes, personnel navigant, embarquement, piste, supervision) ont pu tester une application en temps réel lors d'une mise en situation reproduisant les conditions d'un départ de vol.

https://corporate.airfrance.com, 8 novembre 2018.

## ANNEXE 5 Un accord sur le programme Europe numérique pour 2021-2027

Le Parlement européen et le Conseil de l'Union européenne sont parvenus à un accord politique provisoire sur le tout premier programme pour l'Europe numérique, qui fait partie du budget à long terme de l'UE présenté par la Commission. Le programme, proposé en juin 2018, investira dans cinq secteurs numériques clés : le calcul haute performance, l'intelligence artificielle, la cybersécurité et la confiance, les compétences numériques avancées, et garantir une large utilisation et un large déploiement des technologies numériques à travers l'économie et la société, afin de renforcer le leadership technologique industriel européen.

https://ec.europa.eu, 14 février 2019.

© Nathan – La photocopie non autorisée est un délit

## ANNEXE 6 L'Europe à l'horizon 2030 : les défis à relever

L'Europe a souvent des difficultés à traduire la recherche scientifique en nouveaux produits, brevets, activités d'entreprise et emplois. Une concurrence insuffisante sur les marchés des services entrave l'innovation, augmente les coûts et limite la croissance. Les services financiers, les services numériques de nouvelle génération, les solutions énergétiques et les services visant à promouvoir la santé et l'apprentissage recèlent tous un potentiel considérable. L'UE est bien placée pour jouer un rôle de premier plan dans les nouveaux secteurs tertiaires, mais uniquement si les prestataires de services sont soutenus par un marché d'envergure européenne et un nouvel environnement réglementaire propices à l'innovation et à la créativité. Des marchés mondiaux libres et respectueux des droits de propriété intellectuelle constituent un terrain favorable indispensable à l'innovation. Il est par conséquent important que l'Europe reste déterminée à améliorer l'accès au marché tant à l'intérieur qu'à l'extérieur de ses frontières, l'approche la plus efficace consistant à achever le marché unique, à la fois en ce qui concerne les services et les nouvelles technologies. Dans le même temps, l'UE doit réformer les règles de la propriété intellectuelle, par exemple en créant un système européen des brevets qui soit simple, abordable, rapide et raisonnable et qui offre une protection efficace à l'échelle européenne. [...] L'économie créative continuera d'évoluer plus rapidement que les processus politiques destinés à la soutenir ou à la réglementer. Chaque jour, elle révèle de nouveaux horizons et des perspectives révolutionnaires. La souplesse et la réactivité doivent par conséquent constituer la base de tout cadre réglementaire dans ce domaine. Faciliter une culture de la prise de risque et de l'esprit d'entreprise est encore plus important. Ce n'est que de cette manière que l'UE récoltera pleinement les fruits de la recherche et de l'expérimentation, et créera ainsi des emplois.

**https://espas.secure.europarl.europa.eu**

## ANNEXE 7 Demandes de brevets européens : record pour les technologies numériques

L'Office européen des brevets (OEB) [a publié le 12 mars 2020] ses statistiques sur les demandes de brevets européens. Pour la première fois depuis plus de dix ans, les technologies numériques arrivent en tête des demandes déposées. Selon son baromètre Patent Index 2019, la forte progression de la communication numérique (+ 19,6 %) et de l'informatique (+ 10,2 %) [a] permis d'atteindre un nouveau record : en 2019, l'OEB a reçu au total plus de 181 000 demandes, soit 4 % de plus qu'en 2018.

« *L'essor fulgurant des technologies numériques est la tendance la plus frappante de notre baromètre 2019* », a déclaré António Campinos, président de l'OEB. « *La révolution numérique que connaît l'économie se reflète aujourd'hui pleinement dans les demandes de brevets qui parviennent à l'OEB. Grâce à notre expertise bien établie et mondialement reconnue dans l'examen des demandes qui concernent le numérique, l'OEB est un partenaire de choix pour soutenir les inventeurs et encourager l'innovation en Europe et dans le monde entier. Pour les entreprises et les scientifiques qui cherchent à protéger leurs inventions en Europe, il est primordial qu'ils bénéficient de conditions équitables par rapport à leurs concurrents venant d'Asie et des États-Unis et qu'ils soient en mesure d'être en position de force sur le marché mondial des technologies.* »

**Office européen des brevets, 12 mars 2020.**

**Croissance des demandes de brevet**

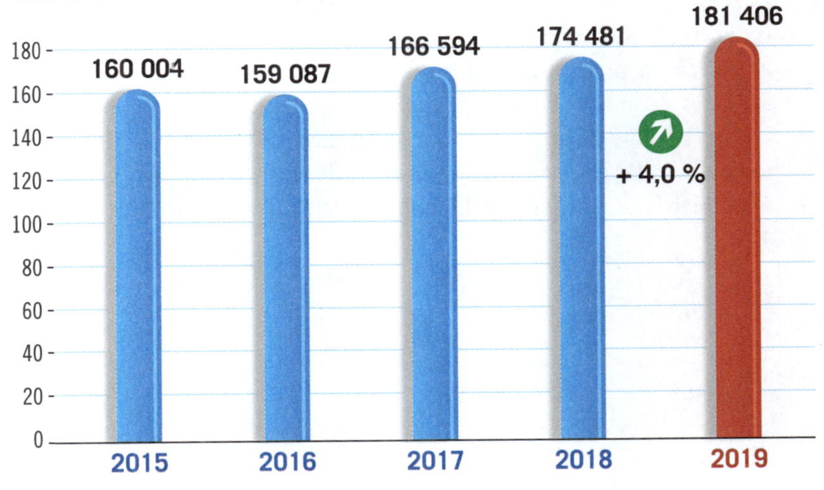


*Source : Office européen des brevets, 2020.*

© Nathan – La photocopie non autorisée est un délit

## ANNEXE 8 La survie de la concurrence aérienne et les défis qui restent à relever

Le transport aérien saura-t-il s'adapter au risque pandémique? Il serait illusoire de croire que les vols internationaux pourront reprendre sans aucune mesure de contrôle sanitaire des passagers aux arrivées. Sera-t-il demandé un « passeport d'immunité » en plus des passeports nationaux? Le passager lui-même préférera-t-il se recentrer sur un tourisme national ou local? Les entreprises qui ont pris goût au télétravail privilégieront-elles les moyens de visioconférence et les trajets en train? Est-ce que les autorités de la concurrence autoriseront les regroupements entre transporteurs au risque d'accepter de nouveaux monopoles? Quels seront les impacts sur les prix? Rien n'est certain, mais ce sont autant de menaces qui pèsent sur le secteur. Des voix s'élèveront sans doute pour remettre en cause la concurrence dans le transport aérien et appeler à la mise en place des anciens monopoles.
Le transport aérien a déjà relevé le défi du terrorisme et des crises financières. Il doit s'attaquer à des menaces beaucoup plus profondes qui mettent en péril son organisation actuelle : les pandémies, la crise écologique et le risque de décroissance. À défaut de s'adapter à ce nouveau paradigme, la concurrence aérienne risque purement et simplement de disparaître.

**Romain Papy, www.lesechos.fr, 16 avril 2020.**

## ANNEXE 9 Une aide de l'État conditionnée à une réduction des vols intérieurs

La ministre de la Transition écologique, Élisabeth Borne, l'assurait [le 27 avril 2020] : l'État n'accorde « *aucun chèque en blanc à Air France* ». Après l'aide massive apportée [le 24 avril] par l'État français à la compagnie aérienne, quatre milliards d'euros de prêt garantis à 90 % et trois milliards d'euros de prêt direct, le ministre de l'Économie Bruno Le Maire a détaillé les contreparties auxquelles devra se soumettre l'entreprise.
Première d'entre elles et pas des moindres : Air France devra réduire « drastiquement » ses vols intérieurs sur les trajets où une alternative ferroviaire existe. « *Il ne peut pas y avoir un soutien de l'État, avec l'argent des Français, sans engagement écologique de la compagnie* », avait fait valoir sur Europe 1 [...] Élisabeth Borne.
« *Nous voulons qu'Air France réduise de 50 % son volume d'émission de $CO_2$ sur ses vols en France métropolitaine d'ici la fin 2024. Cette condition est nouvelle, elle est drastique, elle va nous amener à revoir la mobilité sur le territoire français* », a déclaré [le 29 avril 2020] le ministre de l'Économie.
« *Dès lors qu'il y a une alternative ferroviaire à des vols intérieurs avec une durée de moins de 2 h 30, ces vols vont devoir être drastiquement réduits, et pour tout dire être limités pour un transfert vers un hub* », a-t-il insisté. Après l'annonce du sauvetage, de nombreuses voix s'étaient élevées pour regretter que l'État n'ait pas conditionné son aide à des engagements écologiques forts et concrets d'Air France pour réduire son empreinte carbone.
Air France devra par ailleurs tenir des engagements en termes de rentabilité et d'impact environnemental, parmi lesquels « *la réduction de 50 % de ses émissions de $CO_2$ par passager et par km entre 2005 et 2030* », a précisé Bruno Le Maire lors d'une audition [le 29 avril 2020] devant la commission des Affaires économiques de l'Assemblée nationale. Un engagement déjà pris par la compagnie.
L'objectif de 2 % de carburants alternatifs durables incorporés dans les réservoirs des avions devra être tenu d'ici 2025, a par ailleurs indiqué le ministre, et les investissements dans les années à venir devront être fléchés sur le renouvellement de la flotte long et moyen-courrier.

**www.lesechos.fr, 29 avril 2020.**

© Nathan – La photocopie non autorisée est un délit

# THÈME 3

# L'organisation de l'activité de l'entreprise

Question :

**Comment les facteurs économiques déterminent-ils les choix de production ?**



Questions :

**Comment choisir une structure juridique pour l'entreprise ?**



**Quelles réponses apporte le droit face aux risques auxquels s'expose l'entreprise ?**



Questions :

**Comment l'entreprise organise-t-elle ses ressources ?**



**Quel financement pour l'entreprise ?**



© Nathan – La photocopie non autorisée est un délit

THÈME

# 3 L'organisation de l'activité de l'entreprise Tee-shirt de France

**Tee-shirt de France**

**100 % français !**

**100 % qualité !**

**CONTEXTE DE L'ENTREPRISE**

## Tee-shirt de France

L'entreprise Tee-shirt de France, aujourd'hui florissante, a été créée en 2018 dans le but de reconquérir le marché du tee-shirt largement dominé par les produits étrangers. Après les entreprises chinoises, où le coût de la main-d'œuvre s'élève progressivement depuis quelques années, ce sont celles du Pakistan et du Bangladesh qu'il s'agit de concurrencer depuis peu.

Dans tous les cas, le faible prix de revient de ces vêtements d'origine asiatique va de pair avec une qualité moyenne, voire médiocre. L'ambition de Thibault Guillot, le fondateur de Tee-shirt de France, a été de proposer un produit de qualité, certes plus cher que ce à quoi les clients s'étaient habitués.

***Les choix de fonctionnement de l'entreprise Tee-shirt de France***
Accepter de développer sa compétitivité sur un autre registre que celui du prix ne permettait pas pour autant d'éluder la question des coûts ni celle des modes de production ou du financement de l'activité.

Par ailleurs, si la structure d'origine de l'entreprise a permis d'installer une équipe efficace, la conquête de parts de marché significatives a obligé à revoir l'organisation juridique de l'entreprise et à repenser son management.

**Quelles décisions se sont imposées à l'entreprise Tee-shirt de France pour déterminer au mieux ses choix de production, l'organisation de ses ressources et de son financement et pour choisir sa forme juridique tout en assumant les risques inhérents à son activité ?**

© Nathan – La photocopie non autorisée est un délit

# 10 Les choix de production de l'entreprise

**LES COMPÉTENCES ATTENDUES**

→ Caractériser la structure de coût de l'entreprise.
→ Analyser l'influence de paramètres économiques (taux d'intérêt, coûts des facteurs…) sur les décisions de l'entreprise.
→ Argumenter le choix de l'entreprise entre « faire » ou « faire faire ».

**LES SAVOIRS ASSOCIÉS**

→ Les facteurs de production (capital, travail, matières premières, connaissances)
→ Les gains de productivité et coûts de production
→ La chaîne de valeur
→ Les principes et finalités de l'impartition

**PLAN DU CHAPITRE**

## Des tensions subsistent sur l'appareil de production

En juillet 2019, les industriels signalent solliciter moins leurs machines et équipements. À 83,4 %, le taux d'utilisation des capacités de production poursuit sa baisse graduelle, après avoir atteint un point haut de dix ans en janvier 2018.

Les industriels sont néanmoins un peu plus nombreux qu'en avril à estimer qu'ils ne pourraient pas produire davantage s'ils recevaient plus de commandes : les goulots de production concernent un tiers des entreprises. Cette part avait atteint en octobre 2018 son plus haut niveau depuis 2000.

**INSEE, *Informations rapides*, n° 185, 24 juillet 2019.**

**RENAULT : UN PAS DE PLUS DANS L'ÉCONOMIE CIRCULAIRE**

**Vidéo** liennathan.fr/4sd35g

1. **Indiquez quels sont les facteurs qui permettent la production d'automobiles.**
2. **Pourquoi une partie des industriels français estiment-ils ne pas pouvoir produire davantage si leurs carnets de commandes augmentaient ?**

© Nathan – La photocopie non autorisée est un délit

# 1 Caractériser la structure de coût de l'entreprise

## A Quels sont les facteurs de production utilisés par l'entreprise ?

### DOC. 1 Michelin, un des leaders mondiaux du pneumatique

Deuxième fabricant mondial de pneumatiques avec près de 14 % du marché en 2018 (plus de 24 milliards d'euros de ventes), Michelin dispose d'une présence commerciale dans plus de 170 pays et de 126 sites de recherche et de production. Plus de 127 000 employés de toutes cultures travaillent pour le groupe, au capital de 357 millions d'euros. Son large portefeuille de marques lui permet de couvrir de nombreux segments du marché : petites berlines, modèles haut de gamme et sportifs, 4 × 4, véhicules utilitaires légers mais aussi des véhicules 2 roues, Génie civil, poids lourds, avions, etc.

**D'après Michelin, *Document d'enregistrement universel*, 2019.**

### DOC. 2 Les facteurs de production travail et capital

Produire, certes. Mais avec quoi ? Avec du travail d'abord : il s'agit là de l'élément de base, indispensable. Même pour cueillir les champignons [...], il faut une dépense de travail. Mais reconnaissons que le travail seul est d'une efficacité limitée : labourer la terre avec ses ongles n'est pas la méthode la plus rapide pour parvenir à ses fins. L'homme a besoin d'outils pour accroître l'efficacité de son travail. Il lui faut des moyens de production, ou encore du capital.

**Denis Clerc, *Déchiffrer l'économie*, Éd. La Découverte, 2020.**

**FABRICATION DES PNEUS MICHELIN**

**Vidéo**
liennathan.fr/fy245y

1. **En quoi consistent les facteurs de production travail et capital dans le groupe Michelin ?**
2. **Précisez les différents sens du mot « capital ». Lequel est un facteur de production ?**
3. **Précisez le lien existant entre ces deux facteurs de production dans la fabrication des pneus.**

### DOC. 3 Plus de 200 matières premières dans la fabrication du pneu Michelin

C'est en pratiquant une incision sur l'écorce de l'hévéa que le latex est recueilli sous la forme d'un liquide blanc et laiteux. [...] Dans l'industrie du pneu, 60 % des caoutchoucs utilisés sont des caoutchoucs synthétiques fabriqués à partir d'hydrocarbures d'origine pétrolière [...]. [Le caoutchouc synthétique] est particulièrement utilisé dans les bandes de roulement des pneus [...] pour les bonnes propriétés d'adhérence qu'il permet d'obtenir [...].

Issue du sable, la silice a des propriétés connues depuis longtemps, notamment l'amélioration de la résistance à la déchirure [...]. Véritable squelette du pneu, [les renforts métalliques (acier) et textiles (le polyester, le nylon notamment)] garantissent sa géométrie et ses rigidités. Ils assurent également la souplesse indispensable lors du contact du pneu avec la route.

**http://toutsurlepneu.michelin.com/le-pneu-cet-inconnu-les-materiaux**

© Nathan – La photocopie non autorisée est un délit

## DOC.4 Le facteur de production naturel

[…] On dénomme ressources naturelles les diverses ressources minérales ou biologiques nécessaires à la vie de l'homme et à ses activités économiques. Celles-ci peuvent être subdivisées en deux groupes distincts :
– Les ressources non renouvelables, constituées par les matières premières minérales et les combustibles fossiles […] correspondant à un stock […] épuisable.
– Les ressources renouvelables qui peuvent, en principe, être exploitées sans épuisement, étant capables de se régénérer en permanence. Elles regroupent l'eau, les sols (terres cultivables) ainsi que les ressources biologiques, qui sont constituées par les communautés vivantes exploitées par l'homme (forêts, pâturages, pêcheries maritimes, biodiversité – espèces animales et végétales) et par les ressources génétiques (variétés de plantes cultivées et races d'animaux domestiques). […]

**François Ramade, « Ressources naturelles », *Encyclopædia Universalis* [en ligne].**

**4.** **Quelles sont les ressources naturelles utilisées par Michelin ? À quelle catégorie de ressources appartiennent-elles ?**

**5.** **Expliquez en quoi ces ressources naturelles sont des facteurs de production.**

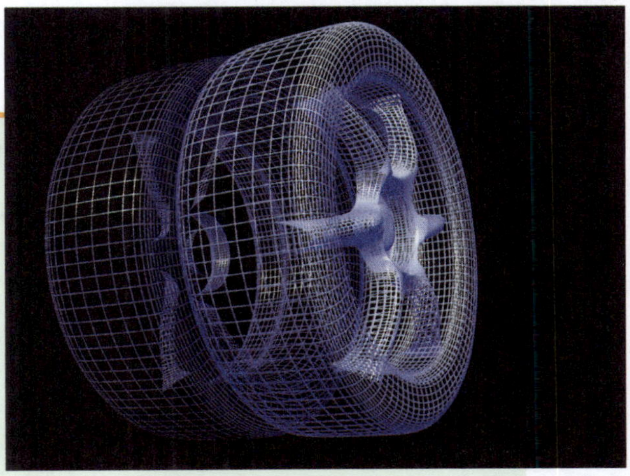

## DOC.5 Michelin : une entreprise innovante

En 2019, le groupe représente le numéro 1 mondial des pneus connectés et des pneus économes en énergie.
L'innovation permet de différencier les produits et les services et d'en justifier le positionnement prix premium : l'enjeu est d'innover mieux et plus vite pour maintenir son avance sur les concurrents.
Le centre de Recherche et Développement s'appuie sur un réseau mondial. Ses équipes sont implantées en France, Espagne, Suisse, États-Unis, Brésil, Chine, Thaïlande, Inde, Japon.
Avec 6 000 personnes sur trois continents, un budget annuel de 687 millions d'euros, et 247 brevets[1] déposés en 2019, Michelin dispose d'une force d'innovation sans équivalent dans le secteur du pneumatique.
Ainsi, le groupe a présenté en 2019 un pneu révolutionnaire baptisé Uptis, pour « système unique de pneumatique anti-crevaison » en français. Sans air comprimé, il ne peut éclater. Développé avec General Motors, ce pneu élimine tout risque de crevaison et permet des économies de matières premières et d'énergie liées à la suppression de la roue de secours.

**D'après Michelin, *Document d'enregistrement universel*, 2019.**

1. Le brevet protège une innovation technique, c'est-à-dire un produit ou un procédé qui apporte une nouvelle solution technique à un problème technique (INPI).

**LE CENTRE DE RECHERCHE MICHELIN**

**Vidéo**
liennathan.fr/769cpm

**6.** **En quoi consiste l'innovation chez Michelin ?**

**7.** **Quelles sont les caractéristiques de la stratégie d'innovation de Michelin ?**

**8.** **Expliquez pourquoi il est si important d'investir dans les connaissances pour Michelin.**

© Nathan – La photocopie non autorisée est un délit

## B Les coûts de production de l'entreprise

### DOC. 6 L'industrie automobile française a perdu 36 % de ses emplois depuis 2000

L'emploi s'effondre dans l'industrie automobile en France. Et la tendance est antérieure au Covid, qui aggrave les choses, relève le Conseil d'analyse économique (CAE). […]
Mais, alors que les pertes d'emplois sont importantes chez PSA et Renault, c'est la stabilité dans les usines françaises de Toyota et Daimler […]. Un écart « qui ne peut s'expliquer que par les coûts unitaires de main-d'œuvre plus élevés chez les constructeurs français que leurs concurrents étrangers implantés en France. Ceci ne concerne pas que les salaires, mais aussi le niveau de performance des usines, les plus récentes étant les plus compétitives.
Si la baisse des ventes et de la production des constructeurs français n'a pas été alignée sur la même chute, c'est bien parce que les PSA, un peu, et Renault, beaucoup, ont délocalisé leur production dans des pays à faible coût de main-d'œuvre. […]
Problème, l'un des facteurs de compétitivité est de disposer d'un tissu industriel dense. C'est le cas en France, dans l'Est et dans le Nord. Mais, à mesure que la production automobile diminue, le jeu des économies d'échelle fait que les coûts de production augmentent.
Faut-il alléger le coût des salaires ? Non, estime le CAE. Ceux-ci pèsent certes 15 % des coûts d'exploitation […]. Le CAE estime que, même si cela ne signifie pas que les coûts du travail n'ont pas d'importance pour la compétitivité de l'industrie manufacturière, les réductions de cotisations sociales ne sont probablement pas la voie à suivre pour accroître la compétitivité de l'industrie automobile.
Rappelons que, depuis les premières exonérations mises en place […] en 1993, celles-ci ont peu ou prou constamment été étendues depuis lors. Il n'y a d'ailleurs plus du tout de cotisations patronales au niveau du Smic.
La robotisation est, elle, en revanche, bénéfique : en faisant gagner en compétitivité […].

**André Thomas, www.ouest-france.fr, 21 septembre 2020.**

### DOC. 7 Le coût salarial

Le coût du travail, ou coût salarial, est la somme des dépenses qui incombent à l'employeur en contrepartie de l'emploi d'un salarié. Il inclut la rémunération et les cotisations sociales patronales.
Les cotisations sociales salariales, incluses dans le salaire brut, sont supportées par les salariés, alors que les cotisations sociales patronales sont supportées par l'employeur.
Le coût du travail est un élément important de la compétitivité des entreprises ; plus il sera élevé, plus les employeurs seront réticents à embaucher, incités à substituer le capital au travail ou à délocaliser la production vers des pays à main-d'œuvre bon marché.

**9. Quels sont les facteurs de production utilisés par les constructeurs automobiles ?**

**10. Quels sont les éléments du coût de production d'une voiture ?**

**11. Indiquez sur quels éléments de coûts a reposé la décision prise par PSA et Renault.**

**12. Expliquez les liens entre coût du travail et compétitivité, puis entre coût du travail et réduction du personnel.**

## APPLICATION AU CAS

### TEE-SHIRT DE FRANCE

La société Tee-shirt de France possède une unité de production en Dordogne (Région Nouvelle-Aquitaine), de conception moderne, équipée de machines sophistiquées capables de découper, de façonner et d'effectuer des finitions. Thibault Guillot s'est entouré d'une équipe de salariés qualifiés. La fabrication des tee-shirts utilise des matières nobles comme le coton et des teintures à base de produits non toxiques élaborées au sein du département R&D de la société. Composé d'une équipe de quatre techniciens chimistes, il est dirigé par un ingénieur textile.

**1. Quels sont les quatre facteurs de production utilisés par la société Tee-shirt de France ?**

**2. Quelles peuvent en être les conséquences au niveau des coûts pour l'entreprise ?**

© Nathan – La photocopie non autorisée est un délit

# 2 Analyser l'influence des coûts sur les décisions des entreprises

## A Quelle est l'influence du coût de production sur les choix de l'entreprise ?

### DOC. 8 La baisse du coût des batteries, clé du succès des voitures vertes

[…] [L]e coût de la production des batteries devrait baisser de 35 % en moyenne ces cinq prochaines années pour […] atteindre la barre cruciale des 100 dollars (91 euros) le kilowattheure (kWh) avant 2024 […]. [L]a voiture verte ne sera bientôt pas plus chère à fabriquer que la classique auto […]. Dans ce rassurant avenir, demeure une incertitude qui pourrait venir gâcher les prévisions et remettre à plus tard la baisse du prix des batteries : les fluctuations des matières premières […]. En cas de hausse plus forte et brutale des matières premières, toute la mécanique économique de la voiture électrique serait alors grippée.

**Éric Béziat, *Le Monde*, 5 septembre 2019.**

**Évolution du prix moyen du kWh de batterie lithium ion**

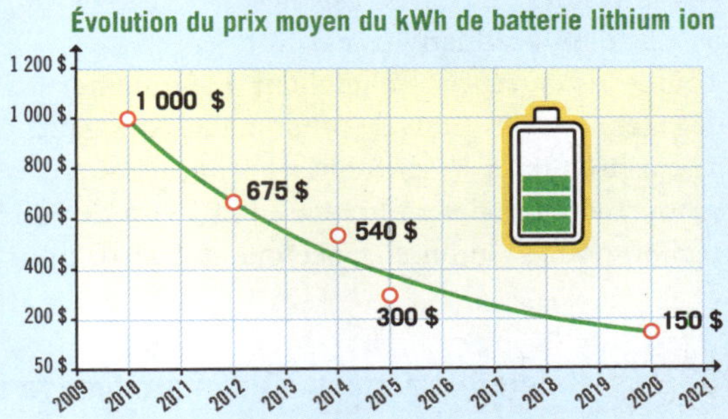


Source : *Les Échos* – Chiffres 2015 et 2020 : estimation des fabricants.

### DOC. 9 Pourquoi la production automobile va plonger en France en 2020

« *La France va perdre 400 000 véhicules en production en 2020* (par rapport à 2019) », pronostique Claude Cham, président de la Fédération des équipementiers auto français.
Pourquoi ? « *Tous les marchés sont en palier ou en baisse. Mais, surtout, la délocalisation s'est accélérée* », souligne Claude Cham.
Car la dernière Peugeot 208 II n'est plus fabriquée en France, mais en Slovaquie et sur le site flambant neuf de Kenitra au Maroc. La nouvelle Clio V est pour sa part produite en Slovénie et en Turquie. Quant au prochain petit SUV Peugeot 2008 II, il a migré vers l'Espagne ! Une délocalisation qui symbolise la désindustrialisation de la France. […] C'est une question de coûts, et donc de prix de vente. « *Il y a sept points d'écart dans le coût salarial entre la France et l'Espagne* », note Claude Cham. L'ex-directeur général de Renault, Thierry Bolloré, allait même plus loin. Il expliquait ainsi au Sénat que le coût salarial (avec les charges) était carrément « *inférieur de 40 % en Espagne par rapport à la France* » ! Et le différentiel est encore plus flagrant avec la Slovaquie. Le coût salarial y est 3,5 fois inférieur à celui de l'Hexagone. Comme en Turquie.

**Alain-Gabriel Verdevoye, *Challenges*, 2 décembre 2019.**

1. **Expliquez le lien entre la variation du prix du lithium et la baisse du prix des batteries décidée par Renault.**
2. **Indiquez les principaux coûts entrant dans la fabrication d'une automobile.**
3. **Expliquez les causes de la délocalisation d'une partie de la production de véhicules français.**

### DOC. 10 La productivité dans le secteur automobile

En 2020, un groupe automobile compte près de 96 000 salariés dans la division automobile ; ceux-ci ont participé à la production mondiale de 3 500 000 véhicules.
Il projette pour 2021 un niveau de production équivalent compte tenu des estimations de la demande mondiale. Mais ses anticipations sur les stratégies développées par ses concurrents l'incitent à envisager des économies et à réduire ses coûts de production afin de maintenir ses prix ; il prévoit ainsi une augmentation de la production réalisée par chaque salarié. Aussi, cette entreprise souhaite investir dans de nouvelles chaînes de production, plus automatisées, et réduire son effectif en facilitant les départs ; l'effectif passerait alors de 96 000 salariés à 68 600.

© Nathan – La photocopie non autorisée est un délit

## DOC. 11 La productivité du travail et les coûts

On évalue l'efficacité d'une entreprise en calculant le rapport entre la production qu'elle obtient et les moyens utilisés. La productivité du travail est une mesure de l'efficacité productive des travailleurs.
**Productivité du travail = Richesse créée / Quantité de travail utilisée**
La richesse créée peut être mesurée par la quantité produite mais, le plus souvent, on utilise la valeur ajoutée. Le volume de travail peut être quantifié de plusieurs manières :
– si le volume de travail est mesuré par le nombre d'heures travaillées, on parle de productivité horaire du travail ;
– si le volume de travail est mesuré par le nombre de travailleurs, on parle de productivité par tête.
Toutes les entreprises cherchent à augmenter leur productivité et dégager ainsi des gains de productivité. Ces gains sont d'autant plus importants pour les entreprises françaises que, selon l'OCDE, la productivité horaire en France en 2019 est de 103,90 dollars contre 103,40 pour l'Union européenne et 103,10 pour l'Allemagne.

**4.** Calculez la production de véhicules par tête au sein de ce groupe automobile en 2020.

**5.** Calculez ce que serait la nouvelle production de véhicules par tête en 2021.

**6.** À combien s'élèverait la différence ? Que traduirait-elle ?

**7.** Le groupe automobile a-t-il raison de se lancer dans ce projet ? Pourquoi ?

## DOC. 12 Un choix de combinaison productive en fonction des coûts

Une entreprise de fabrication de véhicules produit 100 unités par mois. Elle utilise du facteur travail au coût mensuel moyen de 3 000 € (ouvriers, technicien, cadres moyen et supérieur), du facteur capital sous la forme de robots au coût mensuel moyen de 10 000 €, ainsi que des matières premières regroupant de l'acier, des caoutchoucs… et des innovations investies dans tous les véhicules.
Pour produire ces véhicules, l'entreprise a le choix entre trois combinaisons de facteurs travail et capital, ceux-ci pouvant se substituer l'un à l'autre :
– combinaison 1 : 100 salariés et 8 robots ;
– combinaison 2 : 60 salariés et 16 robots ;
– combinaison 3 : 35 salariés et 24 robots.

## DOC. 13 L'importance du choix de la combinaison productive pour l'entreprise

Les producteurs utilisent nécessairement [les facteurs capital et travail] qu'ils associent de différentes façons. La combinaison productive, qui désigne la proportion de capital technique et de travail utilisé pour produire, peut être plus ou moins capitalistique, c'est-à-dire incorporer proportionnellement plus ou moins de capital. Le choix de la combinaison productive est fonction du coût relatif du travail et du capital puisque chaque entreprise opte pour l'intensité capitalistique qui minimise ses coûts de production.

M. Montoussé, « La production, fruit du travail et du capital », *Cahiers français*, n° 315.

**Coût mensuel des différentes combinaisons productives**

| Combinaison | Coût du travail | Coût du capital | Coût total |
|---|---|---|---|
| 1 | 100 s × 3 000 € = 300 000 € | 8 × 10 000 € = 80 000 € | **380 000 €** |
| 2 | 60 s × 3 000 € = 180 000 € | 16 × 10 000 € = 160 000 € | **340 000 €** |
| 3 | 35 s × 3 000 € = 105 000 € | 24 × 10 000 € = 240 000 € | **345 000 €** |

**8.** Analysez le coût respectif de chacune des combinaisons. Quelle est la meilleure combinaison possible pour l'entreprise ? Pourquoi ?

**9.** Quelle est la combinaison productive qui a la plus forte intensité capitalistique ? Est-ce celle à retenir ? Justifiez.

**10.** Que pouvez-vous en conclure sur les facteurs ayant une influence sur le choix de la combinaison productive de l'entreprise ?

© Nathan – La photocopie non autorisée est un délit

## B Quelle est l'influence du taux d'intérêt sur les décisions des entreprises ?

**DOC. 14 Qu'est-ce qu'un taux d'intérêt ?**

L'intérêt est la somme qu'un particulier, une entreprise ou un État paie à son créancier pour lui emprunter de l'argent. Il est exprimé en proportion du montant prêté : c'est ce pourcentage que l'on appelle « taux d'intérêt » ou « loyer de l'argent ». Ainsi, un client souscrivant au 1er janvier un prêt d'un an de 100 euros assorti d'un taux d'intérêt de 5 % devra rembourser 105 euros à son banquier le 31 décembre. C'est donc à la fois le coût du crédit pour l'emprunteur et la rémunération de l'argent pour le prêteur.

Les Banques centrales ont une influence décisive sur le niveau des taux d'intérêt puisqu'elles fixent les taux directeurs dans le cadre de leur politique monétaire. C'est le taux auquel elles prêtent elles-mêmes de l'argent aux banques commerciales, et qui sert de référence aux taux des crédits que ces dernières accordent à leurs clients.

**DOC. 15 Le niveau des taux d'intérêt joue-t-il sur les décisions des agents économiques ?**

Lorsque les taux sont faibles, les ménages, les entreprises et l'État peuvent s'endetter à peu de frais. Ils ont donc tendance à augmenter leur consommation et leurs investissements, ce qui pousse l'activité et dope la croissance et l'emploi. Dans certains secteurs, comme l'automobile [...], les ventes dépendent directement des capacités d'emprunt de la clientèle. Les décisions d'investissement des entreprises sont elles aussi extrêmement sensibles au niveau des taux. C'est le cas, en particulier, des programmes de recherche-développement, que bon nombre de sociétés financent uniquement grâce à des prêts. S'ils deviennent trop chers, elles cessent d'innover et perdent en compétitivité.

**« Comment fonctionnent les taux d'intérêt ? », *Capital*.**

**11.** **Quelles sont les deux fonctions du taux d'intérêt ?**

**12.** **Comment les banques commerciales déterminent-elles les taux des crédits qu'elles accordent à leurs clients ?**

**13.** **Pourquoi les décisions d'investissement des entreprises dépendent-elles du niveau des taux d'intérêt ?**

**14.** **Quel lien pouvez-vous alors faire avec leur degré d'innovation ?**

## APPLICATION AU CAS

### TEE-SHIRT DE FRANCE

Le succès que connaît la société Tee-shirt de France conduit son fondateur à réfléchir sur la mise en place d'une stratégie de développement industriel. Pour ce faire, il met en correspondance les atouts dont dispose l'entreprise et leurs limites : un personnel impliqué et qualifié, mais dont les niveaux de rémunération sont élevés : 1,5 SMIC au minimum selon leur niveau de qualification (alors que les salaires au Bangladesh et au Pakistan sont de l'ordre de 100 € par mois), un niveau de productivité élevé mais qui tend à stagner, un taux d'utilisation des machines de l'ordre de 90 % et une capacité d'autofinancement importante alors qu'en même temps, le taux d'intérêt des crédits aux entreprises est faible (2,5 %).

- **Quelles sont les différentes modalités que vous pouvez recommander à M. Guillot pour mettre en œuvre sa stratégie de développement ?**

© Nathan – La photocopie non autorisée est un délit

# 3 Argumenter le choix de l'entreprise entre « faire » ou « faire faire »

## A En quoi la chaîne de valeur est-elle un outil d'aide à la décision ?

### DOC. 16 Zara : les secrets d'une mode à grande vitesse

Zara est une enseigne à deux vitesses. Un tiers des produits proposés [...] sont des basiques. Les designers fixent la tendance, dessinent et lancent la confection dans les ateliers d'Asie. Mais pour les deux autres tiers s'applique le modèle de la *fast fashion* qui s'appuie sur :
– le prototypage. [...] Dès qu'un engouement se manifeste pour un produit, le commercial demande aux designers d'en concevoir un autre. Le prototype est confectionné et essayé. Après validation, la production est lancée en toute petite quantité ;
– la fabrication. Dans les sous-sols, des bras laser découpent les pièces suivant les cotes fournies par la prototypiste. Ces éléments filent vers l'usine attenante. Le site compte 10 centres de confection pour les pièces complexes. Le reste est confié à des sous-traitants en Turquie [...]. Une fois montés, les vêtements reviennent dans les centres logistiques de La Corogne (Espagne) ;
– la logistique. Les repasseuses insèrent dans chacun des vêtements des puces. « Ce système permet de lire 400 articles à la seconde [...] et d'éviter toute erreur humaine dans la gestion des stocks » [...]. Après un long périple, chaque lot se retrouve face à un mini-box correspondant à un magasin Zara. [...] Si le magasin est en Europe, direction l'un des 250 camions qui livre en 24 heures maximum. Au-delà, les vêtements partent en avion. En tout, 3 semaines [s'écoulent] entre l'enregistrement du pic de vente et le réassort, fabrication comprise.

**Anne-Laure Allain, *Capital*.**

### DOC. 17 La chaîne de valeur de Porter

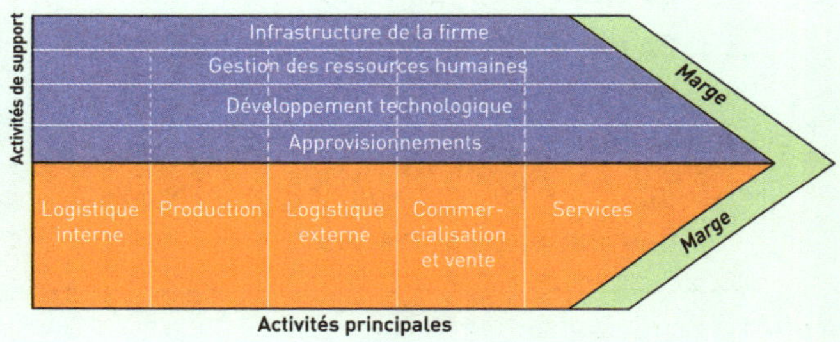


**La chaîne de valeur** (Michael Porter, 1980)

Michael Porter l'a créée dans son livre *L'Avantage concurrentiel*. La chaîne de valeur d'une entreprise se compose d'une série d'activités qui se divisent en deux familles et qui ajoutent de la valeur aux yeux du client (la marge). Elle décrit ainsi les différentes étapes qui déterminent la capacité d'une organisation à obtenir un avantage concurrentiel, en distinguant les activités qui génèrent le plus de valeur et qui leur permettent de se distinguer de la concurrence. La stratégie consiste alors à investir (en général) et à développer cet avantage concurrentiel. En découleront des actions ayant pour but soit de renforcer la valeur (produit mieux différencié pour le client, marge accrue, meilleure image sur le marché), soit de réduire les coûts à valeur identique (sous-traiter certaines productions, supprimer certaines activités peu utiles).

**1.** Sur quel concept repose le succès de l'entreprise Zara ?

**2.** Parmi les trois activités mises en place par Zara pour commercialiser ses produits, identifiez, en justifiant votre réponse :
– les activités principales qui concourent directement à la création matérielle et à la vente du produit ;
– les activités de soutien qui viennent en appui du processus de production.

**3.** Pour les clients de Zara, indiquez les activités qui apportent le plus de valeur aux vêtements vendus.

**4.** Quelle activité est pour partie confiée à des sous-traitants ? Pourquoi ?

**5.** En quoi la chaîne de valeur de Porter apparaît-elle comme un outil pour arbitrer entre « faire » et « faire faire » ?

© Nathan – La photocopie non autorisée est un délit

## B L'intégration du développement durable est-il une source de valeur ?

### DOC. 18 Quel bilan pour Danone France dans ses objectifs de développement durable ?

En 2018, Danone publiait son « Danone Act », un document dans lequel le groupe agroalimentaire se fixait, pour 2025, des objectifs en matière de transparence, de développement du bio et d'agriculture. Le groupe a dressé […] un premier bilan de ses actions. Premier volet : celui de la transparence. […] Le groupe s'est […] engagé à apposer le Nutri-Score[1]. À l'heure actuelle, le groupe affiche 70 % de ses recettes déjà étiquetés. « *Plus de 95 % des produits dits du quotidien (type yaourts) affichent un score A ou B* » [se félicite François Eyraud, directeur général de Danone Produit Frais France] […] Pour atteindre ces bons résultats en termes de Nutri-Score, Danone a accentué les reformulations de ses recettes. Résultat, l'entreprise a réduit le taux de sucre dans plus de la moitié des produits […].

Deuxième pilier de la feuille de route du géant laitier : le bio. L'entreprise, qui s'était fixée pour objectif que toutes ses marques pour enfants aient une offre bio d'ici à 2020, a déjà atteint son objectif. Au total, 11 gammes bio ont été lancées par Danone depuis 2018. […]

Pour résoudre la question de l'approvisionnement, Danone a entrepris d'accompagner les agriculteurs dans leur transition. […] Au total, le groupe a consacré plus de 40 millions d'euros d'investissements pour pousser l'ensemble de son amont vers l'agriculture régénératrice. Sorte de modèle hybride entre l'agriculture conventionnelle et le bio, l'agriculture régénératrice telle que définie par Danone repose sur trois axes : la protection des sols et de la biodiversité, le bien-être animal et l'accompagnement des agriculteurs vers ces nouveaux modes de production. […]

L'entreprise se heurte toutefois à la question des emballages. Questionné, le groupe a reconnu des difficultés. « *Nous nous sommes fixés jusque 2025 pour que l'ensemble de nos pots de yaourts soient en plastique renouvelable, renouvelé ou compostable* », explique Laurence Peyraut [secrétaire générale de Danone France].

**Adeline Haverland, *L'Usine Nouvelle*, 11 février 2020.**

1. Nutri-Score, grâce à une lettre et à une couleur, informe les consommateurs sur la qualité nutritionnelle d'un produit. Chaque produit est positionné sur une échelle à 5 niveaux allant du plus favorable (classé A) au moins favorable (classé E).

### DOC. 19 Quels impacts sur la chaîne de valeur ?

L'adoption de pratiques responsables pour l'approvisionnement est contraignante.

Rechercher de nouvelles matières premières, assurer leur traçabilité, favoriser l'approvisionnement local et exiger la transparence des pratiques des fournisseurs devient complexe pour les marques cherchant à tout concilier. Les grands du secteur intègrent progressivement l'amont de leur chaîne de valeur ou peuvent faire pression sur leurs parties prenantes. Les autres acteurs adoptent une démarche plus sélective et hiérarchisent leurs priorités : environnement, éthique, zone de production…

Les contraintes d'approvisionnement ont des répercussions positives sur la création. L'adoption de nouvelles matières, si elle peut nécessiter un temps d'adaptation, est une véritable stimulation pour la conception des produits. C'est l'occasion pour les marques d'innover et de se différencier. Un approvisionnement responsable prépare l'organisation d'une création éthique, vertueuse pour l'environnement et originale.

**« Éthique et création de valeur », Cabinet Mazars.**

6. **Identifiez les contraintes auxquelles la filière de l'agroalimentaire est confrontée.**
7. **Montrez comment Danone répond à ces contraintes.**
8. **Quel est l'impact sur la chaîne de valeur des pratiques des entreprises de cette filière en général et au niveau de l'approvisionnement en particulier ?**
9. **En quoi peut-on dire que « les questions éthiques deviennent de puissants leviers de création de valeur » ?**

© Nathan – La photocopie non autorisée est un délit

## C Pourquoi les entreprises sous-traitent-elles une partie de leur activité ?

### DOC. 20 Dans l'usine polonaise de Saint-Gobain qui produit le pare-brise des Clio et 208

De plus en plus de modèles stars de marques automobiles françaises sont produits à l'étranger [...]. En particulier en Europe de l'Est [...], grâce à une main-d'œuvre qualifiée et bon marché. Les sous-traitants basés dans ces pays en profitent. Comme le Français Saint-Gobain dont la filiale Sekurit, spécialisée dans le verre automobile, dispose de plusieurs sites de production importants dans la région : 24 usines en Pologne [...].

« *Les constructeurs exigent une précision de plus en plus fine pour la forme du vitrage, son épaisseur, la géométrie de bombage...* », explique Éloi Guenet, directeur général Sekurit OEM Pologne [...].

Les pare-brise des nouvelles Peugeot 208 et Renault Clio sont fabriqués de cette façon. [...]

**Sylvain Arnulf, *L'Usine Nouvelle*, 21 octobre 2019.**

### DOC. 21 Définition de l'impartition

L'impartition est une stratégie économique d'entreprise qui consiste à faire réaliser, produire par des entités externes des biens et services au lieu de les produire, de les développer en interne.

Ex. : concession, franchise, externalisation, sous-traitance.

**10.** **Quelle stratégie d'impartition est utilisée par les constructeurs automobiles français cités dans l'article ?**

**11.** **Pour quelles raisons, selon vous, ces constructeurs décident-ils de développer la sous-traitance ?**

**12.** **Comment cette sous-traitance avec Saint-Gobain se concrétise-t-elle ?**

### DOC. 22 Quel est le cœur de métier des constructeurs ?

Qu'ils soient français, asiatiques ou américains, les constructeurs n'ont pas le choix. Ils se retrouvent face à un mur d'investissement, qui les oblige à redéfinir leur cœur de métier.

Le moteur de demain ? Pas seulement des essence ou diesel plus sobres et propres, mais aussi de l'électrique, de l'hybride, voire de l'hydrogène. Quant à la conduite, elle bascule dans la connectivité, en attendant l'autonomie. [...]

« *Pour suivre le rythme, les constructeurs, qui ne veulent pas gonfler leurs effectifs, sont obligés d'aller chercher de l'aide à l'extérieur* », souffle l'un des dirigeants de Plastic Omnium[1]. [...] D'autant que, en parallèle, les constructeurs élargissent sans cesse leur gamme, raccourcissent la durée de vie des modèles (pour se conformer à des consommateurs toujours plus exigeants) et doivent respecter des normes toujours plus serrées (sécurité, pollution...). [...]

Les constructeurs [...] doivent désormais se résigner à sous-traiter des pans entiers de savoir-faire. [...] « *La conception, l'homologation, le contrôle qualité... Ils sous-traitent de plus en plus* », constate-t-on également chez Arcelor[2]. [...] Au global, [...] les constructeurs ne détiennent que 15 % de la valeur des équipements électriques et électroniques de la voiture, 16 % des systèmes intérieurs [...]. À terme, ce jeu pourrait s'avérer dangereux pour les constructeurs, qui voient la valeur ajoutée partir plus ou moins largement dans les bras de ses partenaires. [...]

Quel sera demain le cœur de métier d'un constructeur ? [...] Ils conserveront de toute façon leur rôle d'agrégateur en se concentrant sur quelques savoirs clefs à la manière d'un Apple. Le design, l'environnement de la marque, sa qualité perçue, la conduite sont de vraies valeurs ajoutées. [...]

**Maxime Amiot et Julien Dupont-Calbo, *Les Échos*.**

1. Plastic Omnium : équipementier. 2. Arcelor : fournisseur de produits en acier.

© Nathan – La photocopie non autorisée est un délit

**DOC. 23** **PSA : comment assurer la continuité de l'approvisionnement?**

Le constructeur a mis en place, à l'échelle du groupe, un comité rassemblant la R&D, les achats, la fabrication et la logistique afin d'assurer la continuité de l'approvisionnement.

Le site PSA de Sochaux va-t-il passer entre les gouttes de l'épidémie de coronavirus (Covid-19)? «*Nous avons toutes les pièces dont nous avons besoin*», assurait lundi 2 mars [2020] la direction de l'usine sochalienne. «*Nos deux chaînes d'assemblage fonctionnent normalement.*» La première fabrique la Peugeot 308 et la deuxième les Peugeot 3008 et 5008, l'Opel Grandland X et bientôt la nouvelle DS 4.

La semaine dernière pourtant, l'incertitude planait concernant l'approvisionnement d'une petite pièce en plastique […] produite par un sous-traitant italien, en l'occurrence la société MTA […]. Celle-ci avait alors fermé *sine die* son centre de production (600 salariés) basé à Codogno en Lombardie, foyer de l'épidémie de l'autre côté des Alpes. «*Nous avons un sourcing alternatif pour ce fournisseur italien*», assurait, également lundi 2 mars, la direction générale du groupe automobile. […]

Carlos Tavares, président du Directoire de PSA, a déclaré que le groupe […] «*a environ 300 fournisseurs chinois sur un total de 8 000, ce qui met évidemment nos usines européennes dans la dépendance de ces fournitures.*» Et d'ajouter: «*Pour l'instant nos usines fonctionnent à plein.*»

Il a parallèlement relayé une information des autorités chinoises selon laquelle l'activité industrielle des usines de PSA redémarrerait le 11 mars dans la province du Hubei dont le chef-lieu est la ville de Wuhan, épicentre du Covid-19.

Craint-il une rupture d'approvisionnement? «*Si la situation venait à perdurer, ce risque-là existe*», a-t-il ajouté en précisant «*avoir plusieurs semaines* (de stocks) *devant nous*» (l'automobile fonctionne aujourd'hui à flux tendu, mais pas pour toutes les pièces).

**Alexandre Bollengier, *L'Est républicain*, 3 mars 2020.**

**12. En quoi consiste le cœur de métier des constructeurs?**

**13. Indiquez les différents motifs du recours à la sous-traitance par les constructeurs automobiles.**

**14. Identifiez les difficultés et les risques que pose la décision des constructeurs de développer la sous-traitance.**

# APPLICATION AU CAS

## TEE-SHIRT DE FRANCE

L'entreprise Tee-shirt de France a profité de son succès pour se développer:

– la première unité de production située en Région Nouvelle-Aquitaine est complétée par une seconde en Région Hauts-de-France, dont le passé est marqué par une forte présence de l'industrie textile;

– des contrats d'exclusivité sont signés avec de grands distributeurs (Galeries Lafayette, Printemps…);

– un département «Transport» a été mis en place afin d'assurer l'approvisionnement en matières premières (à partir des ports de Marseille et de Dunkerque) et la livraison dans les points de vente.

Ingénieur de formation, Thibault Guillot n'a pas de réelles compétences dans la gestion des ressources humaines. Il a donc fait appel à un cabinet de recrutement pour trouver les personnes compétentes à même de le seconder dans ce développement.

Mais l'année 2020 est marquée par de nombreux problèmes : des tempêtes ont endommagé l'outil de production, mais surtout la crise sanitaire liée à la Covid-19 a bouleversé, des semaines durant, l'activité économique. Le transport a été particulièrement touché ; le cours des matières premières, dont le coton, a fortement augmenté. Tous ces événements conduisent certaines enseignes à revoir leurs collaborations. Le chiffre d'affaires de Tee-shirt de France connaît pour la première fois une baisse importante de 20 %. Enfin, le fondateur comprend aussi que de nouveaux concurrents profitent de ce contexte pour se positionner sur une fabrication de qualité à des prix compétitifs.

**1. En vous référant à la chaîne de valeur de Porter, quelles seraient les actions à mettre en place?**

**2. L'externalisation serait-elle une solution? Pourquoi?**

© Nathan - La photocopie non autorisée est un délit

# 1 Les délocalisations dans l'industrie pharmaceutique

1. Quel est le problème posé par la délocalisation de la production du paracétamol ?
2. Quelles sont les raisons de la délocalisation ?
3. Pourquoi la relocalisation paraît-elle compliquée ?

**DOC. Comment le paracétamol s'est retrouvé délocalisé**

[…] Le paracétamol a une fois de plus prouvé son efficacité durant la crise du Covid-19. Doliprane, Efferalgan et Dafalgan [se sont] arrachés, faisant craindre une pénurie. Mais leur principe actif, le cœur du réacteur de ces médicaments, n'est plus fabriqué en France, ni même en Europe. […]
Si Upsa fabrique bien en France ses Efferalgan et Dafalgan, il importe […] leur principe actif à 80 % des États-Unis et à 20 % de Chine. […]
« *La crise du Covid-19 a mis en évidence une certaine vulnérabilité, car les frontières chinoises se sont fermées, et les réactions des États-Unis ont [été] imprévisibles* », reconnaît [François Duplaix, le président de la firme agenaise]. […]
Si ces productions ont été délocalisées, c'est évidemment pour des raisons de coût. Or nous ne concurrencerons pas des pays comme l'Inde et la Chine en termes de rémunérations et de charges. Nous devons imaginer une production différente et mener un travail de modernisation et d'automatisation, problème qui dépasse largement ce secteur […].
« *Si l'on reprend l'exemple du paracétamol, chaque centime compte pour garder la rentabilité* », assure Luc Grislain, président du Groupement des industries pharmaceutiques et de santé du Sud-Ouest (Gipso). « *Si on le produit en France, au-delà des charges et salaires, il y aura plus de contraintes dans le contrôle des impuretés, l'impact écologique, par exemple, et cela grève un budget.* »

**Jean Berthelot de La Glétais, *L'Usine Nouvelle*, 18 juin 2020.**

# 2 Les relations ambiguës entre donneurs d'ordre et sous-traitants dans l'automobile

1. Expliquez en quoi la relation entre donneurs d'ordre et sous-traitants est ambiguë.
2. Quels sont les risques que cette relation génère pour ces deux types d'acteurs ?
3. Qui est, d'après vous, en position dominante ? Pourquoi ?

**DOC. Pourquoi les constructeurs automobiles français ont misé sur des hubs à l'étranger ?**

**Comment décrivez-vous les relations entre donneurs d'ordres et sous-traitants dans l'automobile ?**

Éric. Esperance[1]. – Elles sont ambiguës. […] Le donneur d'ordres ne peut vivre sans les innovations apportées par ses sous-traitants. Et inversement, ce dernier a besoin du donneur d'ordres pour vendre ses innovations. Le prix des innovations est donc durement négocié. […]

**Depuis dix ans, les constructeurs délocalisent […], embarquant des […] sous-traitants. Comment analysez-vous ces hubs ?**

[…] Les hubs chinois et mexicains [ont] deux objectifs : produire des voitures moins chères grâce au faible coût de la main-d'œuvre, puis accéder aux marchés domestiques […]. L'autre logique est d'aller dans des pays low cost non loin de sa zone de chalandise. […]
Dans les deux types de hub, on gagne des points de marge de 12 à 20 % […].

**S'implanter dans ces hubs ne représente-t-il pas aussi un risque ? […]**

[…] [I]l y a trois écoles. La japonaise, où aucun contrat n'est signé mais où les deux savent que la collaboration va durer […] Celle allemande, dans laquelle le donneur d'ordres fait semblant de remettre en concurrence, mais seulement pour négocier les marges […]. Et […] l'école française où il y a moins de loyauté. […] Les acheteurs sont obligés de tourner tous les trois ans […].

**Marion Garreau et Pascal Gateaud, *L'Usine Nouvelle*, 25 mai 2020.**

1. Éric Esperance, ancien de Valeo et Faurecia.

© Nathan – La photocopie non autorisée est un délit

# 3 Bientôt des voitures électriques au prix d'une voiture essence ou diesel

**Le développement du marché de la voiture électrique dépend fortement de l'évolution du prix de la batterie.**
**Répondez aux questions suivantes à partir des graphiques.**

1. **Comment évoluent l'offre et la demande de batteries ?**
2. **Précisez comment évolue le prix des batteries. Justifiez cette évolution.**
3. **Indiquez comment pourrait évoluer le prix des batteries dans le cas où le prix des matières premières et la demande seraient à leur plus haut niveau.**

**DOC.** **L'évolution du marché de la voiture électrique**

## La Chine surcapacitaire

**Estimations de l'évolution de la demande et de la fourniture de batterie lithium-ion jusqu'en 2028** (en gigawattheures)

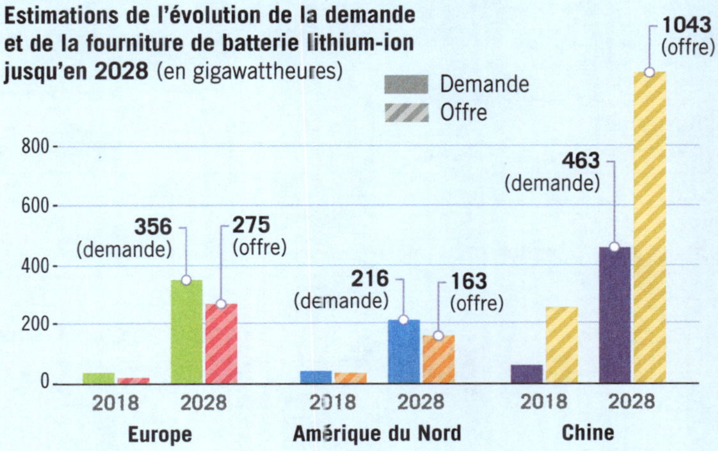


## Les 100 dollars bientôt atteints

**Évolution du coût moyen du pack batterie** (en dollars par kilowattheure)

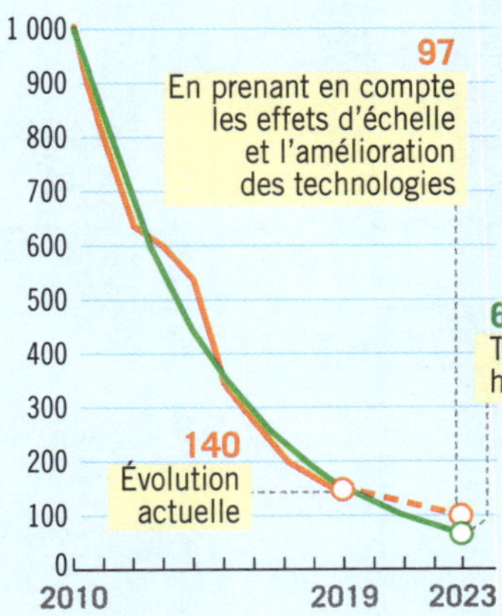


## Des augmentations contenues

**Scénarios d'évolution des prix des matières premières** (en dollars par kg)

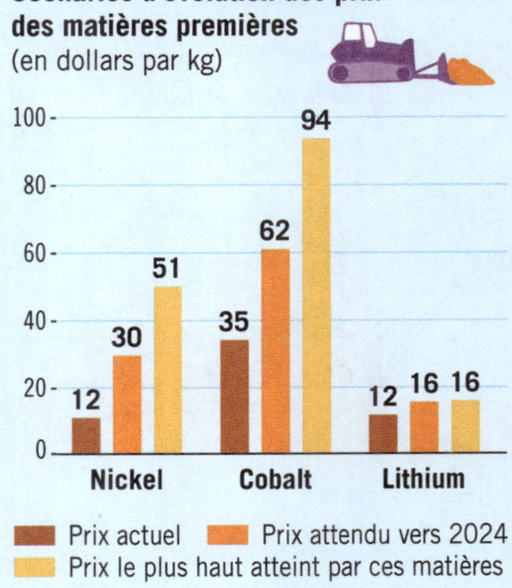


**Julie Thoin-Bousquié, *L'Usine Nouvelle*, 9 octobre 2019.**

© Nathan – La photocopie non autorisée est un délit

# SYNTHÈSE

## Quels sont les facteurs de production ?

- **Production de biens et de services**
  - **Avec quels facteurs de production ?**
    - **Du travail :** population active
    - **Du capital :** machines, outils
    - **Des connaissances :** recherche et développement
    - **Des ressources naturelles**
  - **Comment ?**
    - Combinaison productive plus ou moins capitalistique

## Quelle est l'influence des coûts sur les décisions de l'entreprise ?

- **Le choix de la combinaison productive dépend :**
  - **de la productivité du travail** → $\frac{\text{Richesse créée}}{\text{Quantité de travail utilisée}}$
  - **des coûts respectifs des facteurs de production** → Coût salarial ; Coût du capital
  - **du taux d'intérêt** → Coût de l'emprunt pour l'investissement

## Faire ou faire faire ?

- **Analyse de la chaîne de valeur**
  - **Activités principales**
  - **Activités de soutien**
  - → Choix de l'impartition possible en fonction des coûts, des contraintes de développement durable…
    - → **Sous-traitance**

## CONCEPTS

Facteurs de production – Travail – Capital – Connaissances – Taux d'intérêt – Productivité – Coût salarial – Chaîne de valeur – Impartition – Sous-traitance

© Nathan - La photocopie non autorisée est un délit

# 11 Le choix de la structure juridique de l'entreprise

**LA COMPÉTENCE ATTENDUE**
→ Justifier le choix d'une structure juridique d'entreprise adaptée à une situation donnée.

**LES SAVOIRS ASSOCIÉS**
→ Les facteurs de choix d'une structure juridique
→ L'entreprise individuelle et les structures sociétaires (SA, SAS, EURL/SARL)
→ Les formes juridiques de l'économie sociale et solidaire (coopératives, mutuelles)

**PLAN DU CHAPITRE**

## La SARL Pausader, histoire d'un succès

L'entreprise a été créée en 2008 par Éric Pausader, qui exerçait seul son activité de maçonnerie et de couverture. Sa réputation de qualité et de rigueur a valu à l'entreprise une croissance rapide confirmée au fil du temps.

En 2014, pour assumer sa croissance, l'entreprise change de statut et devient la SARL Pausader.

Pour assurer la croissance de son activité dans la maçonnerie, la couverture et l'isolation, la société investit régulièrement dans de nouveaux locaux et du matériel moderne, et accroît ses effectifs d'année en année en recrutant du personnel qualifié.

Depuis 2017, le chiffre d'affaires de l'entreprise connaît une croissance de 15 à 20 % par an, preuve que son succès, porté par le goût de la qualité, la rigueur et le souci du travail bien fait, est toujours vivant.

**UNE SCOP POUR SAUVER LEURS EMPLOIS**
**Vidéo**
liennathan.fr/29rdi8

1. **Quelle a été la forme juridique initiale de l'entreprise d'Éric Pausader ? Qu'est-ce qui, selon vous, justifiait ce choix ?**
2. **Pourquoi cette entreprise a-t-elle été amenée à devenir une société ?**
3. **Quels avantages ce changement de structure juridique de l'entreprise peut-il offrir ?**

© Nathan – La photocopie non autorisée est un délit

# 1 Justifier le choix d'une structure par les considérations patrimoniales

## A La prise en compte des risques

### DOC. 1 Le drame de l'échec de l'entrepreneur

« Je me suis battu pendant vingt ans pour acheter ma maison et, au final, je n'ai plus rien. » « Mal informé » quand il s'est mis à son compte, Lionel Cochard, artisan boucher en faillite, risque aujourd'hui de perdre tous ses biens, qui pourront être saisis pour éponger ses dettes. […] « Même après la vente de mon matériel, mes dettes envers les banques et les fournisseurs s'élevaient à 38 000 euros », raconte Lionel Cochard. […] « Le seul bien que je possède, c'est ma maison », ajoute-t-il. Alors pour éponger ses dettes, Lionel Cochard n'a plus le choix : il l'a mise en vente. […]

**www.lepoint.fr**

### DOC. 2 La responsabilité illimitée de l'entrepreneur individuel

L'exercice en entreprise individuelle, également appelé exercice en nom propre, consiste à mettre en place une activité professionnelle sans créer une entité juridique distincte de l'exploitant. L'entreprise est confondue avec le patrimoine personnel de l'entrepreneur. […]
La **responsabilité** de l'exploitant envers ses créanciers professionnels est en principe **totale et indéfinie.** L'entrepreneur individuel apporte librement des fonds pour son activité et peut à tout moment piocher dans la trésorerie de l'entreprise car **son patrimoine privé est confondu avec son patrimoine professionnel.**

**www.lecoindesentrepreneurs.fr**

1. **Analysez la notion de responsabilité illimitée de l'entrepreneur individuel.**
2. **Quelle est la contrepartie positive de cette responsabilité en cas de succès de l'entreprise ?**

### DOC. 3 La contrepartie des risques : la simplicité de création de l'entreprise

La microentreprise (ex-autoentreprise) est un régime permettant d'exercer une petite activité professionnelle indépendante très facilement, de façon régulière ou ponctuelle, et en minimisant les coûts administratifs. […] Le microentrepreneur est avant tout un entrepreneur individuel, inscrit comme tel auprès du registre national des entreprises (RNE), mais bénéficiant de nombreuses mesures simplificatrices. […]
Ce régime concerne toute petite activité indépendante commerciale, artisanale ou libérale, dont le chiffre d'affaires n'excède pas, au 1er janvier 2021 :
– 176 200 € pour les activités de vente de marchandises, les prestations d'hébergement (hôtels, chambres d'hôtes, etc.) ;
– 72 600 € pour les autres prestataires de services, les professionnels libéraux.
Quels sont les mesures de simplification et les avantages ?
– Application d'un régime simplifié de prélèvement proportionnel au chiffre d'affaires.
– Exonération de TVA : jusqu'aux plafonds de 94 300 € (ventes) et de 36 500 € (services).

3. **Analysez et évaluez les avantages de la microentreprise.**
4. **Ce statut fait-il disparaître l'inconvénient majeur de l'entreprise individuelle ?**

### DOC. 4 Les atténuations de la responsabilité de l'entrepreneur individuel

L'entrepreneur individuel peut protéger ses **biens immeubles** (non affectés à son usage professionnel) des poursuites de ses créanciers professionnels en effectuant une déclaration d'insaisissabilité devant notaire (loi du 4 août 2008).
Par ailleurs, grâce à la loi du 6 août 2015, l'immeuble abritant la **résidence principale** de l'entrepreneur individuel est « de droit » (sans formalités) insaisissable par ces mêmes créanciers professionnels (État, banquier, fournisseurs, etc.).

5. **Justifiez la protection du patrimoine immobilier en tant qu'incitation forte à choisir le statut d'entrepreneur individuel.**
6. **Qu'apporte la loi du 6 août 2015 aux mesures prévues par la loi du 4 août 2008 ?**

© Nathan – La photocopie non autorisée est un délit

## DOC.5 L'EIRL : une expérience vécue

« Après plus de 20 ans dans le métier, je voulais commencer mon activité de peintre à mon compte […]. Mon comptable et la chambre de métiers et de l'artisanat m'ont conseillé d'opter pour l'EIRL […]. Une fois que l'on m'a expliqué les avantages du statut, je n'ai pas cherché midi à 14 heures, j'ai choisi l'EIRL pour protéger mes biens. En cas de problème, la banque ne peut rien toucher de mes biens personnels. »

**www.cm-toulouse.fr**

- **Entrepreneur :** Yannick Stennier
- **Activité :** peintre en bâtiment
- **Localisation :** Ay (Marne)
- **Date de création :** août 2011

## DOC.6 L'EIRL : les règles légales

**Code de commerce – Article L.526-6**

Pour l'exercice de son activité en tant qu'entrepreneur individuel à responsabilité limitée, l'entrepreneur individuel affecte à son activité professionnelle un patrimoine séparé de son patrimoine personnel, sans création d'une personne morale […].

Ce patrimoine est composé de l'ensemble des biens, droits, obligations ou sûretés dont l'entrepreneur individuel est titulaire, nécessaires à l'exercice de son activité professionnelle. Il peut comprendre également les biens, droits, obligations ou sûretés dont l'entrepreneur individuel est titulaire, utilisés pour l'exercice de son activité professionnelle, qu'il décide d'y affecter et qu'il peut ensuite décider de retirer du patrimoine affecté. Un même bien, droit, obligation ou sûreté ne peut entrer dans la composition que d'un seul patrimoine affecté. […]

Pour l'exercice de l'activité professionnelle à laquelle le patrimoine est affecté, l'entrepreneur individuel utilise une dénomination incorporant son nom, précédé ou suivi immédiatement des mots : « Entrepreneur individuel à responsabilité limitée » ou des initiales : « EIRL ».

**7. Dans quelle mesure peut-on dire qu'en EIRL, l'entrepreneur a deux patrimoines ?**

**8. Quel avantage tire-t-il de cette situation ?**

## DOC.7 Les limites de l'EIRL

Si l'affectation d'un patrimoine dédié aux affaires permet de limiter les prétentions de certains créanciers (fisc, organismes sociaux, fournisseurs), il n'en est pas toujours de même pour ce qui concerne les banques sollicitées par l'EIRL. Que le patrimoine affecté leur semble insuffisant pour garantir un prêt, par exemple, et elles ne se priveront pas d'exiger de l'entrepreneur des garanties particulières, portant, par exemple, sur un immeuble (hypothèque) ou sur son fonds de commerce lui-même.

**9. Quels créanciers ne peuvent pas prétendre saisir d'autres biens que ceux du patrimoine d'affectation de l'EIRL ?**

**10. Caractérisez les risques qui demeurent pour l'entrepreneur en EIRL.**

**11. En quoi cela marque-t-il les limites de l'intérêt de l'EIRL ?**

## DOC.8 Le passage de l'entreprise individuelle à la société

**Interview de Germain Laporte, créateur de la société anonyme Piton Conseil (extrait)**

– *M. Laporte, vous connaissiez le succès avec votre entreprise individuelle de décoration d'intérieur. Pourquoi avez-vous décidé de créer la SA Piton Conseil ?*

– Je voulais partager les responsabilités, j'avais besoin de confronter mes idées à celles d'autres personnes qui ne soient pas mes subordonnés. J'avais surtout besoin de fonds pour développer mon affaire et les apports en argent de mes trois associés vont me permettre d'approcher les banques avec une meilleure visibilité pour elles.

– *Mais l'obligation de partager les profits ne vous gêne pas ?*

– Pas du tout puisque j'espère une croissance sensible du chiffre d'affaires et des bénéfices ! D'autre part, accepter de partager les profits, c'est aussi pouvoir partager les pertes si les choses tournent mal !

**12. Analysez les considérations patrimoniales qui ont poussé Germain Laporte à passer de l'entreprise individuelle à la société.**

© Nathan – La photocopie non autorisée est un délit

## DOC. 9 La définition de la société

| La loi | L'apport de la jurisprudence |
|---|---|
| **Article 1832 du Code civil** – La société est instituée par deux ou plusieurs personnes qui conviennent par un contrat d'affecter à une entreprise commune des biens ou leur industrie* en vue de partager le bénéfice ou de profiter de l'économie qui pourra en résulter. Elle peut être instituée, dans les cas prévus par la loi, par l'acte de volonté d'une seule personne**. Les associés s'engagent à contribuer aux pertes. | L'*affectio societatis* est un élément psychologique qui doit exister chez les associés, selon la Cour de cassation. C'est leur volonté d'agir ensemble dans le cadre d'une collaboration égalitaire. Cet élément de la société signifie qu'aucun associé n'est subordonné aux autres, chacun participant aux décisions communes, en général proportionnellement à ses apports. |

* Industrie : savoir-faire, travail, compétences ou talents particuliers.
** Il existe deux types de sociétés commerciales à associé unique :
1. l'**EURL** (entreprise unipersonnelle à associé unique) est un type de SARL (société à responsabilité limitée) ;
2. la **SASU** (société par actions simplifiée à associé unique) est un type de SAS (société par actions simplifiée).

**13. Identifiez les éléments constitutifs d'une société dans la SA Piton Conseil (document 8).**

**14. En quoi la société répond-elle habituellement à une volonté d'entreprendre à plusieurs ?**

## DOC. 10 La dissociation des patrimoines par la création d'une société

La société est une **personne morale**. L'entrepreneur qui souhaite séparer nettement son propre patrimoine de celui de son entreprise doit passer par la création d'une société. Dans ce cas, s'offre à lui un vaste choix entre différents types de sociétés. Dans la plupart des types de sociétés commerciales, les associés ne peuvent pas perdre plus que la valeur de leur apport au capital social.

**15. Pourquoi les sociétés commerciales apparaissent-elles *a priori* comme des structures permettant une protection efficace du patrimoine du dirigeant ?**

**16. Quel est l'intérêt de créer une EURL ou une SASU plutôt qu'une SARL ou une SAS ?**

## DOC. 11 Les garanties exigées du dirigeant-associé

L'intérêt de créer une société est de séparer patrimoine professionnel et patrimoine privé.
Pourtant, la réticence du banquier à accorder un crédit trouve sa source dans l'aléa pouvant découler du sérieux et de la fiabilité de vos prévisions et de votre capacité à les réaliser. [...]
Afin de limiter son risque, le banquier demande des garanties, voire les exige s'il estime que l'ensemble des crédits est très important comparé aux capitaux propres de votre société, à ses bénéfices, à sa capacité d'autofinancement, à l'endettement existant, qu'il mesure par une batterie de ratios. [...]
L'effet pervers de ces garanties est d'anéantir l'un des bénéfices majeurs lié à la création d'une société.

**D'après www.netpme.fr**

**17. Dans quelle mesure la protection du patrimoine de l'entrepreneur ayant opté pour l'entreprise sociétaire n'est-elle que relative ?**

© Nathan – La photocopie non autorisée est un délit

## B La prise en compte du régime matrimonial

**DOC. 12 Les incidences du régime matrimonial**

Choisir son régime matrimonial sert à protéger son patrimoine en cas de difficultés financières liées à l'activité de l'entreprise. Il existe deux régimes matrimoniaux principaux.

**La communauté réduite aux acquêts :** c'est le régime adopté automatiquement si les époux n'ont pas conclu de contrat.
Ce régime signifie que :
– les biens *mobiliers* ou *immobiliers* possédés avant le mariage restent la propriété personnelle des époux (« biens propres ») ;
– les biens acquis à titre onéreux (ni par donation ni par héritage) par les époux, ainsi que les revenus, sont des « biens communs ».
En cas de liquidation judiciaire d'un conjoint, les biens communs servent à payer les dettes.

**La séparation de biens :** dans le régime de la séparation de biens, chaque époux conserve la propriété exclusive des biens qu'il possède au jour du mariage et de ceux qu'il acquiert (à titre onéreux comme à titre gratuit) pendant la durée de la vie conjugale. En cas de liquidation judiciaire – et de façon générale –, chaque époux n'est responsable que de ses propres dettes.

**18.** **Quel est le régime matrimonial à privilégier absolument pour l'entrepreneur individuel ?**

**19.** **Dans quelle mesure la question du choix du régime matrimonial opportun intéresse-t-elle aussi le dirigeant d'une société ?**

# APPLICATION AU CAS

## TEE-SHIRT DE FRANCE

Lorsqu'il a créé son entreprise Tee-shirt de France, Thibault Guillot a retenu la forme juridique de l'entreprise individuelle classique. Après un an d'exploitation, il a décidé d'adopter le régime de l'EIRL.
Il affecte donc à son patrimoine professionnel différents biens, provenant en particulier de l'exploitation en nom propre de son fonds de commerce Tee-shirt de France.

**DOC. État descriptif du patrimoine d'affectation de l'EIRL**

**A. Éléments d'actif**

| Description | Valeur déclarée | Sûreté grevant le bien | Document à annexer |
|---|---|---|---|
| Fonds de commerce existant | 200 000 € | | |
| Machines et outillages | 120 000 € | | Crédit bancaire |
| Véhicule automobile | 23 000 € | Gage | Contrat de gage |
| Crédit compte LCL | 19 000 € | | |
| **TOTAL** | | | |

**B. Éléments de passif**

| Description | Montant |
|---|---|
| Dettes envers la banque (crédit sur machines et outillages) | 45 000 € |
| Gage sur véhicule | 8 000 € |
| **TOTAL** | |

Fait le ......................................, à ..........................................................................

*Signature de la personne*

1. **Déterminez la valeur du patrimoine affecté par Thibault Guillot à son EIRL.**
2. **Cette affectation de biens empêche-t-elle toute saisie portant sur un bien personnel de Thibault Guillot non compris dans le patrimoine d'affectation ?**
3. **Quelle conclusion en tirez-vous quant à la pertinence de la création d'une EIRL ?**

© Nathan – La photocopie non autorisée est un délit

# 2 Justifier le choix d'une structure par les statuts social et fiscal de l'entrepreneur

## DOC. 13 Le choix du statut social, un critère moins essentiel aujourd'hui

1. Sont rattachés au régime général de la Sécurité sociale : les gérants minoritaires ou égalitaires de SARL, les présidents et directeurs généraux de SA, de SAS ou de SASU.
2. Sont rattachés au régime social des indépendants ou des travailleurs non salariés (TNS) : les entrepreneurs individuels, les gérants majoritaires de SARL et les associés uniques d'EURL.

Depuis le 1er janvier 2020, la protection sociale des indépendants auparavant gérée par le régime social des indépendants (RSI) est intégrée au régime général de la Sécurité sociale. La mise en place de cette nouvelle organisation, qui s'est déroulée après une période transitoire de 2 ans, est automatique : elle n'entraîne aucune démarche pour les assurés et ne modifie pas leurs droits.

**www.economie.gouv.fr, 15 septembre 2020.**

**Les avantages et les inconvénients du régime TNS :** le régime TNS est moins coûteux en termes de cotisations (environ 30 à 40 % moins cher). […] La protection sociale de l'entrepreneur est ici très flexible, plus faible mais elle peut se faire à la carte.
**Les avantages et les inconvénients du régime salarié :** le régime de base est plus complet que le régime TNS, car il protège le bénéficiaire de tous les risques essentiels (sauf le chômage), la maladie professionnelle ou l'accident du travail. Le régime salarié prépare également une meilleure retraite. Son principal inconvénient est d'être plus coûteux.

**www.leblogdudirigeant.com, 30 septembre 2019.**

**1. Comment les régimes de protection sociale des dirigeants se rapprochent-ils ?**

## DOC. 14 Le statut fiscal, premier critère de choix de la structure juridique de l'entreprise pour certains

Monter sa boîte, c'est un peu le fantasme de beaucoup d'employés. Audrey a sauté le pas et nous raconte le lancement de sa microentreprise. « J'ai choisi le statut [de microentrepreneur] pour ses avantages en termes d'imposition (régime fiscal de la microentreprise). Vous ne payez d'impôts que sur les ventes réelles. Et vous n'avez aucune charge mensuelle fixe. Certes, il y a un chiffre d'affaires à ne pas dépasser. […] Ce statut me permet donc un démarrage en douceur sans être assaillie par de nombreuses charges fiscales. »

**www.20minutes.fr**

## DOC. 15 L'imposition des bénéfices des entrepreneurs individuels

C'est l'impôt sur le revenu des personnes physiques (IRPP) qui s'applique aux profits réalisés par les personnes physiques qui exercent une profession commerciale, industrielle, artisanale, agricole ou libérale dans le cadre de l'entreprise individuelle.

**2. Justifiez le choix du statut d'entreprise individuelle (microentreprise) fait par Audrey.**

## DOC. 16 L'imposition des bénéfices des sociétés

| | |
|---|---|
| **EURL** | Il n'y a pas d'imposition au niveau de la société. L'associé unique est imposé directement au titre de l'impôt sur le revenu. L'EURL peut cependant opter pour l'impôt sur les sociétés. |
| **SARL** | Les bénéfices sont soumis à l'impôt sur les sociétés. Il est toutefois possible d'opter pour l'impôt sur le revenu dans le cas de la SARL de famille. |
| **SA** | Les bénéfices sont soumis à l'impôt sur les sociétés. |
| **SAS/SASU** | Les bénéfices sont soumis à l'impôt sur les sociétés. |

**3. Relevez les cas où l'entreprise sociétaire soumet son dirigeant à l'impôt sur les revenus.**

**4. Dans quels cas peut-on « choisir » son mode d'imposition ? Dans quel sens ?**

© Nathan – La photocopie non autorisée est un délit

## DOC. 17 Les taux de l'impôt

| | |
|---|---|
| **Impôt proportionnel et impôt progressif** | Lorsqu'un taux appliqué à un impôt (ex. : 25 %) est unique quel que soit le revenu imposable, il s'agit de l'impôt proportionnel. C'est le cas de l'impôt sur les sociétés (IS). Quand le taux augmente progressivement au fur et à mesure que le revenu augmente, il s'agit de l'impôt progressif. C'est le cas de l'impôt sur le revenu (IR). |
| **Évolution des taux de l'IS** | Depuis le 1er janvier 2021, le taux de l'IS est de **26,5 %** (ou de **27,5 %** si le chiffre d'affaires est d'au moins 250 millions d'euros). Au 1er janvier 2022, il passe à **25 %** pour toutes les sociétés.<br>Les PME[1] bénéficient d'un taux réduit à **15 %** sur la tranche des bénéfices inférieure à 38 120 euros. |

1. Sociétés dont le chiffre d'affaires est inférieur à 10 M€.

| | Tranche de revenus annuels | Taux | Application du barème |
|---|---|---|---|
| **Barème de l'IR en 2021 (revenus de 2020)** | Jusqu'à 10 084 €<br>De 10 085 à 25 710 €<br>De 25 711 à 73 516 €<br>De 73 517 à 158 122 €<br>Au-delà de 158 122 € | **0 %**<br>**11 %**<br>**30 %**<br>**41 %**<br>**45 %** | Impôt calculé en prenant en compte le quotient familial qui allège l'impôt en fonction de la composition du foyer fiscal imposé (enfants à charge).<br>Les revenus des conjoints s'additionnent. |

| | |
|---|---|
| **Exemples de revenus perçus par des entreprises** | **Exemple 1 :** un entrepreneur individuel (célibataire, 1 part imposée) et une SA ont perçu en 2020 un revenu ou bénéfice de 12 500 €.<br>**Exemple 2 :** un entrepreneur individuel (célibataire, 1 part imposée) et une SA ont perçu en 2020 un revenu ou bénéfice de 63 000 €. |

5. **Calculez les impôts dus dans les deux exemples ci-dessus.**
6. **Les revenus faibles sont-ils plus imposés lorsque l'impôt est proportionnel ou progressif ?**
7. **Les revenus élevés sont-ils plus imposés lorsque l'impôt est proportionnel ou progressif ?**
8. **Pourquoi peut-on dire qu'il n'y a pas de régime fiscal toujours plus avantageux que l'autre ?**
9. **Quelle conclusion peut-on en tirer pour ce qui concerne le choix de la structure juridique de l'entreprise au regard de l'impôt ?**

# APPLICATION AU CAS

## TEE-SHIRT DE FRANCE

Pour Thibault Guillot, en 2018, le choix de l'entreprise individuelle, alors qu'il était célibataire, allait de pair avec une prévision de bénéfices assez modestes dans un premier temps. Aujourd'hui, le succès de son activité le fait réfléchir…

1. **Quels paramètres Thibault Guillot a-t-il considérés en 2018 dans son choix de la forme juridique la plus adéquate au regard de la fiscalité ?**
2. **Analysez la situation juridique de l'entreprise de Thibault Guillot qui peut le pousser aujourd'hui à modifier le statut de son entreprise pour des raisons fiscales.**

© Nathan – La photocopie non autorisée est un délit

# 3 Justifier le choix d'une structure au regard du fonctionnement et de l'évolution de l'entreprise

## A Le fonctionnement de l'entreprise

### DOC. 18 L'indépendance de l'entrepreneur individuel

**À 26 ans, c'est sur Internet que Muriel Aublet-Cuvelier entend développer sa carrière de pâtissière. Diplômée de l'école nationale supérieure de pâtisserie d'Yssingeaux, cette Clermontoise, passée par le Peninsula et l'émission « Le meilleur pâtissier, les professionnels », vient de lancer sa chaîne sur YouTube. [...]**

Depuis quelques mois, [Muriel Aublet-Cuvelier] s'est lancée dans une nouvelle aventure. Mais sur Internet cette fois. En créant sa chaîne YouTube intitulée *Les Secrets de Muriel*. [...]

Selon elle, un créneau est à prendre. « Au final, les quelques professionnels qui y sont présents ont déjà une renommée. Moi, j'ai envie de faire quelque chose de plus vivant, de plus léger », assure-t-elle. [...] Pour le moment, une demi-douzaine de vidéos (elle alterne entre recettes et astuces) sont visionnables, au rythme d'une semaine. Les débuts semblent plutôt encourageants. Elle compte aujourd'hui plus de 1 000 vues. Un total qui devrait lui permettre, espère-t-elle, « d'obtenir des avantages auprès de YouTube, comme l'accès à des studios ».

**Pierre Peyret, www.lamontagne.fr, 3 janvier 2018.**

1. **En quoi Internet a-t-il favorisé la création de l'entreprise de Muriel Aublet-Cuvelier ?**
2. **En quoi le fonctionnement de l'entreprise individuelle est-il naturellement simple ?**
3. **Quels sont les risques liés à l'exercice du pouvoir sans partage dans l'entreprise ?**

### DOC. 19 L'exercice du pouvoir au sein de l'entreprise

**Le pouvoir non partagé**

*Dans quelles structures ?*
– En entreprise individuelle.
– Dans toutes les sociétés à associé unique (EURL, SASU).

**Le pouvoir partagé**

*Dans quelles structures ?*
Dans toutes les sociétés pluripersonnelles : SARL, SA, SAS.
*Comment ?*
Il s'exerce à proportion des apports effectués par les associés, car chacun dispose de voix au sein d'assemblées générales.

| La prise de décision au sein des assemblées d'associés | Type de société | | |
|---|---|---|---|
| | SARL | SA | SAS |
| **En assemblée générale ordinaire (AGO)**<br>Nomination ou révocation des dirigeants, approbation des comptes, répartition des bénéfices, etc. | Selon la loi : à la majorité | | Selon les modalités prévues par les statuts |
| **En assemblée générale extraordinaire (AGE)**<br>Modification des statuts (fusion, changement d'objet social, etc.), changement de nationalité de la société | Selon la loi : à la majorité des 2/3 | | |

4. **Quels sont les avantages de ne pas partager le pouvoir ?**
5. **La solitude n'est-elle pas difficile face à certaines décisions ? Justifiez.**
6. **Dans quelle mesure le choix d'une structure sociétaire impose-t-il au dirigeant de se soumettre aux représentants de la majorité du capital ?**

© Nathan – La photocopie non autorisée est un délit

## DOC. 20 Le pouvoir du dirigeant de la société à l'égard des tiers

Qu'il s'agisse du gérant de la SARL, du directeur général de la SA ou du président de la SAS, tous représentent la personne morale qu'ils dirigent. Leurs pouvoirs sont définis par la loi comme étant « les plus étendus pour agir en toutes circonstances au nom de la société ».
Cette formule s'applique dans les rapports de la société avec les tiers (clients, fournisseurs, banques, etc.), mais il en va autrement dans les rapports internes à la société, où les AGC et AGE réalisent une forme de partage du pouvoir avec contrôle des décisions des dirigeants.

**7. Pourquoi les règles du partage du pouvoir dans la société s'effacent-elles lorsqu'il s'agit de prendre des décisions intéressant les rapports de la société avec des tiers ?**

## DOC. 21 Pourquoi s'associer pour décider ?

**Frédéric Mugnier et Nicolas Rohr, cofondateurs associés de la marque de tennis Faguo**
L'avantage de créer à deux, c'est que si l'un se met à ressentir des doutes, l'autre est là pour l'éclairer ! L'association permet aussi de se tirer l'un l'autre vers le haut. Lorsque l'un des deux obtient un bon résultat, cela motive l'autre à donner aussi le meilleur de lui-même. Enfin, cela permet d'avoir toujours en face de soi une personne qui puisse jouer le rôle de l'avocat du diable ! Pour nous, l'association est clairement un plus, qui nous permet de garder la tête froide, tout en garantissant une vision à 360° de l'entreprise. Notre jeune âge et notre manque d'expérience auraient réellement constitué une faiblesse si chacun de nous deux avait entrepris seul ! Pour qu'une association fonctionne bien, il faut bien définir les domaines de compétences de chacun. Pour chaque décision, il faut déterminer son importance et le temps qu'on passera à la communiquer à l'autre afin de déterminer si cela est vraiment nécessaire d'en parler.

**www.dynamique-mag.com**

**8. Justifiez l'adoption d'une structure sociétaire par Frédéric Mugnier et Nicolas Rohr.**

**9. À quelle condition le pouvoir au sein de la société est-il réparti également entre eux ?**

## DOC. 22 Comparaison des principales sociétés commerciales

| | SA | SARL/EURL | SAS/SASU |
|---|---|---|---|
| **Nombre d'associés** | 2 à illimité | 1 (EURL) à 100 | 1 (SASU) à illimité |
| **Dirigeant(s)** | Directeur général ou P-DG | Gérant(s) associé(s) ou non | Président associé ou non |
| **Responsabilité des associés** | Limitée aux apports | | |
| **Capital social** | 37 000 € minimum | Aucun minimum requis | |
| **Types d'apports possibles** | – En numéraire<br>– En nature | – En numéraire (espèces)<br>– En nature (bien meuble ou immeuble)<br>– En industrie (savoir-faire, travail) | |
| **Patrimoine de l'entreprise** | Propre à la société | | |

**10. Quelles sont les sociétés dont l'adoption est facilitée par les règles concernant le capital social et les apports possibles ?**

**11. Quels sont les principaux points rapprochant la SARL et la SAS en termes d'exercice du pouvoir et de contrôle de la société ?**

© Nathan – La photocopie non autorisée est un délit

## DOC. 23 SAS – SASU : les raisons du succès

En 2018, comme en 2017, les sociétés par actions simplifiées (SAS) représentent 61 % des créations de sociétés. Leur part était de 56 % en 2016. Au sein de cette catégorie juridique, la part des SAS à associé unique ou unipersonnelles reste majoritaire et se stabilise. La part des sociétés à responsabilité limitée (SARL) se stabilise également : elles représentent 36 % des sociétés créées en 2018, comme en 2017.

**www.insee.fr, 27 février 2020.**

**Un fonctionnement très souple**

Les associés de la SAS – et non la loi – définissent l'organisation interne de manière très libre dans les statuts. Un seul organe imposé : la société doit être dirigée par un président qui peut être – ou non – l'associé unique dans le cas d'une SASU.

Autre point important : la dissociation entre capital et pouvoir. Il est donc possible de n'avoir aucune part sociale et de diriger.

Le capital social est fixé par les associés, sans minimum. La société comprend au moins 1 associé pour les SASU, 2 pour les SAS. Il n'y a pas de nombre maximum.

**Les statuts au cœur de la SAS**

Les statuts sont très importants puisqu'ils déterminent précisément l'organisation et la répartition du pouvoir. Il y a donc tout intérêt à les faire rédiger par un professionnel, avocat, expert-comptable, etc.

**www.entreprenons.fr**

**12.** Pourquoi peut-on dire que les règles de fonctionnement de la SAS sont consensuelles ?

**13.** En quoi la souplesse d'organisation de la SAS liée au rôle de ses statuts est-elle la première cause du succès de cette forme de société ?

## DOC. 24 La diversité des sociétés commerciales

| Créations de sociétés selon la forme juridique | | | | | |
|---|---|---|---|---|---|
| | EURL | SARL | SASU | SAS | Autres sociétés |
| 2014 | 22 % | 35 % | 20 % | 19 % | 4 % |
| 2015 | 19 % | 29 % | 27 % | 21 % | 4 % |
| 2016 | 16 % | 24 % | 33 % | 23 % | 4 % |
| 2017 | 15 % | 21 % | 37 % | 24 % | 3 % |
| 2018 | 15 % | 21 % | 37 % | 24 % | 3 % |
| 2019 | 14 % | 20 % | 37 % | 26 % | 3 % |

Champ : ensemble des activités marchandes non agricoles.

**Sources : Insee, Répertoire des entreprises et des établissements (Sirene).**

**14.** Analysez l'évolution des parts de chaque type de sociétés commerciales.

**15.** Précisez le pourcentage des sociétés unipersonnelles aux différentes périodes étudiées.

**16.** Au regard de la proportion des sociétés unipersonnelles, dites quels sont les objectifs prioritaires des créateurs de sociétés parmi les suivants : collaborer avec d'autres personnes, opérer une dissociation des patrimoines, garder le contrôle de son entreprise, partager les responsabilités avec d'autres associés, collecter des fonds par des apports.

© Nathan – La photocopie non autorisée est un délit

## B L'évolution de l'entreprise

### DOC. 25 Les limites de l'entreprise individuelle

**Jérôme Mauduit, fondateur en solo d'Open2Europe**
Avec un projet bien précis en tête, fondé sur mes compétences et ma propre expérience, j'ai choisi de créer seul mon entreprise. Entouré de personnes compétentes et qualifiées, je n'ai pas ressenti le besoin de m'associer. [...] L'entreprise est aujourd'hui un groupe international et je commence à ressentir le besoin de m'entourer, de partager les responsabilités. D'ailleurs, j'envisage de faire rentrer mes proches collaborateurs au capital. Même si j'ai pris l'habitude de travailler seul, je ne serais pas contre le fait de monter une entreprise avec des associés. [...]

**www.dynamique-mag.com**

**17. Dans quelle mesure l'expérience de Jérôme Mauduit montre-t-elle que l'entrepreneur individuel a du mal à accompagner une importante croissance de son affaire ?**

### DOC. 26 Le financement de l'expansion de l'entreprise

Les fonds de capital-investissement[1] apportent des capitaux propres, et donc des ressources financières, à l'entreprise. Cet apport augmente le capital social de l'entreprise, dont le fonds devient associé.
L'objectif des fonds est de réaliser une « plus-value » au moment de revendre leur participation après quelques années, en cas d'augmentation de la valeur de l'entreprise. [...]
**Typologie des fonds de capital-investissement :**
- « capital-risque » ou « capital-innovation » intervient auprès d'entreprises en phase de création ou de développement très risqué, notamment des entreprises innovantes [...];
- « capital-développement » vise à accompagner les projets de développement d'entreprises qui ont atteint leur seuil de rentabilité : augmentation des capacités de production, conquête de nouveaux marchés, développement de nouveaux produits, [...] etc.;
- « capital-transmission » permet l'acquisition d'une entreprise existante [...].

1. Fonds apportés par un investisseur à une société non cotée.

**www.service-public.fr**

**18. Pourquoi une entreprise constituée en forme de société pouvant accueillir de nouveaux actionnaires est-elle une forme juridique favorisant le financement de son expansion ?**

## APPLICATION AU CAS

### TEE-SHIRT DE FRANCE

L'activité de Tee-shirt de France a connu une croissance continue depuis 2018. Aujourd'hui, Thibault Guillot veut investir dans de nouveaux équipements et ses moyens propres lui apparaissent insuffisants. Aussi a-t-il décidé de transformer son entreprise en SAS et de faire appel à des capitaux extérieurs.

### DOC. Les difficultés de financement des PME

Pour leurs besoins d'exploitation, les PME font appel à leur banque pour obtenir, souvent en début d'année, des lignes de crédit pouvant être utilisées au cours de l'année. [...] Au quatrième trimestre 2018, 25 % des PME expriment des demandes de crédits d'investissement et 7 % des crédits de trésorerie. Comme en 2017, l'accès au crédit d'investissement en 2018 se situe à un niveau élevé : 96 % des PME obtiennent entre 75 % et 100 % des crédits demandés. Il en va de même pour l'accès au crédit de trésorerie : 85 % des PME obtiennent entre 75 % et 100 % des financements demandés. L'autocensure paraît marginale : entre 1 % et 2 % seulement des PME indiquent ne pas demander de crédit de trésorerie ou d'investissement en raison d'une crainte d'un refus du banquier.

**www.insee.fr, 3 décembre 2019.**

1. **En quoi la situation personnelle du dirigeant de PME est-elle essentielle pour financer l'entreprise individuelle ?**
2. **Justifiez le choix d'une nouvelle structure d'entreprise par Thibault Guillot, désireux d'améliorer ses capacités de financement.**
3. **À quelle condition Thibault Guillot gardera-t-il le contrôle de son entreprise dans ce cas ?**

© Nathan – La photocopie non autorisée est un délit

# 4 Justifier le choix d'une structure pour servir l'économie sociale et solidaire

## DOC. 27 Qu'est-ce que l'économie sociale et solidaire ?

Le concept d'économie sociale et solidaire (ESS) désigne un ensemble d'entreprises […] dont le fonctionnement interne et les activités sont fondés sur un principe de solidarité et d'utilité sociale. Ces entreprises adoptent des modes de gestion démocratiques et participatifs. Elles encadrent strictement l'utilisation des bénéfices qu'elles réalisent : le profit individuel est proscrit et les résultats sont réinvestis.

**www.economie.gouv.fr**

**1. En quoi les sociétés constituées pour servir l'économie sociale et solidaire fonctionnent-elles différemment des entreprises capitalistes « classiques » ?**

L'ÉCONOMIE SOCIALE ET SOLIDAIRE

**Vidéo**
liennathan.fr/8kg86e

## DOC. 28 Les sociétés coopératives : l'exemple des SCOP

les SCOP
SOCIÉTÉS COOPÉRATIVES ET PARTICIPATIVES

Juridiquement, une SCOP (société coopérative et participative) est une société de forme SA, SARL ou SAS dont les salariés possèdent au minimum 51 % du capital.
Le partage du profit est équitable :
– une partie (environ 45 %) constitue les « réserves impartageables » qui vont contribuer au développement de l'entreprise […] ;
– une partie (environ 15 %) est versée en dividende aux associés ;
– une partie (environ 40 %) est versée à l'ensemble des salariés de la SCOP, associés ou pas.
Les salariés associés élisent leur dirigeant en assemblée générale et sur un principe bien particulier : « une personne = une voix », quel que soit le nombre de parts de chacune.

**www.economie.gouv.fr**

**En 2019, il existait 3 439 SCOP en France.**

UNE SCOP, C'EST QUOI ?

**Vidéo**
liennathan.fr/5pe47y

**2. Relevez les caractéristiques de la SCOP qui la rattachent aux principes de l'économie sociale et solidaire.**

## DOC. 29 Un exemple de succès en SCOP

**Les Volcans à Clermont-Ferrand : 15e meilleure librairie indépendante de France par son chiffre d'affaires**
La Scop Librairie Les Volcans, à Clermont-Ferrand, gagne trois places au classement *Livres Hebdo* des 400 premières librairies françaises et se hisse à la 15e position en 2020.
En 2015, lors de la reprise en Scop (société coopérative et participative), la librairie était à la 94e place. En 2016, elle passe à la 26e place puis à la 19e en 2017 et était à la 18e depuis 2018.
Ce classement ne tient compte que du chiffre d'affaires sur le livre (réalisé sur la base des données 2019, avant la crise du Covid).

Les Volcans entre ainsi dans la cour des grandes, concurrençant des librairies de villes comme Paris, Lyon, Bordeaux ou Marseille.

**Cécile Bergougnoux, www.lamontagne.fr, 7 juillet 2020.**

**3. Lorsque la librairie Les Volcans réalise des profits, comment peut-elle les utiliser ?**

**4. Quelle est la particularité des salariés d'une SCOP ? Quelle conséquence cela a-t-il sur le style de management et la prise de décision dans ce type d'entreprise ?**

© Nathan – La photocopie non autorisée est un délit

**DOC. 30** Les mutuelles

**1. Leur action selon le Code de la mutualité, article L. 111-1 :** […] Elles mènent, notamment au moyen des cotisations versées par leurs membres […], une action de prévoyance, de solidarité et d'entraide, dans les conditions prévues par leurs statuts, afin de contribuer au développement culturel, moral, intellectuel et physique de leurs membres et à l'amélioration de leurs conditions de vie.

**2. Leur différence avec les coopératives :** les mutuelles, à l'inverse des coopératives, n'ont pas de capital social, les fonds proviennent des cotisations de leurs membres, qui sont généralement fixes et constituent essentiellement les fonds propres de la mutuelle.

**DOC. 31** Les mutuelles font de la complémentaire santé

Lorsque l'on paye une consultation chez le médecin ou une boîte de médicaments, […] le plus souvent, une partie du prix global sort du portefeuille de l'assuré sans espoir de remboursement. C'est là qu'intervient la mutuelle. […] Elle assume tout ou partie des montants qu'il reste à payer après la prise en charge de l'assurance maladie. […]

Une mutuelle mérite ce nom aussi par son mode d'organisation. Elle est administrée par ses employés et adhérents. À but non lucratif, une société mutualiste a pour seules ressources les cotisations payées par ses « usagers-membres ». […]

Les mutuelles revendiquent un fonctionnement « démocratique » : les assurés qui payent leurs cotisations élisent des administrateurs qui donnent ensuite pouvoir à un président.

**www.hellolife.fr**

5. **Quel est le rôle des mutuelles de santé ?**
6. **En quoi le mode d'organisation des mutuelles de santé illustre-t-il l'application des principes de l'économie sociale et solidaire ?**

# APPLICATION AU CAS

## TEE-SHIRT DE FRANCE

La vision de son activité d'entrepreneur par Thibault Guillot est marquée par la volonté de privilégier la production en France pour lutter, à son échelle, contre la tendance à la délocalisation industrielle. Dans le droit fil de cette idée, l'entrepreneur est assez sensible aux thèses de l'économie sociale et solidaire. Aussi commence-t-il à s'interroger sur la possibilité de faire évoluer son entreprise vers une conception plus participative.

**DOC. 1** Les coopératives issues de transmission d'entreprises

Les coopératives issues de transmissions d'entreprise […] sont les plus durables, avec un taux de pérennité de 5 ans de 75 % […]. En 2018, près d'un emploi sur deux généré par les nouvelles créations provient d'une transmission d'entreprise saine aux salariés.

**www.carenews.com/fr, 2 juillet 2019.**

**DOC. 2** La SCOP d'amorçage

Un décret publié le jeudi 1er janvier 2015 acte le lancement du statut de la « SCOP d'amorçage ». Elle entend faciliter la tâche des salariés repreneurs en leur donnant du temps pour financer la prise de participation majoritaire. Désormais, ces derniers pourront bénéficier d'un délai de sept ans après la reprise de l'entreprise pour renforcer leur part dans le capital et atteindre le seuil des 50 %. […]

Auparavant, les associés coopérateurs, qui travaillent effectivement dans l'entreprise, devaient détenir d'emblée la majorité du capital social de l'entité ainsi que 65 % des voix. C'est cette rigidité que vient bousculer la SCOP d'amorçage, en créant une période transitoire de sept ans pour les repreneurs. Concrètement, ils pourront pendant ce laps de temps gérer l'entreprise sans pour autant détenir la majorité des parts sociales.

1. **Justifiez l'adoption du statut de SCOP dans le cas d'un engagement éthique.**
2. **Relevez les informations montrant que le statut de SCOP n'est pas réservé au seul cas de la reprise d'une entreprise en difficulté par ses salariés.**
3. **Si Thibault Guillot choisissait de faire évoluer sa SAS vers une SCOP, quel intérêt – et pour qui – présenteraient les dispositions de la SCOP d'amorçage ?**

© Nathan - La photocopie non autorisée est un délit

# 1 L'EIRL

1. **Déduisez, à partir du document, l'inconvénient le plus grave de l'EIRL pour un entrepreneur débutant sans moyens financiers importants.**
2. **La limitation de responsabilité au patrimoine affecté vous semble-t-elle suffisante pour motiver le choix du régime de l'EIRL ? Justifiez.**

**DOC. Avantages et inconvénients de l'EIRL**

Si vous souhaitez créer votre entreprise tout seul, sans aucun associé, vous vous demandez sûrement quel est le meilleur statut juridique à adopter. [...] Qu'en est-il de l'EIRL – entrepreneur individuel à responsabilité limitée ? Quels sont les avantages et les inconvénients de l'EIRL ?

**Les 4 avantages de l'EIRL**

**Avantage n° 1 : vous êtes seul maître à bord** – Premier avantage de l'EIRL, la liberté ! Comme tout entrepreneur individuel, lorsque vous optez pour le statut d'EIRL, vous prenez librement toutes les décisions relatives à la vie de votre entreprise et vous n'avez pas à consigner vos décisions ni à nommer de commissaire aux comptes. [...]

**Avantage n° 2 : vous protégez vos biens personnels** – C'est sans doute le principal avantage de l'EIRL. En tant que dirigeant d'EIRL vous pouvez isoler votre patrimoine personnel (et celui de votre conjoint) des risques liés à l'exploitation de votre activité professionnelle. De fait, votre patrimoine professionnel ne peut être visé que par des créanciers professionnels [...].

**Avantage n° 3 : vous pouvez cumuler EIRL et statut de microentrepreneur** – Si votre activité demeure limitée, opter pour l'EIRL ne vous empêche absolument pas de bénéficier des avantages de la microentreprise.

**Avantage n° 4 : vous pouvez choisir l'IS sans avoir à créer de société** – [...] Le statut d'EIRL vous permet de choisir entre l'IR et l'IS. Le principal avantage si vous choisissez d'opter pour une EIRL à l'IS consiste à limiter les cotisations sociales qui ne sont plus payées sur l'intégralité du bénéfice réalisé mais uniquement sur votre rémunération réelle (diminuée de la déduction – forfaitaire ou réelle – pour frais professionnels). [...]

**Les 2 inconvénients de l'EIRL**

**Inconvénient n° 1 : un formalisme exigeant** – Le formalisme lié à la création de l'EIRL et à l'établissement de la déclaration d'affectation du patrimoine d'EIRL est assez exigeant et engendre des frais non négligeables : coût d'intervention d'un professionnel pour l'évaluation des biens, recours au notaire en cas de biens immobiliers, émoluments du greffe.

Par ailleurs, un certain nombre de règles comptables devront être respectées : (1) l'établissement des comptes sociaux annuels et (2) le dépôt des comptes au lieu d'enregistrement de la déclaration d'affectation dans les six mois de la clôture de l'exercice. [...]

**Inconvénient n° 2 : une capacité de croissance limitée** – La forme juridique de l'EIRL ne vous permet pas de faire intervenir d'autres partenaires (notamment financiers) dans l'exploitation de votre activité. Si vous souhaitiez le faire ultérieurement, cela nécessiterait un passage en société [...].

**www.legalstart.fr, 19 février 2020.**

# 2 Les garanties demandées à l'entrepreneur

1. **Qu'est-ce qui justifie les demandes de garantie émanant des banques ?**
2. **Dans quelle mesure les règles limitant la responsabilité personnelle de l'entrepreneur individuel sont-elles illusoires face aux besoins de financement de l'exploitation ?**
3. **Pourquoi la responsabilité du dirigeant de société n'est-elle souvent que théoriquement limitée ?**

© Nathan – La photocopie non autorisée est un délit

**DOC.** **Le choix des garanties**

Pour obtenir des financements, une entreprise doit généralement fournir des garanties aux prêteurs. Ainsi, ceux-ci limitent-ils leurs risques en se préconstituant un recours au cas où l'entreprise connaîtrait une défaillance dans le remboursement de sa dette. Ce recours peut être orienté vers une personne, on parle alors de garantie ou sûreté personnelle, ou attaché à un bien, il s'agit alors de garantie ou sûreté réelle.
Du fait du fort taux de défaillance des jeunes entreprises, les financements dans le cadre d'une création sont toujours accompagnés de prise de garanties. […]
Faute de mesurer la fiabilité de la future entreprise, les organismes prêteurs exigent même généralement, en complément de garanties réelles, une sûreté personnelle.
Les créanciers munis de garanties sont appelés des créanciers privilégiés. Leurs droits leur donnent en effet une priorité de paiement par rapport aux autres créanciers, dits « chirographaires ».

**1 – Les garanties personnelles**
**Le cautionnement du dirigeant** – Le cautionnement est un acte juridique par lequel une personne s'engage à rembourser à un créancier une dette souscrite par une tierce personne si celle-ci s'avère défaillante. […]

**2 – Les garanties réelles**
Il s'agit d'actes juridiques qui permettent à un prêteur de garantir sa créance en se constituant un droit sur un bien préalablement identifié. Si le débiteur ne respecte pas ses engagements, le créancier pourra alors faire saisir le bien et procéder à sa vente pour être payé. Dans le cadre d'une création d'entreprise, on trouve principalement trois catégories de sûretés réelles :

**Le nantissement de matériel** – Le nantissement de matériel, appelé également gage, est très fréquemment utilisé dans le cadre d'une création d'entreprise lorsque des investissements en outils de production sont nécessaires. Si ceux-ci sont facilement identifiables et revendables, leur nantissement offre une garantie assez facile à mettre en œuvre pour le prêteur de fonds. Il en est ainsi des véhicules, par exemple. […]

**Le nantissement de fonds de commerce** – Dans le cadre d'une création, cette garantie est souvent exigée pour le principe. […] Si ce fonds acquiert une certaine valeur, le créancier pourrait être amené à le faire vendre pour obtenir le règlement de sa créance. […]

**L'hypothèque** – Il s'agit d'une catégorie de sûreté particulière, qui se rapporte à un immeuble. […] Dans le cadre d'une société, un bien appartenant à un tiers, en principe au dirigeant, peut servir de garantie à sa caution : on parle alors de caution hypothécaire.

**business.lesechos.fr**

# 3 La transmission de l'entreprise selon sa forme juridique

1. **Quelle structure juridique facilite la transmission de l'entreprise à une ou plusieurs personnes ?**
2. **Opposez les SARL aux sociétés « ouvertes » (type SA ou SAS).**

**DOC.** **Modalités de transmission de l'entreprise**

| Entreprise individuelle | EURL / SARL | SA / SAS / SASU |
|---|---|---|
| – Cession du **fonds** (fonds de commerce, artisanal, etc.)<br>– Apport du **fonds au capital** d'une société | Cession des **parts sociales** (en SARL, avec l'**agrément des associés** ayant au moins 50 % du capital) | **Cession des actions libre**, sauf clause d'agrément prévue par les statuts |

© Nathan – La photocopie non autorisée est un délit

# SYNTHÈSE

- **Le choix de la structure pour des raisons patrimoniales**
  - **Entreprise individuelle** – Patrimoines de l'entreprise et de l'entrepreneur confondus
    - Principe de la **responsabilité illimitée de l'entrepreneur**
    - **Atténuations :**
      - possibilité d'organiser l'insaisissabilité des biens immeubles non professionnels
      - possibilité d'affecter un patrimoine à la vie des affaires en créant une EIRL
    - Importance du choix du **régime matrimonial**
  - **Entreprise sociétaire** – Dissociation des patrimoines
    - **Responsabilité limitée aux apports** en SA, SAS, SASU, SARL, EURL

- **Le choix de la structure pour le statut social ou le statut fiscal**
  - **Deux régimes sociaux**
    - **En voie d'unification** pour appliquer à tous le régime général de la Sécurité sociale
  - **Deux régimes d'imposition**
    - **Impôt sur le revenu**, progressif : pour l'entrepreneur en entreprise individuelle et en EURL (sauf s'il opte pour l'IS)
    - **Impôt sur les sociétés**, proportionnel : en SARL, SA, SAS, SASU

- **Le choix de la structure au regard du fonctionnement et de l'évolution de l'entreprise**
  - **Fonctionnement**
    - **Pouvoir :**
      - **non partagé** en entreprise individuelle et en société à associé unique (EURL, SASU)
      - **partagé** dans toutes les sociétés pluripersonnelles (SARL, SA, SAS)
    - Diversité des sociétés :
      - rôle essentiel des **statuts** en SAS
      - prééminence des **sociétés unipersonnelles**
  - **Évolution**
    - **Croissance** et modification de statut juridique : de la PME unipersonnelle à la SA, par exemple
    - **Financement facilité** pour les SA et SAS : confiance des investisseurs et prêteurs

- **Le choix de la structure pour participer à l'économie sociale et solidaire**
  - Des structures d'entreprises avec un mode de gestion **démocratique et participatif**
  - Deux principaux types de structures : les **coopératives** (exemple, la SCOP) et les **mutuelles** (assurance et santé)
    - Financement facilité pour les SA et SAS : confiance des investisseurs et prêteurs

## CONCEPTS

Entreprise individuelle – Microentreprise – Entreprise individuelle à responsabilité limitée (EIRL) – Impôt sur le revenu – Impôt sur les sociétés – Entreprise unipersonnelle à responsabilité limitée (EURL) – Société à responsabilité limitée (SARL) – Société anonyme (SA) – Société par actions simplifiée (SAS) – Société par actions simplifiée unipersonnelle (SASU) – Économie sociale et solidaire – Société coopérative de production (SCOP)

© Nathan - La photocopie non autorisée est un délit

# 12 La gestion des risques liés à l'activité de l'entreprise

**PLAN DU CHAPITRE**

- 1 • Caractériser les risques intéressant l'entreprise
- 2 • Identifier la nature juridique de la responsabilité intéressant l'entreprise
- 3 • Identifier les principes de la responsabilité civile
- 4 • Analyser une situation juridique d'entreprise mettant en œuvre la responsabilité civile contractuelle
- 5 • Analyser une situation juridique d'entreprise mettant en œuvre la responsabilité civile extracontractuelle

**LES COMPÉTENCES ATTENDUES**

- → Caractériser le risque d'une situation donnée.
- → Identifier la nature juridique de la responsabilité d'une entreprise dans une situation donnée.
- → Analyser une situation juridique d'entreprise mettant en œuvre la responsabilité civile contractuelle ou extracontractuelle.

**LES SAVOIRS ASSOCIÉS**

- → Les types de risques
- → L'inexécution du contrat
- → Responsabilités civile et pénale
- → Les principes de la responsabilité civile contractuelle et extracontractuelle

## Flammes et explosions : une menuiserie entièrement détruite dans un incendie

Cette nuit à 2 h 45, l'alerte a été donnée pour un feu de bâtiment industriel rue de l'Énergie, dans le parc d'activités sud d'Obernai. La menuiserie touchée, Au Fil du Bois, a été entièrement détruite. Le sinistre n'a pas fait de victime.

À l'arrivée des premiers pompiers, l'incendie était déjà généralisé à l'ensemble du site, de près de 1 500 m². Dans la nuit, on apercevait le rougeoiement des flammes et la colonne de fumée à plusieurs kilomètres à la ronde.

Sur place, plusieurs explosions se sont aussi fait entendre. […]

« Ce type d'explosion est classique sur ce genre de feu, il y a souvent du stockage de bouteilles de gaz, d'acétylène ou autres », expliquait le lieutenant-colonel Raphaël Douet. D'importants moyens ont été engagés : 23 engins et 56 hommes mobilisés sur l'incendie, depuis les centres de secours d'Obernai, Barr, Molsheim et Sélestat.

www.lalsace.fr

**UN SERIOUS GAME POUR LA PRÉVENTION DES RISQUES EN ENTREPRISE**

**Vidéo** liennathan.fr/n5k4d8

1. **Dans quelle mesure cette entreprise est-elle à la fois à l'origine de risques et victime ?**
2. **Quelles sont les autres victimes possibles de cet accident ?**

© Nathan – La photocopie non autorisée est un délit

# 1 Caractériser les risques intéressant l'entreprise

## DOC. 1 Les risques liés à l'industrialisation de la société

**Pluzunet : une enquête est ouverte suite à l'accident mortel dans l'usine de retraitement de déchets**

Ce mercredi 26 août [2020], vers 16 h, un incendie s'est déclaré dans l'usine Valorys de Pluzunet, dans les Côtes-d'Armor. Le bilan fait état d'un mort, un homme de 46 ans père de deux enfants et adjoint au maire de Cavan. Cinq personnes ont été intoxiquées au monoxyde de carbone.

D'après le CODIS (centre opérationnel d'incendie et de secours) des Côtes-d'Armor, une turbine se serait remise en marche pendant une opération de maintenance, projetant de l'huile à 360° et déclenchant un incendie. […] Le procureur de la République de Saint-Brieuc se rendra sur place en fin d'après-midi.

**Catherine Deunf, france3-regions.francetvinfo.fr, 26 août 2020.**

**1. En quoi le progrès technique et les accidents en entreprise sont-ils indissociables de la société industrielle ?**

**2. Quelles sont les victimes (directes et indirectes) de ces accidents ?**

## DOC. 2 Piratage informatique : le nombre de victimes françaises explose

Selon un expert, ce type d'attaque au rançongiciel contre des entreprises serait en forte hausse. Plusieurs entreprises dont l'assureur mutualiste MMA sont actuellement touchées par des attaques informatiques, ont-elles indiqué ce lundi 20 juillet [2020], confirmant des informations du site spécialisé Zataz.com. « *MMA a subi une tentative d'acte malveillant qui a nécessité l'arrêt des systèmes informatiques à titre conservatoire, entraînant des difficultés d'accès sur le site mma.fr et sur l'ensemble de ses services de gestion* », indique l'assureur mutualiste depuis lundi après-midi sur son site Internet. […]

Joint par l'AFP, le groupe Covéa, maison mère de MMA, a précisé que Maaf et GMF, qui font aussi partie du groupe, avaient également été touchés, mais « *dans une moindre mesure* ». […] Interrogé par l'AFP, Gérôme Billois, spécialiste en cybersécurité du cabinet Wavestone, a estimé que ces attaques illustraient la tendance de fond à la « *très forte croissance* » des attaques cyber au rançongiciel, souvent accompagnées d'un chantage à la publication de données. Elles sont perpétrées par des groupes « *très organisés* », qui vont souvent passer « *1, 2 ou 3 mois à s'insérer dans l'environnement de l'entreprise* » avant de frapper.

**www.lefigaro.fr, 20 juillet 2020.**

**3. Caractérisez les risques liés au piratage informatique subi par MMA.**

**4. Quels coûts engendre le risque des cyberattaques pour les entreprises ?**

## DOC. 3 Les risques pour la santé des salariés

**Les chiffres pour 2018**

651 103 accidents du travail avec arrêt de travail ou incapacité permanente

34,5 accidents du travail pour 1 000 salariés

530 décès (+ 2,9 % par rapport à 2017)

Tous secteurs d'activité confondus, les principales causes d'accidents du travail [AT] sont :

– les manutentions manuelles, à l'origine de 50 % des AT ;

– les chutes de hauteur ou de plain-pied, qui représentent 28 % des AT ;

– l'outillage à main dans 8 % des cas.

**D'après www.risquesprofessionnels.ameli.fr**

**5. Identifiez les sources des risques physiques supportés par les salariés.**

**6. Comment les risques courus par les salariés impactent-ils la vie de l'entreprise ?**

© Nathan – La photocopie non autorisée est un délit

## DOC. 4 L'obligation de sécurité de l'employeur

Votre employeur doit veiller à votre santé et sécurité au travail en mettant en place des actions de prévention (par exemple, des formations). Il doit également évaluer les risques professionnels de votre poste de travail. L'aménagement et l'utilisation des locaux de travail doivent respecter certaines règles. En cas de non-respect, votre employeur peut engager sa **responsabilité civile et/ou pénale**.

**Exemples de mesures pouvant être mises en place**

Votre employeur doit :
- éviter les risques présents sur votre poste de travail (par exemple, les troubles musculo-squelettiques) ; [...]
- combattre les risques à la source (par exemple, votre employeur doit intégrer la prévention le plus tôt possible, notamment dès la conception des lieux ou équipements de travail) ;
- adapter votre poste de travail à votre qualité d'être humain afin, par exemple, de limiter le travail monotone et le travail cadencé dans le but de réduire leurs effets sur votre santé ;
- prendre en compte les nouvelles technologies (par exemple, votre employeur doit se tenir au courant des nouvelles avancées technologiques en matière de protection, sans attendre une évolution de la réglementation) [...].

**www.service-public.fr**

## DOC. 5 Des risques professionnels autres que physiques

Troubles de la concentration, du sommeil, irritabilité, nervosité, fatigue importante, palpitations... Un nombre grandissant de salariés déclarent souffrir de symptômes liés à des risques psychosociaux. Le phénomène n'épargne aucun secteur d'activité. Indépendamment de leurs effets sur la santé des individus, les risques psychosociaux ont un impact sur le fonctionnement des entreprises (absentéisme, turnover, ambiance de travail...). Il est possible de les prévenir. Les risques psychosociaux regroupent : le stress au travail, les violences internes (commises au sein de l'entreprise par des salariés : conflit, brimades), les violences externes (commises sur des salariés par des personnes externes à l'entreprise).

**www.inrs.fr**

7. **Recensez les contraintes imposées à l'employeur du fait de son obligation de sécurité.**
8. **En quoi les risques pour la santé des salariés sont-ils plus faciles à prévenir que les risques courus par l'entreprise elle-même ?**

9. **Caractérisez les risques psychosociaux.**
10. **Quelles sont les manifestations des troubles psychosociaux liés au travail ?**

# APPLICATION AU CAS

## TEE-SHIRT DE FRANCE

Tee-shirt de France, l'entreprise de Thibault Guillot, n'a jamais connu d'accident industriel grave. En revanche, plusieurs salariés manifestent certains troubles indéniablement liés au travail et au stress qui en découle. Une des salariés a souffert de dépression nerveuse durant plusieurs mois.

1. **Peut-on rattacher la dépression de la salariée à une faute particulière de Thibault Guillot ?**
2. **En quoi Tee-shirt de France a-t-elle intérêt à prévenir les risques psychosociaux tout autant que les risques industriels ?**

© Nathan – La photocopie non autorisée est un délit

# 2 Identifier la nature juridique de la responsabilité intéressant l'entreprise

**DOC. 6** **La distinction entre la responsabilité pénale et la responsabilité civile**

| La responsabilité pénale | |
|---|---|
| C'est l'obligation de supporter une peine (amende, prison…) en punition d'une infraction à l'ordre social (contravention, délit ou crime). | |
| **La responsabilité civile** | |
| C'est l'obligation de réparer le dommage causé à un tiers. | |
| **La responsabilité contractuelle** | **La responsabilité extracontractuelle** |
| C'est l'obligation de réparer le dommage causé à un cocontractant par une faute contractuelle : l'inexécution ou la mauvaise exécution du contrat. | C'est l'obligation de réparer le dommage causé à un tiers en dehors de tout contrat. |

**1.** **Quelle différence y a-t-il entre les finalités de la responsabilité civile et celles de la sanction pénale ?**

**2.** **Distinguez les sanctions pénales et les suites de la responsabilité civile.**

**DOC. 7** **La conjugaison des responsabilités civile et pénale**

Si les responsabilités civile et pénale ont des fonctions différentes, il est des cas où la victime peut se plaindre d'un agissement qui lui a porté préjudice et qui constitue en même temps une atteinte à l'ordre social : la victime d'un vol, d'une agression ou de toute autre faute pénale qui est aussi une faute civile peut engager une action dans le but d'obtenir une indemnisation. Elle se porte « partie civile » dans un procès où l'auteur des faits sera, par ailleurs, condamné à une sanction pénale.

**DOC. 8** **Une entreprise de BTP condamnée pour homicide involontaire**

Le tribunal de Châlons-en-Champagne (Marne) a condamné, le 24 juin [2020], une entreprise d'Indre-et-Loire à 15 000 euros d'amende pour homicide involontaire à la suite du décès accidentel en septembre 2013 de l'un de ses salariés sur le chantier d'une résidence châlonnaise. La victime, âgée de 53 ans, avait eu la tête broyée entre un bras dépliant et un engin de chantier alors que, malgré le protocole établi, l'homme ne se trouvait pas du bon côté d'une foreuse pendant son démontage. L'ouvrier ne portait pas de casque au moment de l'accident.

**www.lefigaro.fr, 26 juin 2020.**

Une personne morale peut être condamnée pénalement, au même titre qu'une personne physique.
L'article 121-2 du Code pénal prévoit que les personnes morales sont pénalement responsables des infractions commises, pour leur compte, par leurs organes ou leurs représentants. Ce texte pose un principe général de responsabilité pénale des personnes morales : toutes les personnes morales (à l'exception de l'État) et toutes les infractions (contraventions, délits ou crimes) sont visées.

**3.** **Quelle est l'infraction reprochée à cette entreprise de BTP et qui en a été victime ?**

**4.** **Qui est, selon vous, à l'origine du procès pénal ? Quels objectifs cette action poursuit-elle ?**

© Nathan – La photocopie non autorisée est un délit

## DOC. 9 La faute involontaire et la sanction pénale

**Code pénal, article 222-19.** Le fait de causer à autrui […], par maladresse, imprudence, inattention, négligence ou manquement à une obligation de prudence ou de sécurité imposée par la loi ou le règlement, une incapacité totale de travail pendant plus de trois mois est puni de deux ans d'emprisonnement et de 30 000 euros d'amende. […]

**5. Quel est l'intérêt de ce texte du Code pénal en cas d'accident du travail subi par un salarié ?**

**6. Quel autre rôle la responsabilité pénale de l'employeur doit-elle jouer ?**

## DOC. 10 Une infraction relevant du droit pénal du travail

**Que recouvre une condamnation pour travail dissimulé ?**
Le travail dissimulé fait partie des six infractions identifiées du délit qualifié de travail illégal. Le délit constitué est la dissimulation totale ou partielle d'une activité ou d'un emploi salarié de façon intentionnelle, comme défini par le Code du travail, articles L.8221-3 et L.8221-5. […]
Le travail dissimulé consiste : soit à dissimuler l'exercice d'une activité à but lucratif sans avoir demandé son immatriculation au registre du commerce ou sans déclaration aux organismes sociaux ou fiscaux ; soit à dissimuler un emploi salarié. Afin de qualifier le délit, le juge cherche l'élément intentionnel de fraude et son but lucratif. […] L'employeur s'expose à de lourdes sanctions. En tant que personne physique, la peine pour travail dissimulé peut s'élever à trois ans d'emprisonnement et à une amende de 45 000 euros.

**www.journaldunet.fr, 27 janvier 2019.**

**7. Relevez les différentes manifestations du délit de travail dissimulé.**

## DOC. 11 Les limites à la responsabilité pénale de l'employeur

En principe, l'employeur n'est responsable pénalement que pour les infractions pénales non intentionnelles qu'il commet lui-même. Sa responsabilité peut cependant être engagée du fait des infractions pénales commises par ses salariés dans le cadre de leur travail et en rapport avec ce travail. L'employeur n'est cependant pas responsable pénalement s'il a **délégué ses pouvoirs** au salarié fautif.

## DOC. 12 La preuve de la délégation de pouvoir

Selon la jurisprudence de la Cour de cassation, l'employeur qui fait état de l'existence d'une délégation de pouvoirs doit apporter la preuve de l'existence de cette délégation. Les juges n'exigent pas qu'elle soit écrite, mais il ne suffit pas à l'employeur de prétendre qu'il avait délégué ses pouvoirs à un salarié de façon orale ou implicite.
Concrètement, il apparaît donc très utile de formaliser la délégation par un document signé par le salarié, qui manifeste ainsi son acceptation.

**8. Quel est l'intérêt pour l'employeur de déléguer ses pouvoirs ?**

**9. À quelle condition cette délégation produit-elle ses effets ?**

# APPLICATION AU CAS

## TEE-SHIRT DE FRANCE

Avec le développement de Tee-shirt de France, Thibault Guillot a confié la surveillance des conditions de travail et de sécurité à Sylvia Rousseau, chef d'atelier. Récemment, une ouvrière a été victime d'un accident dû, selon elle, au non-respect d'une norme de sécurité impérative. Elle entend porter plainte et obtenir une condamnation pénale de principe de son employeur.

**1. Quels sont les effets de la délégation de responsabilité faite à Sylvia Rousseau ?**

**2. À quelles conditions Thibault Guillot verra-t-il sa responsabilité pénale écartée ?**

© Nathan – La photocopie non autorisée est un délit

# 3 Identifier les principes de la responsabilité civile

## DOC. 13 Les trois éléments de la responsabilité civile

**FAITS DOMMAGEABLES**
– Faute contractuelle
– Fait générateur non contractuel : faute personnelle, fait d'une chose, fait d'autrui

↓ **Lien de causalité**

**DOMMAGES**
– Corporel
– Matériel
– Moral
– Écologique

1. **Distinguez les deux types de faits générateurs de la responsabilité civile.**
2. **Le fait générateur est-il toujours une faute de la personne responsable ? Justifiez.**

## DOC. 14 Les dommages patrimoniaux

| Dommage corporel | Illustration |
|---|---|
| Le dommage corporel est d'abord et avant tout l'atteinte portée à l'intégrité physique de la personne : les blessures plus ou moins graves et à plus forte raison la mort. [...] Relèvent aussi de la catégorie des dommages corporels, indemnisés au titre du *pretium doloris* [« prix de la douleur »], les souffrances physiques, passées ou futures subies par la victime. Il faut en dire autant du préjudice esthétique. | **Arrêt de la Cour de cassation du 9 juillet 2020 (extraits)** Selon l'arrêt attaqué (Versailles, 21 février 2019), Q... X... (la victime), salarié de la société MTO éclairage public, est décédé, le [...], des suites d'un accident vasculaire cérébral survenu sur son lieu de travail, le 9 février 2015 [...]. Un accident survenu au temps et au lieu de travail de la victime est présumé d'origine professionnelle, sauf à l'employeur à rapporter la preuve d'une cause totalement étrangère au travail. |
| **Dommage matériel** | **Illustration** |
| Les dommages matériels consistent notamment dans la destruction d'un bien ou dans des détériorations. L'atteinte au patrimoine peut aussi se caractériser par un dommage économique – fréquent dans les rapports d'affaires, par exemple en cas de perte d'un marché. [...] Il se peut aussi qu'une personne, atteinte dans son intégrité personnelle, cesse de pouvoir gagner sa vie. | **Arrêt de la Cour de cassation du 7 juillet 2020 (extraits)** Selon l'arrêt attaqué (Douai, 22 février 2018), la société Inoteb, qui a pour objet toute activité liée au génie biologique dans le domaine médical, a recherché un fabricant de poches sanguines et s'est rapprochée de la société [...], fabricant de médicaments [...]. À la suite de difficultés techniques rendant le produit inutilisable, la société Inoteb a arrêté les tests le 5 juillet 2002 et a imputé au fabricant la responsabilité de cet échec [et l'a] assigné [...] en réparation du préjudice de manque à gagner résultant du défaut de commercialisation du produit. |

F. Terré, Ph. Simler, Y. Lequette, *Droit civil. Les obligations*, coll. « Précis », Dalloz.

3. **Identifiez le dommage évoqué dans l'arrêt de la Cour de cassation du 9 juillet 2020.**
4. **Identifiez le dommage évoqué dans l'arrêt de la Cour de cassation du 7 juillet 2020.**

## DOC. 15 Le dommage extrapatrimonial : le dommage moral

On peut relever la reconnaissance par le droit de différents types de dommage moral :
– le **dommage d'agrément**, subi personnellement par la victime, qui consiste en l'impossibilité de continuer la pratique d'un sport ou d'une activité de loisir. Aujourd'hui, il s'entend de la privation des agréments d'une vie normale ;
– le **dommage** constitué par les diverses **atteintes à l'honneur, à l'image, à la vie privée** (révélation de la grossesse d'une personne célèbre, d'une relation sentimentale...) ;
– enfin, le **dommage moral par ricochet** provenant de l'atteinte au sentiment d'affection, du fait du décès d'un être cher (époux, enfant, parent...).

5. **Illustrez par des exemples les formes variées que peut prendre le dommage moral.**
6. **Pourquoi parle-t-on parfois de dommage « par ricochet » ?**

© Nathan – La photocopie non autorisée est un délit

## DOC. 16 Le dommage écologique

**Code civil, articles créés par la loi n° 2016-1087 du 8 août 2016**

**Article 1246 –** Toute personne responsable d'un préjudice écologique est tenue de le réparer.

**Article 1247 –** Est réparable, dans les conditions prévues au présent titre, le préjudice écologique consistant en une atteinte non négligeable aux éléments ou aux fonctions des écosystèmes ou aux bénéfices collectifs tirés par l'homme de l'environnement.

7. **Caractérisez le préjudice écologique en le distinguant des autres types de préjudices.**
8. **Dans quelle mesure les entreprises sont-elles concernées plus que tout autre acteur de la vie sociale par les articles du Code civil ?**

## DOC. 17 L'évaluation du dommage et les deux modes de réparation

**Le principe de la réparation intégrale du dommage**

La règle appliquée en matière de responsabilité est celle de la réparation du dommage établi. Il appartient aux juges d'appliquer ce principe, en choisissant le mode de réparation le mieux adapté à la situation.

**Les deux modes de réparation**

| La réparation en nature | La réparation par équivalent |
|---|---|
| Elle tend à remettre les choses en l'état où elles se trouvaient avant que survienne le dommage. Rétablir la situation antérieure semble être la meilleure façon de réparer le dommage, mais cette solution n'est pas souvent possible. | Elle prend la forme d'une obligation imposée à la personne responsable de verser des dommages et intérêts à la victime : cette somme d'argent, dont le montant est déterminé par le juge, a un caractère compensatoire du dommage subi. |

9. **Dans quel cas un dommage peut-il être réparé en nature ? Donnez un exemple.**
10. **Quel est le rôle du juge en matière d'indemnisation ? Quels éléments prend-il en compte ?**

# APPLICATION AU CAS

## TEE-SHIRT DE FRANCE

La gamme de Tee-shirt de France compte une ligne de sous-vêtements « grand froid » destinés aux skieurs. Une livraison pour un important client établi à Isola 2000, dans les Alpes-Maritimes, n'a pas pu être effectuée comme prévu pour le début de la saison hivernale car la route est restée fermée six jours à la suite d'intempéries et d'une importante coulée de neige. Thibault Guillot étudie les arguments à faire valoir tant il est persuadé que son client va exiger un dédommagement.

## DOC. Le lien de causalité et sa disparition

Il s'agit du **rapport de cause à effet** entre le fait générateur et le dommage qui en résulte. Ce lien est apprécié par les juges. Le lien de causalité peut disparaître dans une situation particulière : si une cause étrangère est à l'origine du dommage, c'est-à-dire la **force majeure** : un événement extérieur à la personne mise en cause, imprévisible et insurmontable (ou le fait de la victime ou d'un tiers ayant les caractères de la force majeure).

**Code civil, art. 1218**

Il y a force majeure en matière contractuelle lorsqu'un événement échappant au contrôle du débiteur, qui ne pouvait être raisonnablement prévu lors de la conclusion du contrat et dont les effets ne peuvent être évités par des mesures appropriées, empêche l'exécution de son obligation par le débiteur.

1. **De quels dommages le client d'Isola 2000 peut-il faire état ?**
2. **Indiquez quel raisonnement pourrait amener à écarter la responsabilité de Thibault Guillot, en détaillant les conditions d'admission de la force majeure.**

© Nathan – La photocopie non autorisée est un délit

# 4 Analyser une situation juridique d'entreprise mettant en œuvre la responsabilité civile contractuelle

**DOC. 18** **L'inexécution du contrat et ses suites**

Lorsque l'une des parties n'exécute pas ses engagements, son cocontractant dispose de divers moyens de pression ou d'actions en justice. L'article 1217 du Code civil prévoit les 5 facultés dont dispose le créancier :
– refuser d'exécuter ou suspendre l'exécution de sa propre obligation ;
– poursuivre l'exécution forcée en nature de l'obligation, quand c'est possible ;
– solliciter une réduction du prix, si cette solution lui convient ;
– provoquer la résolution du contrat et renoncer à son application ;
– demander réparation des conséquences de l'inexécution.
Le texte ajoute que ces sanctions ne sont pas incompatibles entre elles et qu'elles peuvent se cumuler.

**1.** **En quoi la responsabilité contractuelle constitue-t-elle la suite la plus fréquente de l'inexécution du contrat ?**

**DOC. 19** **La faute contractuelle et la réparation du préjudice**

Le préjudice subi par une partie du fait de l'inexécution de son obligation par le cocontractant doit être réparé par le versement de dommages-intérêts. Cette obligation est appelée la responsabilité contractuelle.

**2.** **Pourquoi l'attribution de dommages-intérêts au cocontractant nécessite-t-elle le plus souvent l'intervention du juge ?**

**DOC. 20** **Les différentes formes de l'inexécution du contrat**

| Type d'inexécution | Exemple de faute contractuelle |
|---|---|
| Inexécution totale | Le vendeur ne livre pas le bien. |
| Exécution défectueuse | Le maçon construit un mur qui n'est pas droit. |
| Exécution partielle | Le transporteur livre seulement une partie des colis. |
| Retard dans l'exécution | L'emprunteur ne respecte pas les dates d'échéance. |

**DOC. 21** **L'obligation de résultat et l'obligation de moyens**

| Type d'obligation contractuelle | Exemples | Éléments à prouver par le demandeur | Exonération du défendeur |
|---|---|---|---|
| **Obligation de résultat**<br>Le cocontractant s'engage sur un résultat déterminé. | – Obligation du transporteur<br>– Obligation de l'assureur<br>– Obligation du vendeur | – Dommage<br>– Inexécution de l'obligation contractuelle | Force majeure |
| **Obligation de moyens**<br>Le cocontractant s'engage à faire son possible pour fournir un résultat espéré. | – Obligation du médecin<br>– Obligation de l'avocat | – Dommage<br>– Inexécution de l'obligation contractuelle<br>– Faute du cocontractant | – Absence de faute du défendeur<br>– Force majeure |

**3.** **Selon que l'on est en présence d'une obligation de résultat ou de moyens, comment fait-on la preuve de la faute du cocontractant ?**

**4.** **Dans quel cas le contractant mis en cause peut-il plus facilement repousser la demande ?**

© Nathan - La photocopie non autorisée est un délit

## DOC. 22 L'obligation de résultat

Les juges du fond, à défaut même de clause contractuelle, ont considéré que le contrat de transport SNCF comporte une obligation de sécurité. La Cour de cassation estime même que cette obligation de sécurité est une **obligation de résultat** : le voyageur transporté par la SNCF doit ainsi être conduit sain et sauf à destination, de l'instant où il monte dans le véhicule jusqu'au moment où il en achève la descente (Cass. civ., 21 nov. 1911). [...]
Le garagiste, selon l'arrêt de la chambre civile de la Cour de cassation (Cass. civ., 9 juin 1993), est aussi tenu à une obligation de sécurité en cas de réparation d'un véhicule. [...]

***Droit de l'entreprise*, Éd. Lamy.**

**5. Pourquoi la jurisprudence a-t-elle tendance à considérer fréquemment que l'obligation de sécurité du professionnel est une obligation de résultat ?**

## DOC. 23 L'obligation de résultat de sécurité en droit du travail

En énonçant, dans ses arrêts du 28 février 2002 [rendus à propos des affaires liées aux **maladies liées à l'amiante** dans les entreprises], qu'« en vertu du contrat de travail le liant à son salarié, l'employeur est tenu envers celui-ci d'une **obligation de sécurité de résultat**, notamment en ce qui concerne les maladies professionnelles [...] », puis en reprenant la même formule pour les accidents du travail dans l'arrêt du 11 avril 2002, la chambre sociale [de la Cour de cassation] a affirmé le fondement contractuel, et non seulement légal, de cette obligation.

**www.courdecassation.fr**

**6. Qualifiez la responsabilité de l'employeur pour les dommages subis par ses salariés.**

**7. Dans quelle mesure cela est-il favorable aux intérêts des salariés ?**

# APPLICATION AU CAS

## TEE-SHIRT DE FRANCE

Pour sa gamme de produits de qualité supérieure, Thibault Guillot s'approvisionne chaque mois en coton 100 % bio auprès de son fournisseur Le Champ de coton. Jusque-là, les livraisons se sont effectuées sans problème. Mais le stock de rouleaux de tissu livré aujourd'hui est dégradé et inutilisable car non conforme aux spécificités prévues au contrat.

### DOC. 1 La clause pénale dans le Code civil

**Code civil – Article 1231-5**
Lorsque le contrat stipule que celui qui manquera de l'exécuter paiera une certaine somme à titre de dommages et intérêts, il ne peut être alloué à l'autre partie une somme plus forte ni moindre.
Néanmoins, le juge peut, même d'office, modérer ou augmenter la pénalité ainsi convenue si elle est manifestement excessive ou dérisoire. [...]

### DOC. 2 Extrait du contrat de fourniture de coton bio par Le Champ de coton

**Article 12.** Il est convenu entre les parties que le défaut de livraison aux dates fixées par l'article 1 du présent contrat ou la livraison d'un tissu non conforme aux normes précisées à l'article 2 donnerait lieu au versement d'une indemnité fixée à 100 € par rouleau de 50 mètres concerné par l'inexécution du contrat.

**1. De quels dommages Thibault Guillot peut-il faire état ? Quelle est leur origine ?**

**2. L'obligation du Champ de coton est-elle de moyens ou de résultat ? Justifiez.**

**3. Faites une appréciation critique des effets de la clause pénale prévue au contrat conclu entre Tee-shirt de France et Le Champ de coton.**

© Nathan - La photocopie non autorisée est un délit

# 5 Analyser une situation juridique d'entreprise mettant en œuvre la responsabilité civile extracontractuelle

## DOC. 24 La première source de responsabilité extracontractuelle : la faute

Le 12 décembre 2019, la cour d'appel de Paris a rendu une décision « coup de tonnerre » contre Uber. Uber est condamné à verser à la société Viacab, exerçant une activité de VTC à Paris, la somme de 106 000 euros à titre de dommages et intérêts.

[Plusieurs] agissements commis par Uber ont été considérés comme des actes de concurrence déloyale :

- le service Uber Pop. La cour rappelle que le service Uber Pop, qui avait été mis en œuvre de février 2014 à juillet 2015, revêtait un caractère illicite, en l'absence d'autorisation administrative. […]
- la maraude. La cour d'appel considère que le système de réservation Uber est non seulement illicite, mais également constitutif d'un acte de concurrence déloyale pour ses concurrents. […]

**Adrien Cohen-Boulakia, avocat, www.village-justice.com, 16 janvier 2020.**

1. **Quel est le litige à l'origine de cet arrêt ?**
2. **Quel type de faute est reproché à Uber ?**
3. **Quelles sont les conséquences de la responsabilité extracontractuelle de Uber ?**

## DOC. 25 L'origine de la responsabilité extracontractuelle

Il y a **responsabilité extracontractuelle** dans tous les cas où un dommage est causé à une personne par autre chose qu'un contrat non exécuté ou mal exécuté, le fait générateur de la responsabilité étant alors précisé par le Code civil.

## DOC. 26 Code civil : différents faits générateurs de responsabilité extracontractuelle

**La faute personnelle**
Acte de malveillance, imprudence…
→ **Article 1240** – Tout fait quelconque de l'homme, qui cause à autrui un dommage, oblige celui par la faute duquel il est arrivé à le réparer.
**Article 1241** – Chacun est responsable du dommage qu'il a causé […] par sa négligence ou par son imprudence.

**Le fait d'une chose**
Un objet, un véhicule, un animal…
→ **Article 1242, al. 1** – On est responsable non seulement du dommage que l'on cause par son propre fait, mais encore de celui qui est causé par le fait […] des choses que l'on a sous sa garde.

**Le fait d'autrui**
Fait d'un enfant mineur, d'un salarié…
→ **Article 1242, al. 1** – On est responsable […] du dommage […] causé par le fait des personnes dont on doit répondre […].

4. **Montrez la diversité des faits générateurs de responsabilité extracontractuelle.**
5. **Lesquels de ces faits vous semblent intéresser particulièrement l'activité de l'entreprise ? Illustrez d'exemples.**
6. **Relevez des situations où la personne responsable n'a pas commis de faute.**

© Nathan – La photocopie non autorisée est un délit

## DOC. 27 Un exemple de responsabilité extracontractuelle sans faute

À côté de la responsabilité pour faute, présente dans la vie de l'entreprise, comme les cas de concurrence déloyale, de violation des règles de sécurité, de la discrimination au travail…, il existe des situations de responsabilité sans faute. La plus remarquable dans la vie des affaires est celle de la responsabilité du producteur pour les produits défectueux.

**Articles du Code civil**

**Art. 1245** – Le producteur est responsable du dommage causé par un défaut de son produit, qu'il soit ou non lié par un contrat avec la victime.

**Art. 1245-1** – Les dispositions du présent chapitre s'appliquent à la réparation du dommage qui résulte d'une atteinte à la personne.
Elles s'appliquent également à la réparation du dommage supérieur à un montant déterminé par décret [500 €], qui résulte d'une atteinte à un bien autre que le produit défectueux lui-même. […]

**Art. 1245-3** – Un produit est défectueux au sens du présent chapitre lorsqu'il n'offre pas la sécurité à laquelle on peut légitimement s'attendre.
Dans l'appréciation de la sécurité à laquelle on peut légitimement s'attendre, il doit être tenu compte de toutes les circonstances et notamment de la présentation du produit, de l'usage qui peut en être raisonnablement attendu et du moment de sa mise en circulation. […]

**Art. 1245-5** – Est producteur, lorsqu'il agit à titre professionnel, le fabricant d'un produit fini, le producteur d'une matière première, le fabricant d'une partie composante.
Est assimilée à un producteur pour l'application du présent chapitre toute personne agissant à titre professionnel :
1° Qui se présente comme producteur en apposant sur le produit son nom, sa marque ou un autre signe distinctif ;
2° Qui importe un produit dans la Communauté européenne en vue d'une vente, d'une location, avec ou sans promesse de vente, ou de toute autre forme de distribution. […]

**LES DANGERS DU SIPHON À CHANTILLY**

**Vidéo**
liennathan.fr/3hs5n3

7. **Explicitez la notion de défectuosité du produit. Donnez des exemples.**
8. **Pourquoi le professionnel visé par cette responsabilité spécifique n'est-il pas seulement le producteur au sens propre ?**
9. **Analysez l'article 1245 du Code civil, définissant les rapports possibles entre victime et producteur, pour montrer qu'il dépasse la distinction traditionnelle entre responsabilité contractuelle et responsabilité extracontractuelle.**

# APPLICATION AU CAS

## TEE-SHIRT DE FRANCE

Ali Laoui, salarié de Tee-shirt de France, est chargé d'effectuer en voiture une livraison à un client situé à plusieurs dizaines de kilomètres de l'entreprise. Comme il se voit accorder la journée pour cette tâche, il en profite pour rendre visite à un ami. Pour cela, il fait un détour assez important, ce qui l'oblige à rouler vite. Son imprudence cause un accident de la route, à l'origine de dommages corporels et matériels.

## DOC. La responsabilité de l'employeur (le « commettant »)

Responsable des conséquences des faits dommageables commis par ses salariés (C. civ., art. 1242, al. 5), le commettant peut être défini d'une manière large comme celui qui fait faire un travail à un autre, auquel il peut donner des consignes et des ordres. Pour que le commettant soit responsable, il faut d'abord pouvoir rattacher un fait générateur au préposé. Le plus souvent, celui-ci a commis une faute personnelle.

1. **Qui, en général, est responsable des dommages causés par le salarié ? Cette responsabilité repose-t-elle sur une faute de la personne responsable ? Justifiez.**
2. **Justifiez le cas où l'employeur n'est pas responsable des suites des actes de ses salariés.**
3. **Analysez la situation de l'employeur d'Ali Laoui au regard de sa responsabilité civile.**

© Nathan – La photocopie non autorisée est un délit

# 1 L'obligation du document unique d'évaluation des risques (DUER)

1. **Dans quelles entreprises le DUER est-il imposé par la loi ?**
2. **En quoi le document unique montre-t-il que, pour éviter un risque, il faut d'abord le connaître ?**

**DOC. Une obligation générale**

En vertu de son obligation générale de sécurité, l'employeur doit évaluer les risques éventuels et prendre toutes les mesures nécessaires pour assurer la sécurité et protéger la santé des salariés. Les articles L. 4121-1 à 3 et R. 4121-1 et 2 du Code du travail lui imposent d'élaborer et de tenir à jour un document unique d'évaluation des risques (DUER) qui recense l'ensemble des risques pour la santé et la sécurité du personnel dans l'entreprise.

**La démarche pour élaborer un document unique**

|  | | |
|---|---|---|
| 1 | Identification du danger | Définir les différentes unités de travail.<br>Identifier les dangers dans chaque unité de travail. |
| 2 | Évaluation des risques | Décrire la nature de chaque risque. |
| 3 | Détermination des actions de prévention | Appliquer les principes de prévention. |
| 4 | Programmation des actions de prévention | Hiérarchiser les risques et les mesures de prévention. |

# 2 Le dommage réparable

1. **Justifiez chacun des caractères attendus d'un dommage pour qu'il soit réparable.**
2. **En quoi le dommage des héritiers d'une victime (par ricochet) est-il personnel ?**
3. **Pourquoi le dommage imprévisible lors de la conclusion d'un contrat n'est-il pas réparable ?**

**DOC. Les caractères du dommage réparable**

Pour être réparable, dans tous les cas de **responsabilité civile**, un dommage doit être :

- **1. Légitime :** le dommage subi par les victimes doit résulter de l'atteinte à un intérêt protégé par le droit.
- **2. Personnel :** seule la personne subissant le dommage – ou ses héritiers – peut demander réparation.
- **3. Direct :** le dommage doit être la conséquence du fait qui pose problème.
- **4. Certain :** il ne doit pas y avoir de doute sur la réalité du dommage invoqué, qu'il soit actuel ou futur.

En matière de **responsabilité contractuelle**, le Code civil ajoute une règle spécifique.

**Article 1231-3**

Le débiteur n'est tenu que des dommages et intérêts qui ont été prévus ou qui pouvaient être prévus lors de la conclusion du contrat […].

© Nathan – La photocopie non autorisée est un délit

# 3 Divers cas de responsabilité

1. Dans le cas n° 1, qui est responsable sur le plan pénal et sur le plan civil? Quels sont les types de sanctions encourues par les personnes responsables?
2. Dans le cas n° 2, identifiez le type de dommage subi par le salarié, la personne responsable, le type de responsabilité et le mode de réparation attaché au dommage subi. Si le salarié avait trouvé la mort, qui aurait été fondé à réclamer réparation? Sur le fondement de quels préjudices?
3. Dans le cas n° 3, précisez la responsabilité encourue. Quelle est la nature de l'obligation non exécutée? Comment la personne mise en cause pourrait-elle s'exonérer de sa responsabilité? Pensez-vous que ce soit possible ici?
4. Dans le cas n° 4, qualifiez la responsabilité à mettre en œuvre. Identifiez la personne responsable, la victime et le(s) dommage(s) à réparer.

**DOC.**

**Cas n° 1**

Un employé de banque détourne chaque mois de toutes petites sommes qu'il prélève sur les comptes des clients dont il assure la gestion. Après plusieurs mois d'impunité pour le salarié, un client vigilant se rend compte de ses agissements et annonce à la banque qu'il entend donner toutes les suites que cette affaire mérite.

**Cas n° 2**

Un salarié victime de dépression tente de se suicider par pendaison sur les lieux de son travail. Il ne trouve pas la mort, mais il gardera des séquelles liées à son geste tragique.
L'enquête qui suit cet événement met à jour des facteurs pouvant expliquer ce geste: les conditions de travail et le stress qui en découlent. D'ailleurs, dans l'entreprise concernée, les arrêts de travail pour cause de dépression sont anormalement élevés.

**Cas n° 3**

Un sous-traitant qui travaille pour une entreprise produisant des tracteurs doit fournir chaque quinzaine des sièges à monter sur les engins. Une des livraisons prévues n'est pas opérée à la date convenue et l'industriel se trouve obligé de renoncer à une vente ferme de plusieurs tracteurs à une coopérative agricole. Comme il réclame une indemnisation à son sous-traitant, celui-ci prétend ne pas être responsable car son entreprise a été paralysée par une grève.

**Cas n° 4**

La marraine d'un enfant de 6 ans lui offre une fusée miniature dotée d'un dispositif de mise à feu. Elle l'a acheté dans un hypermarché sous la marque de distributeur de l'établissement. Malheureusement, le jouet s'enflamme à la première utilisation par l'enfant. Celui-ci est brûlé aux mains et le canapé en cuir de ses parents est totalement détruit.

© Nathan – La photocopie non autorisée est un délit

# SYNTHÈSE

- **Les différents risques professionnels**
  - Des risques liés à l'activité de l'entreprise
    - L'entreprise victime ou à l'origine de certains risques
    - Des risques liés à l'industrialisation comme au développement de l'informatique
  - Des risques liés aux conditions de travail
    - Problèmes physiques (produits ou process dangereux...), troubles psychosociaux (stress, dépression...)
    - Obligation de sécurité de l'employeur et rôle de la prévention

- **La responsabilité intéressant l'entreprise**
  - Distinction entre responsabilité pénale et responsabilité civile
    - Des objectifs différents
    - Combinaison possible des deux responsabilités
  - Les principes de la responsabilité civile
    - Trois éléments : le fait générateur, le dommage, le lien de causalité
    - Divers dommages réparables : corporel, matériel, moral, écologique
    - Réparation du dommage soit en nature (rarement), soit par équivalent (des dommages-intérêts)

- **Les deux types de responsabilité civile**
  - La responsabilité contractuelle
    - Son origine : l'inexécution du contrat
    - Diverses formes : inexécution totale, exécution partielle, défectueuse, en retard
    - Distinction majeure entre inexécution d'une obligation de moyens ou de résultat
  - La responsabilité extracontractuelle
    - Différents faits générateurs : la faute, le fait d'une chose, le fait d'un tiers
    - Des cas particuliers, par exemple, la responsabilité des commettants et la responsabilité des produits défectueux

## CONCEPTS

Responsabilité civile – Dommage – Responsabilité pénale – Responsabilité contractuelle – Obligation de moyens – Obligation de résultat – Obligation de sécurité – Responsabilité extracontractuelle – Force majeure – Responsabilité des commettants – Responsabilité des produits défectueux

© Nathan – La photocopie non autorisée est un délit

# 13 Styles de management et contre-pouvoirs

**LES COMPÉTENCES ATTENDUES**
- Caractériser les styles de management.
- Repérer le rôle des différentes parties prenantes et des contre-pouvoirs.

**LES SAVOIRS ASSOCIÉS**
- Les styles de management
- La responsabilité éthique, sociale, sociétale et environnementale

**PLAN DU CHAPITRE**
- 1 • Caractériser les styles de management
- 2 • Repérer le rôle des différentes parties prenantes et des contre-pouvoirs

## Les attentes des salariés après la crise sanitaire de la Covid

Près des trois quarts des salariés (74 %) estiment qu'il y aura un « avant » et un « après » la crise sanitaire dans l'organisation du travail de leur entreprise, une conviction encore plus partagée au sein des plus jeunes (84 % des 18-24 ans). [...] L'aspiration à plus de reconnaissance (qui ne se cantonne pas à l'aspect salarial) est récurrente. [...] Après la reconnaissance, les principaux engagements que les salariés souhaitent voir leur manager prendre sont : « créer un climat de confiance au sein de l'équipe » (12 %), « soutenir son équipe dans les difficultés » (12 %) et « être à l'écoute des membres de son équipe » (11 %). [...] Selon l'enquête « Pandémie et responsabilité d'entreprise » réalisée pendant le confinement (entre le 20 et le 24 avril 2020) pour le Cercle de Giverny, 85 % des Français estiment que les entreprises ont une responsabilité importante dans le développement d'une société plus écologiste et équitable, afin de prévenir une nouvelle crise sanitaire.

**Romain Bendavid, Marie Gariazzo, jean-jaures.org, 23 juillet 2020.**

**Les attentes des salariés vis-à-vis de l'entreprise après la crise sanitaire de la Covid-19**

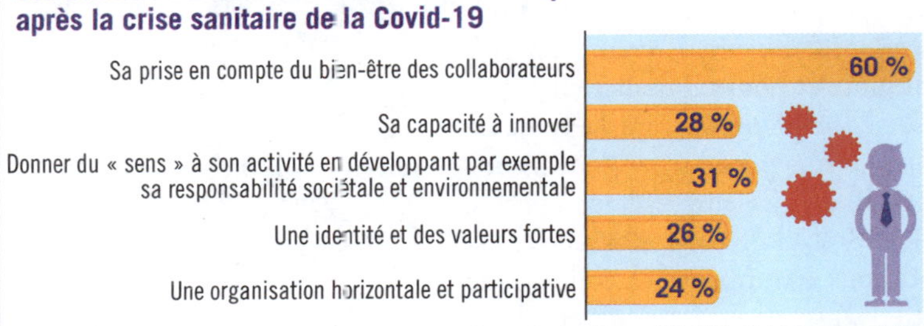


Source : Sondage Ifop pour Wittyfit-Siaci Saint-Honoré, mai 2020.

**Source : Sondage Ifop pour Wittyfit-Siaci Saint-Honoré, réalisé auprès d'un échantillon de 1003 personnes représentatif de la population française salariée, du 18 au 22 mai 2020.**

**BIOGROUP OU LE PORTRAIT D'UNE ENTREPRISE LIBÉRÉE**

**Vidéo**
liennathan.fr/3pzt88

1. **Quelles sont les attentes des salariés vis-à-vis de leur entreprise et de leurs dirigeants après la crise de la Covid ?**
2. **Pourquoi les salariés souhaitent-ils que leur entreprise développe une responsabilité sociétale et environnementale ?**

© Nathan – La photocopie non autorisée est un délit

# 1 Caractériser les styles de management

## DOC. 1 Typologie des styles de management

Le psychologue américain et professeur de psychologie industrielle Rensis Likert définit, à la fin des années 1960, sur la base d'enquêtes de terrain, quatre types de management :
– le management autoritaire et exploiteur, qui s'appuie sur l'autorité et la menace afin de faire respecter l'ordre et la conformité ;
– le management paternaliste (parfois appelé style persuasif), qui repose sur une autorité bienveillante et un système de récompenses pour motiver les performances ;
– le management consultatif, où le leader applique une politique de consultation de ses collaborateurs pour accroître la performance, mais la décision reste centralisée ;
– le management participatif, qui s'appuie sur la confiance et l'égalité, l'implication des collaborateurs dans le partage des prises de décisions.

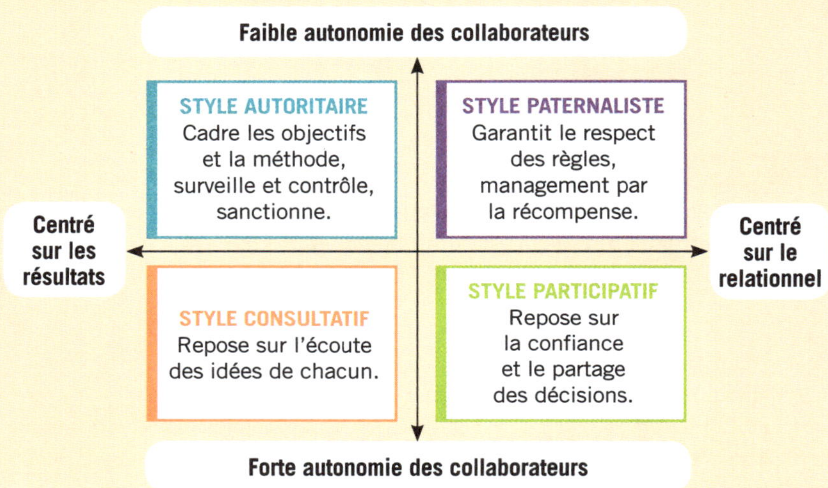


**1.** **Dans chacun des cas, évaluez le degré de centralisation des décisions.**

**2.** **Classez les styles selon le degré d'implication des collaborateurs.**

**3.** **Attribuez les styles correspondant aux missions du manager suivantes : animer, contrôler.**

LES STYLES DE MANAGEMENT

**Vidéo** liennathan.fr/g78ac5

**Vidéo** liennathan.fr/fgg424

**Vidéo** liennathan.fr/ii2w96

**Vidéo** liennathan.fr/8sg4k7

## DOC. 2 Le témoignage de Léa

« Lorsque je travaillais chez Burger Star, je devais respecter des consignes strictes et je n'avais aucune autonomie, ni initiative. Mon manager était toujours derrière nous et nous surveillait, parfois même pour vérifier si nous étions assez souriants à la caisse ! Souvent, il changeait nos horaires à la dernière minute et nous n'avions rien à dire, sinon on était punis avec un planning pire la semaine suivante. Dès que j'ai pu, je suis partie travailler ailleurs. Personne ne reste là-bas. Ils ne gardent pas leurs salariés. Maintenant, je travaille à Best Coffee. Mon manager est sensible à nos efforts et nous récompense toujours d'une manière ou d'une autre. C'est un vrai travailleur, il est parti de rien et a monté son affaire tout seul. Je lui fais totalement confiance et je suis sûre qu'il nous respecte vraiment. Mais l'équipe lui a souvent reproché qu'il ne tenait pas assez compte de leur avis. Je ne sais pas comment c'est remonté à ses oreilles, mais depuis, il semble vouloir changer sa manière de diriger. Il est davantage à l'écoute ; par exemple, il a mis une boîte à idées pour que nous puissions lui suggérer des améliorations dans notre travail et dans les procédures. Il y a deux mois, j'ai proposé de nous équiper de bornes tactiles pour réduire les files d'attente, et il a retenu mon idée ! J'en suis fière. »

**4.** **Identifiez les différents styles de management évoqués par Léa.**

**5.** **Pour quelles raisons se sent-elle mieux chez Best Coffee que chez Burger Star ?**

© Nathan – La photocopie non autorisée est un délit

## DOC. 3 Décathlon et le management participatif

Pour la 2e année consécutive, Décathlon a obtenu la première place des entreprises où il fait bon travailler au Palmarès Great Place To Work. De fait, dans l'entreprise, 89 % des salariés estiment qu'il fait bon travailler chez Décathlon, et sont fiers de le faire. Quand on regarde de plus près, on découvre en outre que 47 % des directeurs de magasin (dont la moyenne d'âge est de seulement 30 ans) ont été stagiaires ou vendeurs avant de gravir les échelons pour arriver à ce poste à forte responsabilité !
Et les témoignages des vendeurs vont dans le même sens, qui affirment par exemple : « je suis décisionnaire sur les références que je souhaite avoir en rayon, sur la gestion des stocks, sur les produits que je souhaite mettre en promotion ». On retrouve bien là les fondements du management participatif (voire de l'entreprise libérée) où les travailleurs sont responsabilisés et valorisés dans leurs compétences. […] C'est un outil. Un outil destiné à maximiser l'engagement des collaborateurs et à rendre l'entreprise plus agile, plus innovante et, en définitive, plus rentable, pour tous.

**Aurélien Desert, www.toute-la-franchise.com, 18 mars 2019.**

6. **Identifiez le style de management pratiqué dans l'entreprise Décathlon.**
7. **Quel est l'intérêt de ce type de management ?**
8. **À votre avis, quelles sont les limites éventuelles d'un tel type de management ?**

**LA LIBÉRATION D'ENTREPRISE**

**Vidéo**
liennathan.fr/65y9vr

# APPLICATION AU CAS

## TEE-SHIRT DE FRANCE

Dans une interview, Thibault Guillot, le directeur général de Tee-shirt de France, explique pourquoi il croit en ses équipes.

## DOC.

***Comment votre style de management a-t-il évolué au cours des années passées à votre poste de DG ?***

**T. B. :** J'ai toujours travaillé du côté opérationnel, dans l'exécution des activités, vendre, fabriquer. Avec mon statut de dirigeant, et surtout plus récemment avec le développement de l'entreprise, j'ai dû évoluer sur la nature de mon travail. Il fallait que je sois moins opérationnel et davantage dans la définition de la direction que doit suivre l'entreprise. J'ai dû m'attacher à davantage communiquer personnellement avec nos employés et, depuis la transformation de l'entreprise en SAS, avec les actionnaires.

***Comment décririez-vous votre style de management ?***

**T. B. :** J'ai toujours recherché en priorité le consensus dans mes décisions. Ce principe est ancré dans nos procédures managériales. J'écoute toutes les objections avant de prendre une décision. Récemment, nous avons encore fait un pas de plus vers une gestion démocratique. Nous avons décidé d'évoluer vers un statut de SCOP.

***Concrètement, comment cela se traduit-il ?***

**T. B. :** La première chose que nous avons décidée a été de resserrer les écarts de salaires entre les cadres dirigeants et les employés. C'est une question de cohésion interne. À l'avenir, les employés seront tous associés. Ils feront partie intégrante du processus de décision. Il était impératif d'envoyer un signal fort, car ils doivent savoir qu'ils ne sont pas là uniquement pour me remplir les poches. Nous prônons un partage des résultats entre tous. Concrètement, tout le monde se sent concerné, cadres et employés. L'ambiance de travail est détendue car tout le monde se sent valorisé, et nos salariés ne veulent plus nous quitter. Il était impératif de fidéliser nos ressources humaines, nos savoir-faire sont si rares !

1. **Identifiez et caractérisez les styles de management pratiqués par le directeur de Tee-shirt de France.**
2. **Pour quelles raisons le statut de SCOP est-il adéquat au style de management de Thibault Guillot ?**
3. **Relevez les avantages du style de management pratiqué.**

© Nathan – La photocopie non autorisée est un délit

# 2 Repérer le rôle des différentes parties prenantes et des contre-pouvoirs

## A Les parties prenantes et les contre-pouvoirs

### DOC. 4 Les parties prenantes

Les parties prenantes sont les acteurs ou groupes d'acteurs qui ont un intérêt dans les activités des entreprises. Ils y exercent une influence plus ou moins directe.

**1. Montrez en quoi les intérêts des actionnaires peuvent être contradictoires avec ceux des salariés.**

### DOC. 5 Les contre-pouvoirs

Selon **Richard M. Cyert** et **James March**, l'entreprise réunit « des groupes de participants aux demandes disparates », qui constituent un système de coalitions d'acteurs (regroupements de membres par affinités et par intérêts). Ces sociologues réalisent des analyses comportementales axées sur la stratégie d'influence des uns et des autres. Ils constatent que chacun cherche à amadouer l'autre pour satisfaire ses propres intérêts, différents de ceux de l'entreprise. Ainsi, l'entreprise, loin d'être un ensemble cohérent et stable est, au contraire, un système dynamique, un lieu d'ententes, de compromis, de négociations. Le dirigeant doit en permanence arbitrer entre des attentes contradictoires et négocier la coopération des membres.

**Michel Crozier**, sociologue français, propose, avec **Erhard Friedberg**, une analyse stratégique des organisations. En fonction des marges de liberté dont elles disposent, les parties prenantes peuvent exercer un pouvoir plus ou moins fort sur les activités de l'entreprise. Pour s'opposer aux décisions des dirigeants qui ne sont pas conformes à leurs intérêts, elles mettent en place des actions qui constituent des contre-pouvoirs. Ainsi, l'entreprise est le théâtre de jeux de pouvoirs exercés par les uns et les autres.

### DOC. 6 Fermeture de liaisons aériennes intérieures en concurrence avec le TGV

[L]e samedi 3 octobre 2020, à 11 h 30, plusieurs dizaines d'agents se sont rassemblés dans l'aéroport avec un mot d'ordre : non à la suppression de la ligne aérienne Bordeaux-Orly, empruntée par quelque 560 000 passagers par an. […] Début juillet, Air France a annoncé la suppression de cette ligne en contrepartie d'une aide sous forme de prêt, de 7 milliards d'euros, concédée par l'État. En échange, la compagnie s'est engagée à supprimer les lignes aériennes intérieures, lorsque la durée des trajets en train est inférieure à deux heures trente. […] Au-delà de l'impact économique sur la région, un argument avancé par les syndicats et plusieurs élus […], de grosses inquiétudes pèsent sur l'emploi au sein de la compagnie aérienne « avec la suppression de 114 équivalents temps plein (ETP) d'ici deux ans *via* un plan de départ volontaire et la fermeture de l'agence commerciale aux Allées de Tourny, dans le centre de Bordeaux », explique Soraya Default, représentante Air France CFE-CGC. […]
D'après Sandrine Bordes-Duclos, secrétaire du CSE Court-Courrier, « cette ligne ne serait que suspendue aux yeux du gouvernement. […] La CCI [chambre de commerce et d'industrie] a proposé de passer de dix à six navettes quotidiennes. Certains vols ne sont plus rentables. D'autres restent nécessaires. De notre côté, on laisse la place au débat et au dialogue. »

**Damien Renoulet, actu.fr, 3 octobre 2020.**

**Une autre manifestation… pour la réduction du trafic aérien**
L'après-midi [du 3 octobre 2020], une autre manifestation a eu lieu à l'aéroport. L'ANV [Action Non Violente] COP21 Gironde et Extension Rebellion répondaient à un appel national. Un peu plus de 70 militants ont chanté divers slogans et chansons écrites pour l'occasion. Leur principale requête : la réduction du trafic aérien. Cette opération a été menée dans tous les aéroports de France.

**Solène de Larquier, www.francebleu.fr, 3 octobre 2020.**

**2. Identifiez les différentes parties prenantes concernées par la suppression de la liaison aérienne Bordeaux-Orly. Mettez en évidence leurs oppositions sur ce projet.**
**3. Pourquoi est-il nécessaire d'évaluer leur pouvoir d'influence sur le projet ?**
**4. Quelles actions en contre-pouvoir sont envisagées ?**
**5. Comment les parties prenantes tentent-elles de concilier leurs intérêts divergents ?**

© Nathan – La photocopie non autorisée est un délit

## B Les parties prenantes et la RSE

**DOC.7 La RSE : répondre aux attentes des parties prenantes dans le groupe Air France-KLM**

**Dialoguer avec nos parties prenantes**
Nous accordons une grande attention aux attentes de nos parties prenantes, notamment nos clients, nos salariés, nos actionnaires, nos fournisseurs, les associations, les collectivités locales et les acteurs de la société civile comme les ONG. […] Nous avons réalisé en 2019 une nouvelle analyse [afin de] réévaluer les enjeux prioritaires pour l'activité du Groupe. […] Dans le cadre de cette analyse, les parties prenantes ont […] priorisé une liste d'enjeux stratégiques qui pourraient influer sur le développement du secteur à long terme. Parmi ceux-ci, l'acceptabilité des impacts environnementaux de l'aviation, l'utilisation de carburants alternatifs durables et la transparence sur les émissions de $CO_2$ se classent en tête.

**Des projets soutenus au travers de la compensation des vols domestiques se classent en tête**
Depuis le 1er janvier 2020, les clients d'Air France voyagent neutre en carbone en France métropolitaine grâce à la compensation proactive de 100 % des émissions de $CO_2$ des vols intérieurs. […] [C]e dispositif de compensation prend la forme d'une contribution à des projets de reforestation, de préservation des forêts et de la biodiversité, et d'énergies renouvelables, tout en s'assurant de la protection des populations les plus vulnérables. […] Pour le neuvième projet, Air France a proposé à ses clients de devenir acteurs de ce dispositif en votant en ligne pour leur projet préféré parmi trois projets proposés […]. Le programme de protection forestière au Brésil a recueilli le plus grand nombre de voix parmi près de 27 000 votes […].

**https://sustainabilityreport2019.airfranceklm.com**

**6.** **Rappelez ce qu'est la RSE.**

**7.** **Montrez comment le groupe Air France-KLM prend en compte ses parties prenantes pour réaliser ses objectifs.**

## APPLICATION AU CAS

### TEE-SHIRT DE FRANCE

Tee-shirt de France développe une gamme 100 % coton équitable.

**DOC.**

Dès son lancement, la filière « Coton équitable » de Max Havelaar a attiré plusieurs marques françaises. Tee-shirt de France figure parmi les premières à s'être lancées sur ce marché, en partenariat avec Le Champ de coton, tête de pont en France d'une filière comprenant des producteurs d'Afrique de l'Ouest (Mali, Sénégal et Cameroun).
Par ces accords, l'entreprise veille à :
– offrir des opportunités de travail aux producteurs de coton dans certaines régions les plus défavorisées du monde ;
– garantir aux paysans un prix minimum qui couvre leurs coûts de production et leur permet d'avoir des conditions de vie correctes ;
– participer au développement des communautés locales.
La culture du coton conventionnelle est un secteur qui utilise à lui seul 24 % des pesticides vendus dans le monde et demeure l'une des plus polluantes pour les sols, l'air et les eaux, avec des impacts écologiques et sanitaires considérables.
Le coton équitable bannit au contraire certains pesticides et intrants chimiques, favorise la bonne gestion de l'eau et exclut l'utilisation de semences OGM. Tee-shirt de France espère en faire un avantage concurrentiel sur un marché de plus en plus tendu.

**1.** **Identifiez les différentes parties prenantes et leurs intérêts respectifs.**

**2.** **Montrez les enjeux économiques, sociaux et environnementaux de la filière « Coton équitable ».**

© Nathan – La photocopie non autorisée est un délit

# 1 Martin Technologies donne le pouvoir aux salariés

1. **Caractérisez le style de management de la PME Martin Technologies.**
2. **Relevez les modalités mises en place pour favoriser ce style de management.**
3. **Repérez le rôle des parties prenantes dans la transformation de la PME.**
4. **Montrez que l'entreprise est engagée dans une démarche RSE.**

## DOC. 1 Manager par la confiance chez Martin Technologies

Depuis quatre ans, dans cette PME de 102 personnes située à Lézigné (Maine-et-Loire), « *ceux qui décident sont ceux qui font* », assure avec fierté Laurent Bizien, le directeur général. [...] Fini l'organisation verticale, avec les ordres qui descendent d'en haut. Entre les murs de cet atelier spécialisé dans le marquage industriel, « *les managers sont au service des équipes* », affirme le directeur général. Ce virage a été opéré [en 2013] [...]. À l'époque, la PME familiale octogénaire peine à se développer. « *Nos livraisons étaient régulièrement en retard et les commandes diminuaient. L'entreprise n'arrivait pas à aller de l'avant* », se rappelle Laurent Bizien. [...]. « *Attentistes, passifs* », les collaborateurs sont jugés fidèles, mais peu impliqués. [...] Le management visuel de la performance (MVP) fait son entrée dans l'entreprise, approuvé par une majorité de salariés. Plutôt que de laisser un ERP gérer l'ensemble des process, ce sont les collaborateurs qui, chaque matin, s'organisent, échangent et définissent les priorités de la journée autour d'un tableau propre à chaque service. Les premiers bénéfices sont un gain de temps dans la gestion des dossiers et la responsabilisation des opérateurs. « *Le rendez-vous quotidien est l'occasion de parler du client et seulement du client* », explique Jérôme Chouteau, le responsable des écrans de sérigraphie, qui voit le taux de service[1] passer de 40 à 96 %. Le rituel libère la parole. Chaque collaborateur trouve l'occasion d'exprimer son avis, d'exposer ses idées. Une évolution majeure survient en 2017. [...] En concertation avec les salariés, la direction abandonne le schéma organisationnel classique, par services et métiers, au profit d'une organisation en trois mini-usines autonomes. Chaque entité d'une trentaine de personnes, dont un responsable, gère ses clients, de l'avant-vente à la livraison. « *Les collaborateurs ont choisi leur entité, selon leurs affinités avec les produits et le poste,* précise Laurent Bizien. *Nous avons répondu au souhait du salarié et au besoin de l'entreprise.* » [...] Son chiffre d'affaires est passé de 7,9 à 8,2 millions d'euros. Une liberté et une performance qui profitent à tous : 50 % du résultat ont été partagés à parts égales entre tous les employés sur décision d'une équipe projet représentant les salariés et la direction.

**Laurent Rousselle, www.usinenouvelle.com, 1er septembre 2020.**

1. Pourcentage de produits livrés à temps dans les références et quantités requises.

**MARTIN TECHNOLOGIES ET LA RSE**

**Vidéo**
liennathan.fr/92zs8i

## DOC. 2 Les résultats sont au rendez-vous

**Clients :** amélioration du taux de service (2015 : 75 % ; 2018 : 85 %), réduction de 20 % du temps de traversée d'une commande, amélioration de 10 % de la satisfaction de nos clients sur les délais proposés et sur le respect de ces délais
**Collaborateurs :** taux d'absentéisme (2015 : 7 % ; 2018 : 2,8 %)
**Mais aussi tout ce qui ne se mesure pas :** l'implication de nos collaborateurs dans les appels à volontariat pour promouvoir l'entreprise (participations à des conférences, aux forums de l'emploi, aux portes ouvertes, aux visites clients, recrutements par cooptation, propositions d'innovation), la mise en avant par nos clients de l'implication de nos équipes, de leurs sourires.

**https://trophees-rse.fr**

© Nathan – La photocopie non autorisée est un délit

# 2 De quel style de management s'agit-il ?

- Associez chaque exemple au style de management approprié.

**DOC.**

Steve Jobs, **Apple**. Les employés pouvaient se faire renvoyer pour n'importe quel motif à partir du moment où la décision provenait de Steve Jobs lui-même. Impatient, il donnait souvent des délais impossibles à respecter et tout le monde en faisait les frais… Perfectionniste, il vérifiait tout mille fois et mettait même un point d'honneur à être la dernière personne à avoir vérifié les tâches de ses employés, qu'il s'agisse de futurs projets innovants ou de la gestion de détails logistiques. Steve Jobs devait avoir un œil sur tout et tout contrôler. Il avait également un caractère colérique, cruel, insultant, et il ignorait bien souvent l'avis de ses actionnaires, financiers et partenaires.

www.dynamique-mag.com

M. Boissière, **Boissière & Fils** – Menuiserie et ossature bois –, se sent à contre-courant quand il défend que « c'est l'entreprise qui est au service des salariés, et non le contraire », et que des salariés « concernés » sont des salariés productifs. « C'est vrai que les chantiers avancent plus vite », atteste Loran Nicolardot, un de ses hommes. M. Boissière dirige l'entreprise à l'affectif et à la confiance. Son père, son frère, sa femme, son cousin y travaillent.

lentreprise.lexpress.fr

En France, chez **Leroy Merlin**, la stratégie est élaborée par les salariés par le biais de nombreuses rencontres intégrées dans une démarche intitulée « Vision ». Au démarrage de ce projet, tous les collaborateurs ont contribué à la concrétisation de cette stratégie dans cette entreprise où « il fait bon travailler ». Chaque collaborateur se sent concerné par la réalisation de ce projet. Sans doute le fait que tous les collaborateurs de Leroy Merlin soient actionnaires de leur entreprise contribue-t-il aussi à ce que chacun se sente responsable des résultats dont les bénéfices sont par ailleurs répartis de manière équitable entre tous les salariés ?

www.journaldunet.com

En France, chez **Orange**, les salariés peuvent exprimer librement leurs idées *via* un système d'innovation sociale intitulé IdClic. Le processus permet à n'importe quel salarié, quel que soit son statut, son ancienneté ou son métier, de déposer une idée sur une plateforme d'engagement. L'idée est étudiée par des experts volontaires (environ 5 000). Si elle n'est pas archivée (aucune idée n'est considérée comme mauvaise), elle fait l'objet d'une étude de faisabilité avec une estimation des gains nets. Une fois mise en exploitation (l'auteur de l'idée fait partie du projet), elle peut être, selon les bénéfices, déployée au niveau national. Le collaborateur se voit attribué des talents (monnaie virtuelle) qu'il utilisera dans une « boutique dédiée ». Depuis 2007, 1/3 des collaborateurs ont déposé une idée (soit environ 122 000 idées déposées). 1 % ont été déployées, générant ainsi plusieurs centaines de millions d'économies qui n'auraient pu être occasionnées autrement.

www.journaldunet.com

# 3 Plan social chez Boiron

1. Identifiez l'ensemble des parties prenantes concernées par le plan social de Boiron.
2. Montrez que ces parties prenantes sont très profondément impliquées dans ce plan social.
3. Identifiez les enjeux économiques, sociaux et politiques de ce plan social.
4. Pourquoi est-il nécessaire de réunir les représentants des différentes parties prenantes ?
5. Quelles actions en contre-pouvoirs sont réalisées ?

LICENCIEMENTS CHEZ BOIRON

Vidéo
liennathan.fr/w6h6t6

© Nathan – La photocopie non autorisée est un délit

## SYNTHÈSE

# 1 Caractériser les styles de management

**Quatre styles de management**

| Autoritaire | Paternaliste | Consultatif | Participatif |
|---|---|---|---|
| • Rapports hiérarchiques et d'exploitation<br>• Décisions prises au sommet<br>• Management par la crainte et les sanctions | • Rapports hiérarchiques et de bienveillance<br>• Décisions prises au sommet<br>• Management par les sanctions et les récompenses | • Rapports d'échange<br>• Décisions prises au sommet à partir des informations de la base<br>• Implication et récompenses | • Rapports d'égalité<br>• Décisions prises par les groupes de travail et l'ensemble de l'organisation<br>• Participation et récompenses |

# 2 Repérer le rôle des différentes parties prenantes et des contre-pouvoirs

**Rôle des parties prenantes**

| Rôle économique | Rôle social | Rôle de négociation | Rôle politique |
|---|---|---|---|
| Salariés, clients, fournisseurs, actionnaires | Défenses des intérêts | Dialogue et concertation | Actions en contre-pouvoir |
| ↓ | ↓ | ↓ | ↓ |
| **Participer aux activités de l'entreprise** | **Influencer les décisions de l'entreprise** | **Assurer la prise en compte de leurs attentes** | **Faire valoir leurs intérêts par le recours à une action collective** |

## CONCEPTS

Style autoritaire – Style paternaliste – Style consultatif – Style participatif – Parties prenantes – Contre-pouvoirs – Responsabilité sociétale de l'entreprise

© Nathan – La photocopie non autorisée est un délit

# 14 L'organisation des ressources dans l'entreprise

**PLAN DU CHAPITRE**

- 1 • Repérer les ressources et les compétences au sein de l'entreprise
- 2 • Identifier le type de structure d'une entreprise
- 3 • Identifier les mécanismes de coordination et de contrôle au sein de l'entreprise

**LES COMPÉTENCES ATTENDUES**

- → Repérer les ressources et les compétences au sein de l'entreprise.
- → Identifier le type de structure, les mécanismes de coordination et de contrôle au sein de l'entreprise.
- → Distinguer les différents processus de l'entreprise.

**LES SAVOIRS ASSOCIÉS**

- → Les ressources tangibles et intangibles
- → Les compétences
- → Les mécanismes de coordination et de contrôle
- → Les processus de l'entreprise
- → Les effets d'expérience

## Les compétences de l'avenir ?

Les compétences techniques ne suffisent plus dans le monde du travail. Il faut également posséder des qualités difficilement mesurables, mais vitales : les *soft skills*.
Les *soft skills* (ou compétences « douces ») désignent des compétences indispensables mais qui ne relèvent pas d'un savoir-faire lié à la maîtrise d'un outil ou d'une procédure, tel que la gestion comptable ou la maîtrise de Word. Elles sont pourtant précieuses dans le monde du travail car elles permettent d'améliorer la performance et la productivité. Voici les *soft skills* les plus recherchées par les entreprises aujourd'hui : la communication (capacité à s'exprimer, compréhension orale et écrite, expression écrite), l'aptitude à travailler en équipe, la capacité à prendre des décisions et à résoudre les problèmes en utilisant la logique et le raisonnement, le sens de l'organisation (planifier, gérer des priorités multiples), les compétences liées aux technologies de l'information et de la communication, la pensée critique, les habiletés sociales et culturelles (citoyenneté, écoute active, éthique, attitude positive) et la créativité.

**COMMENT METTRE EN AVANT SES *SOFT SKILLS***
**Vidéo** liennathan.fr/7yt9p4

1. **Quelles sont les *soft skills* les plus recherchées par les entreprises ?**
2. **Pourquoi les *soft skills* sont-elles importantes pour les entreprises ?**

© Nathan – La photocopie non autorisée est un délit

# 1 Repérer les ressources et les compétences au sein de l'entreprise

## DOC. 1 Les ressources tangibles et intangibles de l'entreprise

Les ressources sont un ensemble de moyens utilisés par l'entreprise pour assurer son fonctionnement et sa pérennité. Selon Edith Penrose, elles peuvent être classées en fonction de leur nature tangible (matérielle) ou intangible (immatérielle).

| | | |
|---|---|---|
| **Ressources tangibles** | **Financières** | Autofinancement, capital, trésorerie, résultat net |
| | **Humaines** | Effectifs, connaissances des salariés |
| | **Physiques** | Installations, équipements, véhicules, stocks |
| **Ressources intangibles** | **Mercatiques** | Marque, notoriété, gamme, publicité… |
| | **Organisationnelles** | Qualité, savoir-faire, logistique, flexibilité, partenariat |
| | **Technologiques** | Brevets, licences, R&D |

**1. Pourquoi la marque est-elle classée parmi les ressources intangibles ?**

## DOC. 2 La Redoute se réinvente en mode start-up

La marque revient […] de très loin. Il y a cinq ans, elle perdait 50 millions d'euros par an. « *80 % des gens la donnaient pour morte* », rappellent Nathalie Balla et Éric Courteille, qui l'ont reprise en 2014. […] « *Loin de se contenter d'un repositionnement publicitaire, les repreneurs se sont attaqués à l'offre, en misant sur l'énorme capital de confiance de La Redoute et lui rendant de sa lisibilité* », souligne le consultant Frank Rosenthal. […] Ne pas se transformer en une « marketplace » parmi d'autres, mais promouvoir des créations en marque propre, faire le tri dans son offre pléthorique, en finir avec le catalogue de 1 276 pages pour ne distribuer que quelques fascicules ciblés, se réorganiser autour du digital, tout en supprimant 1 178 postes (la moitié des emplois en France !), ouvrir le capital aux salariés : autant de choix drastiques qu'il est aujourd'hui facile de qualifier de visionnaires mais qui, en 2014, représentaient un vrai pari. Rétrospectivement, le choix de s'appuyer sur deux piliers complémentaires – la mode et la maison – paraît particulièrement astucieux. « *Alors que le prêt-à-porter évolue de manière cyclique dans un environnement fragmenté, le marché de l'ameublement est plus concentré mais plus stable.* » […] Pour parachever la mue, 50 millions d'euros ont été investis dans un centre logistique hyper-automatisé, Quai 30, à Wattrelos, capable de s'aligner sur les standards imposés par Amazon et ses épigones. « *Là où il fallait deux jours pour traiter une commande, deux heures s'écoulent aujourd'hui entre le clic du client et l'acheminement de ses articles. On est passé de 60 000 références à 300 000, et de 1 400 à 500 préparateurs* », résume Patrice Fitzner, le directeur logistique de La Redoute. […] Longtemps, le vépéciste a tiré sa force d'une offre conçue très en amont, dont la permanence pendant toute une saison et la présentation dans un catalogue très codifié rassuraient le client. Aujourd'hui, cet acteur digital reconnu fait tourner ses collections pour mieux satisfaire ses 10 millions de clients, répertoriés dans une base de données qui permet d'en savoir « *infiniment plus que du temps de papa et maman* », reconnaît Nathalie Balla.

**Isabelle Lesniak, www.lesechos.fr, 28 novembre 2019.**

**2. Relevez les ressources de La Redoute.**
**3. Quelles ressources ont permis le redressement de La Redoute ?**

© Nathan – La photocopie non autorisée est un délit

## DOC. 3 Les compétences de l'entreprise

Détenir des ressources est essentiel pour une entreprise mais elle doit aussi être capable de les utiliser et de les combiner. Les compétences correspondent ainsi à la capacité de l'entreprise à exploiter ses ressources pour atteindre un objectif. Elles permettent de développer les ressources et d'en créer de nouvelles.
Selon **Gary Hamel** et **C. K. Prahalad**, une compétence est fondamentale pour une entreprise si elle lui permet d'exploiter ses ressources et de se distinguer de la concurrence avec un avantage difficilement imitable.

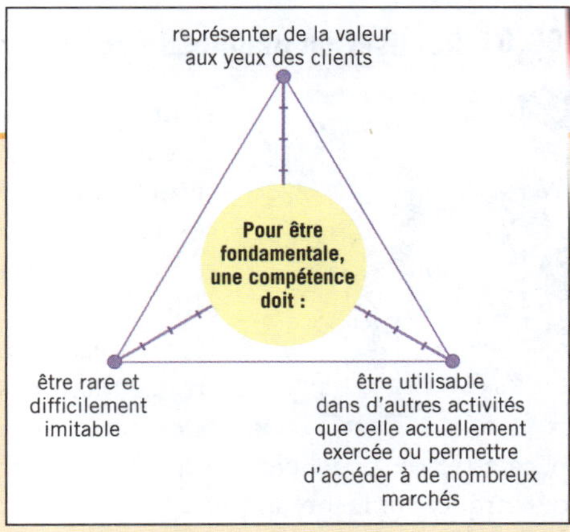


## DOC. 4 Le savoir-faire camarguais

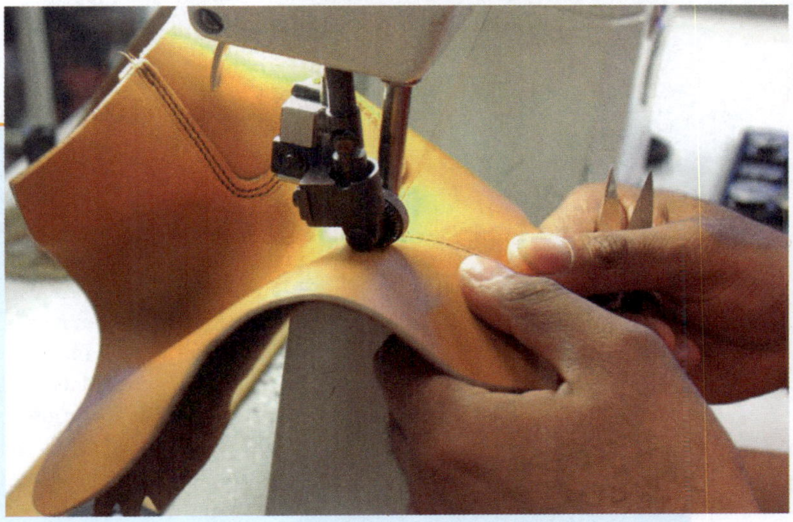

La Botte Gardiane est fondée en 1958. C'est alors une entreprise familiale, spécialisée dans la réalisation des bottes de gardians, des cow-boys camarguais, chargés de surveiller les troupeaux de chevaux ou taureaux laissés en plein air. Pour répondre aux besoins de la profession, ces chaussures doivent être particulièrement confortables, souples et solides. Ainsi, une botte gardiane est composée de trois épaisseurs de semelles superposées et cousues, dont le maintien est renforcé par des clous.
Malgré cette spécialisation et cette exigence de qualité, la marque connaît des difficultés financières dans les années 1990. Elle est proche de la faillite quand Michel Aghulon s'en porte acquéreur, en 1995. Son idée : diversifier la production sans rien céder sur la qualité. Bottines et nu-pieds rejoignent le catalogue. La Botte Gardiane fait son entrée dans le monde de la mode et y apporte son héritage camarguais. [...] Cette nouvelle orientation n'altère pas le mode de fabrication : La Botte Gardiane reste encore aujourd'hui une entreprise familiale et artisanale. Fanny, la sœur, dessine les modèles et gère les deux boutiques parisiennes. Antoine et Julien, ses frères, prennent en charge la production et la distribution des différents modèles. Toutes leurs chaussures sont réalisées en France, à la main.
En 2007, ce respect des traditions vaut à La Botte Gardiane de recevoir le label EPV, Entreprise du Patrimoine Vivant. Il distingue certaines entreprises pour la rareté et l'excellence de leur savoir-faire.

**www.labottegardiane.com**

« *Notre force est de proposer la personnalisation, aussi bien au niveau de la couleur du cuir, de la texture, que du type de semelle, de la hauteur de talon... L'atelier s'adapte à la demande et à la morphologie du client pour confectionner des chaussures sur mesure.* » [...] Des modèles dont les prix varient de 160 à 600 € et pour lesquels La Botte Gardiane accorde une attention toute particulière à la qualité des matières premières.

**50 %** des ventes de La Botte Gardiane sont réalisés en boutiques.

**1,26 M€** de chiffre d'affaires réalisé au 31 mars 2019.

**20 %** de sa production sont exportés vers le Japon, les États-Unis et l'Europe.

***Le Monde des artisans*, juillet-août 2020.**

**4.** Sur quelles compétences repose la réussite de La Botte Gardiane ?
**5.** Comment l'entreprise valorise-t-elle ses compétences ?
**6.** Montrez que ces compétences sont fondamentales pour La Botte Gardiane.

© Nathan – La photocopie non autorisée est un délit

## DOC. 5 Réaliser un diagnostic des ressources et des compétences

L'entreprise doit disposer de ressources et de compétences suffisantes pour conduire sa stratégie, réussir sur son marché et assurer sa pérennité. L'analyse des ressources et des compétences a pour but d'identifier les forces et les faiblesses de l'entreprise.
Les forces correspondent aux ressources stratégiques et aux compétences fondamentales que l'entreprise possède et qui vont lui permettre de bénéficier d'un avantage difficilement imitable et de se démarquer de façon stratégique de ses concurrents.
Les faiblesses sont les points de vulnérabilité de l'entreprise, c'est-à-dire les ressources ou compétences qui sont défaillantes ou qui lui font défaut et qui peuvent nuire à sa pérennité.

**7. Pourquoi une entreprise doit-elle connaître ses forces et ses faiblesses?**

**ATELIER DE CONFECTION**

**Vidéo**
liennathan.fr/8y9u2e

## DOC. 6 Une formation au cœur des ateliers

Pour l'industrie textile française, ces derniers mois n'ont pas été faciles avec la crise sanitaire, mais les ateliers FIM ont tenu le cap. Cette entreprise basée à Fougères, spécialisée dans la confection de vêtements pour les grandes marques de luxe, a pratiquement stoppé son activité habituelle durant le confinement, pour se mettre à la production de masques. [...] Pour poursuivre la reprise d'activité, les ateliers envisagent de recruter, notamment pour compenser plusieurs départs à la retraite à venir. Mais avec le manque de formations dans le domaine du textile, pas facile de trouver des candidats qualifiés... C'est pourquoi FIM va organiser à nouveau une session de préparation opérationnelle à l'emploi collective (POEC), un dispositif de recrutement auquel l'entreprise a régulièrement recours. Avec l'aide de Pôle emploi, plusieurs demandeurs d'emploi motivés pourront bénéficier d'une formation directement au sein des ateliers FIM, durant deux mois et demi, pour acquérir les bases du métier. [...] À la clé : devenir un véritable artisan textile et une embauche potentielle. FIM espère ainsi recruter cinq personnes.

**Paul Grisot, www.ouest-france.fr, 6 septembre 2020.**

**8. Montrez que les forces de l'entreprise peuvent également représenter des faiblesses.**

# APPLICATION AU CAS

## TEE-SHIRT DE FRANCE

Tee-shirt de France confectionne des produits artisanaux 100 % *made in France*. Ce mode de fabrication a semblé évident à Thibault Guillot car acheter des produits français permet de valoriser le savoir-faire et la qualité française mais aussi de collaborer à la protection de l'environnement en favorisant les achats de proximité.
Les produits Tee-shirt de France sont fabriqués à Saint-Antoine-Cumond, dans le département de la Dordogne, en Région Nouvelle-Aquitaine. Le fabricant crée des textiles haut de gamme dans son atelier : du tissage du fil de coton à l'assemblage final, toutes les étapes y sont intégralement réalisées et s'inscrivent dans la tradition de qualité du textile français.
Aujourd'hui, l'entreprise Tee-shirt de France compte 3 boutiques à Paris et 80 collaborateurs et un site Internet marchand. Son succès repose sur son savoir-faire, la modernité de ses produits, la fabrication française et l'utilisation d'Internet où elle développe des communautés à travers les réseaux sociaux (75 000 abonnés Instagram, 180 000 fans Facebook et 15 000 followers Twitter).

**1. Montrez que Tee-shirt de France possède des compétences fondamentales.**

**2. Recensez les ressources et les compétences que l'entreprise possède pour réussir sur son marché.**

© Nathan – La photocopie non autorisée est un délit

# 2 Identifier le type de structure d'une entreprise

## DOC. 7 Les principales configurations structurelles de l'entreprise

La structure d'une entreprise permet d'identifier ses différentes fonctions et ses niveaux de management : le **management stratégique**, constitué par la direction qui prend les décisions importantes, et le **management intermédiaire**, chargé de faire exécuter les décisions.

Les quatre configurations structurelles les plus répandues sont les suivantes :

**Structure simple :** le dirigeant est en contact direct avec l'ensemble de ses salariés. Il y a unicité de commandement : c'est le dirigeant qui seul donne les ordres.

**Structure fonctionnelle :** les activités de l'entreprise sont regroupées par fonctions et placées sous l'autorité d'un responsable. Il y a une pluralité de commandements et les salariés peuvent recevoir des ordres de plusieurs responsables.

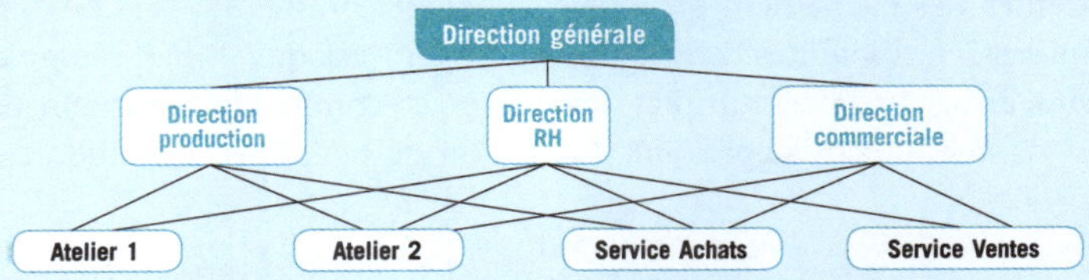


**Structure divisionnelle :** l'entreprise est découpée en divisions autonomes dirigées chacune par un responsable unique.

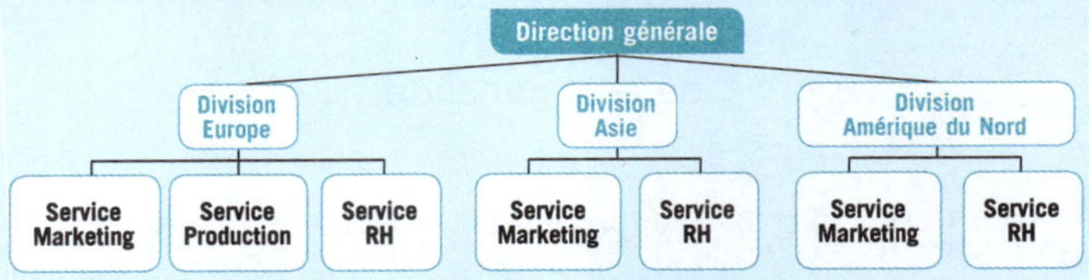


**Structure matricielle :** chaque salarié se trouve sous la responsabilité d'un responsable de service ou d'une fonction et d'un chef de division ou de projet. Il y a une dualité de commandement.

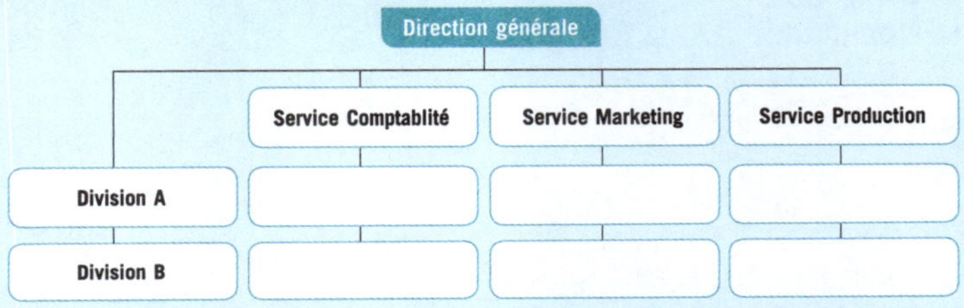


1. **Expliquez les principes d'unicité, de dualité et de pluralité de commandement.**
2. **Identifiez les avantages et les inconvénients des principes d'unicité et de pluralité de commandement.**

## DOC. 8 Doublet, un groupe, quatre pôles de compétences

Créée en 1832, l'entreprise est d'abord devenue leader en France, puis en Europe, dans le domaine de la fabrication de drapeaux. L'entreprise a diversifié et élargi sa gamme de compétences au fil du temps et articule aujourd'hui son activité autour de 4 pôles principaux : Doublet Branding (signalétique intérieure et extérieure), Doublet Equipment (matériel d'équipement pour l'aménagement des zones d'accueil du public), Doublet Events (soutien logistique lors des grands événements sportifs) et Doublet Venues (tribunes, podiums et structures scéniques). Le groupe Doublet permet à chaque collaborateur – quels que soient sa fonction et son statut – d'exprimer et de porter des idées d'innovation. « *Nous avons limité le nombre de strates pour ne pas alourdir la prise de décision et nous encourageons le management en mode projet,* résume Gaëlle Colaert-Doublet, dirigeante de l'entreprise familiale. *Ici, n'importe quel collaborateur peut développer un projet. Il lui suffit d'en parler librement avec le management lors d'échanges informels, puis de rédiger une fiche sur le sujet, de constituer une équipe avec un pilote et, enfin, de chiffrer le projet.* »

**https://fr.doublet-group.com**

3. **Identifiez le type de structure du groupe Doublet.**
4. **Quels sont les avantages de cette configuration structurelle ?**

© Nathan – La photocopie non autorisée est un délit

## DOC. 9 L'organisation par les processus

Les structures traditionnelles étaient devenues trop lourdes pour répondre rapidement aux besoins des clients et aux évolutions de l'environnement des entreprises, étant construites sur un modèle hiérarchisé où les décisions sont centralisées et circulent de haut en bas. Afin d'améliorer les délais, la qualité et de réduire les coûts, Hammer et Champy, en 1993, proposent de revoir l'organisation des entreprises à travers le *reengineering*, qui consiste à redéfinir l'organisation des entreprises au profit d'une conception par processus orientée vers les attentes des clients. Un processus se définit comme une succession d'activités coordonnées et organisées qui mettent en œuvre de multiples ressources et compétences dans le but d'élaborer un produit ou de réaliser un service attendu. Un processus est donc transversal et concerne plusieurs fonctions.

Trois types de processus peuvent être distingués dans une entreprise :

- les processus productifs qui permettent la réalisation des biens ou des services proposés par l'entreprise ;
- les processus de support (ou organisationnels) qui permettent la gestion des ressources ;
- les processus de pilotage (ou décisionnels) qui visent à prendre les décisions.

Par exemple, le **processus de vente** mobilise plusieurs fonctions, de la prise de commande jusqu'à la livraison du produit ou du service chez le client.

**5. Pourquoi l'organisation par les processus permet-elle de répondre plus rapidement aux attentes des clients que les structures traditionnelles ?**

## DOC. 10 Saint-Gobain se réorganise

**Saint-Gobain, le spécialiste du verre et de la distribution de matériaux, a amorcé en 2019 une vaste réorganisation avec le plan « Transform & Grow ».**

Pour être davantage « agile » sur ses marchés, Saint-Gobain a pivoté son organisation en rompant avec des directions générales thématiques (distribution, produits pour la construction, vitrage bâtiment). L'industriel privilégie désormais une approche par pays, avec quatre entités (Europe du Nord, Europe du Sud, Amériques et Asie-Pacifique) et une entité globale « solutions de haute performance ».

Un directeur général a été nommé dans chaque pays ; à lui de piloter les ressources, les investissements, la stratégie pour optimiser la performance et accélérer la croissance sur son territoire. Cette décentralisation a pour ambition de mieux répondre aux besoins des clients, de définir les politiques commerciales en fonction des spécificités locales.

Plus légère, plus intégrée, dotée d'un fort esprit entrepreneurial et plaçant le digital au cœur de l'organisation, la nouvelle structure offre au groupe une meilleure proximité avec ses clients.

Le processus de décision a été simplifié avec un nombre de niveaux de management allégé.

Selon Benoît Bazin, le directeur général délégué de Saint-Gobain, la nouvelle organisation « met [les] équipes du groupe en position idéale pour tirer pleinement parti de [son] portefeuille de solutions dans chaque pays et de [ses] synergies de marché au profit de [ses] clients ».

**6. Identifiez le type de structure qui était en place chez Saint-Gobain jusqu'en 2019.**

**7. Recensez les avantages de la nouvelle organisation du groupe.**

**8. Montrez que la nouvelle organisation est orientée vers les attentes des clients.**

© Nathan – La photocopie non autorisée est un délit

## DOC. 11 Les effets d'expérience

L'effet d'expérience est un phénomène lié au processus de production qui entraîne une diminution du coût de production unitaire lorsque la production augmente. Il s'explique par la réalisation de quatre phénomènes :
– les économies d'échelle : l'entreprise voit ses coûts unitaires se réduire en étalant ses charges fixes sur un volume de production beaucoup plus important ;
– les effets d'apprentissage : l'entreprise développe des compétences individuelles et collectives en capitalisant du savoir-faire dans la réalisation de ses processus. Avec l'expérience, l'ensemble des compétences individuelles développées par les salariés associées à l'esprit d'équipe vont permettre l'émergence de compétences collectives, sources de compétitivité et de performance ;
– l'effet de taille, qui permet d'accroître le pouvoir de négociation vis-à-vis des fournisseurs lorsque l'entreprise grandit ;
– l'innovation, qui va permettre d'améliorer les processus de production.

**9. Montrez que les effets d'expérience poussent les entreprises à se développer.**

**10. Présentez les motivations du groupe PSA en fusionnant avec FCA.**

**11. Montrez que cette opération va permettre au groupe PSA de bénéficier d'effets d'expérience.**

## DOC. 12 PSA et Fiat-Chrysler Automobiles, le 4e constructeur automobile mondial

PSA (Peugeot, Citroën, Opel) et FCA (Fiat, Chrysler, Jeep...) avaient fait part [...] de leur volonté d'établir une société commune, donnant ainsi naissance au quatrième groupe automobile mondial, avec près de 9 millions de véhicules produits. [...] Pour les deux acteurs, il s'agit de réaliser des économies d'échelle en mutualisant les recherches, la conception, les achats, la production et les réseaux. « *Les synergies annuelles et progressives sont estimées à approximativement 3,7 milliards d'euros, sans fermeture d'usine* », annoncent les deux groupes. Quatorze marques sont concernées par le rapprochement [...]. Pour PSA, l'opération permet de mondialiser un groupe encore très dépendant de l'Europe, en ouvrant par exemple à Peugeot le marché américain.

**Andy David, www.auto-moto.com, 16 juillet 2020.**

# APPLICATION AU CAS

## TEE-SHIRT DE FRANCE

Lorsque Thibault Guillot a créé sa start-up, la jeune entreprise ne comptait que 4 salariés. L'essor rapide de la société a nécessité de revoir son organisation.

### DOC.

« On sort de la phase start-up, on devient une véritable entreprise industrielle », déclare le jeune créateur. Comptant désormais 80 salariés, l'entreprise s'est structurée autour de différents pôles : Marketing, Innovation, Production, Gestion financière, Gestion des ressources humaines. Pour préserver la réactivité des débuts et parce que les pôles métier ne cessaient de prendre de l'importance, l'entreprise n'a pas hésité à constituer des *teams* (équipes). « Les *teams* sont des mini start-up en notre sein qui se consacrent à des projets précis. Par exemple, créer de nouveaux vêtements ou d'autres façons de commercialiser nos produits », indique Thibault Guillot. Une *team* comprend de 5 à 10 personnes et réunit toutes les compétences : un styliste, un responsable de production, un *community manager*, un web développeur et, enfin, un manager pour coordonner l'ensemble. Au total, une cinquantaine de salariés s'organisent désormais en mode *teams*.

Avec 200 000 pièces commercialisées en 2020, l'entreprise entend poursuivre son développement à l'international et ambitionne de commercialiser entre 350 000 et 400 000 pièces en 2021. Cet accroissement des ventes va permettre à Tee-shirt de France de diminuer ses coûts de production et de dégager plus de marges sur ses produits.

**1. Pourquoi Tee-shirt de France a dû faire évoluer sa structure ?**

**2. Quels sont les avantages de la structure actuelle ?**

**3. Pourquoi le développement des ventes permettra-t-il d'améliorer la compétitivité de l'entreprise ?**

© Nathan - La photocopie non autorisée est un délit

# 3 Identifier les mécanismes de coordination et de contrôle au sein de l'entreprise

## DOC. 13 Les mécanismes de coordination

Le développement de l'entreprise entraîne une multiplication des tâches à réaliser, qui nécessite la mise en place d'un système de coordination. Les mécanismes de coordination ont pour but d'assurer la cohérence du travail réalisé dans l'entreprise en vue d'atteindre les objectifs fixés.
Henry Mintzberg a décrit six mécanismes de coordination du travail.

| Mécanismes de coordination | Caractéristiques |
|---|---|
| **L'ajustement mutuel** | Lorsque les salariés sont peu nombreux, la coordination du travail s'effectue par de simples échanges informels. |
| **La supervision directe** | La coordination du travail consiste à nommer un responsable qui est chargé de donner des ordres et de contrôler le travail de ses subordonnés. |
| **La standardisation des procédés** | La coordination s'effectue par les procédés de travail qui décrivent de manière très précise les méthodes que les salariés doivent respecter pour effectuer leur travail. |
| **La standardisation des résultats** | Ce mécanisme de coordination permet d'assurer une cohérence de l'ensemble de l'organisation à travers la fixation d'objectifs qui dictent les résultats à atteindre. |
| **La standardisation des qualifications** | La coordination des différents types de travail est opérée à travers la formation et la transmission de savoirs spécifiques qui vont permettre aux salariés d'adopter les mêmes méthodes de travail. |
| **La standardisation des normes** | La coordination s'effectue par des normes qui dictent le travail à réaliser. Ces normes peuvent être une culture, des valeurs communes partagées par l'ensemble des membres et qui constituent le « ciment » de l'organisation selon Mintzberg. |

**1.** **Pourquoi l'ajustement mutuel n'est-il possible que lorsque les salariés sont peu nombreux ?**

**2.** **En quoi la standardisation des résultats permet-elle de coordonner le travail au sein d'une entreprise ?**

## DOC. 14 Décathlon : la coordination par le sport

La raison d'être de Décathlon, « rendre accessible au plus grand nombre le plaisir et les bienfaits du sport », est [...] le point de départ intemporel dont découle chaque action effectuée au sein de l'enseigne. Décathlon recrute avant tout des personnalités alignées sur la culture d'entreprise et instaure un management exigeant et bienveillant qui rend les collaborateurs acteurs de leur développement et de leur parcours professionnel. [...]
Ce modèle de management agile et responsabilisant où tous les collaborateurs sont décideurs, seuls ou collectivement, leur permet de faire des choix qui ont des conséquences directes sur leur quotidien. En résumé, Décathlon est un excellent exemple qui montre que lorsque l'ensemble des projets sont parfaitement cohérents avec la culture d'une entreprise, le succès est inévitablement au rendez-vous.

**www.goodmoringmanagement.com**

JOURNÉE RECRUTEMENT - DÉCATHLON

**Vidéo**
liennathan.fr/y62ye3

**3.** **Identifiez le mécanisme de coordination du travail mis en œuvre chez Décathlon.**

**4.** **Pourquoi le recrutement est-il important pour garantir ce mode de coordination ?**

© Nathan – La photocopie non autorisée est un délit

## DOC. 15 La coordination sur un chantier

Créée en 1993, Créa Concept propose une large gamme de maisons traditionnelles à une clientèle désireuse d'accéder à la propriété et de s'offrir une maison avec un jardin.
Au sein de cette entreprise, le rôle du conducteur de travaux est de coordonner l'intervention de chacun des artisans pendant la construction de la maison. Il s'assure que les réalisations de chaque corps de métier soient conformes aux plans et aux souhaits des clients. Le conducteur de travaux doit être capable de gérer le personnel sur le chantier. Pour que les travaux soient réalisés en fonction du plan d'architecture et en temps réel, le conducteur de travaux doit savoir imposer des règles aux manœuvres et aux ouvriers. De plus, il doit être un bon animateur tout en sachant motiver son équipe. Et comme tous les professionnels, le conducteur de travaux doit maîtriser son domaine d'activité. Cela concerne bien entendu le secteur de la construction. Dynamique, polyvalent, organisé et rigoureux, ce sont des qualités qu'il doit détenir pour que le budget prévisionnel et le délai de travaux fixé dans le devis soient respectés.

**CONDUCTEUR DE TRAVAUX**

**Vidéo**
liennathan.fr/z38jc8

5. **Identifiez le mécanisme de coordination du travail mis en œuvre sur les chantiers de l'entreprise Créa Concept.**
6. **Quel est le rôle du conducteur de travaux?**
7. **Quelles compétences doit posséder un conducteur de travaux?**

# APPLICATION AU CAS

## TEE-SHIRT DE FRANCE

Thibault Guillot, le créateur de Tee-shirt de France, nous explique comment il assure la cohérence du travail au sein de sa jeune entreprise.

### DOC.

« Tee-shirt de France a une mission : changer le monde en réinventant la mode et la fabrication française. Nous en sommes très fiers et j'essaie de partager en permanence cette conviction avec toute l'équipe. Travailler chez Tee-shirt de France, c'est contribuer au renouveau de la fabrication textile, durable et locale. Fédérer une équipe autour d'une mission dont chacun est fier est, je pense, le ciment de l'épanouissement de chacun. Une fois que le cap est fixé et que l'équipe avance, il est essentiel de fixer des règles, des garde-fous qui permettent d'organiser le quotidien, de faire remonter ce qui ne fonctionne pas, de dire les choses. Cela passe par la transparence sur l'activité de la société. Nous organisons des entretiens trimestriels avec toutes les équipes. C'est un exercice utile pour échanger sur l'organisation, comprendre les attentes et les ressentis pour mieux fixer les objectifs de chacun. C'est aussi la base d'une évaluation régulière, objective et l'occasion d'un feedback à 360° avec l'équipe. En parallèle, nous organisons un séminaire avec tout le monde une fois par an où, notamment, nous partageons sur nos valeurs. Et une journée au vert par équipe chaque semestre pour prendre du recul, échanger sur ce que l'on fait bien ou pas... »

1. **Identifiez les moyens de coordination développés chez Tee-shirt de France.**
2. **Expliquez comment les modes de coordination choisis permettent de maintenir la cohésion au sein de l'entreprise.**

© Nathan – La photocopie non autorisée est un délit

# 1 Bose, le Steve Jobs du son

1. **Repérez les ressources et les compétences au sein de l'entreprise Bose.**
2. **Pourquoi les compétences de Bose sont-elles fondamentales ?**

## DOC. La recherche au service d'un son de qualité

Les innovations d'Amar Bose, décédé en 2013 à 83 ans, ont révolutionné l'écoute de la musique. Hi-fi de salon, équipement de salles de concert, casques audio, sonorisation des voitures (Audi, Cadillac, Maserati, Porsche, Nissan-Renault…) : cet Américain d'origine indienne a ouvert de nouveaux horizons aux mélomanes. Si sa firme a réalisé en 2019 un chiffre d'affaires de 3,9 milliards de dollars, l'argent n'a jamais été sa motivation. « Je suis entré dans le business pour faire des choses intéressantes et inédites », confiait-il. Scientifique dans l'âme, Bose s'est contenté du titre de directeur technique de sa firme, menant de coûteuses recherches à long terme qui l'auraient « conduit à être viré dans toute société cotée en Bourse ».
Il a intégré de justesse le MIT, y a suivi les cours de Norbert Wiener, le père de la cybernétique, et en est sorti avec un doctorat en ingénierie électrique. Pour fêter son diplôme, il s'acheta une chaîne hi-fi de luxe, dont la qualité audio le déçut. Il a alors entrepris des recherches sur l'acoustique et déposé des brevets, avant de créer son entreprise.
Sa première enceinte prenait en compte le fait que 80 % du son émis rebondit contre les murs, mais elle n'eut aucun succès du fait d'un marketing déficient. En 1968, Bose sort la 901, conçue pour reproduire à la maison les sensations d'un concert. Elle génère d'énormes bénéfices, immédiatement réinvestis dans la R&D. Suivront la Bose 301, longtemps l'enceinte la plus vendue dans le monde, les systèmes audio adaptés à chaque modèle de voiture, l'Acoustimass (des enceintes en forme de cubes minuscules, qui domineront le marché du home cinéma), le casque supprimant les bruits ambiants pour pilotes d'avion et mélomanes, et la radio Wave (dix fois plus chère qu'un radioréveil, mais d'une qualité sonore inédite). En 1994, la firme lance un logiciel pouvant prévoir le son qu'un spectateur entendra dans une salle avant même la construction du bâtiment. Il sera utilisé sur des milliers de sites, dont la basilique Saint-Pierre de Rome et la Grande Mosquée de La Mecque. Puis, dès 2004, Bose devient la référence sur le segment des enceintes pour iPod, une percée poursuivie avec les enceintes sans fil Sound Link connectées à un smartphone et les systèmes musicaux à Wi-Fi intégré pour la musique en streaming. Tous ces produits commercialisés à un tarif élevé, mais pas hors de prix, ont démocratisé l'accès à la qualité dans le domaine audio.

**Patrice Piquard, www.capital.fr**

© Nathan – La photocopie non autorisée est un délit

# 2 Onepoint, l'entreprise décloisonnée

1. **Identifiez les motivations qui ont poussé l'entreprise Onepoint à adopter une organisation « décloisonnée ».**
2. **Montrez comment cette organisation permet de répondre aux besoins des clients.**
3. **Identifiez les moyens mis en œuvre pour permettre la coordination du travail au sein de l'entreprise.**

## DOC. 1 Un modèle inspiré des réseaux sociaux

**Créé en 2002 par David Layani, Onepoint est un cabinet conseil qui accompagne ses clients (entreprises privées et acteurs publics) dans leur transformation numérique.**
**Le cabinet, qui emploie 2 500 collaborateurs dans 15 pays, réalise aujourd'hui 300 millions d'euros de chiffre d'affaires.**

*« Lorsque j'ai créé mon entreprise, il y a plus de 15 ans, j'ai été guidé par quelques intuitions fortes. J'ai notamment compris très tôt que, pour devenir un acteur capable d'accompagner la transformation digitale des entreprises et des administrations dans sa globalité et de bout en bout, il fallait faire de Onepoint une entreprise qui soit elle-même un laboratoire de l'entreprise numérisée et agile, capable d'attirer et fidéliser ceux qui peuvent apporter les expertises les plus pointues à nos clients.*
*Si Onepoint a pu bénéficier d'une dynamique de croissance qui lui permet d'ambitionner de devenir un leader européen, c'est parce que nous avons réussi à attirer les meilleurs experts et qu'ils ont adhéré à notre modèle d'entreprise ouverte, "apprenante", bienveillante et engagée. »*

**David Layani – Président fondateur**

Reposant sur une structure et un écosystème ouverts, Onepoint […] est animée de communautés, qui sont des espaces ouverts auxquels on peut s'affilier librement, sur un modèle inspiré des réseaux sociaux. Cette organisation innovante vise à promouvoir la transversalité et l'intelligence collective, afin de proposer à nos clients un accompagnement de bout en bout par des équipes pluridisciplinaires, en hybridant toutes leurs compétences et en s'affranchissant des frontières classiques entre métiers et *business units*. […]
Les communautés interagissent constamment entre elles, afin de faire émerger une vision « sans-couture » et réellement globale sur les sujets traités. Cette transversalité favorise l'épanouissement personnel et le développement des compétences de chaque collaborateur, qui peut être affilié à plusieurs communautés et cultiver plusieurs expertises.

**www.groupeonepoint.com**

## DOC. 2 Une organisation libérée

En ligne de mire, l'idée était de gagner en souplesse. « Nous sommes allés jusqu'à rompre la relation entre rémunération et statut. Nous avons aussi mis fin aux bilans annuels en faveur d'une démarche de progression continue *via* des feedbacks réguliers », confie David Layani, président de Onepoint. Quant aux pools de collaborateurs missionnés sur les projets client, ils se forment « dynamiquement » autour de « leaders », en fonction de l'envie, de l'appétence, de la disponibilité de chacun, dans une philosophie « d'entreprise libérée ».
Onepoint entend ainsi se donner les moyens de former rapidement des équipes pluridisciplinaires (associant consultants, développeurs, architectes…) taillées pour répondre finement aux besoins de ses clients. « Sur cette base, nous allons jusqu'à déployer chez certains d'entre eux des usines digitales avec des effectifs mis en commun. L'idée étant de les accompagner dans une relation partenariale, avec à la clé une rémunération du contrat pouvant dépendre d'indicateurs opérationnels, voire des parts de marché gagnées », confie David Layani.

**Antoine Crochet-Damais, www.journaldunet.com**

© Nathan – La photocopie non autorisée est un délit

## Les ressources de l'entreprise

**Moyens utilisés par l'entreprise pour assurer son fonctionnement et sa pérennité**

**Les ressources tangibles**
- Financières : résultat, autofinancement...
- Humaines : nombre de salariés
- Physiques : équipements

**Les ressources intangibles**
- Mercatiques : image de marque
- Organisationnelles : qualité
- Technologiques : brevets, R&D

## Les compétences de l'entreprise

**Capacités de l'entreprise à mobiliser ses ressources pour atteindre un objectif**

**La compétence fondamentale** →
- Représente de la valeur aux yeux des clients.
- Est rare et difficilement imitable.
- Est utilisable dans d'autres activités que celle exercée ou permet d'accéder à de nombreux marchés.

## La structure de l'entreprise

**Permet d'identifier les différentes fonctions et les niveaux de management au sein de l'entreprise.**

**Les structures traditionnelles** →
- Structure simple
- Structure fonctionnelle
- Structure divisionnelle
- Structure matricielle

## L'organisation par les processus (*reengineering*)

**Processus** → Ensemble d'activités qui mettent en œuvre de multiples ressources et compétences pour produire un résultat ayant de la valeur pour le client.

L'effet d'expérience est un phénomène lié au processus de production qui entraîne une diminution du coût de production lorsque la production augmente.

## Les mécanismes de coordination et de contrôle

**Permettent d'assurer la cohérence du travail réalisé dans l'entreprise en vue d'atteindre les objectifs fixés.**

### CONCEPTS

Ressource tangible – Ressource intangible – Compétences – Compétences fondamentales – Types de structure – Processus – *Reengineering* – Effets d'expérience – Mécanismes de coordination

© Nathan - La photocopie non autorisée est un délit

# 15 Le financement de l'entreprise

**LES COMPÉTENCES ATTENDUES**

- Identifier le besoin de financement de l'entreprise en fonction du cycle (exploitation/investissement).
- Recenser les solutions de financement adaptées à l'entreprise dans une situation donnée.

**PLAN DU CHAPITRE**

1 • Identifier les besoins de financement de l'entreprise
2 • Recenser les solutions de financement adaptées à une entreprise

**LES SAVOIRS ASSOCIÉS**

- La distinction cycle d'exploitation / cycle d'investissement
- Le compte de résultat de l'entreprise
- Le bilan de l'entreprise
- Les différents modes de financement
- L'équilibre financier de l'entreprise

Nouveaux concurrents, nouvelles attentes des clients et modification des comportements alimentaires… Le modèle de la grande distribution est chahuté par trois profondes mutations. « Ces chocs sont d'une magnitude exceptionnelle, d'autant plus pour Carrefour qui a tardé à en prendre la mesure et à les intégrer au sein de sa stratégie […]. » Lors de la présentation de sa très attendue feuille de route, Alexandre Bompard, le nouveau PDG du groupe Carrefour, s'est d'abord prêté à un exercice d'humilité en récapitulant les failles du géant de la distribution. Il a ensuite exposé, avec conviction, son plan d'attaque. « Le client doit être dans un même univers, qu'il soit en ligne ou en magasin. C'est comme ça qu'il devient plus fidèle. » Cette ambition s'accompagne de moyens. Carrefour va investir 2,8 milliards d'euros d'ici 2022 dans le digital. « Cela représente 560 millions d'euros par an. C'est six fois plus qu'aujourd'hui », a souligné l'ancien patron de FNAC Darty. Comment cette enveloppe sera ventilée ? Une partie sera consacrée à la création d'un portail e-commerce unique Carrefour.fr, contre huit sites marchands aujourd'hui et 14 applications… Cette enveloppe financera également l'ouverture de 170 nouveaux drives dès 2018 et la création d'un outil logistique hautement automatisé. Le distributeur prévoit aussi de transformer, dès 2019, plus de 50 % de ses magasins en points de *click & collect*. Grâce à l'ensemble de ces initiatives, le distributeur tricolore entend porter à 5 milliards d'euros son chiffre d'affaires dans l'e-commerce alimentaire en 2022, contre 1,2 milliard d'euros de volume d'affaires en 2016 pour les activités e-commerce alimentaires et non alimentaires. « Nous voulons devenir le leader de l'e-commerce alimentaire sur nos marchés en 2022 avec une part de marché en France supérieure à 20 % », a précisé le patron du distributeur.

**Juliette Raynal, www.usine-digitale.fr, 23 janvier 2018.**

1. **Recensez les investissements que le groupe Carrefour va réaliser d'ici 2022.**
2. **Pourquoi Carrefour investit-il dans le digital ?**
3. **Quelles sont les retombées attendues de ces investissements ?**

**FINANCER SES PROJETS DE DÉVELOPPEMENT**

**Vidéo**
liennathan.fr/7mm7m8

© Nathan – La photocopie non autorisée est un délit

# 1 Identifier les besoins de financement de l'entreprise

## A Le besoin de financement du cycle d'investissement

### DOC. 1 Des investissements nécessaires à la pérennité de l'entreprise

Un investissement est une dépense immédiate destinée à augmenter, à long terme, la richesse de celui qui l'engage. Dans une entreprise, un investissement consiste à engager une somme importante en vue d'en retirer un bénéfice futur et d'assurer sa pérennité. Un investissement peut ainsi servir à augmenter la productivité (ex.: investir dans des machines supplémentaires ou plus efficaces), à gagner du temps (ex.: investir dans un logiciel d'automatisation des tâches), à augmenter les parts de marché (ex.: publicité). Il existe trois sortes d'investissements: corporels (ex.: bâtiments, machines), incorporels – qui ne sont pas palpables, contrairement aux investissements corporels (ex.: brevets, licences) – et financiers (ex.: achats d'actions, d'obligations). En comptabilité, ces investissements sont appelés des immobilisations.

**1. Pourquoi une entreprise a-t-elle besoin d'investir pour assurer sa pérennité?**

### DOC. 2 La diversité des investissements

L'Américain **Nvidia** serait prêt à mettre plus de 40 milliards de dollars pour racheter l'entreprise britannique ARM. ARM conçoit les puces qui équipent la quasi-totalité des smartphones dans le monde.

**La Brasserie du Castellet**, qui fabrique et commercialise la célèbre bière provençale La Fada, a investi 966 800 € pour moderniser ses lignes de production.

Les opérateurs français de téléphonie mobile, **Orange**, **Free**, **Bouygues** et **SFR**, ont déboursé 2,8 milliards d'euros pour se voir attribuer des fréquences 5G.

**Veolia** est en train de racheter 29,9 % du capital de son concurrent Suez pour devenir un géant mondial du traitement de l'eau et des déchets.

**2. Caractérisez les différents investissements ci-contre entre les investissements corporels, incorporels et financiers.**

### DOC. 3 Valeo, premier déposant de brevets en France pour la 3e année consécutive

Pour la troisième année consécutive, Valeo arrive en tête du palmarès de l'Institut National de la Propriété Industrielle (INPI) avec 1 355 brevets publiés en 2018 (contre 1 110 en 2017), confortant sa place d'entreprise la plus innovante de France. [...] Valeo compte 59 centres de R&D à travers le monde et quelque 20 000 ingénieurs R&D parmi ses quelque 113 000 collaborateurs. L'innovation est clairement le moteur de la croissance du Groupe, puisque les innovations, c'est-à-dire les produits qui n'existaient pas trois ans auparavant, représentent 53 % des prises de commandes en 2018 [...].

Les produits technologiques imaginés, conçus et produits par Valeo placent le Groupe au cœur des trois révolutions qui transforment en profondeur l'automobile comme jamais depuis sa naissance : électrification des véhicules, véhicule autonome et mobilité digitale.

**www.valeo.com, 5 avril 2019.**

**3. Classez le type d'investissement réalisé par Valeo.**

**4. Expliquez l'intérêt pour l'entreprise d'investir dans l'innovation.**

© Nathan - La photocopie non autorisée est un délit

## DOC. 4 Le cycle d'investissement des entreprises

Le **cycle d'investissement** désigne la succession des étapes au cours desquelles l'entreprise acquiert une immobilisation, c'est-à-dire un bien destiné à être utilisé de façon durable dans l'entreprise pour développer son activité.
Il comprend également les flux monétaires générés par l'investissement et les ressources financières à long terme permettant de financer cet investissement.

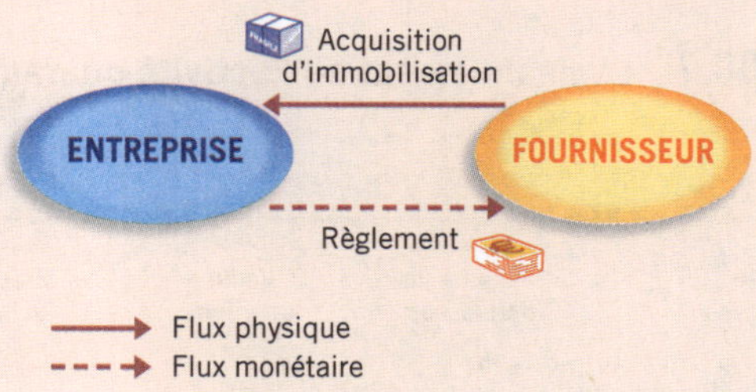


**5.** Quand un cycle d'investissement prend-il fin?
**6.** Pourquoi les ressources financières allouées au cycle d'investissement sont-elles à long terme?

## DOC. 5 Mercedes-Benz livre 15 utilitaires à une entreprise bretonne

Basée à Trégueux, dans les Côtes-d'Armor, la Société coopérative ouvrière du bâtiment (Scobat) a décidé de renouveler sa flotte [...]. La société, cliente de Mercedes depuis dix ans, a lancé un appel d'offres qui a abouti à la commande de quinze utilitaires chez la marque allemande [...]. Le choix a été fait par les ouvriers, qui sont tous des actionnaires de la société. « Le choix final n'a pas uniquement porté sur le prix, mais également sur le confort, la sécurité embarquée, la robustesse et l'image véhiculée », détaille le directeur général de la Scobat, Hervé Maignen. En effet, les ouvriers ont choisi de prendre un niveau de finition supérieur. Ils ont aussi demandé la caméra de recul sur le Sprinter, des sièges en simili cuir, et le changement des banquettes du Vito par des sièges individuels et inclinables. Autre élément qui a convaincu les ouvriers : le prix de rachat des véhicules. La concession du groupe Étoile de l'Ouest s'est en effet engagée à reprendre les quinze utilitaires dans cinq ans.

**Hélène Faucher, www.automobile-entreprise.com**

**7.** Quel type d'investissement la Scobat a-t-elle réalisé?
**8.** Sur quels critères l'entreprise a-t-elle sélectionné son fournisseur?
**9.** Quelle sera la durée du cycle d'investissement pour les nouveaux véhicules?

## DOC. 6 La RATP rachète le navigateur Mappy à SoLocal

La RATP a racheté le navigateur Mappy au groupe SoLocal, pour proposer dès 2021 un « compagnon » suggérant des trajets en métro, RER, voiture individuelle ou trottinette, a annoncé le groupe [...].
« *Ce que nous voulons, c'est être LE partenaire de référence des* "smart cities" », a souligné Hiba Farès, directrice chargée de l'expérience clients, des services et du marketing à la RATP. « *Avec cette alliance, nous nous en donnons les moyens concrets.* »
Cette annonce et l'intégration du service au sein de la RATP interviennent en pleine crise du coronavirus qui voit les déplacements et les rythmes des transports chamboulés.
Prochaine étape pour les deux entreprises : « *combiner leurs services dans une même application et y inclure la possibilité d'y réserver et d'y payer, directement à partir d'un téléphone mobile, ses trajets* », explique la RATP.
En Île-de-France, les services numériques du groupe RATP intégreront notamment une cartographie complète de la région, un GPS piéton et vélo ainsi que les adresses de professionnels. [...]
Le groupe sera ensuite en mesure de proposer cette solution de mobilité clés en main à d'autres métropoles et régions.

**AFP, 2 novembre 2020.**

**10.** Pour quelles raisons le groupe RATP a-t-il racheté le navigateur Mappy?
**11.** Montrez que cet investissement aura des effets à long terme.

© Nathan – La photocopie non autorisée est un délit

# B Le besoin de financement du cycle d'exploitation

**DOC. 7** **Le financement de l'activité courante de l'entreprise : le cycle d'exploitation**

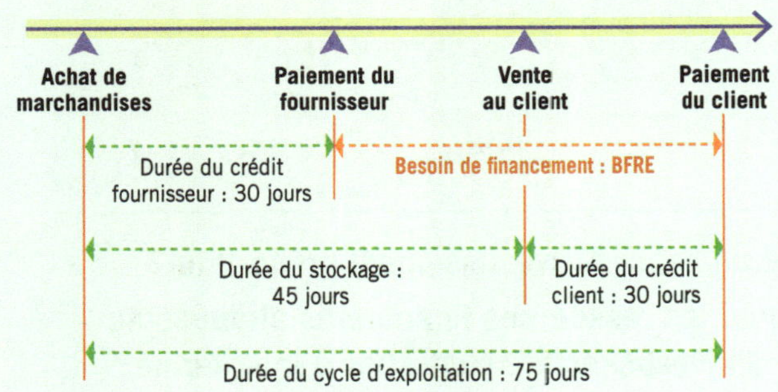


Le **cycle d'exploitation** regroupe l'ensemble des opérations courantes, nécessaires à la réalisation des activités productives et commerciales de l'entreprise. Il peut s'agir de l'approvisionnement en matières premières ou marchandises, ou de la vente des produits.
Il existe souvent un décalage au sein du cycle d'exploitation entre les dépenses engagées et les recettes non encore encaissées. Ce décalage est appelé « besoin en fonds de roulement » (BFR). Le BFR est la somme nécessaire que l'entreprise doit posséder pour payer ses charges courantes (achats de matières premières…) en attendant de recevoir le paiement dû par ses clients.

**12. Pourquoi existe-t-il un décalage entre les dépenses engagées et l'encaissement des recettes ?**

**13. Pourquoi une entreprise en phase de croissance peut-elle, paradoxalement, être confrontée à des difficultés financières ?**

**DOC. 8** **Les conséquences économiques locales de la crise sanitaire**

Avec le déconfinement, Pierre Robert vient de rouvrir l'Hôtel Chenal, qu'il dirige à Beauvais, dans l'Oise. Toutefois, il ne se fait guère d'illusion : entre l'inquiétude sanitaire des clients et la distanciation physique, il va mettre du temps avant de remplir de nouveau ses vingt-huit chambres.
Pour tenir, comme tout le secteur de l'hôtellerie, il a mis au chômage partiel ses neuf employés et contracté un prêt garanti par l'État de 50 000 euros. « *Pendant la fermeture, j'avais mon loyer de 9 000 euros par mois, certaines charges sur les salaires, l'électricité, des factures auprès de fournisseurs… Vous imaginez ce que ça représente pour ma trésorerie ?* » À tel point qu'il va sans doute devoir prendre un deuxième prêt de 50 000 euros.
Au lendemain de la crise, sa PME va donc se retrouver endettée de probablement 100 000 euros supplémentaires, pour un chiffre d'affaires de 800 000 euros. Certes, les conditions de l'emprunt sont très favorables, avec un taux d'intérêt faible et rien à rembourser pendant un an. « *Mais comment ça va se passer après ? Je vais traîner cette dette pendant des années.* »

**Éric Albert et Béatrice Madeline, www.lemonde.fr, 11 juin 2020.**

**14. Expliquez le problème de trésorerie de l'Hôtel Chenal.**

**15. Pourquoi cette situation était-elle difficile à gérer pour l'entreprise ?**

**16. Les prêts consentis vont-ils permettre de sauver l'hôtel ?**

## APPLICATION AU CAS

### TEE-SHIRT DE FRANCE

L'entreprise Tee-shirt de France a remporté l'appel d'offres lancé par la SNCF pour renouveler les uniformes de ses contrôleurs sur tout le territoire. Cette commande, d'un montant de 3 millions d'euros, devra être honorée en 2022. Cela va nécessiter pour l'entreprise l'acquisition de trois nouvelles machines à coudre et un important volume de tissu.

**1. Quel impact aura cette commande sur le cycle d'investissement et sur le cycle d'exploitation de l'entreprise ?**

**2. Quel risque représente cette commande pour Tee-shirt de France ?**

**3. Imaginez comment Tee-shirt de France peut limiter ce risque.**

© Nathan - La photocopie non autorisée est un délit

# 2 Recenser les solutions de financement adaptées à une entreprise

## A Le financement du cycle d'investissement

### DOC. 9 Les modalités de financement interne et externe des immobilisations

Les entreprises disposent de plusieurs solutions pour financer leurs immobilisations.

| Ressources internes | Ressources externes | | | |
|---|---|---|---|---|
| **Autofinancement** L'entreprise finance ses investissements au moyen des ressources propres qu'elle dégage de son exploitation. | **Emprunt bancaire** Somme d'argent mise à la disposition de l'entreprise par des établissements bancaires ou de crédit en contrepartie du paiement d'un taux d'intérêt qui sera fonction de la durée de l'opération et du montant global emprunté. | **Apport en capital** Fonds investis par des associés actuels ou nouveaux dans l'entreprise contre un droit sur son patrimoine et ses gains futurs. Il se fait par émission d'actions sur le marché financier. L'associé intervient dans la gestion des entreprises lors des assemblées générales (ex. : désignation ou révocation du dirigeant). | ***Crowdfunding*** Ce financement participatif permet de collecter des apports auprès d'un grand nombre de particuliers *via* une plateforme collaborative sur Internet. Plusieurs modalités existent : le don (avec ou sans contrepartie), le prêt (avec ou sans intérêts) et l'investissement en capital. | **Aides et subventions** Des aides financières peuvent être accordées aux entreprises par l'État, les collectivités locales ou d'autres organismes (associations, fondations). |

**1.** Quels sont les inconvénients de l'emprunt bancaire et de l'apport en capital ?

### DOC. 10 Le financement adapté à une start-up innovante

L'application Karbon, développée à Lille par Baptiste et Lambert, propose de vous donner l'empreinte carbone des produits que vous scannez quand vous faites vos courses.

« *L'écogeste de base si on veut vraiment réduire son impact personnel, c'est de changer ses habitudes alimentaires* », assure Lambert Allaerd. « *La note va de 0 à 100 et est basée sur l'empreinte carbone, la recyclabilité, l'écolabel, l'impact sur les océans et celui sur la déforestation* », détaille Lambert.

Baptiste et Lambert ont lancé dernièrement une campagne de *crowdfunding* pour affiner encore leur calculateur. Avec une cagnotte à 10 000 euros, ils seront en mesure de différencier les parties transformation et transport au sein d'une même catégorie. Pour 20 000 euros, ils pourront pousser l'analyse jusqu'aux ingrédients de chaque produit spécifique. Et ils sont bien partis : d'ores et déjà plus de 5 000 euros ont été récoltés par les Lillois.

**Lucie Delorme, vozer.fr, 29 septembre 2020.**

**2.** Expliquez pourquoi les deux associés de Karbon ont besoin d'investir.

**3.** Quelle solution l'entreprise a-t-elle trouvée pour financer ses investissements ?

### DOC. 11 Les Cidres Premium financent leur développement

Afin de financer son développement à l'international, la société Les Cidres Premium a levé 200 000 € *via* la plateforme de financement participatif WeShareBonds, à un taux d'intérêt annuel de 6 % par remboursement amortissable sur 5 ans.

**4.** Par quel moyen Les Cidres Premium ont-ils financé leur développement international ?

**5.** Quel est, à votre avis, l'intérêt pour une entreprise de recourir à ce mode de financement ?

© Nathan – La photocopie non autorisée est un délit

## B Le financement du cycle d'exploitation

### DOC. 12 Le financement interne et externe du cycle d'exploitation

Le financement du cycle d'exploitation peut s'effectuer grâce à des ressources internes (autofinancement) ou externes.

| Ressources externes | | |
|---|---|---|
| **Concours bancaires**<br>Modes de financement à court terme tels que le découvert bancaire ou la facilité de caisse (crédit bancaire accordé quelques jours pour financer les besoins de trésorerie dus aux décalages entre encaissements et décaissements). | **Crédit fournisseur**<br>Délai de paiement accordé à l'entreprise par ses fournisseurs. | **Affacturage**<br>L'entreprise cède ses factures à un organisme financier (le factor) qui lui verse immédiatement le montant dû en contrepartie d'une commission. Le factor s'occupe alors de la gestion de la facture jusqu'à son recouvrement. |

**6. En quoi la qualité des relations entretenues par une entreprise avec ses parties prenantes externes joue-t-elle sur le financement du cycle d'exploitation ?**

### DOC. 13 Le Crédit Agricole finance les factures des entreprises

*Cash in Time* est un service proposé par le Crédit Agricole qui permet aux entreprises de financer leurs factures. Cela leur permet de mieux gérer leur trésorerie quand les clients paient avec plusieurs mois de retard. Le Crédit Agricole offre ce service moyennant une commission de 3,5 % du montant TTC de la facture. Toutes ces démarches pour l'affacturage peuvent directement être réalisées en ligne, ce qui facilite le processus. Le client peut demander le financement de plusieurs factures en même temps, et le temps de réponse est de 24 heures maximum.

**D'après www.nouveau-paris-ile-de-france.fr**

J. Cabot, président de Blue DME, une jeune entreprise spécialisée dans le BigData et cliente de *Cash in Time*, explique : « Dans mon activité, les délais de paiement varient entre 30 et 60 jours alors que *Cash in Time* me paie mes factures clients en moins de 24 h. J'ai la réactivité d'un service en ligne et la sécurité d'un grand groupe bancaire pour piloter facilement la trésorerie de mon entreprise. »

**D'après www.finyear.com**

**7. Expliquez le principe du service *Cash in Time* proposé par le Crédit Agricole.**

**8. Pourquoi ce service permet-il aux entreprises de mieux gérer leur trésorerie ?**

### DOC. 14 Coronavirus : 55 % des PME craignent la faillite

55 % des dirigeants de PME craignent la faillite à cause de la crise liée au coronavirus, selon une enquête réalisée par la Confédération des petites et moyennes entreprises (CGPME). […] 65 % des entreprises répondantes étaient fermées, dont 49 % du total sur décision administrative. […]
Les difficultés des entreprises s'expliquent «*par le fait que 39 % des TPE-PME subissent des retards de paiement*», relève dans un communiqué l'organisation patronale.
Moins de la moitié (48 %) des entreprises ayant répondu déclarent honorer toutes les factures à la date prévue, 36 % reconnaissent reporter le paiement de certaines d'entre elles et 16 % disent payer toutes leurs factures avec retard. C'est donc un cercle vicieux qui s'est instauré, 36 % des entreprises n'ayant pas la trésorerie suffisante pour tenir un mois.
Il ressort également de ce questionnaire que deux entreprises sur trois ont sollicité leur banquier et 80 % d'entre elles estiment avoir été soutenues par celui-ci, le gouvernement ayant introduit un mécanisme de garantie des prêts par l'État à hauteur de 90 % de l'emprunt.

**AFP, 17 avril 2020.**

**9. Expliquez les conséquences de la pandémie de Covid-19 sur la trésorerie des PME.**

**10. Comment les deux tiers de ces entreprises ont-elles pu surmonter leurs problèmes de trésorerie ?**

**11. Expliquez le rôle joué par l'État dans cette crise.**

© Nathan – La photocopie non autorisée est un délit

## C Préserver l'équilibre financier de l'entreprise

**DOC. 15 Évaluer la santé financière de l'entreprise**

L'évaluation de la santé financière de l'entreprise permet de mesurer sa capacité à dégager des bénéfices, à financer ses investissements et ses besoins de trésorerie. Pour l'évaluer, l'entreprise peut se baser sur le compte de résultat et le bilan. Le **compte de résultat** permet de calculer le résultat de l'entreprise sur une période en prenant en compte ce qu'elle a gagné (colonne «Produits») et ce qu'elle a dépensé (colonne «Charges»). Ainsi, il permet de vérifier si l'entreprise engrange des bénéfices ou subi des pertes.

**Si Charges < Produits ⇒ l'entreprise réalise un bénéfice.**
**Si Charges > Produits ⇒ l'entreprise réalise des pertes.**

Le **bilan** est une photographie comptable de l'entreprise qui recense dans la colonne «Actif» le patrimoine de l'entreprise, c'est-à-dire tout ce qu'elle possède, et dans la colonne «Passif» ses ressources financières disponibles, c'est-à-dire ses fonds propres qui servent à financer sa création et son développement.
La règle de l'équilibre financier préconise que les fonds propres doivent être positifs afin de financer des investissements sur du long terme (ex.: machines, bâtiment) et l'activité de l'entreprise (ex.: achats de marchandises, charges d'exploitation, crédit clients). Lorsque les fonds propres sont insuffisants (perte sur les exercices antérieurs), l'entreprise doit trouver un financement.

**12. Pourquoi est-il important pour une entreprise d'évaluer ses ressources financières?**
**13. À quoi servent les fonds propres de l'entreprise?**
**14. Le résultat de l'exercice de l'entreprise peut-il influencer ses ressources financières? Justifiez votre réponse.**

**DOC. 16 Ynsect lève 190 millions d'euros supplémentaires**

[...] Ynsect [...] a fait des larves de scarabée son fonds de commerce. Avec cette matière première, l'entreprise tricolore propose une alternative durable sur le secteur de la nourriture animale. Le mardi 6 octobre 2020, Ynsect annonce une levée de fonds de 224 millions de dollars, qui s'ajoutent aux 125 millions de dollars réunis 18 mois plus tôt et à des subventions reçues en 2019. Le montant total de l'opération s'élève à 372 millions de dollars.

Ce nouveau financement est rendu possible grâce à la participation d'investisseurs internationaux [...]. Cette enveloppe doit financer la réalisation de la plus grande ferme d'insectes au monde à Amiens, dont la mise en production est prévue pour début 2022. Ynsect vise une production de 100 000 tonnes de protéines par an, ainsi que la création de 500 000 emplois directs et indirects. Enfin, [...] l'entreprise entend poursuivre son expansion aux États-Unis.

**Céline Tridon, www.chefdentreprise.com, 6 octobre 2020.**

**15. Pourquoi l'entreprise Ynsect a-t-elle besoin de lever des fonds?**
**16. Pourquoi, selon vous, l'entreprise n'a-t-elle pas eu recours à de l'autofinancement?**

## APPLICATION AU CAS

### TEE-SHIRT DE FRANCE

L'entreprise Tee-shirt de France a renouvelé son stock de coton biologique le mois dernier. Parallèlement à cette opération, elle a emprunté pour investir 1 million d'euros dans une machine de découpe laser du tissu et dans le logiciel qui permet de la faire fonctionner auprès de son fournisseur LaserDécoup.

**1. Ces différentes dépenses concernent-elles le cycle d'investissement ou le cycle d'exploitation?**
**2. Caractérisez les acquisitions de Tee-shirt de France auprès de LaserDécoup.**
**3. Les ressources financières nécessaires à ces acquisitions seront-elles engagées à court ou à long terme?**

© Nathan – La photocopie non autorisée est un délit

# 1 Des besoins de financement multiples

1. **Déterminez, pour chacune des entreprises citées dans les documents, s'il est question de leur cycle d'exploitation ou de leur cycle d'investissement.**
2. **Déduisez-en les modalités de financement auxquelles les entreprises pourraient avoir recours.**

## DOC. 1 Sanofi va investir 610 millions d'euros

Sanofi a annoncé qu'il allait investir 610 millions d'euros en France pour créer deux nouveaux centres pour la recherche et la production de vaccins, en extension de ses capacités déjà existantes dans le Rhône.

**www.challenges.fr, 16 juin 2020.**

## DOC. 2 PSA et Total lancent leur coentreprise pour fabriquer des batteries électriques en France et en Allemagne

Le projet de méga-usine de production de batteries pour véhicules électriques mené de concert par PSA et Total, *via* sa filiale Saft, se concrétise. Le partenariat entre les deux groupes, annoncé en janvier 2020, a bouclé une nouvelle étape avec la création de la coentreprise ACC (Automotive Cells Company), l'entité qui gérera la future usine, ce jeudi 3 septembre. Le PDG de Total, Patrick Pouyanné, avait annoncé que le projet nécessiterait 5 milliards d'euros. Parmi les bailleurs, le dirigeant avait cité les gouvernements allemand et français, ainsi que l'Union européenne, pour un montant total de 1,3 milliard d'euros.

**Hubert Mary, www.usinenouvelle.com, 3 septembre 2020.**

## DOC. 3 Coronavirus. Transport routier : « Je vois la faillite arriver à grands pas »

Frédéric Lefèvre a créé son entreprise de transport routier en 2013, un rêve d'enfant. Aujourd'hui à la tête de Trans Breizh, dans le Morbihan, le quadragénaire emploie une vingtaine de chauffeurs, et fait rouler autant de camions sur les routes de France. En temps normal, du moins. Depuis quelques jours, les commandes se sont réduites comme peau de chagrin. La plupart de ses véhicules restent stationnés sur le parking et seuls six employés travaillent encore. « J'ai à peine deux mois de trésorerie devant moi, donc je vois la faillite arriver à grands pas. Si les choses ne s'améliorent pas, je pense déposer le bilan. J'y pense jour et nuit. »

**Julia Toussaint, www.ouest-france.fr, 4 avril 2020.**

## DOC. 4 Danone construit une nouvelle usine pour la nutrition infantile

Danone a misé sur les Pays-Bas pour sa division nutrition infantile. Le groupe y a inauguré, en mars 2019, une usine pour 240 millions d'euros. C'est son plus gros investissement en capacités de production en Europe. Les produits qui sortent de l'usine de Cuijk sont exportés vers plus de 80 pays.

**D'après www.usinenouvelle.com**

© Nathan – La photocopie non autorisée est un délit

# 2 L'essor des modes de financement citoyens

1. Expliquez le principe des obligations vertes.
2. Pour quelles raisons ce mode de financement est-il appelé à se développer?
3. Pour les entreprises qui émettent ce type d'obligations, l'intérêt est-il uniquement financier?
4. Contre quelle dérive la charte des « *Green Bond Principles* » entend-elle lutter?

**DOC. Les obligations vertes : investir pour financer la transition énergétique**

Les *green bonds*, ou obligations vertes, sont des emprunts obligataires émis sur les marchés financiers pour financer des projets contribuant à la transition écologique. C'est en cela qu'elles se démarquent des obligations classiques: l'émetteur prend des engagements sur l'usage précis des fonds récoltés, dont l'impact doit être positif pour l'environnement.
Ce type d'emprunt a commencé à prendre de l'essor au début des années 2010. « *Aujourd'hui ce marché est estimé à environ 700 milliards de dollars, il a doublé par rapport à fin 2017* », explique David Zylberberg, spécialiste UBS [société de services financiers basée en Suisse] en investissement durable. Une croissance qui devrait se poursuivre, estime l'expert. « *Les besoins de financement des projets à vocation environnementale, liés au changement climatique ou à la gestion des ressources, sont énormes.* »

**Financer des parcs éoliens**
*Quid* du rendement de ces obligations vertes? « *En termes purement financiers, les obligations vertes ne présentent pas de différences avec les obligations classiques* », souligne David Zylberberg. Mais en plus de percevoir un intérêt financier, l'investisseur peut mesurer l'effet concret de son investissement en tonnes de $CO_2$ évitées par exemple ou en quantité d'électricité verte produite. « *C'est pourquoi UBS propose un certain nombre de* green bonds *dans sa liste d'obligations favorites* », ajoute-t-il.
Les principaux émetteurs sont les États – au premier rang desquels la Chine, les États-Unis et la France – et les entreprises publiques. En 2013, EDF est devenue la première grande entreprise à émettre une obligation verte en levant 1,4 milliard d'euros, qui ont participé au financement de treize projets d'énergie renouvelable, comme par exemple l'installation de parcs éoliens dans les Pyrénées et au Texas.

**Crédibiliser les obligations vertes**
Afin de garantir que leurs investissements sont utilisés dans des projets « verts », les émetteurs sont tenus de publier chaque année un rapport. S'il n'existe pas de définition réglementaire ni d'organisme de contrôle au niveau mondial, une charte des « *Green Bond Principles* », rédigée par l'International Capital Market Association (ICMA) définit un certain nombre de bonnes pratiques. « *Les émetteurs peuvent faire appel à des auditeurs/certificateurs dont le rôle va permettre de crédibiliser leur démarche* », conclut David Zylberberg.

**14Haussmann en partenariat avec UBS, partner.lefigaro.fr**

© Nathan – La photocopie non autorisée est un délit

# SYNTHÈSE

## 1. Identifier les besoins de financement de l'entreprise

**Les cycles de l'entreprise**

- **À court terme :** le cycle d'exploitation → Besoin en fonds de roulement pour financer les décalages entre les décaissements et les encaissements
- **À long terme :** le cycle d'investissement → Besoin d'investissement pour acquérir des biens durables en vue d'en retirer des bénéfices futurs

## 2. Recenser les solutions de financement adaptées à une entreprise

Le **cycle d'investissement** nécessite :

- des ressources externes : emprunt, apport en capital, *crowdfunding* ;
- des ressources internes : autofinancement.

Le **cycle d'exploitation** nécessite :

- des ressources externes : concours bancaires, crédit fournisseur, affacturage ;
- des ressources internes : autofinancement.

### CONCEPTS

Bilan – Compte de résultat – Cycle d'exploitation – Cycle d'investissement – Équilibre financier – Modes de financement

© Nathan – La photocopie non autorisée est un délit

# Synthèse du thème 3

## L'organisation de l'activité de l'entreprise **Tee-shirt de France**

À l'aide d'un outil collaboratif en ligne (ex. Padlet), préparez pour chaque question une réponse argumentée. Vous veillerez à mobiliser les concepts développés dans les chapitres.

### Les facteurs économiques et la détermination des choix de production de Tee-shirt de France.

**Quels sont les facteurs de production de l'entreprise Tee-shirt de France ?**

**Quel peut être l'impact du coût salarial et du taux d'intérêt sur les choix de Tee-shirt de France ?**

**En quoi la chaîne de valeur peut-elle permettre à Tee-shirt de France de prendre des décisions ?**

### Le choix d'une structure juridique pour l'entreprise.

**Quelle forme juridique de l'entreprise Tee-shirt de France a été retenue au lancement de son activité ? Pourquoi ?**

**L'entreprise se développant, quelles sont les éléments pris en compte pour changer sa forme sociétaire ?**

### L'organisation des ressources de Tee-shirt de France.

**Quel est le style de management mis en œuvre par Thibault Guillot, le directeur de Tee-shirt de France ?**

**Quelles sont les ressources et les compétences que Tee-shirt de France possède ?**

**Analysez les modes de coordination mis en œuvre dans l'entreprise.**

### Les réponses apportées le droit face aux risques auxquels Tee-shirt de France s'expose.

**Quels sont les risques auxquels s'expose Tee-shirt de France ?**

**De quels types de dommages Tee-shirt de France pourrait-il être tenu responsable ?**

### Le financement de Tee-shirt de France.

**Identifiez les besoins de financement des cycles d'investissement et d'exploitation de Tee-shirt de France.**

**Quelles solutions privilégier pour financer le développement de Tee-shirt de France ?**

non autorisée est un délit.

THÈME 3

# L'organisation de l'activité de l'entreprise

- **Droit**
  - **Les raisons à l'origine du choix de la structure juridique de l'entreprise**
    - Les considérations patrimoniales
    - Le statut social et le statut fiscal
    - Le fonctionnement et l'évolution de l'entreprise
    - Les modes de gestion, les décisions démocratiques et participatives
  - **Les risques potentiels à identifier et à prévenir**
    - Les responsabilités civiles contractuelles et extracontractuelles
    - Les régimes spéciaux de responsabilité civile
    - La responsabilité pénale
    - La santé et la sécurité des salariés
- **L'organisation de la production**
  - Économie
    - Choix de la combinaison productive
      - Coûts de production
      - Gains de productivité
    - Grâce à l'analyse de la chaîne de valeur
      - Coûts de production
      - Faire ou faire-faire
        - Développement durable
- **La gestion des ressources de l'entreprise**
  - Management
    - Par le choix d'un financement adapté pour pérenniser l'entreprise
- Management (L'organisation de la production / La gestion des ressources de l'entreprise)
  - Grâce à des styles de management
  - Au travers de mécanismes de coordination
  - Grâce à des processus définis

© Nathan – La photocopie non autorisée est un délit

# L'entreprise Jounet

**CONTEXTE DU SUJET**

Marina Toussain, récemment diplômée d'une école supérieure d'informatique de Nice Sophia Antipolis, a le projet de se lancer dans la création d'une entreprise de développement de jeux vidéo. Elle peut compter sur Pascal Cohen, qui souhaite s'associer avec elle et apporter son savoir-faire en infographie. L'équipe initiale, composée de huit autres personnes – un directeur du marketing, un *data analyst*, un programmeur moteur, un programmeur réseau, un programmeur des concepteurs, un programmeur 3D et deux dessinateurs – qui seraient salariées, se tient prête à agir dans le cadre de la future entreprise, baptisée « Jounet ». Les deux futurs associés pensent créer une SAS.

Marina Toussain et Pascal Cohen veulent se donner toutes les chances pour réussir leur projet, mais ils savent qu'ils ne pourront pas le financer totalement.

Ils n'excluent pas d'associer leur offre de jeux vidéo à une console. Ils savent toutefois qu'ils ne sont pas encore en mesure de maîtriser le processus industriel. Pourtant, l'offre « globale » leur paraît un choix stratégique opportun.

**L'étude est composée de 3 missions :**

**MISSION 1 : L'introduction de l'entreprise Jounet sur un marché en plein essor**

**MISSION 2 : Les modalités de développement d'une offre globale de Jounet**

**MISSION 3 : Les conditions du succès de Jounet**

**Composition du dossier documentaire :**



**En prenant appui sur vos connaissances, le contexte et le dossier documentaire, il vous est demandé de répondre aux questions relatives aux trois missions du sujet. Vous êtes invité(e) à mobiliser les concepts et les apports théoriques dès lors qu'ils sont pertinents et que le lien avec la mission est argumenté.**

## MISSION 1 L'introduction de l'entreprise Jounet sur un marché en plein essor

**(Annexes 1, 2, 3, 6 et 7)**

Marina Toussain et Pascal Cohen ont rassemblé des informations précises sur le marché des jeux vidéo en France. S'ils ne doutent pas des chances de succès de leur entreprise, ils sont conscients qu'il leur faut procéder à une étude de ces données. De même, ils envisagent d'adopter le statut de SAS, qui a les faveurs d'un grand nombre de créateurs d'entreprise, mais il leur paraît indispensable d'en savoir plus sur ce type de société avant de prendre leur décision.

**1.1.** **Analysez la structure et l'évolution du marché des jeux vidéo en France.**

**1.2.** **Justifiez, à partir d'un raisonnement juridique, le choix de la SAS pour le projet Jounet, en faisant ressortir ses avantages spécifiques.**

© Nathan – La photocopie non autorisée est un délit

## MISSION 2 Les modalités de développement d'une offre globale de Jounet

**(Annexes 1, 4 et 8)**

La SAS Jounet pourrait avoir comme seul objet social la production de jeux vidéo. Mais, sans penser concurrencer des géants comme Microsoft ou Nintendo, Marina et Pascal ne rejettent pas la possibilité de créer la console destinée à leurs futurs jeux. La maîtrise de la production industrielle apparaît toutefois comme un défi qui, dans le meilleur des cas, imposerait de s'appuyer sur les capacités et le savoir-faire d'un partenaire.

**2.1.** **Identifiez le problème économique auquel sont confrontés les créateurs de la SAS Jounet pour la production éventuelle de consoles.**

**2.2.** **Justifiez la solution de la sous-traitance dans le cas de l'entreprise Jounet.**

**2.3.** **Appuyez-vous sur la documentation fournie pour rédiger le contrat de sous-traitance entre la société Jounet et l'industriel qui pourrait fabriquer les consoles de jeux.**

## MISSION 3 Les conditions du succès de Jounet

**(Annexes 5 et 9)**

Comme toute entreprise, la SAS Jounet ne peut connaître le succès qu'à la condition de mobiliser les ressources indispensables, tant matérielles – avec le problème spécifique des ressources financières – qu'immatérielles.

**3.1.** **Identifiez les ressources sur lesquelles l'entreprise Jounet pourra compter.**

**3.2.** **Déterminez les meilleures sources de financement des activités de Jounet.**

**3.3.** **Caractérisez et justifiez le style de management qui devrait gouverner cette entreprise.**

# DOSSIER DOCUMENTAIRE

## ANNEXE 1 Le marché du jeu vidéo réalise en 2019 une année historique

Avec un chiffre d'affaires global de 4,8 milliards d'euros en 2019, le marché du jeu vidéo en France enregistre la 2e meilleure année de son histoire malgré un chiffre en légère baisse par rapport à 2018 (4,9 milliards). Le bilan du Syndicat des éditeurs de logiciels de loisirs (SELL), publié ce mercredi 26 février [2020], souligne ce léger repli qui reste toutefois attendu en raison d'une année de transition sans lancement de consoles majeures (PS5 et Xbox Series X), prévues quant à elles d'ici à la fin de l'année 2020.

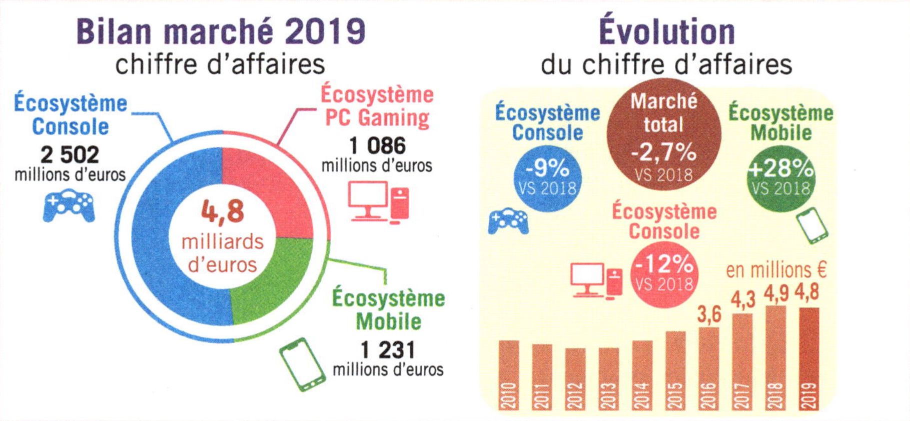


© Nathan – La photocopie non autorisée est un délit

Il s'agit de la première année où ce chiffre est en baisse depuis une croissance ininterrompue affichée depuis 2012. L'année 2013 avait été marquée notamment par le lancement des PS4 et Xbox One, aujourd'hui en fin de vie. Ainsi, les ventes de consoles ont chuté de 9 % par rapport à 2018, pour s'établir à plus de 2,5 milliards d'euros. Une fin de cycle, donc, qui pourtant résiste bien au regard du parc actuel de consoles et de PC distribués dans l'Hexagone.
Parallèlement, l'étude souligne les bonnes ventes de jeux vidéo. Ainsi, il s'est vendu pour 1,6 milliard d'euros de jeux sur consoles (– 5 % par rapport à 2018), avec une part importante du dématérialisé qui représente 57 % du marché, tandis que les ventes physiques représentent 43 % du marché des consoles.

**Nintendo, roi des éditeurs**

Si *Fifa 20* et *Call of Duty : Modern Warfare* dominent très largement les ventes en 2019, avec respectivement 1,192 million et 653 708 exemplaires vendus, le classement des meilleures ventes voit régner Nintendo et sa Switch sans partage. […]

**Les smartphones dépassent le milliard d'euros**

Autre enseignement de cette étude du SELL, le marché du jeu mobile se porte à merveille. Celui-ci enregistre une croissance de 28 % par rapport à 2018 pour établir un chiffre d'affaires à plus de 1,231 milliard d'euros. Parmi les applications les plus téléchargées en 2019, on retrouve *Mario Kart Tour*, suivi par *Brawl Stars* et *Homescapes* du côté des applis gratuites et *Minecraft Pocket Edition*, *Football Manager 2019* et *Plague Inc.* côté payant.

**www.cnews.fr, 26 février 2020.**

## ANNEXE 2 Implantation des entreprises de développement de jeux vidéo, en France, en 2019

Sans surprise, l'Île-de-France est la région la plus fournie en entreprises : 41,5 % à elle seule.
Un peu plus de la moitié des entreprises ont pour activité principale le développement de jeux vidéo. L'autre moitié se partage principalement entre l'édition (20 %) et le marketing (20 %). Puis, on trouve les entreprises de prestation de services, et enfin celles qui ont pour activité la distribution (1 %), la fabrication de consoles de jeux et d'accessoires.

**www.jeuxvideo.com**

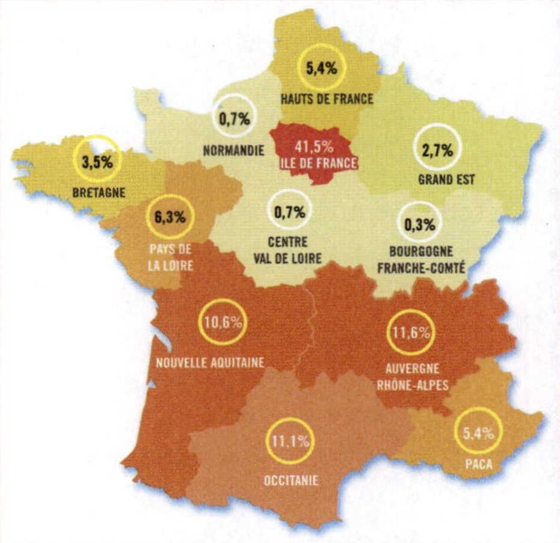


## ANNEXE 3 Les supports utilisés pour les jeux vidéo

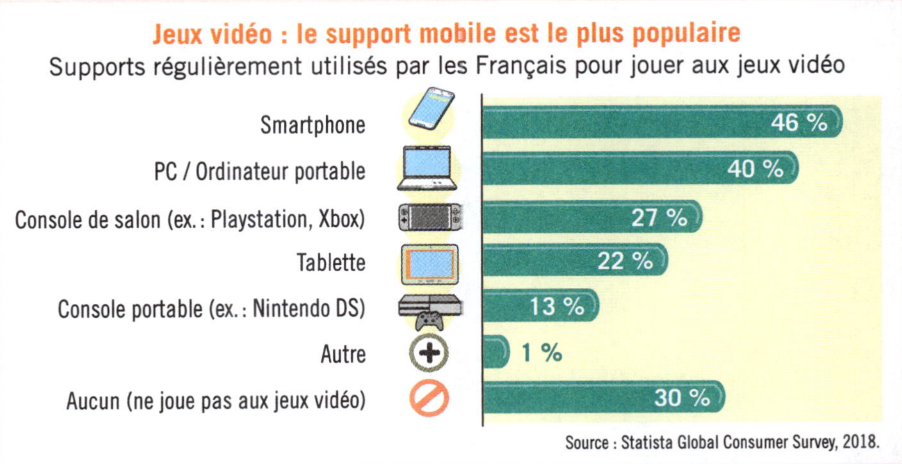


**https://fr.statista.com/infographie, 18 mars 2019.**

© Nathan – La photocopie non autorisée est un délit

## ANNEXE 4 Faire faire ou faire soi-même : quelle option choisir ?

Le maréchal Joffre avait pour devise : « Ne rien faire, tout faire faire, ne rien laisser faire ». Encore aujourd'hui, cet adage fait écho à une question centrale en stratégie d'entreprise : Faut-il faire ou faire faire ? De Zara à Microsoft et de Tesla à Areva, l'actualité économique nous rappelle la complexité de cet arbitrage.

Historiquement, le champion de l'intégration verticale est sans conteste Henry Ford. Soucieux d'optimiser l'efficience de la ligne d'assemblage de son Modèle T, il estimait en 1926 que « si vous voulez que ce soit bien fait, faites-le vous-même ». Dans cette optique, il avait racheté des mines de fer et de charbon pour forger l'acier des carrosseries de ses voitures, dont les pare-brise provenaient de ses propres usines de verre et les pneus de ses propres plantations d'hévéa. [...] Dans cette logique, les trois arguments en faveur de l'intégration verticale sont généralement les suivants :

**1. La spécificité :** il est parfois difficile de trouver des intervenants capables de répondre à une demande spécifique, et s'ils en sont capables, cela risque de créer une relation de dépendance dont ils chercheront certainement à tirer profit. Lorsqu'on a des besoins très particuliers, il est donc préférable d'y répondre par soi-même. C'est certainement une des raisons qui ont poussé Tesla à produire en interne 80 % de ses voitures, et notamment à construire dans le désert du Nevada sa fameuse « *gigafactory* », supposée doubler la production mondiale de batteries au lithium : il aurait été impossible (ou trop risqué en termes de pouvoir de négociation) de trouver un fournisseur pour de telles exigences.

**2. Le coût de coordination :** coordonner une multitude d'intervenants externes peut se révéler coûteux, en particulier lorsqu'ils sont dispersés et spécialisés. Boeing l'a appris à ses dépens en externalisant très largement la conception et la fabrication de son 787 *Dreamliner* auprès de centaines de fournisseurs. De multiples problèmes de coordination (logiciels incompatibles, normes différentes, documents non traduits) ont provoqué des retards considérables et toute une série d'avaries sur les avions déjà livrés.

**3. La vitesse :** dans certaines activités, l'exigence de vitesse de réaction est telle que seule l'intégration verticale permet d'y répondre. C'est ce qui explique notamment que Zara produise dans ses propres usines et distribue dans ses propres magasins. Cela lui permet de proposer de nouveaux modèles en seulement deux semaines, c'est-à-dire moitié moins de temps qu'il n'en faut pour transporter un conteneur du Bangladesh en Europe.

Pour autant, si ses avantages sont réels, l'intégration verticale repose trop souvent sur une idée fausse : nombreux sont les dirigeants qui pensent pouvoir capter les profits de leurs fournisseurs et de leurs clients en les rachetant. Après tout, nos fournisseurs nous vendent avec une marge, et nos clients font de même lorsqu'ils revendent à leur tour. Par conséquent, l'intégration verticale permettrait d'additionner les bénéfices tout au long d'une filière. Or, ceux qui tiennent ce raisonnement oublient que devenir son propre fournisseur ou son propre client revient en fait à changer de métier, et qu'une diversification de ce type se révèle toujours bien plus difficile que prévu. [...]

Devenir son fournisseur ou son client, c'est changer de métier, et changer de métier – en stratégie comme ailleurs – c'est particulièrement difficile. Si vous voulez mener une stratégie d'intégration verticale, demandez-vous si vous serez capable de gérer la complexité de multiples activités qui n'impliquent ni les mêmes ressources, ni les mêmes compétences, ni les mêmes cultures, et qui s'adressent à des clients différents avec des modèles économiques distincts. [...]

Comme le rappelait avec sagesse le maréchal Joffre, « ne rien laisser faire ». En tout cas, vouloir exercer un métier qu'on ne connaît pas, c'est bien souvent l'entraîner à sa perte.

**Frédéric Fréry, www.hbrfrance.fr, 22 juin 2016.**



© Nathan – La photocopie non autorisée est un délit

## ANNEXE 5 Les dispositifs utilisés par les studios de développement de jeux vidéo pour financer leur production (France, 2019)

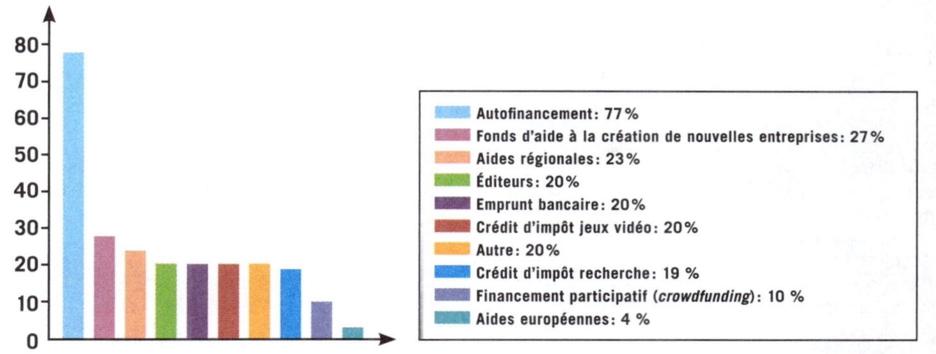


snjv.org et idate.org, *Baromètre annuel du jeu vidéo en France. Édition 2020.*

## ANNEXE 6 Vous souhaitez vous lancer dans la création d'une entreprise innovante ? Choisissez la SAS !

Celle-ci est aujourd'hui la forme plébiscitée par les entrepreneurs, elle présente de loin les meilleurs atouts pour favoriser l'innovation de par sa souplesse juridique et sa simplicité de création.
Pourquoi un tel engouement pour la structure SAS ?

### La souplesse des statuts

La SAS est le plus souvent choisie pour sa facilité de constitution. Toute personne physique ou morale peut être actionnaire sans montant minimum de capital (art. L. 210-2 du Code de commerce). Une grande liberté d'organisation est laissée par la SAS contrairement à la SARL. En effet, il appartient aux entrepreneurs de prévoir eux-mêmes le fonctionnement ainsi que la gouvernance de la société : conditions d'accès aux fonctions de dirigeant, durée des fonctions, et même fixer les conditions de révocation. Il est tout à fait possible de modifier ces règles au cours de la vie de la start-up, si cela s'avère nécessaire.

### Une gouvernance attirant les investisseurs

Nous l'avons vu, ces dernières ont besoin de fonds pour se développer, il est donc nécessaire de faire entrer facilement de nouveaux actionnaires. C'est ici que la SAS constitue un véritable atout pour les entrepreneurs. Non seulement la liberté statutaire offre la possibilité d'insérer des clauses facilitant l'entrée de Business Angels, mais aussi la cession d'actions reste simple, puisque non soumise à un agrément (contrairement à la SARL, nécessité d'un agrément pour les cessions aux tiers).

### Une responsabilité limitée aux apports

N'oublions pas que le caractère novateur de ces entreprises les conduit à découvrir de nouveaux marchés peu connus où la rentabilité n'est absolument pas assurée. En optant pour la SAS, la responsabilité limitée aux apports signifie que les entrepreneurs ne risquent que leur mise de départ. Le patrimoine personnel des associés demeure à l'abri des créanciers en cas d'échec économique.

### Une fiscalité avantageuse

Par principe, la SAS est soumise à l'impôt sur les sociétés. Cette imposition sera due au taux de 26,5 % en 2021 [27,5 % si le chiffre d'affaires est d'au moins 250 millions d'euros], mais peut être réduit à 15 % si la société remplit les conditions du taux réduit[1]. Néanmoins, les associés peuvent opter pour l'impôt sur le revenu[2] (sous réserve de certaines conditions). À ce moment-là, ils seront taxés sur les dividendes qui leur ont été distribués par la société.

Vous l'avez compris, la SAS se distingue des autres formes de sociétés commerciales de par sa facilité de création ainsi que sa liberté statutaire. Cette particularité est appropriée au mode de fonctionnement d'une start-up, qui, rappelons-le, a besoin d'une structure à la fois souple et protectrice.

1. Les conditions du taux réduit : imposition à 15 % jusqu'à 38 120 euros avec un chiffre d'affaires inférieur à 10 millions d'euros en 2021, dont le capital social est entièrement libéré et détenu à 75 % par des personnes physiques.
2. L'impôt sur le revenu : depuis la loi du 4 août 2008, la SAS peut opter pour l'IR. Elle ne doit pas être cotée en Bourse, avoir été créée depuis moins de 5 ans au moment de l'option, réaliser un chiffre d'affaires annuel inférieur à 10 millions d'euros et avoir des droits de vote détenus à 50 % au moins par une ou des personnes physiques.

**Pierre-Baptiste Reboul, www.fiducial.fr, 28 décembre 2017**

© Nathan – La photocopie non autorisée est un délit

## ANNEXE 7 Schéma sur les motifs de choix de la structure juridique

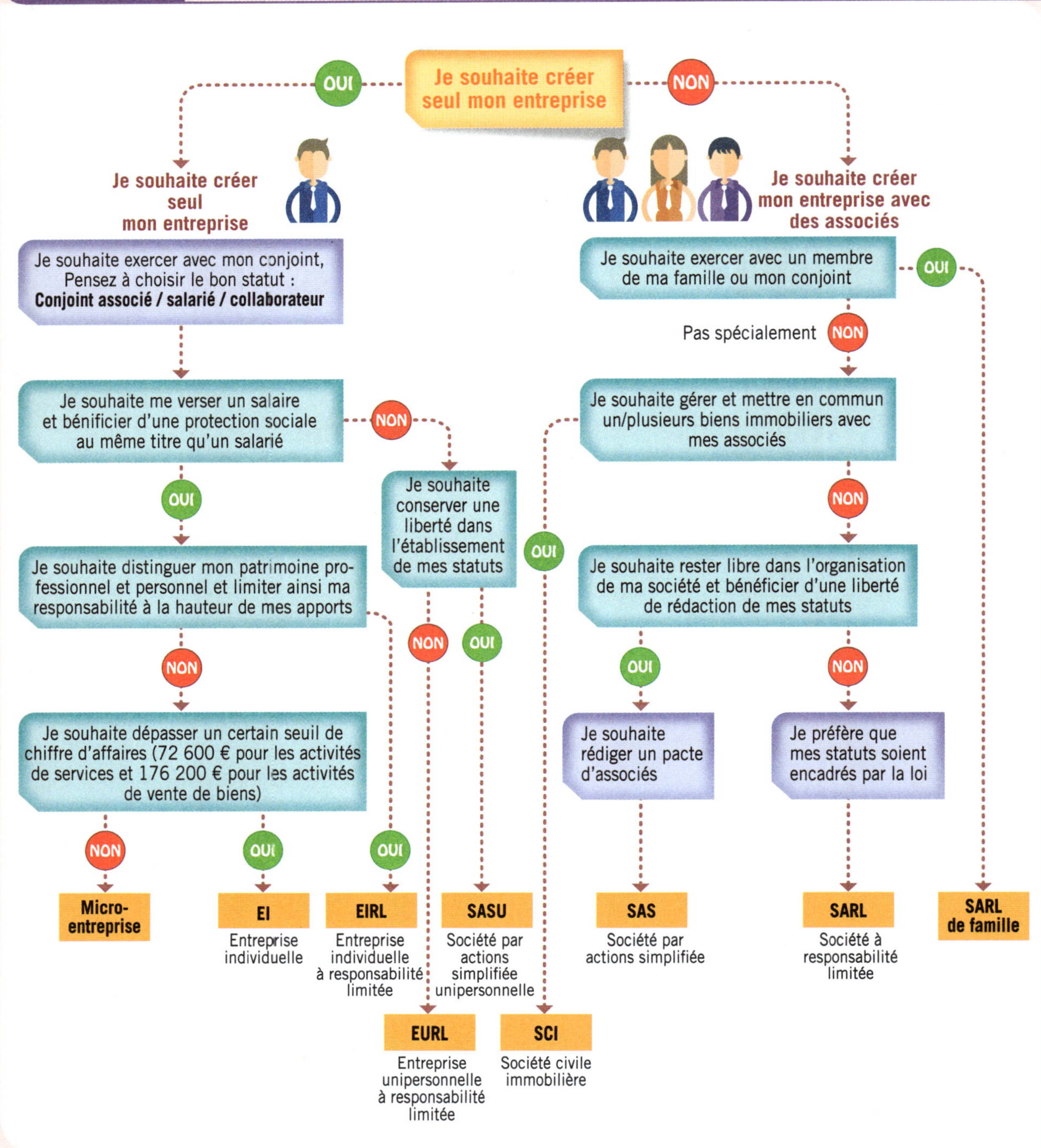


## ANNEXE 8 Le contenu du contrat de sous-traitance

**Le contrat de sous-traitance est un contrat d'entreprise** qui permet de cadrer et de sécuriser les relations entre le sous-traitant et le donneur d'ordre.

### Clauses du contrat de sous-traitance

Voici les principales clauses que l'on retrouve dans un contrat de sous-traitance.

**Les parties au contrat de sous-traitance**

Le contrat de sous-traitance est conclu entre deux parties :
- le sous-traitant, qui s'engage à exécuter les tâches qui lui sont confiées ;
- le donneur d'ordre, qui confie des tâches au sous-traitant.

•••

© Nathan - La photocopie non autorisée est un délit

Pour chacune des parties, il convient de renseigner les informations suivantes : nom de l'entreprise, forme juridique, montant du capital social (si société), adresse du siège social, inscription au RCS et identification du représentant légal.

**L'objet du contrat de sous-traitance**

Le contrat de sous-traitance doit préciser de manière détaillée l'ensemble des travaux qui sont confiés par le donneur d'ordre au sous-traitant.

**La durée du contrat de sous-traitance**

Le contrat de sous-traitance peut être conclu pour une durée déterminée ou indéterminée.

**Les modalités d'exécution**

Le contrat de sous-traitance doit prévoir les modalités d'exécution des travaux qui sont confiés au sous-traitant, notamment le calendrier de réalisation des travaux.

**Le prix proposé au sous-traitant et le règlement**

Comme dans tout contrat d'entreprise, le contrat de sous-traitance doit prévoir le prix convenu entre les parties pour la réalisation des travaux qui y sont décrits.

Les modalités de règlement doivent également être prévues : acompte prévu, délais de règlement, clause éventuelle de révision de prix...

**Les obligations du sous-traitant et du donneur d'ordre**

En concluant le contrat de sous-traitance, le donneur d'ordre et le sous-traitant s'engagent à respecter des obligations *(voir plus loin)*.

**Les modalités de rupture du contrat de sous-traitance**

Comme tout contrat d'entreprise, le contrat de sous-traitance doit prévoir ses modalités de rupture :

– en cas de contrat à durée déterminée, il prend fin à son terme ou par commun accord. Une clause de tacite reconduction est souvent insérée, c'est-à-dire que le contrat est reconduit pour la même durée sauf si une des deux parties le dénonce avant son terme ;

– en cas de contrat à durée indéterminée, chaque partie a la possibilité de demander la rupture du contrat unilatéralement. Il convient alors d'en fixer les conditions.

## Les obligations des parties au contrat

### Obligations du sous-traitant

Le sous-traitant s'engage à réaliser les travaux qui lui sont confiés en respectant le calendrier d'exécution des tâches prévu et les règles de l'art de sa profession.

Il est également tenu d'informer le donneur d'ordre sur les éventuelles difficultés rencontrées dans le cadre de ses travaux.

Enfin, le sous-traitant a une obligation de conseil envers le donneur d'ordre et il peut, dans certains cas, être tenu d'une obligation de résultat.

### Obligations du donneur d'ordre

Le donneur d'ordre s'engage tout d'abord à payer le sous-traitant en application du contrat établi et en respectant les conditions de paiement qui y figure.

Il est également tenu de tout mettre en œuvre pour que le sous-traitant puisse exécuter correctement les travaux sous-traités.

Ensuite, le donneur d'ordre est responsable envers le maître d'ouvrage des fautes commises par le sous-traitant pendant la réalisation des travaux qui lui sont confiés.

## Clauses spécifiques du contrat de sous-traitance

### La clause de contrôle et de réception des travaux

Le contrat de sous-traitance doit prévoir les conditions de suivi des travaux réalisés par le sous-traitant et les conditions de réception des travaux réalisés par le sous-traitant.

Parfois, les parties indiquent dans une clause spécifique du contrat de sous-traitance :

– que le donneur d'ordre s'engage à réceptionner les travaux auprès du maître d'ouvrage dans les meilleurs délais ;

– que la réception des travaux par le maître d'ouvrage au donneur d'ordre vaut réception des travaux par le donneur d'ordre au sous-traitant.

### La clause de secret

Un contrat de sous-traitance peut prévoir une clause de secret, à travers laquelle le sous-traitant s'interdit de divulguer les informations qu'il recevra dans le cadre de sa collaboration avec le donneur d'ordre.

•••

© Nathan – La photocopie non autorisée est un délit

**Rédiger et formaliser le contrat de sous-traitance**

Le **contrat de sous-traitance** fait l'objet d'un écrit sous seing privé et un projet de contrat est généralement établi durant les négociations.
Le projet de contrat doit être analysé avec précaution par les parties, notamment par le sous-traitant qui se voit proposer un volume d'activité important pour son entreprise.
Le **contrat de sous-traitance définitif** doit être paraphé et signé par chacune des parties. Un exemplaire au moins est remis à chaque partie au contrat.

D'après www.lecoindesentrepreneurs.fr

## ANNEXE 9 Un management horizontal au sein de ma start-up, une bonne idée ?

### Le style de management parfaitement adapté aux start-up

Une start-up est la structure idéale pour mettre en place un management horizontal. Une jeune entreprise en construction ou qui, déjà installée, n'a pas atteint son plein épanouissement économique représente un terrain parfaitement adapté à l'instauration de cette nouvelle organisation du travail. Le personnel n'est pas très nombreux, l'âge moyen est jeune et la routine ne parasite pas encore son fonctionnement. Ce type avant-gardiste d'organisation ne peut qu'intéresser les collaborateurs qui, en conséquence, travaillent bien plus dans un esprit de coopération en vue de la réalisation de l'objectif commun. À l'inverse, dans les entreprises plus anciennes, de nombreuses étapes sont bien souvent nécessaires pour la prise de décision, ce qui parasite fréquemment l'évolution et l'amélioration des processus de changement au sein de ce type d'entreprises.

### Tout simplement une autre façon de travailler

Le management collaboratif consiste en l'abandon du modèle pyramidal avec ses nombreux échelons qui nuisent à la qualité de l'information, à la rapidité de l'exécution et, en somme, à l'efficience de la structure tout entière. La mise en place d'un management horizontal suppose la préparation de tous les acteurs à une implication de chaque instant.
Il ne s'agit pas d'utiliser des outils dernier cri ou d'appliquer des directives « à la mode » ; il s'agit d'être en permanence en situation de projet. Chacun est au courant de l'ensemble du travail auquel il participe et y apporte sa contribution au moment opportun. Une seule consigne : atteindre l'objectif en gérant au jour le jour les difficultés et les impondérables. Ce mode de travail n'est pas évident à mettre en place en raison du poids de la tradition ; du « nous avons toujours fait ça comme ça » qui immobilise les entreprises conventionnelles.

### S'appuyer sur les technologies collaboratives

L'entreprise qui choisit de passer en management horizontal doit se munir de ressources informatiques appropriées et ergonomiques. Fournir à chacun un téléphone mobile, créer une boîte e-mail dédiée et installer un intranet est loin d'être suffisant.
La plateforme idéale devra mettre à la portée de chacun : les informations, les idées, les compétences et les outils. Elle devra centraliser les rendez-vous, assurer le suivi dans chaque domaine (conception, production, administration, formation, comptabilité…) et alerter les personnes concernées au bon moment. Elle devra synchroniser les tâches de tous les acteurs au point que l'envoi du signal d'achèvement d'une tâche déclenche dans tous les corps de métier l'exécution de toutes les tâches qui doivent lui succéder. En ce sens, [les solutions technologiques collaboratives mises en place] (mind mapping, visioconférence, réseaux sociaux d'entreprise, interfaces de gestion de projets, etc.) constituent des outils idéaux !

### Plus de confort pour les collaborateurs

En aplanissant la hiérarchie ainsi, le temps se trouve rationalisé. Finis les déplacements inutiles, les coups de téléphone répétitifs, les visiteurs intempestifs, les réunions qui n'aboutissent à rien. Chacun sait ce qu'il a à faire avec un minimum de concertations. La densification du travail se ressent, mais, en contrepartie, l'ensemble du personnel gagne en autonomie, se sent valorisé et la solidarité entre les collaborateurs est réelle, d'autant qu'ils travaillent dans un climat de confiance. Pensez que la mise en place d'un management horizontal implique de gérer le ou les réseaux de collaborateurs ainsi constitués, et que cela peut, le cas échéant, nécessiter la création d'un nouveau poste au sein de l'entreprise. Il va sans dire que la formation ne doit être négligée à aucun niveau et qu'il peut être judicieux de se faire accompagner par un cabinet conseil en organisation.

www.dynamique-mag.com, 5 février 2017.

© Nathan – La photocopie non autorisée est un délit

# Présentation de l'épreuve de Culture économique, juridique et managériale

(Arrêté du 15 février 2018, JO du 6 mars 2018)

Cette épreuve vise à évaluer les compétences que vous aurez acquises dans le cadre de l'enseignement de CEJM ainsi que votre capacité à les mobiliser à travers un questionnement portant sur des problématiques de gestion d'entreprise et croisant l'économie, le droit et le management.

## 1. Les compétences évaluées

L'épreuve vise à évaluer votre capacité à :
- analyser des situations auxquelles l'entreprise est confrontée ;
- exploiter une base documentaire économique, juridique et managériale ;
- proposer des solutions argumentées en mobilisant des notions économiques, juridiques ou managériales et les méthodologies adaptées aux situations proposées ;
- établir un diagnostic (ou une partie de diagnostic) préparant une prise de décision stratégique ;
- prendre des décisions opérationnelles intégrant les dimensions économique, juridique et managériale ;
- exposer des analyses et des propositions de manière cohérente et argumentée.

## 2. La forme de l'épreuve

L'épreuve écrite, d'une durée de 4 heures, prend appui sur un dossier qui comprend :
- la présentation d'une situation contextualisée d'entreprise contenant des problématiques de nature économique ou juridique ou managériale ;
- une base documentaire d'une dizaine de pages au maximum ;
- une série de questions permettant de structurer et d'orienter votre travail. Pour chaque question, une réponse construite et argumentée est attendue.

Le dossier documentaire ainsi que le questionnement couvrent les trois champs d'enseignement : l'économie, le droit et le management.

# Méthodologie





© Nathan – La photocopie non autorisée est un délit

# 1 Analyser un texte à caractère économique

L'épreuve de Culture économique, juridique et managériale s'appuie sur un dossier documentaire composé de plusieurs textes. Il est indispensable de maîtriser la compréhension et l'analyse de ces documents afin de repérer les informations essentielles et de répondre de manière argumentée et structurée aux questions posées.

## DÉMARCHE À METTRE EN ŒUVRE

L'analyse de textes économiques nécessite une méthode rigoureuse. On pense souvent que c'est la partie la plus facile puisqu'il suffit de « lire ». En réalité, une bonne exploitation des documents ne peut se faire qu'en respectant plusieurs étapes.

**Clair-obscur sur les prévisions économiques en France et en zone euro**

L'année 2019 aura été marquée par les incertitudes politiques et économiques qui ont pesé non seulement sur les échanges commerciaux mais aussi, plus globalement, sur l'investissement des entreprises et sur la croissance mondiale. [...]
Si la crainte d'un retournement conjoncturel global s'atténue, on peine à discerner le mouvement d'ensemble qui serait susceptible de redonner du souffle à l'économie mondiale. Il faut donc se contenter d'un tableau en clair-obscur. [..]

*Contexte*

Après une croissance annuelle de +1,3 % en 2019, l'acquis de croissance du PIB serait de +0,9 % à la mi-2020.
Après avoir été particulièrement dynamique au premier semestre 2019 (+170 000), l'emploi total ralentirait au second semestre (+ 94 000) puis au premier semestre 2020 (+88 000).
L'emploi ralentit mais la hausse tendancielle de la population active continue de s'atténuer. Au-delà des aléas statistiques au trimestre le trimestre, le taux de chômage baisserait à nouveau de l'ordre de 0,1 point par trimestre, atteignant de 8,2 % au printemps 2020 contre 8,5 % un an plus tôt. [...]
En 2019, le pouvoir d'achat du revenu disponible brut des ménages augmenterait solidement (+ 2,1 % après +1,2 % en 2018, soit, par unité de consommation, +1,6 % après +0,7 %). Au-delà du dynamisme de l'emploi et des salaires, ont aussi contribué à cette hausse les réductions de taxe d'habitation, le relèvement de la prime d'activité, les exonérations d'impôts et de cotisations sociales à la charge des salariés sur les heures supplémentaires et les allègements de CSG pour certaines catégories de ménages.
La consommation des ménages garderait son rythme. [...]
Les entrepreneurs demeurent prudents sur leurs perspectives d'investissement. [...]
Dans un environnement macroéconomique un peu moins porteur, l'investissement des entreprises ralentirait à +0,7 % au premier trimestre puis +0,6 % au deuxième trimestre 2020.

*Perspectives de croissance, emploi, pouvoir d'achat, consommation et investissement en France*

Les indicateurs conjoncturels les plus récents suggèrent ainsi que l'économie de la zone euro – dont singulièrement l'économie allemande – ne ralentirait pas davantage, voire accélérerait légèrement d'ici-là mi-2020. Les grands pays de la zone euro ont en effet, chacun à leur manière, mis en place des mesures de soutien au revenu des ménages. Certes, comme dans le passé récent, elles contribueraient en partie à l'accroissement de l'épargne. Mais la résistance de la demande intérieure permettrait à la croissance de la zone euro d'atteindre 0,3 % au deuxième trimestre 2020 (après +0,2 % aux trimestres précédents).

*Les prévisions au sein de la zone euro*

**Note de conjoncture, INSEE, 17 décembre 2019.**

### 1. Situer le texte dans son environnement

Cette étape consiste à repérer :
– **le titre** : il indique souvent l'objet du document et le ton utilisé.
Certains documents peuvent être précédés d'une présentation visant à accrocher le lecteur (le chapeau). Généralement, elle en synthétise le contenu et en montre la tonalité.

> ***Exemple :*** *« Clair-obscur sur les prévisions économiques en France et en zone euro » indique que le texte traite des prévisions de conjoncture économique en France et au sein des pays de la zone euro.*

© Nathan – La photocopie non autorisée est un délit

– **la source :** elle indique l'origine du texte (presse quotidienne, hebdomadaire grand public, revue spécialisée, extrait d'ouvrage, site Internet, etc.) et permet de définir le type de texte (théorique, factuel, critique, etc.).

> ***Exemple :*** *il s'agit ici de l'Institut national de la statistique et des études économiques (Insee), organisme français qui produit, analyse et diffuse des informations sur l'économie et la société françaises. Il s'agit d'une information factuelle.*

On pourra également repérer l'auteur du texte (journaliste, professeur, économiste, chef d'entreprise, homme politique, etc.) permettant de prendre du recul par rapport à l'information.

– **la date :** elle permet de mieux appréhender le contexte dans lequel le document a été écrit. Le contexte économique évolue, parfois brusquement (ex. : crise) et un texte peut rapidement être dépassé.

> ***Exemple :*** *la date est récente, ce document décrit la situation de la conjoncture (l'activité récente).*

## 2. Lire et repérer les idées importantes

Conseil : lire l'ensemble des questions avant de commencer la lecture du texte pour orienter votre travail. Le travail d'analyse du texte peut se faire en deux temps.

**a) Une première lecture rapide et active du texte**

Avec un surligneur ou un crayon, souligner les mots, expressions clés ou passages qui vous semblent importants – en rechercher la définition si nécessaire.
Entourer les chiffres essentiels concernant le sujet.
Ce travail facilitera l'utilisation des arguments dans la phase de rédaction.

**b) Deuxième lecture : les idées principales et les idées secondaires**

L'idée est de faire ressortir la logique du texte, la pensée de l'auteur, en dissociant l'essentiel de l'accessoire :
– **repérer l'idée générale du texte**, l'aboutissement du raisonnement tenu par l'auteur. Essayer de la résumer en une phrase.

> ***Exemple :*** *Dans un contexte d'incertitude, l'activité économique en France et en zone euro devrait se maintenir au premier semestre 2020 essentiellement grâce au dynamisme de la consommation, et permettre ainsi une baisse du taux de chômage.*

– **repérer le plan du texte** : relever les idées principales en identifiant éventuellement les paragraphes qui regroupent des idées communes.
– **repérer les idées secondaires** correspondant aux arguments qui viennent soutenir la ou les idées principales. Éliminer tout ce qui est anecdotique. Un très long paragraphe peut ne contenir qu'une seule idée importante et plusieurs exemples !

Remarque : repérer les mots de transition permet de retrouver les enchaînements logiques du raisonnement de l'auteur (« enfin », « d'une part » et « d'autre part », etc.). Certains termes apportent des nuances (« malgré », « cependant », « néanmoins », etc.) ou des relations de cause à effet (« ainsi », « en conséquence », etc.).

## 3. Construire les réponses aux questions

– **Comprendre les questions :** lire attentivement les questions posées et analyser le sens de la réponse attendue grâce aux verbes directeurs utilisés : analyser, identifier, expliquer, apprécier, interpréter, etc.
– **Rédiger les réponses :** répondre à chaque question, de manière précise et structurée, **en utilisant ses connaissances** et en s'appuyant sur le texte.

### Les pièges à éviter

- Il ne faut pas faire de paraphrase du texte. Le plus difficile dans l'étude de textes économiques est la reformulation des idées.
- Il ne faut pas traiter les questions comme des questions de cours sans rapport avec le document étudié.

© Nathan – La photocopie non autorisée est un délit

# 2 Analyser un tableau

L'épreuve de Culture économique, juridique et managériale s'appuie sur un dossier documentaire que vous allez devoir exploiter. L'analyse d'un tableau est d'autant plus importante qu'il est souvent source de nombreuses informations.

## DÉMARCHE À METTRE EN ŒUVRE

L'analyse d'un tableau doit vous demander une grande rigueur méthodologique. En effet, vous ne devez pas vous contenter de « lire » les données du tableau, mais vous devez les interpréter et les mettre en corrélation avec vos connaissances personnelles pour leur donner du sens.

**Contribution des principales branches d'activité à la valeur ajoutée**
**(En % de l'ensemble des branches)**

| | 1960 | 1980 | 2000 | 2019 |
|---|---|---|---|---|
| Agriculture, sylviculture et pêche | 12,0 | 4,0 | 2,3 | 1,8 |
| Industrie manufacturière, industries extractives et autres | 27,8 | 23,7 | 18,9 | 13,5 |
| Construction | 4,9 | 7,4 | 4,9 | 5,8 |
| Services principalement marchands | 36,4 | 45,4 | 53,2 | 57,0 |
| Services principalement non marchands | 13,1 | 19,5 | 20,7 | 21,9 |

**Source : Insee, février 2020.**

### 1. Repérer les éléments constitutifs du tableau

Cette étape consiste à repérer :

– **le titre** : il donne une indication importante sur le contenu du tableau. Il faut donc le lire attentivement.

> ***Exemple :*** *Ici, le tableau analyse la part de chaque branche d'activité à la valeur ajoutée (sujet) créée en France (délimitation géographique).*

– **la date et la source** : elles permettent de contextualiser les données afin de mieux les interpréter. Les tableaux de données statistiques peuvent inclure des données anciennes, qui sont donc à nuancer ou à actualiser avec les autres documents qui vous seront fournis.

> ***Exemple :*** *Ici, les données du tableau sont issues de l'Insee, l'institut national de la statistique et des études économiques, qui produit et diffuse des informations sur l'économie et la société françaises. Elles indiquent la part de la valeur ajoutée de chaque branche d'activité entre 1960 et 2019. Il s'agit d'une analyse de longue période.*

– **Les unités utilisées** : il est fréquent d'utiliser des unités facilitant la lecture. Il faut donc vérifier si on est en unité, en milliers, en millions ou en milliards. 2000 milliers de chômeurs nous donne ainsi 2 millions de chômeurs et non 2000 !

Les données peuvent également figurer en pourcentage, comme c'est le cas ici. Il est recommandé de faire une phrase avec l'un des chiffres pour s'assurer de la compréhension des données.

> ***Exemple :*** *Ici, le premier chiffre « 12,0 » indique que la branche Agriculture, sylviculture et pêche a contribué à 12 % de la valeur ajoutée produite en France en 1960.*

### 2. Exploiter le tableau

**a) Repérer les données les plus pertinentes du tableau**

Toutes les données n'ont en effet pas le même intérêt. Il faut en particulier être très attentif au regroupement de données et aux sous-totaux qui peuvent exister. Il faut donc hiérarchiser les informations et comprendre comment a été construit le tableau.

> ***Exemple :*** *Ici, comme il s'agit d'un tableau qui fournit une évolution dans le temps, il est nécessaire d'analyser l'évolution de la contribution de chaque branche (étude par ligne) pour repérer les évolutions les plus marquantes. On observe, par exemple, que la production primaire (agriculture, sylviculture et pêche) ne cesse de diminuer depuis 1960 : elle représente 1,8 % de la production française en 2019, contre 12 % en 1960.*

© Nathan – La photocopie non autorisée est un délit

**b) Retraiter certaines données**

Il est souvent utile de faire les calculs, de transformer des données brutes en pourcentage ou de calculer des taux de variation qui seront plus évocateurs dans une démonstration.

> ***Exemple :*** *ici, on peut calculer le total de la production tertiaire en ajoutant la part de la valeur ajoutée des services marchands (4e ligne) et non marchands (dernière ligne), soit un total de 78,9 % pour la production tertiaire en 2019.*

**c) Lister les idées contenues dans le tableau**

Les tableaux ont la particularité de souvent comporter beaucoup d'informations. Il faut donc repérer l'ensemble des éléments qui y sont abordés. En effet, vous serez surement « attiré » par les données les plus marquantes, et vous risquez d'oubliez d'autres informations pertinentes.

> ***Exemple :*** *Ici plusieurs informations nous sont données : une répartition entre les branches (en colonnes) et une évolution dans le temps (en ligne). Deux types de constats peuvent ainsi être faits. Par exemple, on observe en 2019 que l'essentiel de la production française relève d'une activité de services (78,9 % en 2019), mais également que cette contribution des services à la valeur ajoutée n'a cessé d'augmenter depuis 1960, où elle ne représentait que 49,5 % de la valeur ajoutée (36,4 + 13,1).*

## 3. Utiliser les informations obtenues pour construire votre argumentaire

Il faut enfin reprendre les différentes informations qui vous sont données et les mettre en relation avec vos connaissances théoriques et factuelles afin de répondre aux questions qui vous sont posées.
Pensez à structurer votre commentaire pour le rendre plus clair. Par exemple, partez des éléments généraux avant d'illustrer avec des points particuliers.
Enfin, pensez à nuancer vos propos.

> ***Exemple :*** *ici, il s'agira de montrer qu'il y a une forte évolution des activités en France depuis 1960 avec une économie française qui se tertiarise au fil du temps, traduisant une forte diminution des activités agricole (1,8 % en 2019 pour 12 % en 1960) et industrielle (13,5 % en 2019, contre 28 % en 1960). Ainsi, on assiste à un phénomène conjoint de désindustrialisation et de tertiarisation du système productif français.*

### Le piège à éviter

- Il ne faut pas faire de la simple « lecture » de données, sans les interpréter et les rattacher à vos connaissances.

MÉTHODOLOGIE I ÉCONOMIE

© Nathan – La photocopie non autorisée est un délit

# 3 Exploiter un graphique

L'enseignement de Culture économique, juridique et managériale (CEJM) vise à développer des compétences méthodologiques en économie, en particulier l'exploitation de graphiques au service de l'analyse des phénomènes économiques. L'épreuve de CEJM consiste à analyser un dossier qui peut intégrer des graphiques à exploiter pour construire une réponse argumentée aux questions posées.

## DÉMARCHE À METTRE EN ŒUVRE

L'analyse de graphiques économiques nécessite de suivre une démarche rigoureuse. Une lecture trop rapide peut conduire à des analyses erronées ou incomplètes, voire des contre-sens. Avant de commencer l'analyse des graphiques, il est indispensable d'avoir en tête les questions posées. Le respect des étapes proposées ci-dessous permet une bonne exploitation des graphiques économiques.

**Perspectives de l'économie mondiale 2020-2024**

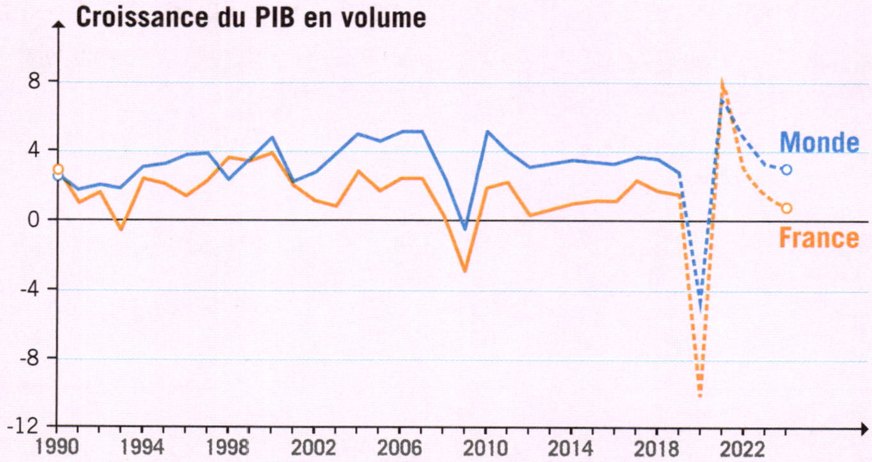


*Source :* Coe-Rexecode, *Perspectives de l'économie mondiale 2020-2024,* Document de travail n° 67, juin 2020.

### 1. Identifier l'environnement du graphique

Cette étape consiste à repérer :
– **le titre** : il indique l'objet du graphique.

> ***Exemple :*** *le titre « Perspectives de l'économie mondiale » nous indique une double dimension géographique et prévisionnelle pour étudier le taux de croissance du PIB.*

– **la date :** elle situe le contexte économique du graphique. La collecte de données économiques nécessite du temps. C'est pourquoi les chiffres figurant dans les graphiques ne sont pas situés dans l'actualité immédiate.

> ***Exemple :*** *ce graphique a été réalisé en juin 2020 : à cette date récente, seules les données jusqu'en 2019 sont disponibles, celles à partir de 2020 sont prévisionnelles.*

– **la source :** elle indique l'organisme qui a construit le graphique. Il est intéressant de savoir si l'organisme est indépendant et si les données utilisées sont fiables.

> ***Exemple :*** *Coe–Rexecode : le Centre d'observation économique et de Recherche pour l'Expansion de l'économie et le Développement des Entreprises est un institut indépendant au service de l'information économique et du développement des entreprises.*

### 2. Lire le graphique

Il s'agit d'identifier :
– **le type de graphique.** Il peut s'agir :
– soit d'une représentation de l'évolution d'une donnée dans le temps : courbe, diagramme en bâtons, etc. ;
– soit d'une représentation de la répartition d'une donnée : diagramme circulaire, etc.

> ***Exemple :*** *ici, deux courbes figurent sur le graphique, le taux de croissance de la France et celui du monde.*

– **le(s) indicateur(s) représenté(s).** Un ou plusieurs indicateurs peuvent être représentés pour mettre en évidence un phénomène économique. Cela peut permettre des comparaisons.

> ***Exemple :*** *la croissance du PIB est représentée par le taux de croissance, qui est un taux d'évolution. Un taux d'évolution est une valeur relative et non absolue. Ainsi, le taux d'évolution du PIB négatif en 2009 et en 2020 signifie que le PIB diminue mais n'indique pas un PIB négatif !*

© Nathan – La photocopie non autorisée est un délit

– **l'échelle de temps des données du graphique.**

*Exemple : données du graphique : de 1990 à 2024.*

– **les unités utilisées en abscisses et en ordonnées.**
Le temps, généralement en abscisses
En ordonnées, des nombres (unités, milliers, millions, etc.), des indices ou des pourcentages. Lorsqu'il s'agit de chiffres exprimés en monnaie, portez une attention particulière à la monnaie utilisée (euro, dollar, etc.) et au mode de valorisation (en valeur soit à prix courants, ou en volume soit à prix constants).

*Exemple : ici le temps figure sur les abscisses et des pourcentages en ordonnées.*

– **l'information générale du graphique.**
Il s'agit de dégager une tendance générale sur la période représentée

*Exemple : ici, sur la période étudiée, la croissance du PIB français est toujours moins forte que celle du monde (la courbe rouge est sous la courbe verte) mais elle suit globalement la tendance mondiale (les formes des courbes sont semblables).*

## 3. Exploiter le graphique pour répondre aux questions

– **Comprendre les questions** : lire attentivement les questions pour comprendre les attentes des examinateurs.
– **Construire une réponse argumentée, et pour cela** :
- s'appuyer sur le graphique et sur ses connaissances ;
- mettre en évidence la tendance générale du graphique ;
- repérer les écarts par rapport à cette tendance, éventuellement en procédant à des calculs supplémentaires.

*Exemple : depuis 1990, la croissance du PIB en France a décroché par rapport à la tendance mondiale en se situant en moyenne à 2 points de pourcentage en dessous du taux de croissance du monde.*

- rechercher des causes et des conséquences aux faits observés ;
- rédiger une réponse aux questions en allant du général au particulier.

### Le piège à éviter

- Il ne faut pas se focaliser sur un point particulier d'un graphique qui peut attirer le regard mais qui n'est pas l'objet principal.

*Exemple : Ici, on observe un retournement des courbes de taux de croissance du PIB à partir de 2008 et de 2019 pour atteindre des valeurs négatives en 2009 et 2020. Cela correspond à la période de crise mondiale des* subprimes *en 2009 et à celle de crise sanitaire de la Covid-19, mais ce n'est pas l'objet principal du graphique qui retrace une évolution comparée du PIB de la France et du monde sur une longue période, soit 30 ans.*

MÉTHODOLOGIE I ÉCONOMIE

© Nathan – La photocopie non autorisée est un délit

# 4 Analyser une situation juridique

L'exercice qui consiste à analyser une situation juridique permet d'apprécier l'aptitude de l'étudiant à appliquer des règles de droit à des situations concrètes. Cela consiste à répondre à une ou plusieurs questions posées sur une situation donnée, en utilisant l'argumentation juridique appropriée. L'analyse de toute situation juridique suppose de répondre aux questions suivantes :
– Quels sont les faits ?
– Quel est le problème juridique posé ?
– Quelle est la règle de droit applicable ?
– Quelle argumentation peut-on développer ?
– Quelle solution doit-on adopter ?

## DÉMARCHE

### ÉTAPE 1 Les faits qualifiés

La première étape du travail suppose de lire attentivement le contexte et les faits qui sont à l'origine du problème qui vous est soumis.

> ***Exemple :*** *M. X, commerçant, avait l'habitude de se livrer chez un fournisseur, l'entreprise Y., dans le cadre d'un accord passé avec elle. À la suite d'un dégât causé à la marchandise lors d'un transport, M. X a voulu faire payer à l'entreprise Y le préjudice subi. Le fournisseur n'a rien voulu entendre, et a prétendu être exonéré de toute réclamation grâce aux termes du contrat.*

Vous devez traduire ces faits en termes juridiques. Qualifier les faits permet de rattacher la problématique concrète à un cadre juridique abstrait, c'est-à-dire à la règle de droit applicable afin d'en tirer des conclusions. L'exercice de qualification juridique consiste donc à donner aux faits concernés la traduction juridique adaptée permettant l'application de la règle de droit.

> ***Exemple :*** *le cocontractant d'un commerçant invoque une clause de non-responsabilité pour repousser une demande d'indemnisation née d'une livraison défectueuse.*

À ce stade, il faut éviter de mêler aux faits des éléments de droit, et encore moins une solution prématurée.

### ÉTAPE 2 Le problème juridique

L'identification des parties (demandeur et défendeur) et des éléments du problème doit aboutir à la formulation du problème juridique. Ce problème doit être présenté de façon générale, au-delà du cas spécifique.

> ***Exemple :*** *une clause de non-responsabilité est-elle valable dans un contrat conclu par deux commerçants ?*

### ÉTAPE 3 La ou les règle(s) de droit applicable(s)

Il s'agit d'expliquer les grandes lignes du droit positif, qui permettront d'apporter une réponse au questionnement juridique identifié dans l'étape précédente.

> ***Exemple :*** *en droit, une clause de non-responsabilité est nulle dans les contrats de consommation, mais elle est en principe valable dans les contrats entre professionnels, donc entre commerçants. Il en est autrement si le contrat est d'adhésion, puisque la loi reconnaît dans ce cas la notion de clause abusive.*

Des règles juridiques sont parfois fournies en annexe dans le sujet (extrait de codes, décision de justice, convention collective…), mais on attendra généralement de vous que vous fassiez appel à vos connaissances. Il est donc indispensable de bien identifier et maîtriser la partie du cours concernée.

### ÉTAPE 4 La solution proposée

Les étapes précédentes ont permis de passer des faits au droit. Il s'agit maintenant d'appliquer le droit aux faits pour proposer une ou plusieurs solutions. Il faut donc s'attacher à tirer les conséquences des analyses précédentes. L'argumentation juridique consiste à rapprocher les faits, juridiquement qualifiés, des règles de droit applicables, pour en déduire une ou plusieurs solutions.
La solution que vous proposerez est susceptible d'entraîner des conséquences juridiques (action en justice, démarches, etc.). Elle doit être justifiée par une argumentation juridique rigoureuse.

> ***Exemple :*** *M. X étant commerçant, il ne peut pas invoquer la nullité de la clause de non-responsabilité qui figure dans le contrat d'approvisionnement conclu avec l'entreprise Y. En effet, rien n'indique que ce contrat est un contrat d'adhésion dont les termes n'ont pas été négociés entre M. X et l'entreprise Y.*

Vous devez soigner la rédaction et structurer votre propos avec des transitions claires (« C'est pourquoi…, Compte tenu de…, En conséquence… »). Dans tous les cas, vous utilisez le vocabulaire juridique adéquat.
Vous pourrez introduire la solution que vous proposez avec une formule classique : « Dans le cas d'espèce…, En l'espèce…, Dans le cas étudié… ».



© Nathan – La photocopie non autorisée est un délit

# 5 Savoir exploiter des ressources juridiques

## 1. Analyser un contrat

Dans l'épreuve de l'examen, vous devez répondre à certaines questions de manière à proposer une solution à un problème juridique. Vous disposez pour cela d'un dossier documentaire pouvant comporter un contrat ou des clauses extraites d'un contrat.

Il s'agira alors pour vous, selon les exigences de l'exercice :
– de rattacher le contrat à une situation juridique ;
– d'identifier les obligations des parties et les effets particuliers de certaines clauses contractuelles ;
– d'exercer votre esprit critique et d'apprécier la validité du contrat en général ou de ses clauses spécifiques ;
– éventuellement, de faire le rapprochement entre le contenu du contrat proposé à l'étude et les informations juridiques fournies par d'autres sources documentaires (extrait de code, jurisprudence, etc.).

## DÉMARCHE

### ÉTAPE 1 Lire le contrat ou les clauses extraites du contrat

Cette première étape permet de repérer de quel type de contrat il s'agit (contrat de travail, contrat de vente, contrat d'assurance…). La première lecture du contrat suffit à l'identifier, souvent grâce au titre du document.

### ÉTAPE 2 Analyser le contrat

La méthode d'analyse se déroule selon les phases suivantes.

#### 1. La situation juridique

Il s'agit d'identifier les éléments du contrat qui précisent la situation :
– d'abord, l'objet du contrat : contrat de travail (à durée déterminée, indéterminée, etc.), contrat de vente (entre professionnels, entre un professionnel et un consommateur, etc.), contrat de location (civile, commerciale), contrat de transport, contrat d'assurance, etc. ;
– ensuite, les parties concernées : un salarié et son employeur, un vendeur et un acheteur, un bailleur et son locataire, un transporteur et une personne transportée, un assureur et un assuré, etc.

#### 2. La règle de droit applicable

Il s'agit de retrouver à quelle branche du droit se rapporte le contrat : droit civil, droit du travail, droit commercial, droit de la consommation, etc.

#### 3. La validité du contrat

**a)** Vérifier l'existence des conditions générales de validité du contrat (C. civ, art. 1128) :
– le consentement des parties (existence et absence de vice) ;
– leur capacité de contracter ;
– un contenu licite et certain.
**b)** Vérifier l'existence des conditions spécifiques de validité du contrat :
– les exigences légales (les mentions impératives dans les contrats de travail atypiques, par exemple) ;
– la présence de formulaires à joindre impérativement (ex. : le bordereau de rétractation dans le contrat de vente à domicile) ;
– la signature des parties.

#### 4. Les clauses du contrat

Vous repérerez les divers éléments du contrat :
– la nature précise du contrat : contrat de travail à temps partiel, prêt à la consommation, contrat de location avec option d'achat… ;
– le lieu et la date de conclusion du contrat ;
– les parties, avec leurs noms et leurs qualités en droit (ex. : SARL Durand, employeur, et Mme Bayle, salariée ; M. Dubois, emprunteur, la banque SMC SA, prêteur) ;
– la durée et/ou le terme du contrat, éventuellement les possibilités de renouvellement prévues par une clause.

#### 5. Les effets du contrat

Il s'agit de préciser quelles sont les obligations des parties découlant du contrat, en distinguant celles qui se traduisent par des sommes à payer (ex. : prix du bien vendu, loyer de l'appartement, salaire et éléments de rémunération, etc.) et celles qui revêtent une autre forme (ex. : prestation de travail, réalisation d'une activité, livraison d'un bien, interdiction d'exercer une activité, etc.).



© Nathan – La photocopie non autorisée est un délit

## ÉTAPE 3 Utiliser le résultat de cette analyse pour résoudre le cas

En fonction des questions posées par le sujet, l'analyse ainsi menée pourra être utilisée pour argumenter sur la solution proposée.

*Exemple de contrat de distribution*

**Entre les soussignés:**
La société anonyme Flavier, dont le siège est à Lyon (69003), 24 Bd Jeanne d'Arc, immatriculée sous le numéro 854 456 982 RCS Lyon, représentée par son directeur général Pierre Michel,
Ci-après désigné «**le Fournisseur**» d'une part,
**Et**
La SARL Singée, dont le siège est à Montélimar (26200), 8 rue des Oliviers, immatriculée sous le numéro 788 987 821 RCS Romans, représentée par Mme Alice Person, sa gérante,
Ci-après désigné «**le Distributeur**» d'autre part,
**Il a été convenu ce qui suit:**

**1 – Objet du contrat**
Le Distributeur s'engage à s'approvisionner auprès du Fournisseur selon les termes et conditions du présent contrat. Le contrat porte sur la distribution des canapés, fauteuils et sièges fabriqués par le fournisseur sous la marque déposée à l'INPI «Relaxos».

**2 – Quantité minimale**
Le Distributeur s'engage à commander chaque année civile, à compter du 1er janvier 2021, un minimum de 24 unités. Le non-respect de cette obligation entraînerait la résiliation de plein droit du contrat dans les conditions prévues à l'article 7 ci-dessous.

**3 – Durée**
Le contrat est conclu pour une durée de 3 ans à compter de la date de la première livraison effective prévue, soit le 15 janvier 2021. Le non renouvellement du présent contrat de distribution n'entraînerait aucune indemnité au profit de l'une ou l'autre partie.

**4 – Prix, modalités de paiement**
Les produits seront vendus par le Fournisseur au Distributeur au prix fixé par le tarif en vigueur au jour de l'enregistrement de la commande par le Fournisseur. Le Fournisseur peut, à la fin de chaque année civile, modifier le tarif pour tenir compte de l'évolution générale des prix, de la concurrence et des coûts de production des produits.
20% du prix seront payables à la commande, et le solde 30 jours après la livraison.
Tout retard de paiement donnera lieu à des pénalités au taux de deux fois le taux de l'intérêt légal en vigueur au jour de l'échéance impayée.

**5 – Livraisons**
Les produits seront livrés par le Fournisseur dans les locaux du Distributeur. Le conditionnement des produits devra être conforme aux spécifications de la commande.

**6 – Fin du contrat**
Le contrat prend fin par la survenance de son terme; cependant, le Fournisseur le rappellera au Distributeur par lettre recommandée avec avis de réception adressée six mois avant la date prévue pour la fin des relations contractuelles.

**7 – Résiliation et pénalités**
En cas de manquement par le Distributeur à l'une quelconque des obligations mises à sa charge par le contrat, ce dernier pourra être résilié de plein droit, au gré du Fournisseur 15 jours après une mise en demeure demeurée infructueuse, cela sans autre formalité.
Le Fournisseur aura droit dans ce cas à titre de pénalité:
– au remboursement des frais d'enlèvement et de retour du matériel repris;
– au paiement d'une indemnité de 2000 euros.

**8 – Dispositions générales**
Toute modification du présent contrat ne peut résulter que d'un accord constaté dans un écrit signé par les deux parties.
Loi applicable: Le contrat est soumis à la loi française.

Fait à Lyon, le 18 novembre 2020

Le Fournisseur, Le Distributeur,

© Nathan – La photocopie non autorisée est un délit

## 2. Analyser une décision de justice

La partie juridique de l'épreuve d'examen consiste à répondre à des questions de manière à proposer une solution à un problème juridique. Vous disposez pour cela d'un dossier documentaire, pouvant comporter une décision de justice ou un extrait de jurisprudence. Le sujet ne demandera pas forcément de l'analyser, mais ce travail se révélera souvent indispensable pour répondre aux questions posées et proposer une solution argumentée. Dans cette épreuve, vous devrez donc être capable de :
– situer la décision de justice en précisant la juridiction, la date, la procédure et le domaine de droit concerné ;
– dégager le problème juridique posé et le raisonnement de la juridiction pour le résoudre.

### ÉTAPE 1 Comprendre la décision de justice

Pour bien comprendre une décision de justice, il faut repérer les points suivants.

#### 1. La juridiction et la date de la décision étudiée

Repérer s'il s'agit d'un jugement ou d'un arrêt, et identifier la juridiction (tribunal ou cour) qui est intervenue.

> ***Exemple :*** *arrêt du 26 janvier 2018 rendu par la chambre commerciale de la Cour de cassation.*

#### 2. Les parties

Identifier les parties en présence (demandeur/défendeur, appelant/intimé, demandeur au pourvoi/défendeur au pourvoi) : indiquer leurs noms en les situant l'une par rapport à l'autre sur le plan juridique.

> ***Exemple :*** *le demandeur est M. Grappa, commerçant, le défendeur est la société Final, fournisseur de M. Grappa.*

#### 3. Les faits à l'origine du litige et l'objet du litige

Résumer les faits, c'est-à-dire les circonstances ou les événements qui ont mené au litige, en éliminant les détails et en suivant l'ordre chronologique. Mettre en évidence ensuite le litige lui-même.

#### 4. Le déroulement de la procédure

Identifier, par déduction, les différentes juridictions saisies et présenter les étapes du procès chronologiquement. Indiquer la décision rendue par chaque juridiction.

#### 5. L'énoncé du problème de droit

Formuler le problème juridique posé au juge, éventuellement sous la forme d'une phrase interrogative, mais toujours sous une forme générale. On peut souvent déduire le problème de droit des motifs évoqués par la juridiction saisie.

> ***Exemple :*** *une clause de non-responsabilité insérée dans un contrat commercial est-elle valide ?*

#### 6. Les arguments des parties

Exposer les arguments (moyens) avancés par les parties devant la juridiction qui a rendu la décision étudiée. Procéder par énumération pour chacune des parties.

#### 7. Les motifs de la décision

Relever les raisons qui justifient la décision du juge. Elles sont rédigées le plus souvent sous la forme : « Considérant que… » ou « Attendu que… ».

#### 8. Le dispositif de la décision

Indiquer la décision prise par la juridiction saisie, tout en la commentant.

> ***Exemple :*** *la Cour de cassation approuve ici les juges du fond qui ont rejeté la demande du commerçant. Les juges du droit rappellent que la validité d'une clause d'exonération de responsabilité commerciale est remise en cause par la loi, soit dans les contrats de consommation, soit dans les contrats d'adhésion, dont les termes ne sont pas négociés par les deux parties.*

### ÉTAPE 2 Utiliser le résultat de cette analyse pour résoudre le cas

En fonction des questions posées par le sujet, l'analyse ainsi menée pourra être utilisée pour argumenter sur la solution proposée.

© Nathan – La photocopie non autorisée est un délit

# 6 Conduire une analyse organisationnelle

Cette méthodologie vous permettra d'associer chaque compétence du programme à des questions susceptibles d'être posées lors de l'épreuve, à des auteurs en management ainsi qu'à des outils à mobiliser.
Lors de l'épreuve, procédez de la même façon lors de la lecture du sujet et de l'analyse des questions : vous devrez vous demander à quelle compétence se rattache chaque question et quels auteurs et/ou quels outils sont à mobiliser.
Pour répondre à chaque question posée par le sujet, vous rédigerez une courte introduction dans laquelle vous définirez les mots-clés contenus dans la question (ex. : « finalité », « partie prenante ») et vous préciserez sur quels auteurs et/ou sur quels outils vous allez vous appuyer pour y répondre.

## DÉMARCHE

| Compétence attendue | Objectif et exemple de question | Outil/auteur à mobiliser |
|---|---|---|
| Identifier les finalités économique, sociale et sociétale de l'entreprise | *Montrer que les décisions prises dans une entreprise concourent à une finalité.*<br>*Présenter la finalité poursuivie par une entreprise et identifier les objectifs qui en découlent.* | Auteur : Peter Drucker |
| Caractériser les différentes parties prenantes de l'entreprise | *Montrer que les décisions prises dans une entreprise répondent aux attentes des parties prenantes.*<br>*Quelles sont les attentes des différentes parties prenantes d'une entreprise ?* | Auteur : Ed Freeman |
| Caractériser les étapes de création d'une entreprise | *Identifier les différentes phases de création d'une entreprise à travers le parcours d'un entrepreneur.*<br>*À quelle(s) partie(s) prenante(s) s'adresse le business plan d'une entreprise ?* | |
| Distinguer une démarche entrepreneuriale d'une démarche managériale | *En quoi la démarche d'un entrepreneur relève d'une démarche entrepreneuriale ?*<br>*En quoi la démarche d'un dirigeant est-elle passée d'une logique entrepreneuriale à une logique managériale ?* | Auteurs : Joseph Schumpeter et Henry Mintzberg |
| Identifier les différentes composantes de la performance de l'entreprise | *Proposer des indicateurs permettant à un dirigeant de s'assurer qu'il respecte les finalités de l'entreprise.*<br>*Quels sont les indicateurs qui permettent de mesurer la performance d'une entreprise ?* | Auteurs : Robert Norton et David Kaplan |
| Repérer les principaux éléments du macro-environnement de l'entreprise | *Montrer qu'un dirigeant a su saisir les opportunités présentes dans l'environnement de l'entreprise.*<br>*En quoi l'environnement d'une entreprise est-il porteur de menaces ?* | Outil : PESTEL |
| Analyser les évolutions de l'environnement et en identifier les conséquences sur la situation de l'entreprise | *Montrer qu'une entreprise s'adapte aux changements de son environnement en innovant.*<br>*En quoi la prise de décision dans une entreprise est-elle influencée par le macro-environnement ?* | Auteur : Joseph Schumpeter |
| Caractériser les styles de management | *Caractériser le style de direction d'un dirigeant.*<br>*En quoi le style de direction d'un dirigeant contribue-t-il aux performances d'une entreprise ?* | Auteur : Rensis Likert |
| Repérer le rôle des différentes parties prenantes et des contre-pouvoirs | *En quoi les parties prenantes influent-elles sur la prise de décision dans une entreprise ?*<br>*En quoi une partie prenante constitue-t-elle un contre-pouvoir ?* | Auteurs : Michel Crozier et Erhard Friedberg |
| Identifier le type de structure, les mécanismes de coordination et de contrôle au sein de l'entreprise | *Repérer les mécanismes de coordination mis en œuvre dans cette entreprise.*<br>*Quels déterminants influencent le choix de la structure de l'entreprise ?* | Auteur : Henry Mintzberg |

© Nathan – La photocopie non autorisée est un délit

| Compétence attendue | Objectif et exemple de question | Outil/auteur à mobiliser |
|---|---|---|
| Repérer les ressources et les compétences au sein de l'entreprise | *Analyser en quoi les ressources et les compétences d'une entreprise constituent des forces et/ou des faiblesses*<br>*Quelles compétences une entreprise doit-elle maîtriser pour réussir sur son domaine d'activité ?.* | |
| Distinguer les différents processus de l'entreprise | *En quoi les différents processus mis en œuvre dans telle entreprise contribuent-ils à ses performances ?*<br>*Les processus de cette entreprise contribuent-ils tous à la création de valeur ?* | |
| Identifier le besoin de financement de l'entreprise en fonction du cycle (exploitation/investissement) | *Le besoin de financement d'une entreprise relève-t-il du cycle d'exploitation ou du cycle d'investissement ?*<br>*La décision prise par une entreprise aura-t-elle un impact sur son cycle d'investissement ou son cycle d'exploitation ?* | |
| Recenser les solutions de financement adaptées à l'entreprise dans une situation donnée | *Présenter les risques et les coûts des solutions de financement envisagées par un dirigeant.*<br>*Quelles solutions de financement sont les plus adaptées aux besoins du cycle d'exploitation ?* | |



© Nathan – La photocopie non autorisée est un délit

**Abus de position dominante** Comportement d'une ou de plusieurs entreprises profitant de leur position dominante sur le marché pour fausser le jeu de la concurrence.

**Administrations publiques** Organismes publics qui produisent des services non marchands. Elles comprennent les administrations centrales (État, Sécurité sociale) et les administrations locales (collectivités territoriales).

**Agent économique** Individu ou groupe d'individus constituant un centre de décision économique indépendant pour effectuer ses opérations économiques.

**Allocation** Rôle de l'État lorsqu'il intervient sur les marchés dans des situations de défaillances de marchés.

**Asymétrie d'information** Situation dans laquelle certains des participants à un échange disposent d'informations (pertinentes) que d'autres n'ont pas.

**Autorité administrative indépendante** Institution chargée par l'État de réguler un secteur, sans être soumise à l'autorité du gouvernement, tout en disposant des pouvoirs nécessaires à l'accomplissement de sa mission.

**Autorité de la concurrence** Autorité administrative indépendante dont la mission est de veiller au fonctionnement et au maintien de la concurrence sur l'ensemble des marchés.

**Avant-contrat** Engagement contractuel d'une ou de plusieurs parties dont la finalité est de préparer la conclusion d'un contrat à venir.

**Banque centrale européenne (BCE)** Institution monétaire de l'Union européenne qui mène la politique monétaire pour la zone euro.

**Banque** Organisme financier qui reçoit et gère les dépôts de ses clients, gère leurs moyens de paiement et leur accorde des crédits.

**Barrières à l'entrée** Ensemble des contraintes structurelles ou stratégiques qui rendent difficile ou impossible l'implantation d'une entreprise sur un marché.

**Besoin en fonds de roulement** Le BFR correspond au décalage existant au niveau du cycle d'exploitation entre les dépenses engagées et les recettes non encore encaissées.

**Brevet** Titre de propriété industrielle délivré par l'Institut national de la propriété industrielle permettant de protéger une invention en conférant à son titulaire un monopole d'exploitation.

**Budget de l'État** Ensemble des documents, votés par le Parlement, qui prévoient et autorisent les recettes et les dépenses de l'État pour chaque année.

**Capacité juridique** Aptitude d'une personne à être titulaire de droits et à les exercer.

**Capital** Facteur de production correspondant à l'ensemble des biens de production (outils, machines, bâtiments...) destinés à produire d'autres biens et services.

**Chaîne de valeur** Outil proposé par M. Porter qui vise à examiner les sources de l'avantage concurrentiel. Elle se compose d'une série d'activités génératrices de valeur.

**Chômage** Situation des personnes privées de travail et à la recherche d'un emploi.

**Clause** Dispositions d'un contrat qui fixe divers points de droit entre les parties.

**Clause de réserve de propriété** Clause du contrat qui autorise le vendeur à récupérer le bien objet de la vente si l'acheteur n'a pas intégralement payé le prix selon les modalités fixées au contrat.

**Clause pénale** Clause du contrat qui détermine à l'avance la pénalité pécuniaire due par la partie qui n'exécuterait pas ses obligations.

**Commission européenne** Organe de l'Union européenne dont la mission consiste à proposer des règles européennes et à veiller à leur respect par les États membres.

**Compétence** Capacité de l'entreprise à mobiliser ses ressources pour atteindre un objectif.

**Compétence fondamentale** Elle permet à l'entreprise d'exploiter ses ressources pour se distinguer de la concurrence avec un avantage difficilement imitable.

**Concurrence déloyale** Pratique commerciale consistant à capter ou à tenter de capter la clientèle d'un concurrent par des procédés illicites (imitation, parasitisme, dénigrement et désorganisation).

**Consentement** Accord des volontés des parties à un contrat réalisé par la rencontre de l'offre et de l'acceptation.

**Consommation** Opération économique consistant à acquérir des biens ou des services destinés à être détruits immédiatement ou progressivement à travers leur utilisation.

**Contrat** Accord de volontés entre deux ou plusieurs personnes, appelées « parties », destiné à créer, modifier, transmettre ou éteindre des obligations.

**Contenu du contrat** Ensemble des engagements des parties constituant leurs obligations contractuelles.

**Contrefaçon** Délit pénal constitué par la violation d'un titre de propriété industrielle (brevet, marque). Il donne lieu à des sanctions pénales (amendes, peines d'emprisonnement) et des sanctions civiles (dommages-intérêts en réparation du préjudice subi).

**Contrôle des concentrations** Mécanisme soumettant les rapprochements d'entreprises

© Nathan – La photocopie non autorisée est un délit

(fusions, acquisitions) à l'autorisation préalable de la Commission européenne ou de l'Autorité de la concurrence, afin de vérifier que ce rapprochement ne soit pas de nature à diminuer la concurrence sur un marché.

**Coût salarial** Somme des dépenses qui incombent à l'employeur en contrepartie de l'emploi d'un salarié. Il inclut la rémunération brute et les cotisations sociales patronales.

**Croissance** Augmentation durable des richesses créées par l'activité économique. C'est un phénomène quantitatif qui se mesure avec l'évolution du PIB.

**Cycle d'exploitation** Ensemble des opérations courantes nécessaires à la réalisation des activités productives et commerciales de l'entreprise.

**Cycle d'investissement** Ensemble des étapes au cours desquelles l'entreprise acquiert une immobilisation.

**Défaillance de marché** Dysfonctionnement d'un marché tel qu'une concurrence trop faible, l'existence d'externalités, de biens publics, ou la présence d'asymétrie d'information.

**Déficit public** Solde du budget de l'État lorsque les dépenses publiques sont supérieures aux recettes publiques.

**Démarche entrepreneuriale** Volonté d'une ou plusieurs personnes de créer ou de reprendre une entreprise.

**Démarche managériale** Capacité du manager à gérer de manière optimale les ressources de l'entreprise pour assurer sa pérennité.

**Dette de l'État** Ensemble des emprunts dus par l'État dont l'encours résulte de l'accumulation de ses déficits.

**Développement durable** Développement qui répond aux besoins du présent sans compromettre la capacité des générations futures à répondre à leurs propres besoins.

**Développement** Phénomène qualitatif qui désigne l'ensemble des changements des structures économiques, sociales, démographiques et culturelles d'un pays.

**Dol** Vice du consentement, constitué par des manœuvres ou par la ruse utilisée par une personne pour obtenir l'accord de l'autre partie à un contrat.

**Dommage** Préjudice matériel, corporel ou moral subi par une personne, trouvant son origine soit dans l'inexécution d'un contrat, soit dans des situations de responsabilité extracontractuelle.

**Économie sociale et solidaire** Activité d'entreprises dont le mode de gestion est démocratique et participatif et dont les activités sont fondées sur un principe de solidarité et d'utilité sociale.

**Effet d'expérience** Phénomène lié au processus de production qui entraîne une diminution du coût de production lorsque la production augmente.

**Effet obligatoire du contrat** Principe selon lequel le contrat engage les parties et ne peut être remis en cause par la décision unilatérale de l'une d'entre elles.

**Effet relatif du contrat** Principe selon lequel le contrat n'a d'effet qu'entre les parties contractantes.

**Entente** Accord explicite ou tacite passé entre des entreprises, illicite s'il a pour but ou pour effet de fausser le jeu de la concurrence.

**Entreprise individuelle à responsabilité limitée (EIRL)** Entreprise individuelle dans laquelle l'entrepreneur affecte une partie de son patrimoine à son activité professionnelle.

**Entreprise individuelle** Forme juridique d'entreprise dans laquelle il n'y a pas de distinction de patrimoine entre le propriétaire de l'entreprise et l'entreprise. L'entrepreneur exerce son activité sans avoir créé de personne morale distincte.

**Entreprise unipersonnelle à responsabilité limitée (EURL)** Société à responsabilité limitée constituée d'un seul associé.

**Entreprise** Unité économique produisant des biens ou des services pour les vendre sur un marché afin de réaliser des bénéfices.

**Équilibre financier** L'étude de l'équilibre financier d'une entreprise vise à étudier comment les fonds propres de l'entreprise permettent de financer les investissements et l'activité de l'entreprise.

**Erreur** Vice du consentement qui affecte la validité du contrat si elle porte sur l'élément essentiel du contrat.

**Externalité négative** Situation où un agent subit les effets négatifs d'une activité économique sans être indemnisé.

**Externalité positive** Situation où un agent profite des effets positifs d'une activité économique sans en payer le prix.

**Facteurs de production** Ensemble des éléments (travail, capital, ressources naturelles, connaissances) qui sont combinés durant l'activité économique pour produire des biens et des services.

**Finalité** Raison d'exister de l'entreprise définie lors de sa création par les fondateurs qui permet d'assurer la satisfaction des besoins humains fondamentaux et des besoins résultant de la vie en société. L'entreprise peut avoir une ou plusieurs finalités d'ordre économique, social et/ou sociétal.

**Force majeure** Événement échappant au contrôle du débiteur, imprévisible et irrésistible, excusant l'inexécution totale ou partielle d'un contrat ou exonérant de la responsabilité extracontractuelle.

© Nathan – La photocopie non autorisée est un délit

**Impartition** Stratégie d'entreprise qui consiste à faire réaliser, produire par des entités externes des biens et services au lieu de les produire, de les développer en interne.

**Impôt sur le revenu** Impôt direct d'État dont l'assiette est constituée par les revenus des contribuables personnes physiques.

**Impôt sur les sociétés** Impôt direct d'État dont l'assiette est constituée par les revenus des sociétés (plus généralement de toutes les personnes morales se livrant à une exploitation ou à des opérations à caractère lucratif).

**Imprévision** Modification non anticipée de l'environnement d'un contrat résultant qui en rend l'exécution excessivement onéreuse pour une partie.

**Indicateur de développement humain (IDH)** Outil de mesure du niveau de développement d'un pays. C'est un indicateur composite car il intègre plusieurs dimensions : la santé, l'éducation et le revenu.

**Inflation** Hausse générale et durable des prix dans l'économie.

**Innovation** Selon l'OCDE, une innovation est la mise en œuvre d'un produit (bien ou service) ou d'un procédé nouveau ou sensiblement amélioré, d'une nouvelle méthode de commercialisation ou d'une nouvelle méthode organisationnelle dans les pratiques de l'entreprise, l'organisation du lieu de travail ou les relations extérieures.

**INPI** Organe qui délivre les brevets et enregistre les marques en France.

**Investissement** Opération réalisée par un agent économique consistant à acquérir des biens de production durables (investissement matériel) ou à effectuer certaines dépenses ayant pour but de développer le potentiel de l'entreprise pour l'avenir (investissement immatériel).

**Liberté du commerce et de l'industrie** Droit de valeur constitutionnelle en vertu duquel toute personne peut user des libertés d'entreprendre, d'exploiter et de concurrencer.

**Macro-environnement** Le macro-environnement concerne les facteurs globaux influençant les organisations (tendances démographiques, économiques, politiques, écologiques, sociales, technologiques, culturelles…).

**Marque** Signe distinctif permettant la différenciation d'un produit ou d'un service proposé par une entreprise.

**Mécanisme de coordination** Mécanisme qui a pour but d'assurer la cohérence du travail réalisé dans l'entreprise en vue d'atteindre les objectifs fixés. Il en existe 6 : ajustement mutuel, supervision directe, standardisation des procédés, des résultats, des qualifications ou des normes.

**Menace** Les menaces sont les problèmes, obstacles extérieurs, qui peuvent empêcher ou limiter le développement de l'activité de l'entreprise, et qu'il faut tenter de maitriser.

**Ménage** Individu ou groupe d'individus, vivant habituellement sous le même toit, qu'il y ait entre eux un lien de parenté ou non.

**Micro-entreprise** Entreprise individuelle permettant l'exercice d'une activité commerciale, artisanale ou libérale sous une forme simplifiée offrant des avantages fiscaux et sociaux.

**Modes de financement** Ensemble des moyens utilisés par l'entreprise pour financer ses investissements et son cycle d'exploitation.

**Monopole** Situation dans laquelle une entreprise est seule, sur un marché, à proposer des biens ou des services. Elle n'est soumise à aucune concurrence.

**Obligation de moyens** Obligation contractuelle en vertu de laquelle le débiteur doit faire tout son possible pour atteindre le résultat attendu par son cocontractant.

**Obligation de résultat** Obligation contractuelle en vertu de laquelle le débiteur s'engage à atteindre un objectif déterminé.

**Obligation de sécurité** Obligation contractuelle en vertu de laquelle le débiteur est tenu d'exécuter son obligation en assurant la préservation de l'intégrité de son cocontractant.

**Opportunité** Les opportunités sont les possibilités extérieures positives, dont on peut éventuellement tirer parti.

**Pacte de préférence** Engagement d'une personne à proposer prioritairement au bénéficiaire désigné de traiter avec lui pour le cas où elle déciderait de contracter.

**Partie prenante** Tout groupe ou individu qui peut affecter ou être affecté par la réalisation des objectifs de l'organisation (*stakeholder* en anglais). Elles peuvent être primaires (essentielles à la survie de l'entreprise) ou secondaires (avec une influence moindre), internes (salariés, syndicats, actionnaires…) ou externes (clients, fournisseurs, riverains…).

**Performance** Capacité de l'entreprise à atteindre les objectifs qu'elle s'est fixé tout en optimisant les ressources qu'elle a à sa disposition.

**Performance globale** La performance d'une entreprise est globale si elle intègre trois dimensions la performance économique, la performance sociale et la performance sociétale.

**Politique budgétaire** Ensemble des mesures prises par les pouvoirs publics pour réguler l'activité économique par l'utilisation du budget.

© Nathan – La photocopie non autorisée est un délit

**Politique conjoncturelle** Action de l'État à court terme qui vise à réguler l'activité économique.

**Politique de l'offre** Politique visant à relancer l'économie en permettant aux entreprises de produire mieux et moins cher et en facilitant leur activité.

**Politique de la demande** Politique visant à relancer l'économie en soutenant la demande (consommation et investissement) par l'amélioration du pouvoir d'achat des ménages ou par des politiques de grands travaux.

**Politique de relance** Politique conjoncturelle visant à soutenir l'activité économique.

**Politique de rigueur** Politique conjoncturelle visant à limiter les déficits publics et à réduire l'endettement de l'État, ou à lutter contre l'inflation.

**Politique économique** Ensemble des interventions de l'État sur l'activité économique d'un pays en vue d'atteindre certains objectifs.

**Politique monétaire** Action par laquelle les banques centrales agissent sur l'offre de monnaie et les conditions de financement de l'économie.

**Politique structurelle** Action de l'État à long terme qui cherche à modifier les structures de l'économie.

**Pourparlers** Phase préliminaire à la passation au contrat durant laquelle sont discutées les clauses qu'il pourrait contenir. Aucune partie n'est engagée à ce stade.

**Pouvoir/contre-pouvoir** Michel Crozier analyse des jeux de pouvoir dans les entreprises. Le pouvoir se manifeste quand une personne ou un groupe vise à contrôler intentionnellement une personne ou un groupe. Tout acteur de l'entreprise a une capacité d'action et peut exercer une influence, voire un contre-pouvoir, pour contester une décision qui serait contraire à ses intérêts.

**Pratique anticoncurrentielle** Action interdite d'une ou plusieurs entreprises susceptibles de fausser le jeu de la concurrence sur un marché (entente et abus de position dominante).

**Pratiques restrictives de concurrence** Agissements d'entreprises illicites car contraires à la loyauté et à la transparence dans les relations commerciales. Ces pratiques commerciales fondées sur les rapports de force sur le marché créent un déséquilibre entre les partenaires économiques (clients ou fournisseurs).

**Processus** Succession d'activités coordonnées et organisées qui mettent en œuvre de multiples ressources et compétences dans le but d'élaborer un produit ou de réaliser un service attendu.

**Production marchande** Production destinée à être vendue sur un marché au prix du marché.

**Production non marchande** Production proposée gratuitement ou à un « prix économiquement non significatif » (inférieur à 50 % du coût de production).

**Productivité du travail** Mesure de l'efficacité productive des travailleurs. Productivité du travail = richesse créée / quantité de travail utilisée.

**Produit intérieur brut (PIB)** Le produit intérieur brut d'un pays représente la somme des valeurs ajoutées des agents participant aux activités de production du territoire.

**Promesse bilatérale de contrat** Engagement de deux personnes de passer un contrat, qui engage les deux parties concernées.

**Promesse unilatérale de contrat** Engagement d'une personne de passer un contrat, qui n'engage que la partie qui en est à l'origine.

**Propriété industrielle** Ensemble des règles de droit qui ont pour objet de protéger les inventions techniques (brevet) et les signes distinctifs des entreprises (marque).

**Redistribution** Mécanisme mis en œuvre par l'État qui permet de corriger les inégalités de revenus en opérant des prélèvements sur les revenus (impôts et cotisations sociales) puis à les redistribuer sous forme de prestations sociales.

***Reengineering*** Méthode qui consiste à redéfinir l'organisation des entreprises au profit d'une conception par processus orientée vers les attentes des clients.

**Régulation** Rôle de l'État pour stabiliser l'activité économique et résorber les déséquilibres tels que l'inflation et le chômage.

**Responsabilité civile** Obligation de réparer le préjudice résultant soit de l'inexécution d'un contrat (responsabilité contractuelle) soit de la violation du devoir général de ne causer aucun dommage à autrui (responsabilité extracontractuelle).

**Responsabilité contractuelle** Obligation de réparer un préjudice résultant de l'inexécution ou de l'exécution défectueuse d'un contrat par un contractant.

**Responsabilité des commettants** Responsabilité civile extracontractuelle pesant sur l'employeur (commettant) du fait des dommages causés par ses salariés.

**Responsabilité des produits défectueux** Responsabilité civile pesant sur le producteur du fait des dommages causés par la défectuosité des produits mis sur le marché.

**Responsabilité extracontractuelle** Obligation de réparer un dommage résultant d'un fait volontaire ou involontaire.

**Responsabilité pénale** Obligation de supporter une peine en punition d'une infraction à l'ordre social.



© Nathan – La photocopie non autorisée est un délit

**Responsabilité sociétale de l'entreprise** La RSE consiste pour une entreprise à intégrer de façon volontaire les préoccupations sociales, environnementales et économiques dans ses activités. Elle correspond à la contribution de l'entreprise aux enjeux du développement durable.

**Ressource intangible** Ressource plus difficilement évaluable comme les ressources technologiques (R&D...), mercatiques (marque, réputation de l'entreprise...) et organisationnelles (compétences et expérience des RH, qualité...).

**Ressource tangible** Ensemble de moyens financiers, humains et physiques utilisés par l'entreprise pour assurer son fonctionnement et sa pérennité.

**Société** Personne morale instituée par un contrat conclu entre plusieurs personnes qui conviennent de mettre en commun des biens ou leur industrie dans le but de partager les bénéfices, une économie et éventuellement les pertes. Dans les cas prévus par la loi, la société peut être créée par la volonté d'une personne seule.

**Société à responsabilité limitée (SARL)** Forme juridique d'entreprise sociétaire dans laquelle la responsabilité des associés est limitée à leurs apports et dont le capital est divisé en parts sociales qui ne sont pas librement négociables.

**Société anonyme (SA)** Forme juridique d'entreprise sociétaire dans laquelle la responsabilité des associés est limitée à leurs apports et dont le capital est divisé en actions qui sont librement négociables.

**Société coopérative de production (SCOP)** Société de type SA ou SARL dont les salariés sont associés majoritaires et mettent un projet d'entreprise en commun tout en assumant un partage des risques et des décisions.

**Société par actions simplifiée (SAS)** Forme juridique d'entreprise sociétaire dans laquelle la responsabilité des associés est limitée à leurs apports, dont le capital est divisé en actions, et dont le fonctionnement est principalement organisé par les statuts.

**Société par actions simplifiée unipersonnelle (SASU)** Société par actions simplifiée constituée d'un seul associé.

**Sous-traitance** Pratique consistant, pour une entreprise, à confier la réalisation à une entreprise, dite « sous-traitant », d'une ou de plusieurs opérations de conception, d'élaboration, de fabrication, de mise en œuvre ou de maintenance du produit.

**Stratégie d'entreprise** Choix par lesquels l'entreprise cherche à se créer un avantage sur le marché.

**Structure d'entreprise** Ensemble servant à identifier ses différentes fonctions et ses niveaux de management. Il en existe de différents types (simple, fonctionnelle, divisionnelle, matricielle...).

**Style autoritaire** Style de direction fondé sur un management par la crainte et les sanctions. Il est caractérisé par des rapports hiérarchiques rigides. Les décisions sont prises au sommet, puis sont imposées aux subordonnés.

**Style consultatif** Style de direction fondé sur la consultation des salariés par le manager pour fonder sa décision. Il se caractérise par des rapports d'échanges assez importants. Il s'appuie aussi sur l'implication des salariés.

**Style participatif** Les décisions sont prises par tous les membres de l'entreprise. Des groupes de travail sont constitués pour prendre des décisions, régler des conflits, améliorer des processus... Il se caractérise par des rapports d'égalité et un management démocratique.

**Style paternaliste** Style de direction fondé sur un management par les sanctions et les récompenses. Il se caractérise par des rapports de bienveillance, de proximité et de protection du patron sur ses employés. Les décisions sont prises au sommet, puis sont imposées aux subordonnés.

**Tableau de bord** Document qui récapitule et synthétise un ensemble d'indicateurs retenus afin de suivre leur évolution dans le temps et dans l'espace et d'évaluer les performances de l'entreprise.

**Taux d'intérêt** Prix qu'il faut payer pour emprunter de l'argent, ou rémunération que l'on reçoit lorsque l'on prête de l'argent. Il s'exprime sous la forme d'un taux.

**Travail** Facteur de production fourni par les ménages qui vendent leur force de travail en échange d'un salaire.

**Valeur ajoutée** Elle désigne la richesse créée par un agent économique. On la calcule en soustrayant à la valeur de la production les consommations intermédiaires nécessaires à celle-ci.

**Veille** Ensemble des activités de collecte d'information destinée à fournir aux décideurs les éléments dont ils ont besoin pour définir leurs stratégies.

**Violence** Vice du consentement, constitué par une contrainte physique ou morale (chantage) exercée par une personne pour obtenir l'accord de l'autre partie à un contrat.

MIXTE
Papier issu de sources responsables
FSC® C022030

© Nathan – La photocopie non autorisée est un délit



N° projet : 10268914 - Dépôt légal : Avril 2021
Achevé d'imprimer en Italie par L.E.G.O. S.p. A., Lavis (TN)